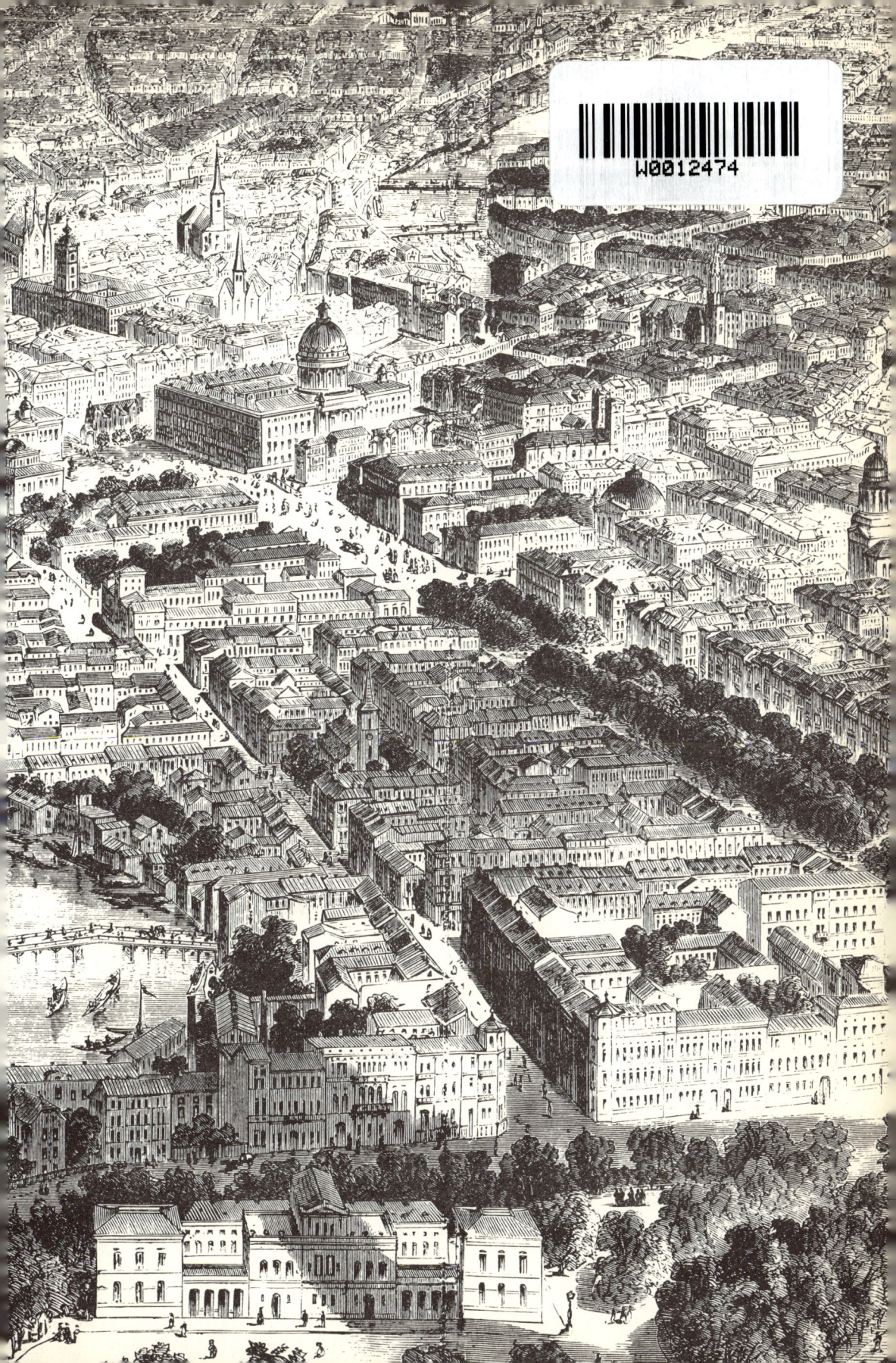

Berlin- Lichterfelde,
8. Juni ...

... altband

# Das große Theodor Fontane Buch

*Theodor Fontane gelang, was den großen ausländischen Meistern mit Paris, London und Petersburg gelungen war: Er schuf Berlin zum zweiten Male. Er schenkte uns die Stadt an der Spree, wie uns Balzac die Stadt an der Seine und Dickens die Stadt an der Themse schenkten. Diese Städte und ihre Gesellschaft mögen sich wandeln, sie mögen wachsen, verfallen oder gar zerstört werden – ihr Herz und eigentliches Wesen lebt im Œuvre der großen Romanciers unzerstörbar fort.*

*(Erich Kästner auf eine Umfrage anläßlich der Subskription der Gesamtausgabe der Werke Theodor Fontanes der Nymphenburger Verlagshandlung, 1959)*

# Das große Theodor Fontane Buch

Herausgegeben von Werner Pleister

Lizenzausgabe 1992 für
Manfred Pawlak Verlagsgesellschaft mbH,
Herrsching
© R. Piper & Co. Verlag, München
Alle Rechte vorbehalten
Umschlaggestaltung: Bine Cordes, Weyarn
Printed in Germany
ISBN 3-88199-934-5

# Jenseits

„Sehn Sie, lieber Fontane, mittlerweile ist denen da unten wohl ein Licht aufgegangen, weshalb ich mich in die friderizianische Zeit geflüchtet habe." — „Ach ja, Exzellenz, die wilhelminische Zeit war wirklich nicht schön, aber eine Republik ohne Republikaner wäre auch nicht nach meinem Geschmack."

## Verzeiht

Verzeiht den Anekdotenkram
Und daß niemals ich einen „Anlauf" nahm,
Auch niemals mit den Göttern grollte,
Nicht mal den Staat verbessern wollte,
Nicht mal mit „sexuellen Problemen"
Gelegenheit nahm mich zu benehmen.

Der faßt es so, der anders an,
Man muß nur wollen, was man kann;
Mir würde der Weitsprung nicht gelingen,
So blieb ich denn bei den näheren Dingen,
Drei Schritt bloß — ich weiß, es ist nicht viel,
Aber Freude gibt jedes erreichte Ziel.

In den Adern des literarisch gern als Urmärker gewerteten Märkers Theodor Fontane floß viel französisches Blut: beide Großväter waren reine Franzosen, Südfranzosen, der Gegend zwischen der Gascogne und den Cevennen entstammend. Als Hugenotten waren ihre Väter nach Berlin gekommen. Beide Großväter hatten märkische Frauen geheiratet, aber noch in seinem Vater sah Theodor Fontane den echten Gascogner, leichtlebig, oberflächlich, phantastisch, liebenswürdig und humorvoll; und in der schwarzhaarigen, zarten aber strengen Mutter die Tochter der Kamisarden, jener protestantischen Cevennenbauern, die ihre Unnachgiebigkeit in den langen Religionskriegen zeigten. Die Verschiedenheit ihrer Stammesart hatten die Familien sich in der Emigration bewahrt, obwohl die Vorfahren schon seit Generationen in der Mark ansässig waren. Die Ehe der Eltern war nicht sonderlich glücklich, und obwohl Theodor Fontane beide Eltern sehr verehrte, neigte er doch mehr dem Vater zu, dessen Ungebundenheit und Lebensfreudigkeit dem Knaben sehr zusagte. So fühlte er wohl auch nicht sonderlich das märkische Erbe, jene preußische Nüchternheit, die von den Frauen der Fontanes und Labrys dem französischen Blut zugeführt worden war, und widerlegte in der seltsamen Mischung von märkischer Erscheinung und gallischem Wesen, die er darstellte, die plumpe Rassentheorie, deren literarische Verfechter dreißig Jahre nach seinem Tode auch seine Werke zu mißbrauchen sich unterfingen.

In Neuruppin, wo der Vater eine Apotheke hatte, kam Theodor Fontane am 30. Dezember 1819 in die Welt. Sieben Jahre verbrachte er in der märkischen Kleinstadt, bei deren Bürgern die aus dem Nachbardorfe Wustrau stammende, von Legenden umwehte Gestalt des friderizianischen Husarengenerals von Zieten umging. Als die Familie nach Swinemünde übersiedelte, nahm der Knabe allerdings begierig das so ganz andersgeartete Leben der lebendigen Hafenstadt mit ihren ausländischen Seeleuten und den abenteuerlichen Gestalten, für die sein Vater eine Vorliebe hatte, in sich auf. Eine Schule besuchte er nicht, den Unterricht erteilten rasch wechselnde Hauslehrer und nach einer selbst ausgeklügelten Methode sein Vater: er benutzte dazu historische Geschichten und Reiseberichte, die er dem Sohne in französischer Sprache vermittelte und vorspielte. Schließlich wurde es der Mutter jedoch zu bunt, und sie setzte es durch, daß der Dreizehnjährige nach Neuruppin aufs Gymnasium und schließlich nach Berlin kam, in die Obhut des Bruders seines Vaters, eines Mannes, der dem Vater an leichter Lebensauffassung nichts nachgab. Seine Ferien verbrachte er zu Hause, wo der wander- und lesehungrige Gymnasiast geistig und

Aus:
Ehm Welk,
Vorwort zu
»Parkettplatz 23.
Theodor Fontane
über Theaterkunst,
Dichtung und
Wahrheit«
(1948)

Ehm Welk, 1884–1966, Berliner Schriftsteller (»Die Heiden von Kumerow«), Chefredakteur der »Grünen Post« in den dreißiger Jahren. Wegen eines Protestes gegen die Unterdrükkung der Pressefreiheit 1934 Schreibverbot und KZ-Haft. Nach dem Krieg freier Schriftsteller in der DDR.

körperlich auf den Spuren von Willibald Alexis ging, von dessen jungem Dichterruhm die Insel Usedom mitzehrte, da der »deutsche Walter Scott«, der eigentlich Wilhelm Häring hieß, sich sommers dort aufzuhalten pflegte; wofür ihm die dankbaren Usedomer in der Benennung eines Dorfes mit seinem Namen – Heringsdorf – ein Denkmal setzten. Diese kleinen Dinge sind nicht belanglos: In den Kinderjahren wird der Mann gemacht, sagte Theodor Fontane später. Auch der Balladendichter und Erzähler historischer Romane Theodor Fontane wurde so gemacht.

Zunächst freilich wurde ein Apothekergehilfe aus ihm gemacht. Dreizehn Jahre lang übte er diesen Beruf aus, in Berlin, Burg bei Magdeburg, Leipzig, Dresden und wieder in Leipzig und Berlin. Dazwischen lagen die ersten schriftstellerischen Versuche – Gedichte, Balladen und Prosasachen – und auch die ersten Erfolge. Lag die Verlobung mit Emilie Rouanet, einer Freundin der Kinderjahre, lag die lange Verlobungszeit, lag der Beginn seiner Mitgliedschaft beim »Tunnel über der Spree«, jener seltsamen literarischen Vereinigung von Dichtern, Kaufleuten und Beamten, in der man sich gegenseitig die eigenen literarischen Erzeugnisse vorlas und kräftig kritisierte. Scherenberg, Theodor Storm, Graf Moritz Strachwitz gehörten diesem Kreise an. Hier fand der Apothekergehilfe Theodor Fontane mit seinem Archibald Douglas den ersten vollen dichterischen Erfolg. Nachdem seine in Zeitungen und Zeitschriften veröffentlichten Romanzen und Balladen in Buchform vorlagen (1850), wurde der Schritt in das Leben des freien Schriftstellers und in die Ehe getan. Womit die lange Zeit der Sorge ums Dasein begann. Theodor Fontane, der den Frauen während seines ganzen Lebens mit Verehrung und Ritterlichkeit gegenübertrat, stand niemals in einem leidenschaftlichen Verhältnis zu ihnen, er war nur immer der liebenswürdige Verehrer weiblicher Anmut und Gesittung. Diese Haltung verlor er auch nicht in seiner langen Ehe mit einer temperamentvollen, die musische Tätigkeit des Gatten jedoch nüchtern beurteilenden Frau, und selbst die reibungsvollen Perioden, in denen die Sorge und der Hunger mit am Tische saßen, führten ihn nicht zu Ungerechtigkeiten gegenüber der Frau, die ihm fast fünf Jahrzehnte seinen Haushalt zusammenhielt und sieben Kindern das Leben schenkte. Der nach seinem Tode veröffentlichte Briefwechsel mit seiner Frau bezeugt diese Haltung eines innerlich vornehmen und die eigenen Schwächen erkennenden gütigen Menschen.

Um Brot ins Haus zu bringen, wurde er Journalist, schrieb Artikel für die »Preußische Zeitung« und die »Zeit«. Da er einen längeren Urlaub während seiner Militärzeit in London verbracht hatte und gut Englisch sprach, schickte ihn die »Preußische Zeitung« 1852 nach London, das karge Gehalt zahlte sie seiner in Berlin gebliebenen Frau aus. Hier nun, in London, begann Theodor Fontane jene Tätigkeit, die Jahrzehnte später und an einem anderen Orte, in Berlin, den großen und einmaligen Theaterkritiker formte, dessen Erkenntnisse und Bekenntnisse den Inhalt dieses Buches ergeben. An welchem Vorgang nicht uninteressant die Tatsache ist, daß Theodor Fontane, dieser gründliche Kenner des Theaters und Meister der Kritik, keineswegs aus einer Passion für das Theater oder die dramatische Dichtung zum Theater kam, sondern lediglich, weil ihm dadurch eine Verdienstmöglichkeit geboten wurde. In London so wie später in Berlin. Und doch zeigten schon jene Berichte über das englische Theater und besonders über die Shakespeare-Aufführungen alle für die damalige Zeit ungewöhnlichen Merkmale des unbestechlichen, die Besonderheiten der dramatischen Dichtung und ihrer Darstellung erfassenden Beurteilers auf, die den Reiz der Fontaneschen Kritik ausmachen. Es ging ihm herzlich schlecht in London, er darbte, und die Familie daheim darbte auch; während er begierig London und weite Gebiete der Umgebung durchstreifte, das Volk in seinen Tiefen aufsuchte, die Struktur der englischen Gesellschaft zu erkennen und zu verstehen trachtete, Vergleiche mit den deutschen Verhältnissen zog, Unterricht in Deutsch gab, beruhigende Briefe an die ungeduldige, klagende Frau schrieb, den Plan, in London Apotheker zu werden, faßte und verwarf, sammelte er eifrig weiter Menschen. Nach einem halben Jahr mußte er nach Berlin zurückkehren, überzeugt, die Reise in eine Existenz sei ein Irrtum gewesen.

Der Abenddienst in der Redaktion der »Preußischen Zeitung« in Berlin, der nun begann, war dagegen eine bittere Wahrheit, die dem Hungerleben kein Ende machte. Wie eine fremde Blume blühte aus ihr ein Buch unter dem Titel Ein Sommer in London, Fontanes erstes Prosabuch. Fontane erzählte später, daß er in London wahrscheinlich an seinem Glück vorübergegangen sei: an dem Hause des von ihm geliebten, in seinem höchsten Ruhme stehenden Dichters Charles Dickens. Seine Ehrfurcht vor dem großen Mann, seine Scheu, Menschen zu belästigen, habe ihn abgehalten, den Dichter zu besuchen und ihm unter dem Vorwand eines Interviews näherzukommen, was sicher gelungen wäre. Der später in einem langen Leben bewiesene sichere Instinkt Fontanes dürfte auch hier das Richtige getroffen haben: der seinem Wesen verwandte englische Dichter, aus ähnlichen Schwierigkeiten aufgestiegen und begabt mit dem Blick für ringende und suchende Talente, würde fraglos für diesen jungen Deutschen eine Hilfe gefunden haben. Als

9

Theodor Fontane drei Jahre später erneut nach London ging und diesmal drei Jahre dort blieb, nahm er jedoch ebenfalls nicht den Weg zu Charles Dickens. Er benutzte seine Zeit zum Studium der englischen Menschen und der englischen Verhältnisse und ging dabei lediglich auf Dickens' Spuren in die Armeleut-Bezirke und zu den Bauern. Dies war ihm die willkommene Ergänzung seiner Streifzüge durch die englische Gesellschaft, durch Theater und Ausstellungen, durch sagenumsponnene Schlösser und menschenfressende Fabriken. Das englische Theater und Shakespeare aber gaben ihm erneut die Möglichkeit, jenen einmaligen Blick für das Zusammenfallen von Kunst und Wahrheit zu entwickeln, der ihn in seinen Berliner Jahren befähigte, ein seine Zeit überdauernder Theaterkritiker zu werden.

Er war schon zwei Jahre in London, als er seine Familie nachkommen ließ; die Absicht, für immer in England zu bleiben, hat wohl eine Zeitlang bestanden. Fontane, dieser in der Tradition wurzelnde, aber dem Fortschritt aufgeschlossene Geist, war dem englischen Leben sehr zugetan, er fand in ihm jene weltpolitischen Elemente, die er im Preußischen vermißte und die er später des öfteren das Ganze des Lebens nannte. Es war die Zeit der verstärkten englisch-preußischen Annäherung und Freundschaft – 1858 hatte die Heirat des Kronprinzen Friedrich Wilhelm von Preußen, des nachmaligen Kaisers Friedrich III., mit der englischen Königstochter Viktoria stattgefunden –, und Fontane war Berichterstatter des preußischen Regierungsorgans. Obwohl er aus Hinneigung unter dem Schatten der beginnenden Bismarckischen Politik stand, empfand er doch das Gegensätzliche in der Grundhaltung der beiden Regierungen und Völker, und es ist schade, daß seine angeborene und hochentwickelte Beobachtungsgabe sich vom politischen Gebiet des Lebens ziemlich fernhielt; wir hätten sonst ohne Frage in Theodor Fontanes Feststellungen eine vortreffliche Quelle zum Studium einer Zeit der preußischen Entwicklung erhalten, in der die Verwandlung der Kulturauffassung des preußisch-deutschen Bürgertums von Weimar zu Potsdam ihre ersten wesentlichen Züge erhielt. Da das nicht geschah, sind wir darauf beschränkt, in Fontane mehr die Verkörperung des mißglückten Versuches zu sehen, mit den großen Schätzen der in der Zeit des Klassizismus und des Romantizismus offenbarten deutschen Kulturauffassung die neuen bürgerlichen Ideale einer Macht- und Erfolgpolitik zu bereichern.

Während aber die Entwicklung der preußisch-deutschen Politik, Wirtschaft und Kultur unbeirrt durch solche Versuche weiterging bis zur imperialistischen Berauschung eines ganzen Volkes, entwickelte sich der Kritiker Theodor Fontane selbst neben ihr, im Grunde genommen sogar gegen sie: nach der Zeit des ganz im Historischen wurzelnden Balladendichters der Jahre bis 1870 kam eine Periode des besinnlichen Wanderers durch die Natur und Kultur der Heimat, kam die Zeit des Theaterkritikers, sie dauerte bis 1890; und schließlich die Zeit des großen realistischen Schilderers der bürgerlichen Welt mit ihren Sorglosigkeiten, aber auch mit ihren Mängeln und Gefährlichkeiten. Die Frage, ob Fontane die Gefährdung und Selbstvernichtung der bürgerlichen Kultur und Gesellschaft besorgt voraussah, kann bejaht werden, und es macht dabei nichts aus, daß er die Entfernung Bismarcks vom Amte und das Hinscheiden des Kanzlers als beschleunigende Ereignisse empfand. Das Hervorheben dieser Überzeugung und Haltung des Dichterkritikers Theodor Fontane erleichtert vielmehr das Verständnis für die sogenannte Wilhelminische Epoche.

Nach seiner Rückkehr aus England, von 1860 an, fristete Fontane sein Leben als Mitarbeiter von Zeitungen, als Sprachlehrer in Englisch und als Schriftsteller. Nachdem er schon über den Krieg gegen Dänemark und den gegen Österreich berichtet hatte, ging er 1870 als Berichterstatter nach Frankreich, wobei er in Kriegsgefangenschaft geriet. In einem Buche Kriegsgefangen hat er seine Erlebnisse beschrieben. Dann kam der große Einschnitt in sein Leben, es begann jene Periode, die uns den Kritiker und den Dichter Theodor Fontane bescherte: die »Vossische Zeitung«, das Blatt der bürgerlichen Gesellschaft Berlins, bestellte ihn zum Theaterkritiker für die Königlichen Schauspiele; es war 1871. Und hier, vom Parkettplatz 23 aus, inmitten eines den politischen und wirtschaftlichen Aufschwung des neuen Kaiserreiches verkörpernden Publikums, hat Fontane zwanzig Jahre lang die Vorgänge auf der repräsentativsten deutschen Bühne beobachtet und kritisiert, hat Theaterdichtung und Schauspielkunst nicht aus theaterwissenschaftlichen Kenntnissen, sondern aus der Wirkung auf seine Empfindungen beurteilt. Und hat diesen Urteilen einen in Inhalt, Begründung und Form eigenwilligen Ausdruck gegeben, der seinen Kritiken eine noch heute anhaltende Wirkung verleiht. Es war eine von ihm als verantwortungschwer empfundene, oft als Fronarbeit bezeichnete Tätigkeit, und weder ihre geldliche noch ihre künstlerische Anerkennung lohnte die Mühen. Er mußte sie fortsetzen, da seine dichterischen Erfolge nur sehr langsam wuchsen und dem Manne, der mit sechzig Jahren sein erstes Romanwerk veröffentlichte, erst in hohem Alter ein einigermaßen freies Schaffen ermöglichten.

Theodor Fontane war ein unermüdlicher Arbeiter, sorgfältig, fast pedantisch in seinen Vorarbeiten, gewissenhaft feilend an seinen dichterischen Manuskripten, behindert wie in seinen Kritiken so auch in seinen Dichtungen vom immer mehr verflachenden Zeitgeschmack des Publikums, gestützt allein von der Anerkennung wertvoller Freunde und einer sich mehrenden Gemeinde und gehalten von der Sicherheit seines Gefühls und seinem künstlerischen Geschmack; und vom Wissen darum. Mehr als zwanzig Bände umfaßt sein Lebenswerk, mit dem er als Kritiker und Erzähler in der deutschen Literaturgeschichte seinen ehrenvollen Platz behauptet. Da stehen verzeichnet: Von der schönen Rosamunde (Romanzen) 1850, Männer und Helden (Balladen) 1850, Gedichte 1851, Ein Sommer in London 1854, Jenseits des Tweed 1860, Aus England 1861, Balladen 1861, Kriegsgefangen 1871, Aus den Tagen der Okkupation 1872, Vor dem Sturm 1878, Wanderungen durch die Mark Brandenburg 1863–1882, Grete Minde 1879, L'Adultera 1880, Graf Petöfi 1883, Schach von Wuthenow 1882, Irrungen, Wirrungen 1888, Fünf Schlösser 1889, Stine 1890, Unwiederbringlich 1892, Frau Jenny Treibel 1892, Meine Kinderjahre 1894, Effi Briest 1894, Der Stechlin 1898, Von Zwanzig bis Dreißig 1898. Aus dem Nachlaß Plaudereien über Theater 1905, Brief-Sammlungen 1905–1925 und anderes. Viele seiner Werke sind nach seinem Tode als Sonderdrucke und unter ihrem besonderen Titel erschienen.

Am 20. September 1898 schloß Theodor Fontane die zum Schauen bestellten Augen, hörte das zum Empfinden geborene Herz auf zu schlagen. Ein gütiger und weiser Mensch, der das Leben geliebt hatte, war müde geworden, weiterhin das zu bezeugen, was er als sein Ideal bezeichnet hatte: Leben und Wirklichkeit und gute Laune dazu. Der versagende Körper war mehr und mehr zur Last geworden, die temperamentvollen Äußerungen nahmen, wie er selbst es empfand und bezeichnete, einen grantigen Charakter an, ihre Anlässe waren oft schon geringfügiger Natur. Und blieb er auch noch immer der alte Beobachter des Lebens, der von sich sagen konnte: Er wird alt, also wird er unausstehlich, so mußte er auch bekennen: ... im Herzen tiefe Müdigkeit, es sagt mir alles: Es ist Zeit! Das Unvermeidliche aber schreckte ihn nicht, in einem ergreifenden Gedicht noch beschrieb er dieses Leben der letzten Monate zwischen den Erscheinungen:

> Mein Leben, es ist ein Leben kaum,
> ich gehe dahin, als wie im Traum.
> Wie Schatten huschen die Menschen hin,
> ein Schatten dazwischen ich selber bin.

*Und er starb, wie er gelebt hatte und wie er es in dem in seinem letzten Lebensjahre geschriebenen* Stechlin *seinen Helden sagen läßt:* Der Vollzug, auch wenn er Tod heißt, darf uns nicht schrecken. In das Gesetzliche sich schicken, das macht den sittlichen Menschen und hebt ihn. *Ein Herzschlag in seiner Wohnung vollzog sanft das Gesetzliche an ihm.*

*Vom Derfflinger, Seydlitz, Joachim Hans von Zieten in den Feldherrn-Balladen bis zu Effi Briest und Jenny Treibel in den realistischen Romanen und zu den* Erinnerungen *ist ein weiter Weg der menschlichen und literarischen Entwicklung eines Mannes, der seine Zeit beschrieb und kritisierte und doch empfand, daß eigentlich sie sich in seinen Empfindungen selbst kritisierte. Den Beweis dafür erbringen seine Plaudereien über das Theater...*

*Wenn der Verfasser dieser einleitenden Sätze darauf verzichtete, eine kritische Zergliederung des Kritikers Theodor Fontane vorzunehmen, und sich darauf beschränkte, immer wieder die Worte von der »Verflechtung von Kunst und Leben« und der »Widerspiegelung des Lebens durch das Theater« zu wiederholen, so geschah das, weil sie das Glaubensbekenntnis Fontanes darstellen und von ihm selbst in einem langen Kritikerleben als ausreichend zur Begründung seiner Eigenart bezeichnet worden sind. Dieser Mann eignet sich in keiner Weise zur Sezierung, da er keinen Leichnam hinterließ, sondern einen lebendig und außerdem durchsichtig gebliebenen menschlichen Körper. ·Einfach und nicht mißzudeuten sind seine Vorzüge und seine Mängel. Darum auch haben alle, die ihm im Leben nahestanden, seine Freunde und Kollegen und Verwandten, davon abgesehen, am kritischen Werk Fontanes weitschweifend oder tiefgründig herumzudeuten, es zu zerlegen und zu zerfetzen. Geschah es in späteren Jahren des öfteren doch, so lagen die Gründe wohl kaum im Objekt, und das Ergebnis war bestenfalls ein circulus vitiosus, ein Trugschluß, da das zu Beweisende schon und besser in den Beweisgründen enthalten ist. Man liebt den einfachen Herrn von Ribbeck trotz aller veränderten politischen Forderungen und wirtschaftlichen Notwendigkeiten, oder man liebt ihn nicht. Von diesem Standpunkte aus mag es daher vertretbar sein, in einer Zufallsbegegnung mit Theodor Fontane mehr zu sehen als die Erinnerung eines Mannes an ein Erlebnis seiner Knabenzeit, anderes allerdings auch als ein literarisch zurechtgemachtes Gleichnis.*

*Unter den Erzählgedichten, die ein zehnjähriger Landjunge auswendig konnte, hatten zwei seine besondere Liebe:* Joachim Hans von Zieten *und* Herr von Ribbeck *; das eine wegen des geschwungenen Husarensäbels, das andere wegen des seltsamen Birnbaums;*

beide wegen ihres Dichters, der vom alten Dorfkantor bei jeder Gelegenheit als besonderer Landsmann gepriesen worden war. Und als der alte Lehrer den Jungen mit auf die Berliner Gewerbeausstellung genommen hatte, 1895 oder 96, begab es sich, daß sie beim Verlassen eines Pavillons vor zwei lebhaft plaudernden alten Herren standen, der Kantor sich aufgeregt zum Schüler niederbeugte und flüsterte: »Das ist er, der Dichter!« Der Dichter konnte nur Theodor Fontane sein, und von den beiden alten Herren konnte es nur der hagere Mann mit dem breiten Schlapphut über dem weißbuschigen Wachtmeister-Schnauzbart sein. Es war der erste Dichter, den der Knabe sah, und er hatte sich einen Dichter eigentlich anders vorgestellt: so mit einem unweltlichen Gesicht, wie es die Gipsbüsten von Schiller und Goethe im Zimmer des Kantors hatten. Er starrte den großen Mann wohl so aufdringlich forschend an, daß der aufmerksam wurde, den Kopf neigte und freundlich fragte: »Na, min Jung?« Worauf dem Ertappten die Frage entfuhr: »Sind Sie wirklich der Herr von Ribbeck?« Er hatte natürlich sagen wollen: der Herr Dichter Fontane, aber die freundliche plattdeutsche Frage hatte in dem Überraschten den Dichter und sein Werk in eins verwoben, und als er es bemerkte, lief er davon und behielt nur die Erinnerung an einen vergnügt lachenden alten Mann. Und für sein Leben die Überzeugung von der Identität der Gestalt, des Charakters und der Handlung des Herrn von Ribbeck auf Ribbeck im Havelland mit dem Dichter Theodor Fontane. So daß er heute weder eine Kindheiterinnerung noch eine literarische Konstruktion nötig hat, um im Kritikerwerk des Dichters jenen aus dem Grabe gewachsenen Birnbaum zu sehen, der seine Früchte auch in eine gründlich veränderte Nachwelt weiterreicht.

*Thomas Mann*
*(anläßlich der Enthüllung des Berliner Fontane-Denkmals, »BZ am Mittag«, 7. 5. 1910)*

Unendliche Liebe, unendliche Sympathie und Dankbarkeit, ein Gefühl tiefer Verwandtschaft (vielleicht beruhend auf ähnlicher Rassenmischung), ein unmittelbares und instinktmäßiges Entzükken, eine unmittelbare Erheiterung, Erwärmung, Befriedigung bei jedem Vers, jeder Briefzeile, jedem Dialogfetzen von ihm, – das ist [...] mein Verhältnis zu Theodor Fontane. Wo in deutscher Prosa gibt es zum zweitenmal eine solche Gehobenheit bei so viel scheinbarer Anspruchslosigkeit? Er war ein Sänger, auch wenn er zu klöhnen schien. Und er ist unser Vater, – die wir, einer überholten, doch zählebigen Ranglehre zum Trotz, dem deutschen Roman als Kunstform die ästhetische Ebenbürtigkeit neben Drama und Lyrik zu erwirken gesonnen sind.

Fontane-Denkmal von
Max Klein und Fritz
Schaper im Tiergarten
in Berlin

[...] der Literaturhistoriker wird diesen Mann nicht ganz erfassen.
Er war mehr, ja er war eigentlich erst ganz er selbst, neben der
Literatur. Nicht neben der Kunst. Er war kein Lebenskünstler, kein
Held und kein Weltbefahrer. Alles, was menschlich und literarisch in
den Briefen, in den viel zu wenig gekannten Theaterkritiken reizt,
hat irgend etwas mit Kunst zu tun – ist künstlerisch empfunden bis in
die Fingerspitzen –: Werke des Mannes aus einer Mischrasse. Märker
und Emigranten – dieses Konglomerat hat der Mark Brandenburg
schon manchen guten Mann geschenkt. Aber es war ja nicht die
Literatur, nicht die Kunst und all das.
Was diesen Mann uns unvergleichlich macht, das ist – wie bei Goethe
– die Luft, in der er lebte und die er atmete. Das ist jene Aura um die
Dinge seines Seins herum, dieses Undefinierbare, das Fontane zu
einem Symbol macht, zu einem Symbol einer Zeit, und mehr: zu
dem einer ganzen kleinen Welt. Sie ist dahin.
Was war es denn schließlich mit ihm –? Er schrieb seine Bücher, und
arbeitete – er war einer der gewiegtesten Techniker, die die deutsche
Literatur je gehabt hat, ohne daß man Versen und Sätzen ansieht,
wie sie gebosselt sind – er schrieb und lebte bescheiden daher. Und
das Leben auf der großen Weltbühne rauschte vorbei, umbrauste
ihn, und er lächelte. Wer so lächeln kann –!
Es war ein Gemisch, ein prachtvolles Gemisch von Lavendelduft
und neuer Zeit, wie er sie verstand, aus edelstem Menschentum und

Aus:
Kurt Tucholsky,
Fontane und seine
Zeit
(1919)

jenem Schuß Ironie und Skepsis, die den Mann so anziehend machten. In seinen Augen lag immer das gewisse leichte Zwinkern, der kleine berliner »Plinzler«, der die Möglichkeit zum Rückzug offenläßt, und der deshalb jedes Pathos erträglich macht – weil man weiß: der bullert keinen Theaterdonner.

[...] Er war fein und still; er ging über den Asphalt und kannte alle geistigen Leute in Berlin und umspannte gewiß nicht die ganze Menschenwelt, aber alles war so klar und einfach und wohl abgegrenzt – bis hinunter zur Rangordnung der preußischen Verwaltung, die er ironisierte, aber doch irgendwie ernst nahm. Und das konnte er damals ja auch.

Heinrich Mann,
Theodor Fontane
(1948)

Der moderne Roman wurde für Deutschland erfunden, verwirklicht, auch gleich vollendet von einem Preußen, Mitglied der französischen Kolonie, Theodor Fontane. Als erster hier hat er wahrgemacht, daß ein Roman das gültige, bleibende Dokument einer Gesellschaft, eines Zeitalters sein kann; daß er soziale Kenntnis gestalten und vermitteln, Leben und Gegenwart bewahren kann noch in einer sehr veränderten Zukunft, wo, sagen wir, das Berlin von einst nicht mehr besteht. Alles vermöge richtig gesehener, stark gezeichneter Personen, einer Welt von Personen oder einzeln ausgesuchter, die dasselbe tun: standhalten, sich selbst unverletzt überbringen den weiten Weg von damals her.

Den Befreiungskrieg 1813 hat man gesehen, wenn man Vor dem Sturm las. Von innen gesehen hat man ihn nur dann. Schach von Wuthenow ist das Geschöpf einer Niederlage, die damals »Jena« hieß. Dies wird aus ihnen, so fühlen sie ihr Leben, noch bevor sie geschlagen sind. Aber wenn brave Leute, Eltern mit Herz, dennoch den gebotenen Gesetzen ihr eigenes Kind opfern – das ist Effi Briest. Die Gelegenheit mehr als der Trieb, das Verbot und Geheimnis eher als der Genuß verführen Effi; fragwürdig ihre Tat, nur die Strafe ist ihr gewiß, die lange, endgültige Strafe, mit Verstoßung, Einsamkeit, Krankheit. Bis der Tod den kurzen Ehebruch endlich aufhebt. Nur der Tod übertrifft den Ehebruch und was Klassengesetze des bürgerlichen Zeitalters aus ihm an Tragik machen. Sie machen für Effi mehr noch, wenn es sein kann, als im Fall Emma Bovary.

Effi Briest steht bei Madame Bovary, das märkische Landfräulein neben der Bauerntochter aus der Normandie. Beide Romane haben die ganze Schönheit der großen Menschenschilderung, die sich unpersönlich gibt, aber pathetisch ist; beide die ganze Bedeutsamkeit des nachgeschaffenen Lebens. Des vorgeschaffenen, wäre richtig. Wer hat vor Flaubert, vor Fontane die wirkliche Bedeutung ihrer Figuren gekannt, ihrer gleich unsterblichen Figuren? Wohl ist seither nur die eine der Welt geläufig geworden. Wird die andere seltener genannt, dann liegt es daran, daß sie deutsch ist. Deutsche Romane des 19. Jahrhunderts sind bei der Welt nicht durchgedrungen, man ginge denn zurück bis Hoffmann, bis Goethe. Aber Fontane wiegt viele auf, die fehlen oder die befremden.

Nach Effi Briest sagte er: Das kommt nicht wieder. Er wußte, was er gemacht hatte, war übrigens alt. Er schrieb noch Der Stechlin, da wird sein herber Realismus geisterhaft, wie nach dem Leben das Ende; sein eigenes spricht verhalten mit. Voraus gingen die kleinen Kostbarkeiten, deretwegen er sich lächelnd den Dichter der Berliner Halbwelt nannte. Süß, herzbrechend süß ist Stine. Wer aber in Werken, Briefen, Gedichten Fontanes immer wiederkehrt, ist sein Altersgenosse Bismarck – er sieht ihn groß und klein, er weiß über ihn mehr als seither jemand wissen kann. Was er sieht, ist bei allem, in jedem auch das andere, weshalb er abgelehnt wird, wo und wann fanatische Einseitigkeit die Macht antritt. Er war, in Skepsis wie in Festigkeit, der wahre Romancier, zu seinen Tagen der einzige seines Ranges.

Theodor Fontane
(1895)

17

Alexander Kluge,
Rede zur Verlei-
hung des Fontane-
Preises der Akade-
mie der Künste in
Berlin
(1979)

Es ist eine Konvention, daß, wer den Fontane-Preis für Literatur
erhält, etwas über Fontane sagt. In Form einer Ansprache. Ich habe
mich daraufhin im vorigen Monat auf den Titel: »Was uns Fontane
zum Beispiel sagt« eingelassen. Ich klammere mich dabei an das
Wort »zum Beispiel«.

Für mich hatte das die Folge, daß ich Fontane erstmals gründlich
gelesen habe. Ich muß das zugeben. Ich habe aber meine
Schularbeiten ordentlich gemacht. Ich hätte es sicher leichter, wenn
ich über Hölderlin, Kleist, Kafka, Döblin, Joyce, Arno Schmidt oder
über Marx reden würde; Marx zum Beispiel, literarisch und
sprachlich, wäre ein großer Praktiker des Montagekunstwerks. Das
Latein solcher Theorie enthält verblüffend viele Erzählungen und
Geschichten. Es bedürfte überhaupt der Auflösung hin zu den
Erfahrungen und Geschichten, und man würde rasch merken, daß
sie keineswegs orthodox sind. Dies zum Beispiel von der Sprache her
zu analysieren läge mir nahe.

Zurück zu Fontane. Was mir auffällt, ist, daß Fontane oft zitiert
wird, daß aber diese Zitate ihn genau nicht wiedergeben. Es ist eine
beachtliche Indirektheit, in der er spricht, Gesprächston. Er ist nur
zu fassen, wenn man sich auf seine Haltung einläßt. Insofern werde
ich nicht, wie angekündigt, darüber reden, was er uns sagt, sondern
versuchen, in der Haltung zu argumentieren, die dieser in Deutschland gewiß seltene Realist einnimmt.

Das betrifft zunächst Feierstunden wie diese und alle Arten von
Ansprachen, also Laudatio genauso, wie wenn ich hier spreche.
Fontane würde sagen: So wird das kein Dialog. Das ist unnatürlich.
Der Redner soll sich kurz fassen, hat mir meine Mutter, eine
Berlinerin, als hauptsächlichen Hinweis mitgegeben. Fontane wäre
in lässiger Form bissig geworden.

Er war übrigens ja drei Monate lang Sekretär der damaligen
Akademie der Künste. In einer biographischen Notiz heißt es:
»Noch einmal finden seine Freunde für ihn eine Beamtenstellung:
Mit sechsundfünfzig wird er Sekretär der Akademie der Künste. Die
Arbeit ist langweilig, aber nicht anstrengend.« Fontane selbst sagt:
Ich ersehne den Moment, wo ich aus diesem wichtigtuerischen
Nichts, das mit Feierlichkeit bekleidet wird, wieder heraus sein
werde. Wir ehren Fontane nicht, wenn wir ihn für höflich halten.
Er ist gelassen, aber nicht unscharf.

Was hier Fontane über die königliche Akademie der Künste von
1876 sagt, gilt selbstverständlich nicht für die Berliner Akademie der
Künste von heute.

Ich bin hier in Berlin in der Zeit unmittelbar nach dem Krieg
aufgewachsen und zur Schule gegangen. Wir haben dort von Brecht,

Kafka, Klabund, Rilke mehr erfahren als von ihm. Wir wußten nur, daß Fontane eines der absoluten Meisterwerke der Literatur, Effi Briest, der neben Flauberts »Madame Bovary« zählt, geschaffen hat. Er hat übrigens eine Reihe weiterer Novellen in der gleichen Meisterschaft wie Schach von Wuthenow, Stine usw. geschaffen. Übrigens sämtliche erst nach 1876, das heißt als beinahe Sechzigjähriger, bis zu seinem Tode. Wir wußten, daß er die Wanderungen durch die Mark Brandenburg verfaßt hat; unbekannt war, daß er über die Kriege 1864/66 und 1870 4500 Seiten schrieb. Und bei seinen Recherchen beinahe als Spion zum Tode verurteilt worden wäre. Als Neugieriger zwischen den Fronten. Dieses Zwischen-den-Fronten-Sichbewegen ist seine Haltung, ist die Naturform des Dialogs, gleich ob die Nationen Kriege führen, die Klassen oder die Parteien. Mir gefällt das sehr. Weniger schön, aber daran ist er unschuldig, ist es, daß deutsche Kinder seine Verse auswendig zu lernen hatten. Herr von Ribbeck auf Ribbeck im Havelland oder Der ist in tiefster Seele treu, der die Heimat liebt wie du.
Georg Lukács gliedert Theodor Fontane unter die großen Realisten des 19. Jahrhunderts ein. Realismus, das ist nichts Einfaches. Es ist ein sehr modernes Problem. Bertolt Brecht sagt zum Realismus: »Die Lage wird dadurch so kompliziert, daß weniger denn je eine einfache ›Wiedergabe der Realität‹ etwas über die Realität aussagt. Eine Photographie der Krupp-Werke oder der AEG ergibt beinahe nichts über diese Institution. Die eigentliche Realität ist in die Funktion gerutscht. Die Verdinglichung der menschlichen Beziehungen, also etwa die Fabrik, gibt die Letztere nicht mehr heraus.«
Realismus besteht deshalb aus zwei ganz verschiedenen Haltungen: der Genauigkeit in der Wiedergabe realer Erfahrungen. Das ist das, was man eine realistische Haltung nennt. Die Wurzel einer solchen realistischen Haltung, das Motiv, liegt aber im Protest gegen das in diesen Erfahrungen enthaltene menschliche Unglück: Das ist eine antirealistische Haltung. Sie will die wirklichen Verhältnisse verändern oder ist zumindest parteilich für die Menschen, die unter den Verhältnissen leiden: Und deshalb ist sie aufmerksam in der Beobachtung der Wirklichkeit.
Praktisch ist es noch schwieriger. Menschen haben von Haus aus keine realistische, sondern eine ideologische Sinnlichkeit (ohne Sinnlichkeit ist niemand realistisch). Sie wachsen in den Familien auf, in denen die Nähesinne ausreichen. Für Kinder erscheint es zunächst so, daß Personen die Welt regulieren, und zwar in der Nähe. Es ist ein Kinderwunsch – und Sigmund Freud sagt: Glück ist die Erfüllung des Kinderwunsches –, daß das auch in Zukunft so bleibt.

Die wirkliche Geschichte findet aber in Form von gesellschaftlichen Entscheidungen statt, über die uns nicht unsere Sinne etwas sagen, sondern allenfalls die Statistik. Was für die Astronomie die Fernrohre sind, das ist für die menschliche Erfahrung, ob man nun Geschichten erzählt oder ob man, ohne professionell zu schreiben, sich mit den Geschichten und Erfahrungen, die im Kopf schwirren, täglich beschäftigt, nur die Abstraktionsfähigkeit des Kopfes. In diesem Sinne ist der Mensch kein gesellschaftliches, kein politisches Wesen. Und es ist eine Erfahrung, daß, wenn er rebelliert, er noch die wenigen sinnlichen Werkzeuge, die ihn mit dem gesellschaftlichen Ganzen verbinden, meist zusätzlich zertrümmert.

Fontane hat, ohne das Wort Dialektik je zu gebrauchen, von dieser Mehrdeutigkeit und Radikalität des Realismus außerordentlich viel verstanden. In den großen Romanen und Novellen wird der konkrete Lebenslauf von Menschen – und sie sterben daran – von gesellschaftlichen Bedingungen diktiert. Er erzählt das aber nicht von der Partei dieser gesellschaftlichen Fakten, sondern das besondere Leben haben die Details. Die Blumenbeete, die Sonnenuhr in Effi Briest, ein Gebüsch, das heißt die Dinge, zu denen ein Mensch einmal Beziehungen aufgenommen hat, sehen kritisch auf das, was sich zwangsläufig ereignet, und protestieren gegen diese Zwänge.

Effi Briest wird wie eine Ware verschoben, Schach von Wuthenow ist in den Fängen eines hohlen Ehrbegriffs wie in einem Gefängnis. Fontanes Haltung aber steht überhaupt nicht auf der Seite der zwangsläufigen Tragik, die er ja doch genau abgebildet, sondern auf dem Gegenpol der Trauerarbeit und eines heiteren Angriffsgeistes gegen das Geschick. Er sagt: Gewonnen kann durch Trübseligkeit nie etwas werden.

Fontane ist deshalb auch der Erfinder des Vielfältigkeitsromans, das heißt einer literarischen Form, die die Handlung gegen Null führt und dafür den Zusammenhang vieler Handlungen und die Reflexion ausbreitet. Er ist niemals verliebt in den Terror wirklicher Verhältnisse, sondern er sucht nach Auswegen. Das ist die produktive, streng unsentimentale Seite.

Versuchen wir uns einmal vorzustellen, worüber er sich mokieren würde oder was seine Haltung wäre, wenn er das heutige Berlin betrachten könnte. Neugierig genug wäre er. Zwischen den Fronten sich bewegen ist seine Art. Er stieße zielsicher auf die Bewegung der »Igel«. Das, was Peter Glotz die Mehrheitskultur, die die Wahlen entscheidet, und die Minderheitskultur genannt hat, die in einer Art Parallelgesellschaft sich alternativ einrichtet, wäre ihm vermutlich ein wichtiger Untersuchungsgegenstand. Die haben ja sämtlich, würde er sagen, den Dialog durch das Kommuniqué ersetzt. Die reden ja nicht miteinander. *Zu mir würde er sagen: Diese Rede müssen Sie besser zweimal halten, einmal im Stile der Mehrheitskultur, ein andermal im Stile der Minderheitskultur.* Er würde die investierte politische Arbeitskraft, die sich mit dem Brückenbau in der Gesellschaft befaßt, mit den Mannschaften vergleichen, die sich mit dem Abriß von Brücken und Verständigungsmöglichkeiten beschäftigen. Es gibt quer durch die Parteien und die Abgrenzungen in unserem Berlin – aber die Verhältnisse sind hier nur deutlicher und fortgeschrittener, es gilt aber für die ganze deutsche Gesellschaft – eine undefinierte Gruppierung, die an Religionskriege, an den Automatismus der Trennungen nicht glaubt. Nennen wir sie die Ungläubigen. Für sie ist Fontane eine Bestätigung ihrer recht mühseligen Arbeit.

Was ich hier erzähle, ist aber immer noch das, was den Begriff des Realistischen ausmacht, nämlich daß er sich mit der Täuschung, die der ausschließliche Verlaß auf die Sinnesnähe dem menschlichen Bewußtsein antut, sich nicht abfindet. Ein Realist bohrt. Er ist darin unangenehm. Er neigt zum Beispiel dazu, einige Dinge auf Null zu stellen. Bei Fontane können wir beobachten, daß das allerdings die Quelle auch für Heiterkeit und einen gewissen Witz ist.

Nehmen wir die Beispiele nicht aus der Literatur, sondern aus dem Politischen. So hätte es nämlich Fontane gemacht, zum Beispiel im Stechlin oder in Allerlei Glück geht es ihm ja nicht darum, eine individuelle Handlung vorwärtszutreiben, sondern politische Verhältnisse auf ihre Proportion zu bringen.

Wir würden dann mit Fontane fragen: *Wo bleibt eigentlich die ungeheure Arbeitsfähigkeit, die deutsche Tüchtigkeit und Gründlichkeit im politischen Bereich? Was ist das für eine eigenartig dünne Luft, sobald man die Fülle von realen Erfahrungen in der politischen Sprache wiederzuerkennen sucht?*

Er würde jetzt rechnen: Der Löwenanteil an Arbeit findet in den Betrieben statt. Ein weiterer großer Teil findet in den Formen von Familienleben, Liebesbeziehungen, in den sogenannten Sozialisationsbereichen statt. Um es in den Betrieben und im Privatleben, also den Beziehungen, auszuhalten, muß ein Mensch außerdem eine innere Balanceökonomie produzieren. Das ist zwar unbezahlte Arbeit, aber auch Arbeit. Hier ist so viel Arbeitskraft festgelegt, wie in die Betriebe und in die Beziehungen eingeht. Übrig bleibt vielleicht eineinhalb Prozent der gesellschaftlichen Arbeit, die sich auf das Politische richtet. Die ist aufgeteilt in links, rechts und Mitte und wird verwaltet in Form von Irrtümern, politischen Halbprodukten, wiederum eingeteilt in Exekutive, Parlamente und Justiz, die angeblich keine Politik macht usw. Außerdem, würde Fontane *eine seiner Figuren bemerken lassen, faßt man Politik als ein besonderes Sachgebiet auf. Es ist aber kein Sachbereich, sondern ein besonderer Intensitätsgrad, den alles Alltägliche, jedes Gefühl, jede Praxis annehmen kann, wenn sie gereizt wird. Ein Straßenname oder ein Kleidungsstück ist nicht politisch, aber wenn persische Frauen islamische Gewänder zwangsweise tragen müssen, wenden sie sich gegen Khomeini, und wenn der Kaiserdamm in Konrad-Adenauer-Allee umbenannt werden soll, gibt es Aufstand.*

*Fontane würde hieraus für den Umgang mit der Sprache, also für Literatur, schließen, daß es Zeit ist, diese Disproportionen gründlich zu verändern, daß also Schriftsteller nicht dadurch politisch werden, daß sie an eine politische Praxis halten, sondern daß sie in Form von Geschichten das, was als unpolitisch gilt, aber ein Politikum ist, endlich einbringen helfen.*

*Fontane war politisch nie links. Er war ein Konservativer. Zehn Jahre lang war er Redakteur der Kreuzzeitung, zu der sich der Bayernkurier sicher als progressives Blatt verhält. Er beschreibt, welchen Schreck er bekam, als er sich bei dem Chefredakteur dieses reaktionären Blattes meldete, bei Tuisko Beutner, was aus dem Germanischen übersetzt etwa »Deutschling« Beutner heißt.* Links ein Sofakissen mit Eisernem Kreuz bestickt. Rechts ein Christusbild, schwarz gerahmt, mit Dornenkrone. *Wenn Fontane das Reaktionäre sehr deutlich erkennt, so ist er doch immer selber konservativ. Das ist aber generell, auch heute, eine kritische Stärke. Es geht nicht darum, immer neue Anfänge zu setzen und diese dann abzubrechen. Dieses Prinzip der Diskontinuität zur Geschichte ist ein spezifisch deutsches Rezept für verheerende Katastrophen. Vielmehr geht es darum, ein gelassenes Verhältnis zur Geschichte seines Landes zu haben, das heißt Geschichte zuzulassen. Man muß konservativ sein, wenn man progressiv ist. Ich lege hier nicht Fontane etwas unter, was ich selber denke, sondern Sie können mir glauben, daß dies die Quintessenz von Fontanes Haltung ist. Ich zitiere die Belege nur nicht, weil ich mich kurzfassen will.*

*Die Verhältnisse sind heute gegenüber Fontanes Umwelt radikal. Zur Zeit haben wir Frieden. Einige sagen: Scheinfrieden. Man empfindet das vielleicht in Berlin manchmal stärker als anderswo, und es gibt viele Menschen, denen die Bombenangriffe noch in den Knochen sitzen. Das hat Fontane nicht gekannt.*

*Wenn man es bildlich ausdrückt, so gibt es immer zwei Strategien: eine von unten, eine von oben. Was das Bombenkommando macht, ist Strategie von oben. Was eine Frau mit zwei Kindern unten im Keller als Gegenwehr dagegenzusetzen vermag, das ist Strategie von unten. Man muß sich klarmachen, daß es unsere moderne Welt* mit den Menschen etwa so meint. Das verbietet eigentlich, sich in die Idylle einerseits und die Utopie andererseits zu verschanzen. Dieses Verhältnis Mensch/Bombe ist ja die höchste Form der Fiktion und müßte eigentlich Utopie heißen, nämlich »an keinem Ort der Erde möglich«. Ich könnte andere Beispiele nennen, könnte einige davon in der Wurzel auch bei Fontane verankern. Es geht um eine rabiate Herausforderung an das Bewußtsein der Menschen und auch an das Geschichtenerzählen. Eigentlich gibt es, wenn man das zu Ende überlegt, keine realistische zweite Option.

Ich bin leider etwas dramatisch geworden, aber das liegt nicht an mir, sondern an dem, wovon ich erzähle. Es klingt nervöser, als sich Fontane ausdrückt. Es ist aber auch eine andere Zeit. Fontane drückt alles das indirekter, lockerer aus. Vorgedruckte Fragen in einem Gästebuch hat Fontane folgendermaßen beantwortet: »Was ist Ihre hervorstechendste Eigenschaft? Indifferenz. Wie verstehen Sie das Glück? Gar nicht. Wie das Unglück? Auch nicht recht. Wo möchten Sie leben? In meiner Stube. Wer ist in Ihren Augen der erste Dichter, Schauspieler, Musiker, Maler? Wechselt alle fünf Jahre. Welche Fehler finden Sie am verzeihlichsten? Die meinigen. Lieben Sie das Ideale oder das Reale? Die Diagonale. Welchen Rat würden Sie der Frau geben, die Sie lieben? Mich wieder zu lieben. Welches ist Ihre Lieblingsbeschäftigung? Schlafen. Welche politische Richtung ist Ihnen am sympathischsten? Mecklenburg. Wie denken Sie über die Ehe? Je nachdem. Welche Blume, welches Getränk und welche Farbe ziehen Sie vor? Mir alles ganz gleich. Definieren Sie die Liebe? Mir zu schwer. Definieren Sie Frauen? Noch schwerer.«

Eine Unzahl anderer Pläne harrten der Ausführung, als im Frühjahr 1892 eine schwere Krankheit den Dichter heimsuchte. Monate vergingen, ohne auch nur den geringsten Schimmer von Hoffnung auf Genesung durchblicken zu lassen. In seine geliebten schlesischen Berge geflüchtet, lebte er in einer Art Dämmerzustand. Apathisch, teilnahmslos gegen alles, was ihn umgab, was auch draußen in der Welt passieren mochte. Das Hirn wollte nicht mehr mit, die Maschine drohte stillzustehen. Durch kein organisches Leiden, lediglich in den Nerven wurzelnd, hatte die seelische Depression – wir folgen den Berichten der ihn selbstlos gehenden und pflegenden Frau und Tochter – einen derartigen Tiefstand erreicht, daß man auf das Schlimmste – geistige Umnachtung – gefaßt sein mußte. Nicht ausgeschlossen, will uns dünken, den Kern des Leidens mit einer ausgesprochenen Neigung zum Aberglauben in Zusam-

*Friedrich Fontane, Über die Entstehung des »autobiographischen Romans« Meine Kinderjahre (1923)*

23

menhang bringen zu müssen. Hatte er doch mit 72 jenes Alter erreicht, wo der, dessen er »in Dankbarkeit und Liebe« zeitlebens gedacht hatte, abgerufen worden war. Und so erwartete auch er fast stündlich den Tod.

Da war es, als der Kranke mit seinen Damen im Herbst nach Berlin wieder zurückgekehrt war, der bewährte Hausarzt Dr. Delhaes, der den schon ganz Hoffnungslosen aus seiner Lethargie aufrüttelte. Seine Diagnose traf das allein Richtige. Mit Medikamenten war in einem solchen typischen, psychopathischen Fall dem Kranken nicht beizukommen. Noch dazu einem Kranken, der – einst selbst Giftmischer – zeitlebens vorsätzliche Abneigung, ja Mißtrauen gegen jegliche Rezeptverschreibung bezeigte. So beschloß der tüchtige Arzt eine rein individuelle Behandlung. Er suchte dem Kranken seinen schon die Form von Zwangsvorstellungen annehmenden leidenden Zustand fortzusuggerieren, ihn unausgesetzt tröstend, bestimmt Heilung prophezeiend.

»Sie sind ja gar nicht krank! – Ihnen fehlt nur die gewohnte Arbeit! – Und wenn Sie sagen: Ich habe ein Brett vorm Kopf, die Puste ist mir ausgegangen, mit der Romanschreiberei ist es vorbei!, nun, dann sage ich Ihnen: wenn Sie wieder gesund werden wollen, dann schreiben Sie eben was anderes, zum Beispiel Ihre Lebenserinnerungen. Fangen Sie gleich morgen mit der Kinderzeit an!«

*Aus:*
Meine Kinderjahre.
Vorwort
*(1893)*

Als mir es feststand, mein Leben zu beschreiben, stand es mir auch fest, daß ich bei meiner Vorliebe für Anekdotisches und mehr noch für eine viel Raum in Anspruch nehmende Kleinmalerei mich auf einen bestimmten Abschnitt meines Lebens zu beschränken haben würde. Denn mit mehr als einem Bande herauszutreten, wollte mir nicht rätlich erscheinen. Und so blieb denn nur noch die Frage, *welchen* Abschnitt ich zu bevorzugen hätte.

Nach kurzem Schwanken entschied ich mich, meine Kinderjahre zu beschreiben, also »to begin with the beginning«. Ein verstorbener Freund von mir (noch dazu Schulrat) pflegte jungverheirateten Damen seiner Bekanntschaft den Rat zu geben, Aufzeichnungen über das erste Lebensjahr ihrer Kinder zu machen, in diesem ersten Lebensjahre »stecke der ganze Mensch«. Ich habe diesen Satz bestätigt gefunden und wenn er mehr oder weniger auf Allgemeingültigkeit Anspruch hat, so darf vielleicht auch diese meine Kindheitsgeschichte als eine Lebensgeschichte gelten. Entgegengesetzten Falls verbliebe mir immer noch die Hoffnung, in diesen meinen Aufzeichnungen wenigstens etwas *Zeitbildliches* gegeben zu haben: das Bild einer kleinen Ostseestadt aus dem ersten Drittel des Jahrhunderts und in ihr die Schilderung einer noch ganz von Refugié-Traditionen erfüllten Französischen-Colonie-Familie, deren Träger und Repräsentanten meine beiden Eltern waren. Alles ist nach dem Leben gezeichnet. Wenn ich trotzdem, vorsichtigerweise, meinem Buche den Nebentitel eines »autobiographischen Romanes« gegeben habe, so hat dies darin seinen Grund, daß ich nicht von einzelnen aus jener Zeit her vielleicht noch Lebenden auf die Echtheitsfrage hin interpelliert werden möchte. Für etwaige Zweifler also sei es Roman!

Erstes Kapitel.
Meine Eltern

An einem der letzten Märztage des Jahres 1819 hielt eine Halbchaise vor der Löwen-Apotheke in Neu-Ruppin und ein junges Paar, von dessen gemeinschaftlichem Vermögen die Apotheke kurz vorher gekauft worden war, entstieg dem Wagen und wurde von dem Hauspersonal empfangen. Der Herr – man heiratete damals (unmittelbar nach dem Kriege) sehr früh – war erst dreiundzwanzig, die Dame einundzwanzig Jahre alt. Es waren meine Eltern.
[...]
[...] am 30. Dezember selbigen Jahres wurde ich daselbst geboren. Es war für meine Mutter auf Leben und Sterben, weshalb sie, wenn man ihr vorwarf, sie bevorzuge mich, einfach antwortete »er ist mir auch am schwersten geworden«. In dieser bevorzugten Stellung blieb ich lange, bis, nach achtzehn Jahren, ein Spätling, meine jüngste Schwester, geboren wurde, bei der ich Pate war und sie sogar über die Taufe hielt. Das war eine große Ehre für mich, ging aber mit meiner Dethronisierung durch eben diese Schwester Hand in Hand. Als jüngstes Kind rückte sie selbstverständlich sehr bald in die Lieblingsstellung ein.

*Fontanes jüngste Schwester, Elise, 1838–1923*

*links: Der Vater Louis Henri Fontane, 1796–1867, im Alter von 63 Jahren (Zeichnung von H. Raetzer, 1859)*
*rechts: Die Mutter, Emilie Fontane, geb. Labry, 1797–1869, im Alter von 19 Jahren (Pastellporträt von Pierre Barthélemy Fontane, 1817)*

Dreizehntes
Kapitel.
Wie wir in die
Schule gingen und
lernten

Als wir Johanni 27 in dem Hause mit dem Riesendach und der
hölzernen Dachrinne, darin mein Vater bequem seine Hand legen
konnte, glücklich untergebracht waren, meldete sich alsbald auch
die Frage: »Was wird nun aus den Kindern? In welche Schule
schicken wir sie?« Wäre meine Mutter schon mit zur Stelle gewesen,
so hätte sich wahrscheinlich ein Ausweg gefunden, der, wenn nicht
aufs Lernen, so doch auf das »Standesgemäße« die gebührende
Rücksicht genommen hätte. Da meine Mama jedoch, wie schon
erzählt, einer Nervenkur halber in Berlin zurückgeblieben war, so
lag die Entscheidung bei meinem Vater, der schnell mit der Sache
fertig war und sich in einem seiner Selbstgespräche mutmaßlich
dahin resolvierte, »die Stadt hat nur *eine* Schule, die Stadtschule,
und da diese Stadtschule die einzige ist, so ist sie auch die beste«.
Gesagt, getan; und ehe eine Woche um war, war ich Schüler der
Stadtschule. Nur wenig ist mir davon in Erinnerung geblieben: eine
große Stube mit einer schwarzen Tafel, stickige Luft trotz immer
offenstehender Fenster und zahllose Jungens in Fries- und Lein-

wandjacken, ungekämmt und barfüßig oder aber in Holzpantof-
feln, die einen furchtbaren Lärm machten. Es war sehr traurig. Ich
verknüpfte jedoch damals, wie leider auch später noch, mit »in die
Schule gehen« so wenig angenehme Vorstellungen, daß mir der
vorgeschilderte Zustand, als ich seine Bekanntschaft machte, nicht
als etwas besonders Schreckliches erschien. Ich ging eben davon
aus, daß das so sein müsse. Als aber gegen den Herbst hin meine
Mutter eintraf und mich mit den Holzpantoffeljungens aus der
Schule kommen sah, war sie außer sich und warf einen ängstlichen
Blick auf meine Locken, denen sie in dieser Gesellschaft nicht mehr
recht trauen mochte. Sie hatte dann eines ihrer energischen
Zwiegespräche mit meinem Vater, dem wahrscheinlich gesagt
wurde, er habe mal wieder bloß an sich gedacht, und denselben Tag
noch erfolgte meine Abmeldung bei dem uns schräg gegenüber
wohnenden Rektor Beda. Dieser nahm die Abmeldung nicht übel,
erklärte vielmehr meiner Mutter, er habe sich eigentlich gewun-
dert... All das war nun soweit ganz gut, berechtigte Kritik war
geübt und ihr gemäß verfahren worden, aber als es nun galt, etwas
Besseres an die Stelle zu setzen, wußte auch meine Mutter nicht aus
noch ein. Lehrkräfte schienen zu fehlen oder fehlten wirklich, und
da sich bei der Kürze der Zeit noch keine Beziehungen zu den guten
Familien der Stadt ermöglicht hatten, so wurde beschlossen, mich
vorläufig wild aufwachsen zu lassen und ruhig zu warten, bis sich
etwas fände. Um mich aber vor Rückfall in dunkelste Nacht zu
bewahren, sollte ich täglich eine Stunde bei meiner Mutter lesen und
bei meinem Vater einige lateinische und französische Vokabeln
lernen, dazu Geographie und Geschichte.
»Wirst du das auch können, Louis?« hatte meine Mutter gefragt.
»Können? Was heißt können! Natürlich kann ich es. Immer das alte
Mißtrauen.«
»Es ist noch keine vierundzwanzig Stunden, daß du selber voller
Zweifel warst.«
»Da werd ich wohl keine Lust gehabt haben. Aber, wenn es drauf
ankommt, ich verstehe die Pharmacopoea Borussica* so gut wie
jeder andere, und in meiner Eltern Haus wurde französisch
gesprochen. Und das andre, davon zu sprechen, wäre lächerlich. Du
weißt, daß ich da zehn Studierte in den Sack stecke.«
Und wirklich, es kam zu solchen Stunden, die sich, wie schon hier
erwähnt werden mag, auch noch fortsetzten, als eine Benötigung
dazu nicht mehr vorlag, und so sonderbar diese Stunden waren, so
hab ich doch mehr dabei gelernt als bei manchem berühmten
Lehrer. Mein Vater griff ganz willkürlich Dinge heraus, die er von
lange her auswendig wußte oder vielleicht auch erst am selben Tage

*preußische Arzenei-
bereitungsvorschrift*

gelesen hatte, dabei das Geographische mit dem Historischen verquickend, natürlich immer so, daß seine bevorzugten Themata schließlich dabei zu ihrem Rechte kamen. Etwa so:

»Du kennst Ost- und Westpreußen?«

»Ja, Papa; das ist das Land, wonach Preußen Preußen heißt und wonach wir alle Preußen heißen.«

»Sehr gut, sehr gut; ein bißchen viel Preußen, aber das schadet nichts. Und du kennst auch die Hauptstädte beider Provinzen?«

»Ja, Papa; Königsberg und Danzig.«

»Sehr gut. In Danzig bin ich selber gewesen und beinahe auch in Königsberg – bloß es kam was dazwischen. Und hast du mal gehört, wer Danzig nach tapferer Verteidigung durch unsern General Kalckreuth doch schließlich eroberte?«

»Nein, Papa.«

»Nun, es ist auch nicht zu verlangen; es wissen es nur wenige, und die sogenannten höher Gebildeten wissen es nie. Das war nämlich der General Lefèvre, ein Mann von besonderer Bravour, den Napoleon dann auch zum Duc de Dantzic ernannte, mit einem c hinten. Darin unterscheiden sich die Sprachen. Das alles war im Jahre 1807.«

»Also nach der Schlacht bei Jena?«

»Ja, so kann man sagen; aber doch nur in dem Sinne, wie man sagen kann, es war nach dem Siebenjährigen Krieg.«

»Versteh ich nicht, Papa.«

»Tut auch nichts. Es soll heißen, Jena lag schon zu weit zurück; es würde sich aber sagen lassen, es war nach der Schlacht bei Preußisch-Eylau, eine furchtbar blutige Schlacht, wo die russische Garde beinahe vernichtet wurde und wo Napoleon, ehe er sich niederlegte, zu seinem Liebling Duroc sagte: ›Duroc, heute habe ich die sechste europäische Großmacht kennengelernt: la boue.‹«

»Was heißt das?«

»La boue heißt der Schmutz. Aber man kann auch noch einen stärkeren deutschen Ausdruck nehmen, und ich glaube fast, daß Napoleon, der, wenn er wollte, etwas Zynisches hatte, diesen stärkeren Ausdruck eigentlich gemeint hat.«

»Was ist zynisch?«

»Zynisch . . . ja, zynisch . . ., es ist ein oft gebrauchtes Wort, und ich möchte sagen, zynisch ist soviel wie roh oder brutal. Es wird aber wohl noch genauer zu bestimmen sein. Wir wollen nachher im Konversationslexikon nachschlagen. Es ist gut, über dergleichen unterrichtet zu sein, aber man braucht nicht alles gleich auf der Stelle zu wissen.«

So verliefen die Geographiestunden, immer mit geschichtlichen

Anekdoten abschließend. Am liebsten jedoch fing er gleich mit dem Historischen an oder doch mit dem, was ihm Historie schien. Ich muß dabei noch einmal, aber nun auch wirklich zum letzten Male, seiner ausgesprochenen Vorliebe für alle Ereignisse samt den dazugehörigen Personen, die zwischen der Belagerung von Toulon und der Gefangenschaft auf St. Helena lagen, Erwähnung tun. Auf diese Personen und Dinge griff er immer wieder zurück. Seine Lieblinge hab ich schon in einem früheren Kapitel genannt, obenan Ney und Lannes, aber einen, der seinem Herzen vielleicht noch näherstand, hab ich doch, bei jener ersten Aufzählung, zu nennen vergessen, und dieser eine war Latour d'Auvergne, von dem er mir schon in unseren Ruppiner Tagen allerlei Geschichten erzählt hatte. Das wiederholte sich jetzt. Latour d'Auvergne, so hieß es in diesen seinen Erzählungen, habe den Titel geführt: »Le premier grenadier de France oder Erster Grenadier von Frankreich«, als welcher er, trotzdem er Generalsrang gehabt, immer in Reih und Glied, und zwar unmittelbar neben dem rechten Flügelmann der alten Garde gestanden habe. Als er dann aber in dem Treffen bei Neuburg gefallen sei, habe Napoleon angeordnet, daß das Herz des »Ersten Grenadiers« in eine Urne getan und bei der Truppe mitgeführt, sein Name Latour d'Auvergne aber bei jedem Appell immer aufs neu mit aufgerufen werde, wobei dann der jedesmalige Flügelmann Ordre gehabt habe, statt des »Ersten Grenadiers« zu antworten und Auskunft zu geben, wo er sei. Das war ungefähr das, was ich von meinem Vater her längst auswendig wußte; seine Vorliebe für diese Gestalt aber war so groß, daß er, wenn's irgend ging, immer wieder auf diese zurückkam und dieselben Fragen tat. Oder richtiger noch, immer wieder dieselbe Szene inszenierte. Denn es war eine Szene.

»Kennst du Latour d'Auvergne?« so begann er dann in der Regel.

»Gewiß. Er war le premier grenadier de France.«

»Gut. Und weißt du auch, wie man ihn ehrte, als er schon tot war?«

»Gewiß.«

»Dann sage mir, wie es war.«

»Ja, dann mußt du aber erst aufstehen, Papa, und Flügelmann sein; sonst geht es nicht.«

Und nun stand er auch wirklich von seinem Sofaplatz auf und stellte sich als Flügelmann der alten Garde militärisch vor mich hin, während ich selbst, Knirps der ich war, die Rolle des appellabnehmenden Offiziers spielte. Und nun, aufrufend, begann ich:

»Latour d'Auvergne!«

»Il n'est pas ici«, antwortete mein Vater in tiefstem Baß.

»Où est-il donc?«

»Il est mort sur le champ d'honneur.«

Es kam vor, daß meine Mutter diesen eigenartigen Unterrichtsstunden beiwohnte – nur das mit Latour d'Auvergne wagten wir nicht in ihrer Gegenwart – und bei der Gelegenheit durch ihr Mienenspiel zu verstehen gab, daß sie diese ganze Form des Unterrichts, die mein Vater mit einem unnachahmlichen Gesichtsausdruck seine »sokratische Methode« nannte, höchst zweifelhaft finde. Sie hatte aber in ihrer in diesem Stück und auch sonst noch ganz konventionellen Natur total unrecht, denn, um es noch einmal zu sagen, ich verdanke diesen Unterrichtsstunden wie den daran anknüpfenden gleichartigen Gesprächen eigentlich alles Beste, jedenfalls alles Brauchbarste, was ich weiß. Von dem, was mir mein Vater beizubringen verstand, ist mir nichts verlorengegangen und auch nichts unnütz für mich gewesen. Nicht bloß gesellschaftlich sind mir in einem langen Leben diese Geschichten hundertfach zugute gekommen, auch bei meinen Schreibereien waren sie mir immer wie ein Schatzkästlein zur Hand, und wenn ich gefragt würde, welchem Lehrer ich mich so recht eigentlich zu Dank verpflichtet fühle, so würde ich antworten müssen: meinem Vater, meinem Vater, der sozusagen gar nichts wußte, mich aber mit dem aus Zeitungen und Journalen aufgepickten und über alle möglichen Themata sich verbreitenden Anekdotenreichtum unendlich viel mehr unterstützt hat als alle meine Gymnasial- und Realschullehrer zusammengenommen. Was *die* mir geboten, auch wenn es gut war, ist so ziemlich wieder von mir abgefallen, die Geschichten von Ney und Rapp aber sind mir bis diese Stunde geblieben.

Diese, so sehr ich mich ihr verpflichtet fühle, doch immerhin etwas sonderbare väterliche Lehrmethode, der alles Konsequente und Logische fehlte, würde, da meine Mutter nur eben die Schwächen und nicht die Vorzüge derselben erkannte, sehr wahrscheinlich zu heftigen Streitigkeiten zwischen den beiden Eltern geführt haben, wenn meine kritikübende Mama dem Ganzen überhaupt eine tiefere Bedeutung beigelegt hätte. Das war aber nicht der Fall. Sie fand nur, daß meines Vaters Lehrart etwas vom Üblichen völlig Abweichendes sei, wobei nicht viel Reelles, das heißt nicht viel Examenfähiges herauskommen würde, worin sie auch vollkommen recht hatte. Da ihr selber aber alles Wissen sehr wenig galt, so belächelte sie zwar die »sokratische Methode«, sah aber keinen Grund, sich ernsthaft darüber zu ereifern. Es kam ihrer aufrichtigsten Überzeugung nach im Leben auf ganz andere Dinge an als auf Wissen oder gar Gelehrsamkeit, und diese anderen Dinge hießen: gutes Aussehen und gute Manieren. Daß ihre Kinder sämtlich gut aussähen, war eine Art Glaubensartikel bei ihr, und daß sie gute Manieren entweder schon hätten oder sich aneignen würden, betrachtete sie als eine natürliche Folge des guten Aussehens.

Es kam also nur darauf an, sich vorteilhaft zu präsentieren. Ernste Studien erschienen ihr nicht als Mittel, sondern umgekehrt als Hindernis zum Glück, zu *wirklichem* Glück, das sie von Besitz und Vermögen als unzertrennlich ansah. Ein Hunderttausendtalermann war etwas, und sie hatte Respekt und selbst Ehren für ihn, während ihr Gerichtspräsidenten und Konsistorialräte nur wenig imponierten und ihr noch weniger imponierend erschienen wären, wenn nicht im Hintergrunde das von ihr respektierte »Staatliche« gestanden hätte. Sie war unfähig, sich vor einer sogenannten geistigen Autorität in gutem Glauben zu beugen, nicht weil sie von sich selbst eine hohe Meinung gehabt hätte (sie war im Gegenteil völlig ohne Eitelkeit und Einbildungen), sondern nur weil sie, wie sie nun mal war, auf dem praktischen Gebiete des Lebens – und die *nicht*praktischen Gebiete kamen für sie gar nicht in Betracht – eine Macht des Wissens oder gar der Gelehrsamkeit nicht anerkennen konnte. Ich erinnere mich noch der Zeit, wo seitens beider Eltern, etwa zwanzig Jahre nach dem hier Erzählten, eine Trennung, eventuell Ehescheidung geplant wurde. Die Trennung erfolgte dann auch wirklich, die Ehescheidung unterblieb. Aber diese letztere wurde doch vorübergehend ganz ernsthaft erwogen, und ein Freund unseres Hauses, der damalige bethanische Geistliche, Pastor Schultz, dessen Spezialität Ehescheidungsfragen waren (es war die Zeit unter Friedrich Wilhelm IV., wo man solche Dinge mit frisch auflebender dogmatischer Strenge behandelte), – Pastor Schultz, sag ich, lehnte sich, als er von dem Plane hörte, mit aller Kraft und Beredsamkeit dagegen auf. Meine Mutter hielt sehr viel auf ihn und kannte zudem das Ansehen, dessen er sich »bis hoch hinauf« erfreute, »bis hoch hinauf«, was für sie Bedeutung hatte; nichtsdestoweniger machten seine strengen Auseinandersetzungen nicht den geringsten Eindruck auf sie, so wenig, daß sie, als er schwieg, mit superiorer Seelenruhe sagte: »Lieber Schultz, Sie verstehen diese Frage gründlich; aber ob ich ein Recht darauf habe, mich scheiden zu lassen oder nicht, diese Frage kann in der ganzen Welt kein Mensch so gut beantworten wie ich selber.« Und damit brach sie ab. Ähnlich ungläubig stand sie jeder Autorität gegenüber. Sie war voll Mißtrauen in die Leistungsfähigkeit aller drei Fakultäten und bezweifelte – patriarchalische Zustände waren ihr Ideal –, daß die Menschen beispielsweise was Reelles von der Juristerei hätten. Alles gehe, so meinte sie, nach Gunst oder Vorteil oder im besten Fall nach Schablone. Reich sein, Besitz (am liebsten

Landbesitz), alles womöglich unterstützt von den Allüren eines Gesandtschaftsattachés – *das* war etwas, das schloß Welt und Herzen auf, das war eine wirkliche Macht; das andere war Komödie, Schein, eine Seifenblase, die jeden Augenblick platzen konnte. Und dann war nichts da. Man wird begreifen, daß bei dieser Anschauung meine Mutter zwar darauf hielt, mich aus der Barfüßlerschule herauszubringen, im übrigen aber in einem Interim ohne regelmäßigen Schulunterricht kein besonderes Unglück sah. Es war gegen die Ordnung, das war das Schlimme daran. Im übrigen, das bißchen Lernen, das war jeden Augenblick wieder einzubringen. Und wenn nicht, nicht.

[...]

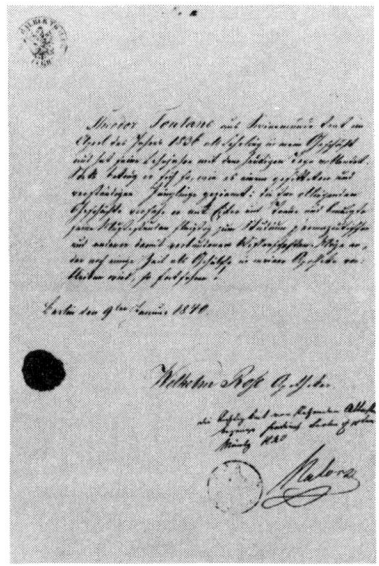

Ostern 1836 war ich in die Rosesche Apotheke – Spandauerstraße, nahe der Garnisonskirche – eingetreten. Die Lehrzeit war wie herkömmlich auf vier Jahre festgesetzt, so daß ich Ostern 40 damit zu Ende gewesen wäre. Der alte Wilhelm Rose aber, mein Lehr-Prinzipal, erließ mir ein Vierteljahr, so daß ich schon Weihnachten 1839 aus der Stellung eines »jungen Herrn«, wie wir von den »Kohlenprovisors« genannt wurden, in die Stellung eines »Herrn« avancierte. Der bloße Prinzipalswille reichte jedoch für solch Avancement nicht aus, es war auch noch ein Examen nötig, das ich vor einer Behörde, dem Stadt- oder Kreisphysikat, zu bestehen hatte und bei diesem vorausgehenden Akte möchte ich hier einen Augenblick verweilen.

Etwa um die Mitte Dezember teilte mir Wilhelm Rose mit, daß ich »angemeldet« sei und demgemäß am 19. selbigen Monats um halb vier Uhr nachmittags bei dem Kreisphysikus Dr. Natorp, Alte Jakobstraße, zu erscheinen hätte. Mir wurde dabei nicht gut zu Mut, weil ich wußte, daß Natorp wegen seiner Grobheit ebenso berühmt wie gefürchtet war. Aber was half es. Ich brach also an genanntem Tage rechtzeitig auf und ging auf die Alte Jakobstraße zu, die damals noch nicht ihre Verlängerung unter dem merkwürdigen, übrigens echt berlinischen Namen »Neue Alte Jakobstraße« hatte. Das noch aus der friderizianischen Zeit stammende, in einem dünnen Rokoko-Stil gehaltene Häuschen, drin Natorp residierte, glich eher einer Prediger- als einer Stadtphysikuswohnung, Blumenbretter zogen sich herum und ich fühlte deutlich, wie die Vorstellung, daß ich nunmehr einem Oger gegenüber zu treten hätte, wenigstens auf Augenblicke hinschwand. Oben freilich, wo, auf mein Klingeln, die Gittertür wie durch einen heftigen Schlag, der mich beinah wie mit traf, aufsprang, kehrte mir mein Angstgefühl zurück und wuchs stark, als ich gleich danach dem Gefürchteten in seiner mehr nach Tabak als nach Gelehrsamkeit aussehenden Stube gegenüberstand. Denn ich sah deutlich, daß er von seiner Nachmittagsruhe kam, also zu Grausamkeiten geneigt sein mußte; sein Bulldoggenkopf, mit den stark mit Blut unterlaufenen Augen, verriet in der Tat wenig Gutes. Aber wie das so geht, aus mir unbekannt gebliebenen Gründen, war er sehr nett, ja geradezu gemütlich. Er nahm zunächst aus einem großen Wandschrank ein Herbarium und ein paar Kästchen mit Steinen heraus und stellte, während er die Herbariumblätter aufschlug, seine Fragen. Eine jede klang, wie wenn er sagen wollte: »Sehe schon, du weißt nichts; ich weiß aber auch nichts und es ist auch ganz gleichgültig.« Kurzum, nach kaum zwanzig Minuten war ich in Gnaden entlassen und erhielt nur noch kurz die Weisung, mir am andern Tage mein Zeugnis abzuholen. Damit schieden wir.

Als ich wieder unten war, atmete ich auf und sah nach der Uhr. Es war erst vier. Das war mir viel zu früh, um schon wieder direkt nach Hause zu gehn und da mich der von mir einzuschlagende Weg an dem Hause der d'Heureuseschen Konditorei vorüberführte, drin – was ich aber damals noch nicht wußte – hundertfünfzig Jahre früher der alte Derfflinger gewohnt hatte, so beschloß ich bei d'Heureuse einzutreten und den »Berliner Figaro«, mein Leib- und Magenblatt, zu lesen, darin ich als Lyriker und Balladier schon verschiedentlich aufgetreten war. Eine spezielle Hoffnung kam an diesem denkwürdigen Tage noch hinzu. Keine vierzehn Tage, daß ich wieder etwas eingeschickt hatte, noch dazu was Großes, – wenn das nun vielleicht drin stünde! Gedanke kaum gedacht zu werden. Ich trat also ein und setzte mich in die Nähe des Fensters, denn es dunkelte schon. Aber im selben Augenblicke, wo ich das Blatt in die Hand nahm, wurden auch schon die Gaslampen angesteckt, was mich veranlaßte, vom Fenster her, an den Mitteltisch zu rücken. In mir war wohl die Vorahnung eines großen Ereignisses und so kam es, daß ich eine kleine Weile zögerte, einen Blick in das schon aufgeschlagene Blatt zu tun. Indessen dem Mutigen gehört die Welt; ich ließ also schließlich mein Auge drüber hingleiten und siehe da, da stand es: »Geschwisterliebe, Novelle von Th. Fontane«. Das Erscheinen der bis dahin in mal längeren, mal kürzeren Pausen von mir abgedruckten Gedichte hatte nicht annähernd solchen Eindruck auf mich gemacht, vielleicht weil sie immer kurz waren; aber hier diese vier Spalten mit »Fortsetzung folgt«, das war großartig. Ich war von allem, was dieser Nachmittag mir gebracht hatte, wie benommen und mußte es sein; vor wenig mehr als einer halben Stunde war ich bei Natorp zum »Herrn« und nun hier bei d'Heureuse zum Novellisten erhoben worden. Zu Hause angekommen, berichtete ich nur von meinem glücklich bestandenen Examen, über meinen zweiten Triumph schwieg ich, weil mir die Sache zu hoch stand, um sie vor ganz unqualifizierten Ohren auszukramen. Auch mocht' ich denken, es wird sich schon rumsprechen und dann ist es besser, du hast nichts davon gemacht und dich vor Renommisterei zu bewahren gewußt.

[...]

*Aus:*
*Hermann Conrad,*
*Theodor Fontanes*
*»Hamlet«*
*(1899)*

*Unter dem literarischen Nachlaß Fontanes fand sich ein kleines Lederbändchen mit rotem Schnitt, das eine handschriftliche Übersetzung »Hamlets« enthielt. Aus einer Vergleichung mit den bis zur Mitte dieses Jahrhunderts erschienenen Übersetzungen ergab sich, was freilich auch kaum zweifelhaft sein konnte, daß wir hier eine selbständige Arbeit des Dichters vor uns haben, hervorgegangen offenbar aus einem intensiven Interesse an dieser größten Dichtung Shakespeares. Der vergilbte Zustand des grünlichen, rauhen, sehr starken Papiers, das aus der Mitte des Jahrhunderts als besseres Schriftmaterial mir wohl erinnerlich und in wesentlich älteren Handschriften mir begegnet ist, deutet auf ein Jugendwerk. Der junge Dichter hat seine poetische Gestaltungskraft erproben wollen in der Übersetzung eines der tiefsinnigsten Kunstwerke [...]*

*Zur Charakteristik seiner Übersetzung in ihren Vorzügen und
Schattenseiten geben wir [...] Hamlets berühmten Monolog hier
wieder:*

*Hamlet:*

> Sein – oder nicht sein! – ja, das ist die Frage:
> Ob's edelmütger sei, des Unglücks Stachel
> Und Geißelhiebe zu ertragen, oder,
> Bekriegend einen Ozean von Leiden,
> Im Kampf sie zu besiegen? – sterben – schlafen –
> Nichts mehr; – und wissen wir: ein Schlaf beendet,
> Herzweh und tausend angeborne Schmerzen,
> Die alles Fleisch ererbt, – dann ist's ein Ziel
> Inbrünstig zu erflehen. – Sterben – schlafen –
> Schlafen – vielleicht auch träumen, – ja, das ist's:
> Der Zweifel, was im Todesschlaf wir träumen,
> Wenn dem Tumult der Erde wir entwischt,
> Gebeut uns Halt, und heischt die Überlegung,
> Die langes Leben unsrem Jammer leiht:
> Wer trüge sonst der Zeiten Schmach und Geißel,
> Wer Tyrannei, des Hochmuts Schimpf, die Qualen
> Verschmähter Liebe, Hemmnis der Gesetze,
> Im Amte Unverschämtheit, die Verachtung,
> Die vom Unwürd'gen das Verdienst erträgt, –
> Wenn er sich selber Ruh verschaffen könnte
> Mit einem blanken Stahl? – wer trüge Lasten,
> Und stöhnte, schwitzte unter Lebensmühn? –
> Doch jene Furcht vor etwas nach dem Tode,
> Vor jenem unbekannten Land, daraus
> Kein Wanderer heimgekehrt, – schwächt unsren Willen
> Und läßt uns lieber unser Elend tragen,
> Als dorthin fliehn, wo von uns nichts bekannt.
> So macht das Denken Memmen aus uns allen,
> Der angeborenen Farbe der Entschließung
> Wird des Gedankens Blässe angekränkelt,
> Und manche Handlung voller Kraft und Mut
> Verändert ihren Lauf um dessentwillen,
> Und ach, verliert den Namen Tat. – Doch halt!
> Die reizende Ophelia. Weib, gedenke
> So oft Du betest aller meiner Sünden.

*Fontane hat die Über-
setzung nie erwähnt. In
Kriegsgefangen. Erleb-
tes 1870 zitiert er aus
»Hamlet« in der Schle-
gelschen Übersetzung.*

– O sprächen sie mit
feuchten Augen/ »Aus
jedem deiner Züge
spricht's:/ Du magst
denn doch wohl etwas
taugen,/ Du wider-
spenst'ger Tauge-
nichts!«

*Aus:*
Von Zwanzig bis
Dreißig.
Der Tunnel über
der Spree. Aus dem
Berliner literari-
schen Leben der
vierziger und fünf-
ziger Jahre.
Zweites Kapitel.
Mein Eintritt in den
Tunnel

* *1818–1883, Offizier,
Schriftsteller, sehr en-
ger Freund Fontanes*

In [die literarische] Gesellschaft – Tunnel – trat ich [...] im Mai 1844 ein, wenige Wochen nach Beginn meiner Dienstzeit im Franz-Regiment. Bernhard von Lepel*, schon längere Zeit Mitglied des Vereins, hatte mich in Vorschlag gebracht und die zur Aufnahme nötigen »Referenzen« gegeben. Ich wurde sehr freundlich begrüßt, erhielt meinen Tunnelnamen – *Lafontaine* – und hätte durchaus zufrieden sein können, wenn ich nur mit dem, was ich dichterisch zum besten gab, mehr oder doch wenigstens einen Erfolg gehabt hätte. Das wollte mir aber nicht gelingen. Meine ganze Lyrik, nicht viel anders wie während meiner voraufgegangenen Leipziger Tage, war, auch zu jener Zeit noch, auf Freiheit gestimmt oder streifte wenigstens das Freiheitliche, woran der Tunnel, der in solchen Dingen mit sich reden ließ, an und für sich nicht ernsten Anstoß nahm, aber doch mit Recht bemerkte, daß ich den Ton nicht recht träfe. »Sehen Sie«, hieß es eines Tages, »da ist der Rudolf Löwenstein; der schreibt auch dergleichen, aber doch wie ganz anders!« Das »wie ganz anders« bezog sich besonders auf Löwensteins berühmt gewordenes Lied: »Freifrau von Droste-Vischering«, das, als er es im Tunnel

vorlas, einen ungeheuren Jubel hervorgerufen hatte, trotzdem, wie schon hervorgehoben, »Politisches« eigentlich verboten war.
[...]
Ich gehörte dem Tunnel unausgesetzt ein Jahrzehnt lang an und war während dieser Zeit, neben Scherenberg, Hesekiel und Heinrich Smidt, das wohl am meisten beisteuernde Mitglied des Vereins. Die große Mehrzahl meiner aus der preußischen, aber mehr noch aus der englisch-schottischen Geschichte genommenen Balladen entstammt jener Zeit, und manche glückliche Stunde knüpft sich daran. Die glücklichste war, als ich – ich glaube bei Gelegenheit des Stiftungsfestes von 1853 oder 54 – meinen »Archibald Douglas« vortragen durfte. Der Jubel war groß. Nur einer ärgerte sich und sagte: »Ja, wer so vorlesen kann, der *muß* siegen.« Der betreffende Neidhammel versah es aber damit total, und statt mich zu deprimieren, hob er mich umgekehrt in meinem Glücke nur noch auf eine höhere Stufe. Für gewöhnlich nämlich hieß es, ich läse meine Sachen so furchtbar schlecht, so pathetisch und so monoton vor, daß ich mir alles immer selbst verdürbe. Und nun war ich mit einem Mal auch als Vorleser proklamiert! Das tat mir ganz besonders wohl. Über das »andere« war ich immer weniger in Sorge.
Im Sommer 1855 verließ ich Berlin und war Jahre lang fort. Als ich dann später wieder eintrat, war ich dem Tunnel entfremdet und nahm nur sehr selten noch an seinen Sitzungen teil. Zuletzt schlief es ganz ein. Ob *ich* mich oder ob sich der Tunnel verändert hatte – ich weiß es nicht; aber das letztere will mir das Wahrscheinlichere bedünken.
[...]

»Ich hab' es getragen sieben Jahr,
Und ich kann es nicht tragen mehr!
Wo immer die Welt am schönsten war,
Da war sie öd' und leer.

Ich will hintreten vor sein Gesicht
In dieser Knechtsgestalt,
Er kann meine Bitte versagen nicht,
Ich bin ja worden alt.

Und trüg' er noch den alten Groll,
Frisch wie am ersten Tag,
So komme, was da kommen soll,
Und komme, was da mag.«

Archibald Douglas
(*1853*)

Graf Douglas spricht's. Am Weg ein Stein
Lud ihn zu harter Ruh,
Er sah in Wald und Feld hinein,
Die Augen fielen ihm zu.

Er trug einen Harnisch rostig und schwer,
Darüber ein Pilgerkleid –
Da horch! vom Waldrand scholl es her
Wie von Hörnern und Jagdgeleit.

Und Kies und Staub aufwirbelte dicht,
Her jagte Meut' und Mann,
Und ehe der Graf sich aufgericht't,
Waren Roß und Reiter heran.

König Jakob saß auf hohem Roß,
Graf Douglas grüßte tief;
Dem König das Blut in die Wange schoß,
Der Douglas aber rief:

»König Jakob, schaue mich gnädig an
Und höre mich in Geduld,
Was meine Brüder dir angetan,
Es war nicht meine Schuld.

Denk nicht an den alten Douglas-Neid,
Der trotzig dich bekriegt,
Denk lieber an deine Kinderzeit,
Wo ich dich auf den Knien gewiegt.

Denk lieber zurück an Stirlingschloß,
Wo ich Spielzeug dir geschnitzt,
Dich gehoben auf deines Vaters Roß
Und Pfeile dir zugespitzt.

Denk lieber zurück an Linlithgow,
An den See und den Vogelherd,
Wo ich dich fischen und jagen froh
Und schwimmen und springen gelehrt.

O denk an alles, was einsten war,
Und sänftige deinen Sinn –
Ich hab' es gebüßet sieben Jahr,
Daß ich ein Douglas bin.«

»Ich seh' dich nicht, Graf Archibald,
Ich hör' deine Stimme nicht,
Mir ist, als ob ein Rauschen im Wald
Von alten Zeiten spricht.

Mir klingt das Rauschen süß und traut,
Ich lausch' ihm immer noch,
Dazwischen aber klingt es laut:
Er ist ein Douglas doch.

Ich seh' dich nicht, ich höre dich nicht,
Das ist alles, was ich kann –
Ein Douglas vor meinem Angesicht
Wär' ein verlorener Mann.«

König Jakob gab seinem Roß den Sporn,
Bergan ging jetzt sein Ritt,
Graf Douglas faßte den Zügel vorn
Und hielt mit dem Könige Schritt.

Der Weg war steil, und die Sonne stach,
Und sein Panzerhemd war schwer,
Doch ob er schier zusammenbrach,
Er lief doch nebenher.

»König Jakob, ich war dein Seneschall,
Ich will es nicht fürder sein,
Ich will nur warten dein Roß im Stall
Und ihm schütten die Körner ein.

Ich will ihm selber machen die Streu
Und es tränken mit eigner Hand,
Nur laß mich atmen wieder aufs neu
Die Luft im Vaterland!

Und willst du nicht, so hab einen Mut,
Und ich will es danken dir,
Und zieh dein Schwert und triff mich gut
Und laß mich sterben hier.«

König Jakob sprang herab vom Pferd,
Hell leuchtete sein Gesicht,
Aus der Scheide zog er sein breites Schwert,
Aber fallen ließ er es nicht.

*Am 3. 12. 1854 trug
Fontane die Ballade
beim Stiftungsfest des
»Tunnel« unter dem
Titel* Der Verbannte
*unter Beifall vor. Die
Anregung zu ihr hatte
er von einer Überset-
zung von Walter Scotts
Sammlung »Minstrelsy
of the Scottish Border«
(1802) erhalten. Über
die Entstehung berich-
tet er im Januar 1893 in
einem Brief an Rudolf
Werner:* Die Haupt-
stücke des Gedichts:
Die Ansprache des
Douglas und die Ant-
wort des Königs darauf
schrieb ich noch an
demselben Abend, und
zwar auf dem kalten
weißgetünchten Vor-
flur des k. Schauspiel-
hauses. Ich holte meine
Frau ab und seh mich
noch stehn, wie ich ein
kleines Blatt nach dem
andern an den Wand-
pfeiler legte, um mit
dem Bleistift, der keine
rechte Spitze mehr
hatte, besser schreiben
oder doch das Nötigste
festhalten zu können.

»Nimm's hin, nimm's hin und trag es neu
Und bewache mir meine Ruh,
Der ist in tiefster Seele treu,
Wer die Heimat liebt wie du.

Zu Roß, wir reiten nach Linlithgow,
Und du reitest an meiner Seit',
Da wollen wir fischen und jagen froh
Als wie in alter Zeit.«

## Der alte Dessauer
(1844)

*Adolph Menzel,
Albumblatt
(1852. Die Zeichnung,
eine Szene auf dem
Dessauer-Standbild
Schadows in Berlin,
vermittelt einen Ein-
druck vom gemeinsa-
men Streben der beiden
Künstler. Fontanes
Worten. »Mein Held ist
eigner Art: Ein Zopf
vor allen Dingen, Drei-
master, Knebelbart«
widerspricht Menzel
mit dem Dialog zwi-
schen Prüfer und
Statue:*

Ich will ein Lied euch singen!
Mein Held ist eigner Art:
Ein Zopf vor allen Dingen,
Dreimaster, Knebelbart,
Blitzblank der Rock vom Bürsten
Und jeder Knopf wie Gold –
Ihr merkt, es gilt dem Fürsten,
Dem alten *Leopold.*

All Wissenschaft und Dichtung
Sein Lebtag er vermied,
Und sprach er je von *»Richtung«,*
Meint' er: in Reih und Glied;
Statt Opern aller Arten
Hatt' er nur einen Marsch,
Und selbst mit Schriftgelahrten
Verfuhr er etwas barsch.

Nicht mocht' er Phrasen türmen
Von Fortschritt, glatt und schön,
Er wußte nur zu stürmen
Die Kesselsdorfer Höhn;
Er hielt nicht viel vom Zweifel
Und wen'ger noch vom Spott,
Er war ein dummer Teufel
Und glaubte noch an Gott.

Ja, ja, er war im Leben
Beschränkt, wie man's so heißt;
Und soll ich Antwort geben,
Warum mein Lied ihn preist?
Nun denn, weil nie mit Worten
Er seine Feinde fraß,

Und weil ihm rechterorten
So Herz wie Galle saß.

Wir haben viel von Nöten,
Trotz allem guten Rat,
Und sollten schier erröten
Vor solchem Mann der Tat;
Verschnittnes Haar im Schopfe
Macht nicht allein den Mann –
*Ich halt' es mit dem Zopfe,*
*Wenn solche Männer dran.*

*»Interessant. Sie. Drehen Sie sich doch mal um! Der Mussjöh Fontane sagt, der Knebelbart hängt Ihnen bis ... Ah, Sie haben keinen.« »Nie, keinen. Scher er sich.« Das ist ein Einzelfall direkter Korrektur des Dichters durch den Maler. Es gibt in beider Werk viele sich gleichende Wort- und Bildfügungen.)*

[...]
Zu Johanni [1843] war ich in die Schachtsche Apotheke eingeteten. Nun war achter Dezember, an welchem Tage mein *Onkel August* – der, fast als ob wir zusammen gehört hätten, seit etwa Jahresfrist auch wieder von Leipzig nach Berlin hin übersiedelt war – seinen Geburtstag hatte. Während der ersten Nachmittagsstunden erhielt ich, in Dreiecksform, einen in ungemein zierlichen aber etwas schulmäßigen Buchstaben geschriebenen Brief, der dahin lautete: »Lieber Freund. Ich war eben zur Gratulation bei Ihrem Onkel und erfuhr zu meinem Bedauern, daß Sie durch Ihren Dienst verhindert sind, die heutige Geburtstagsfeier mitzumachen. Ich meinerseits werde da sein, bin aber in einiger Verlegenheit wegen des Nachhausekommens. Ich denke, Ihr Bruder soll mich um 10 bis an Ihre Apotheke begleiten, von wo aus Sie wohl den Rest des Weges übernehmen. Ihre Emilie Kummer.«
Und so kam es. Gleich nach 10 Uhr, von wo ab ich frei war, war das Fräulein da. Der noch zurückzulegende Weg war nicht sehr weit, aber auch nicht sehr nah: die ganze Friedrichsstraße hinunter bis ans Oranienburger Tor und dann rechts in die spitzwinklig einmündende Oranienburgerstraße hinein, wo die junge Dame in einem ziemlich hübschen, dem großen Posthof gegenübergelegenen Hause wohnte. Da wir beide plauderhaft und etwas übermütig waren, so war an Verlegenheit nicht zu denken und diese Verlegenheit kam auch kaum, als sich mir im Laufe des Gespräches mit einem Male die Betrachtung aufdrängte: »ja, nun ist es wohl eigentlich das beste, dich zu verloben.« Es war wenige Schritte vor der Weidendammer Brücke, daß mir dieser glücklichste Gedanke meines Lebens kam und als ich die Brücke wieder um eben so viele Schritte hinter mir hatte, war ich denn auch verlobt. Mir persönlich stand dies fest. Weil sich aber die dabei gesprochenen Worte von manchen früher ge-

Aus:
Von Zwanzig bis Dreißig.
Fritz, Fritz, die Brücke kommt.
Erstes Kapitel.
Verlobung. Der alte Rouanet

*Der Onkel August Fontane, 1801–1870 (Selbstbildnis, 1828)*

sprochenen nicht sehr wesentlich unterschieden, so nahm ich plötzlich, von einer kleinen Angst erfaßt, zum Abschiede noch einmal
die Hand des Fräuleins und sagte ihr mit einer mir sonst fremden
Herzlichkeit: »Wir sind aber nun *wirklich* verlobt.«

*Emilie Rouanet-
Kummer, 1824–1902,
als Braut
(Pastellporträt von
Th. Hillwig, 1848)*

[...]
Unsre beiderseitigen Anverwandten waren nicht allzu glücklich
darüber; von der einen wie von der andern Seite war, auf unser
leidliches Aussehn hin, eine sogenannte »gute Partie« nicht bloß
gewünscht, sondern beinah gefordert worden. Und nun nichts
davon! Ich kann aber zu meiner Freude berichten, daß, nach
Überwindung eines ersten Schrecks, beide Parteien eine gleich
musterhafte Haltung beobachteten. Ich stellte mich den nächsten
beiden Anverwandten meiner Braut – Cousinen und, wie sie selbst,
Enkelinnen des alten Rouanet – vor, und begegnete dabei dem
liebenswürdigsten Entgegenkommen. Eine der beiden Damen,
»Kommandeuse«, war nach Mecklenburg (Ludwigslust) hin an
einen wundervollen rotblonden Stabsoffizier verheiratet, allwo ich
pour combler le bonheur, neben allem übrigen Erbaulichen auch

noch von einem vieljährigen Freunde des Hauses, einem alten Major *von Quitzow* begrüßt wurde. Dieser alte von Quitzow stammte recte von der berühmten alten Sippe her, die von dem »Nürnberger Tand« nichts hatte wissen wollen und saß mir nun da mit einer Schlichtheit und guten Laune gegenüber, als ob *er* den ersten besten Alltagsnamen geführt oder *ich* die Montmorencys wenigstens gestreift hätte. Keine Spur von de haut en bas*, alles Wohlwollen und Interesse. Dies Vorherrschen des Humanen in der ganzen Oberschicht unserer Gesellschaft ist oder *war* wenigstens – denn es ist seitdem leider anders geworden – die schönste Seite preußischen Lebens, noch ein herrliches Erbteil aus den »armen Zeiten« her, die sonst, so weit bloß die Armut mitspricht, der T..... holen mag.

Ich sah mich also gut empfangen und ein ebenso liebevoller Empfang erwartete meine Braut bei meinen Eltern und Geschwistern. Ich habe schon an andrem Orte – »Meine Kinderjahre« – des ausführlichen erzählt, daß sich in den Augen meiner Mutter alles um Besitz drehte. Bei dieser Anschauung ist sie auch bis an ihr Lebensende geblieben und ich muß jetzt, wenn auch widerstrebend, hinzusetzen: wohl mit Recht oder wenigstens nicht mit Unrecht. Aber ihre Hochherzigkeit und ihr scharfes Verständnis für alles Praktische des Lebens bewahrte sie vor einem Extrem und so kam es, daß sie – so sehr sie sich über etwas äußerlich Glanzvolles gefreut haben würde – sofort umgestimmt wurde. »Du hast Glück gehabt«, sagte sie, »sie hat genau *die* Eigenschaften, die für dich passen.« [...]

Die Jungsche Apotheke, Ecke der Neuen Königs- und Georgenkirchstraße, darin ich den »18. März« erleben sollte, war ein glänzend fundiertes Geschäft, aber von vorstädtischem Charakter, so daß das Publikum vorwiegend aus mittlerer Kaufmannschaft und kleineren Handwerkern bestand. Dazu viel Proletariat mit vielen Kindern. Für letztere wurde seitens der Armenärzte meist Lebertran verschrieben – damals, vielleicht auch jetzt noch, ein bevorzugtes Heilmittel – und ich habe, während meiner ganzen pharmazeutischen Laufbahn, nicht halb so viel Lebertran in Flaschen gefüllt, wie dort innerhalb weniger Monate. Dieser Massenkonsum erklärt sich dadurch, daß die durch Freimedizin bevorzugten armen Leute gar nicht daran dachten, diesen Lebertran ihren mehr oder weniger verskrofelten Kindern einzutrichtern, sondern ihn gut wirtschaftlich als Lampenbrennmaterial benutzten. Außer dem Tran wurde

Von Zwanzig bis Dreißig. Der achtzehnte März. Erstes Kapitel. Der achtzehnte März

noch abdestilliertes Nußblätterwasser, das kurz vorher durch Dr. Rademacher berühmt geworden war, ballonweise dispensiert; ich kann mir aber nicht denken, daß dies Mittel viel geholfen hat. Wenn es trotzdem noch in Ansehen stehen sollte, so will ich nichts gesagt haben.

Der Besitzer der Jungschen Apotheke, der bekannten gleichnamigen Berliner Familie zugehörig, war ein älterer Bruder des um seiner vorzüglichen Backware willen in unserer Stadt in freundlichem Andenken stehenden Bäckers Jung unter den Linden. Beide Brüder waren ungewöhnlich schöne Leute, schwarz, dunkeläugig, von sofort erkennbarem französischen Typus; sie hießen denn auch eigentlich Le Jeune und erst der Vater hatte den deutschen Namen angenommen. Es ließ sich ganz gut mit ihnen leben, so weit ein Verirrter, der das Unglück hat, sich für »Percy's Reliques of ancient English Poetry« mehr als für Radix Sarsaparillae zu interessieren, mit Personen von ausgesprochener Bourgeoisgesinnung überhaupt gut leben kann. Aber freilich mit der Kollegenschaft um mich her stand es desto schlimmer, die Betreffenden wußten nicht recht, was sie mit mir anfangen sollten, und als in einem damals erscheinenden liberalen Blatte, das die »Zeitungshalle« hieß, ein paar mit meinem Namen unterzeichnete Artikel veröffentlicht wurden, wurde die herrschende Verlegenheit nur noch größer. Im ganzen aber verbesserte sich meine Stellung dadurch doch um ein nicht unbeträchtliches, weil die Menschen mehr oder weniger vor jedem, der zu Zeitungen irgend welche Beziehungen unterhält, eine gewisse Furcht haben, Furcht, die nun mal für Übelwollende der beste Zügel ist. Wer glaubt, speziell hierlandes, sich ausschließlich mit »Liebe« durchschlagen zu können, der tut mir leid.

Die grotesk komische Furcht vor mir steigerte sich selbstverständlich von dem Tag an, wo die Nachricht von der Pariser Februar-Revolution eintraf, und als in der zweiten Märzwoche kaum noch ein Zweifel darüber sein konnte, daß sich auch in Berlin irgend was vorbereite, begann sogar die Prinzipalität mich mit einer gewissen Auszeichnung zu behandeln. Man ging davon aus, ich könnte ein verkappter Revolutionär, oder auch ein verkappter Spion sein, und das eine war gerade so gefürchtet, wie das andere.

*So kam der achtzehnte März.*

Als historisches Ereignis war es eine große Sache, als Heldenleistung urschwach. Scharmützel. Unsere Enkel werden erst die wirkliche Schlacht zu schlagen haben. (an Friedrich Stephany, 29.3.1898)

Gleich nach den Februar-Tagen hatte es überall zu gären angefangen, auch in Berlin. Man hatte hier die alte Wirtschaft satt. Nicht daß man sonderlich unter ihr gelitten hätte, nein, das war es nicht, aber man schämte sich ihrer. Aufs Politische hin angesehen, war in unserem gesamten Leben alles antiquiert und dabei wurden

Anstrengungen gemacht, noch viel weiter zurückliegende Dinge heranzuholen und all dies Gerümpel mit einer Art Heiligenschein zu umgeben, immer unter der Vorgabe »wahrer Freiheit und gesundem Fortschritt dienen zu wollen«. Dabei wurde beständig auf das »Land der Erbweisheit und der historischen Kontinuität« verwiesen, wobei man nur über eine Kleinigkeit hinwegsah. In England hatte es immer eine Freiheit gegeben, in Preußen nie; England war in der Magna-Charta-Zeit aufgebaut worden, Preußen in der Zeit des blühendsten Absolutismus, in der Zeit Ludwigs XIV., Karls XII. und Peters des Großen. Vor dieser Zeit staatlicher Gründung, beziehungsweise Zusammenfassung, hatten in den einzelnen Landesteilen allerdings mittelalterlich ständische Verfassungen existiert, auf die man jetzt, vielleicht unter Einschiebung einiger Magnifizenzen, zurückgreifen wollte. Das war dann, so hieß es, etwas »historisch Begründetes«, viel besser als eine »Konstitution«, von der es nach königlichem Ausspruche feststand, daß sie was Lebloses sei, ein bloßes Stück Papier. Alles berührte, wie wenn der Hof und die Personen, die den Hof umstanden, mindestens ein halbes Jahrhundert verschlafen hätten. Wiederherstellung und Erweiterung des »Ständischen«, darum drehte sich alles. In den Provinzialhauptstädten, in denen sich, bis in die neueste Zeit hinein, ein Rest schon erwähnten ständischen Lebens tatsächlich – aber freilich nur *schattenhaft* – fortgesetzt hatte, sollten nach wie vor die Vertreter des Adels, der Geistlichkeit, der städtischen und ländlichen Körperschaften tagen und bei bestimmten Gelegenheiten – das war eine Neuerung – hatten dann Erwählte dieser Provinziallandtage zu einem großen »*Vereinigten Landtag*« in der Landeshauptstadt zusammenzutreten. Eine solche Vereinigung sämtlicher Provinzialstände konnte, nach Meinung der maßgebenden d. h. durch den Wunsch und Willen des Königs bestimmten Kreise dem Volke bewilligt werden; in ihr sah man einerseits die Tradition gewahrt, andererseits – und das war die Hauptsache – dem Königtum seine Macht und sein Ansehen erhalten.

König Friedrich Wilhelm IV. lebte ganz in diesen Vorstellungen. Man kann zugeben, daß in der Sache Methode war, ja mehr, auch ein gut Stück Ehrlichkeit und Wohlwollen und hätte die ganze Szene hundertunddreißig Jahre früher gespielt, – wobei man freilich von der unbequemen Gestalt Friedrich Wilhelm I. abzusehen hat, der wohl nicht dafür zu haben gewesen wäre – so hätte sich gegen ein solches Zusammenziehen der »Stände«, die zu jener Zeit, wenn auch angekränkelt und eingeengt, doch immerhin noch bei Leben waren, nicht viel sagen lassen. Es gab noch kein preußisches Volk. Unsere ostelbischen Provinzen, aus denen im wesentlichen das ganze Land bestand, waren Ackerbauprovinzen und was in ihnen, neben Adel, Heer und Beamtenschaft, noch so umherkroch, etwa 4 Millionen Seelen ohne Seele, das zählte nicht mit. Aber von diesem absolutistisch patriarchalischen Zustand der Dinge zu Beginn des vorigen Jahrhunderts, war beim Regierungsantritt Friedrich Wilhelms IV. nichts mehr vorhanden.

Alles hatte sich von Grund aus geändert. Aus den 4 Millionen waren 24 Millionen geworden, und diese 24 Millionen waren keine misera plebs mehr, sondern freie Menschen – wenigstens innerlich – an denen die die Welt umgestaltenden Ideen der französischen Revolution nicht spurlos vorübergegangen waren. Der ungeheure Fehler des so klugen und auf seine Art so aufrichtig freisinnigen Königs bestand darin, daß er diesen Wandel der Zeiten nicht begriff und einer vorgefaßten Meinung zuliebe, nur *sein* Ideal, aber nicht die Ideale seines Volkes verwirklichen wollte. Friedrich Wilhelm IV. handelte, wie wenn er ein Professor gewesen wäre, dem es obgelegen hätte, zwischen dem *ethischen* Gehalt einer alten landständischen Verfassung und einer modernen Konstitution zu entscheiden und der nun in dem Alt-Ständischen einen größeren Gehalt an Ethik gefunden. Aber auf solche Feststellungen kam es gar nicht an. Eine Regierung hat nicht das Bessere, bez. das Beste zum Ausdruck zu bringen, sondern einzig und allein das, was die Besseren und Besten des Volkes zum Ausdruck gebracht zu sehen wünschen. Diesem Wunsche hat sie nachzugeben, auch wenn sich darin ein Irrtum birgt. Ist die Regierung sehr stark – was sie aber in solchem Falle des Widerstandes gegen den Volkswillen fast nie ist –, so kann sie, länger oder kürzer, ihren Weg gehen, sie wird aber, wenn der Widerstand andauert, schließlich immer unterliegen. Die Schwäche der preußischen Regierung vom Schluß der Befreiungskriege bis zum Ausbruch des Schleswig-Holsteinischen Krieges bestand in dem beständigen sich Auflehnen gegen diesen einfachen Satz, dessen unumstößliche Wahrheit man nicht begreifen wollte. Wenn später Bismarck so phänomenale Triumphe feiern konnte, so geschah es, sein Genie in Ehren, vor allem dadurch, daß er seine stupende Kraft in den Dienst der in der deutschen Volksseele lebendigen Idee stellte.

So wurde das Deutsche Reich aufgerichtet und *nur so.*

Es schien mir wünschenswert dies vorauszuschicken, ehe ich mich meiner eigentlichen Aufgabe, der Schilderung der März-Tage, zuwende.

Bis zum dreizehnten war nur eine gewisse Neugier bemerkbar, drin vorwiegend das bekannte witzelnde Wesen der Berliner zum

Ausdruck kam; die Leute steckten die Köpfe zusammen und warteten auf das, was der Tag vielleicht bringen würde. Jeder mutete dem anderen zu, die Kastanien aus dem Feuer zu holen. Die Welt besteht nun mal nicht aus lauter Helden, und die bürgerliche Welt ist zu freiwilliger Übernahme dieser Rolle besonders unlustig. Als aber die Nachrichten aus Wien eintrafen, fühlte man doch ein Unbehagen darüber, daß nichts so recht in Fluß kommen wollte. Selbst die Bourgeoisie nahm an diesem Empfinden teil. Die »Immer langsam voran's« waren uns zuvorgekommen, die »Holters«, – nein, das ging doch nicht. Ich wähle, mit gutem Vorbedacht, solche nüchtern prosaisch klingende Wendungen, da mir sehr wesentlich daran liegt, das, was geschah, keinen Augenblick als mehr erscheinen zu lassen, als es war, aber freilich auch nicht als weniger. Das mit einemmal in der bürgerlichen Sphäre lebendig werdende Gefühl: »Ach was! wir wollen *auch* unsere Freiheit haben«, war freilich noch lange nicht dazu angetan eine Revolution zu machen, aber es unterstützte diese sehr stark, ja entscheidend, als sie schließlich da war. Zwischen denen, die zuguterletzt die Sache durchfochten und denen, die mehr oder weniger vergnügt bloß zusahen, war, mit Ausnahme des Couragepunktes, kein allzu großer Unterschied.

Vom dreizehnten bis siebzehnten hatten kleine Straßenkrawalle stattgefunden, alles sehr unbedeutend, nur anstrengend für die Truppen, die, weil beständig alarmiert, einen sehr schweren Dienst hatten. Am achtzehnten früh – Sonnabend – war man in großer Aufregung, und so weit die Bürgerschaft in Betracht kam, freudiger als die Tage vorher gestimmt, weil sich die Nachricht »Alles sei bewilligt« in der Stadt verbreitet hatte. Wirklich, so war es. Der König hatte dem Andrängen der freisinnigen Minister, Bodelschwingh an der Spitze, nachgegeben und war, nachdem er den Wortlaut der den Wünschen des Volks entgegenkommenden Edikte verschiedenen, aus den Provinzen, namentlich aus Rheinland eingetroffenen Deputationen mitgeteilt hatte, auf dem Balkon des Schlosses erschienen und hier mit Vivats empfangen worden. Der Schloßplatz füllte sich immer mehr mit Menschen, was anfangs nicht auffiel, bald aber dem König ein Mißbehagen einflößte, weshalb er zwischen ein und zwei Uhr dem an Stelle des Generals v. Pfuel mit dem Kommando der Truppen betrauten General v. Prittwitz den Befehl erteilte, die beständig anwachsende Menschenmasse vom Schloßplatz wegzuschaffen. Diesem Befehle Folge gebend, holte General von Prittwitz selbst die Garde-Dragoner herbei und ritt mit ihnen durch die Schloßfreiheit nach dem Schloßplatz. Hier ließ er einschwenken, Front machen und im

Schritt den Platz säubern. Da stürzte sich plötzlich die Masse den Dragonern entgegen, fiel ihnen in die Zügel und versuchte den einen oder anderen vom Pferde zu reißen. In diesem für die Truppen bedrohlichen Augenblick brach aus dem mittleren und gleich darauf auch aus dem kleineren Schloßportal – mehr in Nähe der langen Brücke – eine Tirailleurlinie vor und seitens dieser fielen ein paar Schüsse. Fast unmittelbar darauf leerte sich der Platz, und die bis dahin vor dem Schloß angesammelte Volksmasse, drin Harmlose und nicht Harmlose ziemlich gleichmäßig vertreten waren, zerstob in ihre Quartiere.

[...]

*Der 18. März 1848 in Berlin (zeitgenössische Darstellung)*

**Viertes Kapitel. Auf dem Wollboden. Erstes und letztes Auftreten als Politiker**

Ich weiß nicht mehr, um wie viel Wochen später die Wahlen zu einer Art »Constituante« begannen. Eine Volksvertretung sollte berufen und durch diese dann die *»Verfassung«* festgestellt werden. Bekanntlich kam es aber erheblich anders und das Endresultat, nach Steuerverweigerung und Auflösung der Versammlung, war *nicht* eine vom Volkswillen diktierte, sondern eine »oktroyierte Verfassung«. Es ist immer mißlich, wenn die Freiheitsdinge mit etwas Oktroyiertem anfangen.

Also Wahlen zur Konstituante! Der dabei stattfindende Wahlmodus entsprach dem bis diesen Augenblick noch seine sogenannten Segnungen ausübenden Dreiklassensystem und lief darauf hinaus, daß nicht direkt sondern indirekt gewählt wurde, mit anderen Worten, daß sich eine Zwischenperson einschob. Diese

Zwischenperson war der »Wahlmann«. Er ging aus der Hand des Urwählers hervor, um dann aus seiner – des Wahlmanns – Hand wiederum den eigentlichen Volksvertreter hervorgehen zu lassen. Alle Detailbestimmungen sind meinem Gedächtnisse natürlich längst entfallen und ich weiß nur noch, daß ich persönlich alt genug war, um als »Urwähler« auftreten zu können. Ich erhielt also mutmaßlich den entsprechenden Zettel und begab mich, mit diesem ausgerüstet, in ein Lokal, in welchem sich die Urwähler der Neuen Königstraße samt Umgegend über ihren »Wahlmann« schlüssig machen und diesen ihren politischen Vertrauensmann proklamieren sollten. Wenn ich eben sagte »in ein Lokal«, so ist dies nicht ganz richtig. Ein »Lokal« ist nach Berliner Vorstellung eine Örtlichkeit, drin viele Kellner umherstehen und einem unter Umständen ein Seidel bringen, noch ehe man es bestellt hat. Ein solches »Lokal« war nun aber unser *Wahl*-Lokal keineswegs; es war vielmehr ein großer langer Boden, an dessen Seiten mächtige Wollsäcke hochaufgetürmt lagen, während zwei dieser Säcke sich im rechten Winkel quer vorschoben und einen Abteil, eine Art Geschäftsraum herstellten. In Front davon war ein Tischchen aufgestellt, an dem ein Wahlkommissar, oder etwas dem Ähnliches saß, ein würdiger alter Herr, auch ganz augenscheinlich der klügste, der den Gang der Ereignisse zu leiten hatte. Die Zahl derer, die sich eingefunden, war nicht groß, höchstens einige dreißig, und weil wohl niemand recht wußte, was zu tun sei, stand man in Gruppen umher und wartete, daß irgend wer, der wenigstens einen Schimmer habe, die Sache in die Hand nehmen würde. Naive Menschen sind immer sehr führungsbedürftig. Endlich fragte der Wahlbeamte, ob nicht einer der Erschienenen Vorschläge hinsichtlich eines aufzustellenden Wahlmannes machen wolle. Man drückte Zustimmung aus, blieb aber schweigsam und sah nur immer zu einem langen Herrn von mittleren Jahren hinüber, der in jener Erregung, die das sichre Kennzeichen eines starke Redelust mit Rede-Unvermögen vereinigenden Menschen ist, in Front der beiden Wollsäcke auf und ab schritt. Er war eben so sehr ein Bild des Jammers wie der Komik, wozu seine Kleidung redlich beisteuerte. Während wir andern alle, meist kleine Handwerker, Budiker und Kellerleute, in unsrem Alltagsrock erschienen waren, trug der aufgeregte Mann einen schwarzen Frack und eine weiße Kandidatenbinde. Die Brille nahm er beständig ab und setzte sie wieder auf und war ärgerlich, wenn sich die beiden Häkchen in seinem angekräuselten blonden Haar verfitzten.

»Wer ist der Herr?« fragte ich einen neben mir Stehenden.

»Das ist der Herr Schulvorsteher von hier drüben.«

»Wie heißt er denn?«

»Ich glaube Schaefer; er kann aber auch Scheffer heißen. Ich werde mal Roesike fragen ... Sage mal Roesike ...«

Und es war ersichtlich, daß er, mir zu Liebe, seinen Freund den Bäcker Roesike wegen »Schaefer oder Scheffer« interpellieren wollte. Kam aber nicht dazu. Denn in eben diesem Augenblicke hatte sich der Schulvorsteher neben den Tisch des den Wahlakt leitenden alten Herrn aufgestellt und sagte – ein paar Schlagwörter sind mir im Gedächtnis geblieben – ungefähr das folgende.

»Ja, meine Herren, was uns hergeführt hat, ... wir sind hier in diesem weiten Raum versammelt und es ist wohl jeder von uns davon durchdrungen. Und jeder dankt auch wohl Gott, daß wir ein Fürstengeschlecht haben, wie das unsrige. Kein Land, das ein solches Geschlecht hat und wir stehn zu ihm in Liebe und in Treue ... Aber, meine Herrn, nicht Roß nicht Reisige* ... Sie wissen, auch an dieser Stelle ist heldenmütig gekämpft worden, Bürgerblut ist geflossen und der Sieg ist auf unserer Seite geblieben. Es handelt sich darum, diesen Sieg an unsre Fahne zu ketten. Und dazu bedürfen wir der richtigen Männer, die sich jeden Augenblick bewußt sind, daß das deutsche Gemüt einer Niedrigkeit nicht fähig ist. Und Verrat an unsren heiligsten Gütern ist Niedrigkeit. Unter uns, das weiß ich, ist niemand. Aber nicht alle denken und fühlen so, da sind ihrer noch viele, die der Freiheit nach dem Leben trachten. Mit Geierschnäbeln hacken sie danach. Ich bin deshalb für Anschluß an Frankreich und sehe Gefahr für Preußen in jenem Mann, der Polen eingesargt hat und unsre junge Freiheit nicht will. Also, meine Herren, Männer von verbürgter Königs- aber zugleich auch von verbürgter Volkstreue: Jahn, Arndt, Boyen, Grolmann, vielleicht auch Pfuel. Die werden unsre Fahne hochhalten. Ich wähle Humboldt.«

Diese Rede wurde mit Beifallsgemurmel aufgenommen und nur der Vorsitzende lächelte. Zu Widerlegungen sah er sich aber nicht gemüßigt und so fiel mir Ärmsten denn die Aufgabe zu, dem einem allerhöchsten Ziele wild nachjagenden Schulvorsteher in die Zügel zu fallen. Sehr gegen meine Neigung. Ich war aber über dies öde wichtigtuerische Papelwerk aufrichtig indigniert und bemerkte dem entsprechend mit einer gewissen übermütigen Emphase, »daß uns hier nicht zubestimmt sei für die Hohenzollern oder für die Freiheit direkt Sorge zu tragen, sondern daß wir hier in der Gotteswelt weiter nichts zu tun hätten, als in unsrer Eigenschaft als bescheidene Urwähler einen bescheidenen Wahlmann zu wählen. All das andre käme nachher erst; da sei dann der Augenblick da, Preußen nach rechts oder nach links zu leiten. Hoffentlich nach

* »Nicht Roß noch Reisige sichern die steile Höh, wo Fürsten stehn« (Verszeile aus dem 1793 von Balthasar Gerhard Schumacher gedichteten preußischen Volkslied »Heil dir im Siegerkranz«, das nach der Melodie des englischen Volksliedes »God Save the King« gesungen wird)

links. Ich müßte deshalb auch darauf verzichten, Alexander von Humboldt an dieser Stelle meine Stimme zu geben und wäre vielmehr für meinen Nachbar Bäcker Rösike, von dem ich wüßte, daß er ein allgemein geachteter Mann sei und in der ganzen Gegend die besten Semmeln hätte.«

Da zufällig kein andrer Bäcker zugegen war, so war man mit meinem Vorschlag allgemein einverstanden; aber Rösike selbst, allem Ehrgeiz fremd, wollte von seiner Wahl nichts wissen, schlug vielmehr in verbindlicher Revanche *mich* vor und als wir zehn Minuten später das Wahllokal verließen, war ich in der Tat *Wahlmann.*

Dies war mein Debüt auf dem Wollboden, zugleich erstes und letztes Auftreten als Politiker.

[...]

Ich habe, voraufgehend, von meiner Wahlmannschaft und einer gleichzeitigen oratorischen Leistung auf dem in der Neuen Königsstraße gelegenen Wollboden als von meinem »ersten und letzten Auftreten als Politiker« gesprochen. Es war das auch im wesentlichen richtig. Ich habe jedoch hinzuzufügen, daß diesem »ersten und letzten Auftreten« noch ein mit zur Sache gehöriges *Nachspiel* folgte. Dies Nachspiel waren die Wahlmänner-Versammlungen behufs Wahl eines Abgeordneten. Auf dem Wollboden in der Neuen Königsstraße war ich gewählt *worden,* im Konzertsaale des Königlichen Schauspielhauses, wo die Wahlmännerversammlungen stattfanden, *hatte* ich zu wählen oder mich wenigstens an den Beratungen zu beteiligen. Das tat ich denn auch und ich zähle die Stunden, in denen diese Beratungen stattfanden, zu meinen allerglücklichsten. Es war alles voll Leben und Interesse, wenn auch, aufs eigentlich Politische hin angesehen, jeder moderne Parlamentarier sich schaudernd davon abwenden würde. Gerade von den besten Männern wurden Dinge gesprochen, die kaum in irgend welcher Beziehung zu dem dort zu Verhandelnden standen, aber so sonderbar und oft das Komische streifend, diese spontan abgegebenen und sehr »in die Fichten« gehenden Schüsse wirkten, so war doch in diesen dilettantischen Expektorationen* immer »was drin«. So sprach einmal der alte General *Reyher* – Chef des großen Generalstabes und Vorgänger Moltkes, welcher letztere sich später oft dankbar zu diesem seinen Lehrer bekannt hat – und legte ganz kurz ein politisches, mit Rücksicht auf die Dinge, zu deren Erledigung wir versammelt waren, völlig zweckloses Glaubensbekenntnis ab. Es machte aber doch einen großen Eindruck auf mich, einen alten würdigen General sich freimütig zu seinem König und

* *Herzensergießungen*

*Jakob Grimm,
1785–1863, der Schöp-
fer der deutschen
Sprach- und Altertums-
wissenschaft, Heraus-
geber (zusammen mit
seinem Bruder
Wilhelm) der
»Deutschen Sagen«
und der »Kinder-
und Hausmärchen«
(»Grimms Märchen-
buch«)*

zur Armee bekennen zu hören. Denn von derlei Dingen hörte man damals wenig. Und dann, ich glaube es war an demselben Tage, schritt der alte *Jakob Grimm* auf das Podium zu, der wundervolle Charakterkopf – ähnlich wie der Kopf Mommsens sich dem Gedächtnis einprägend – von langem schneeweißem Haar umleuchtet und sprach irgend etwas von Deutschland, etwas ganz allgemeines, das ihm, in jeder richtigen politischen Versammlung, den Ruf: »zur Sache« eingetragen haben würde. Dieser Ruf unterblieb aber, denn jeder war betroffen und gerührt von dem Anblick und fühlte, wie weit ab das alles auch liegen mochte, daß man ihm folgen müsse, wollend oder nicht.

Das waren so zwei glänzende, mir durch alle Zeit hin in Erinnerung gebliebene Gestalten, während die meisten freilich nur Schwätzer und Nullen waren, ein paar auch sogar Hochstapler. Ich kenne noch ganz gut ihre Namen, aber ich werde mich hüten sie hier zu nennen. Wie lange diese Sitzungen dauerten, weiß ich nicht mehr; ich weiß nur, daß alles was ich erlebte, mich tagtäglich beglückte: der schöne Saal, das herrliche Wetter – wie's ein Hohenzollernwetter gibt, so gibt es auch ein Revolutionswetter – der Verkehr, das Geplauder. Eine Befangenheit, zu der ich sonst wohl neige, kam nicht auf, weil niemand da war – selbst die Besten mit eingerechnet, denen dann eben wieder das Politische fehlte – der mir hätte imponieren können. Von meiner Unausreichendheit, meinem Nichtwissen tief durchdrungen, sah ich doch deutlich, daß, kaum zu glauben, das Nichtwissen der andern wo möglich noch größer war als das meinige. So war ich bescheiden und unbescheiden zugleich.

Eines Tages, als ich aus einer dieser immer den halben Tag wegnehmenden Sitzungen nach meiner Neuen Königsstraße zurückkehrte, fand ich daselbst ein Billet vor, dessen Aufschrift ich rasch entnahm, daß es von meinem Freunde, dem schon im vorigen Kapitel genannten Pastor Schultz in Bethanien herrühren müsse. So war es denn auch. Er fragte ganz kurz bei mir an, ob ich vielleicht bereit sei, die pharmazeutisch-wissenschaftliche Ausbildung zweier bethanischer Schwestern zu übernehmen, da man gewillt sei, den bethanischen Apothekendienst in die Hände von Diakonissinnen zu legen. Im Falle dieser sein Antrag mir passe, wär' es erwünscht, wenn ich baldmöglichst in die betreffende Stellung einträte. Das war eine ungeheure Freude. Auskömmliches Gehalt, freie Wohnung und Verpflegung, alles wurde mir geboten und ich antwortete, »daß ich nicht nur dankbarst akzeptierte, sondern auch der Hoffnung lebte, mich aus meiner gegenwärtigen Stellung sehr bald loslösen zu können«. Gleich am andern Morgen trug ich dementsprechend mein Anliegen meiner Prinzipalität vor und begegnete keiner Schwierigkeit. Eigentlich war man wohl froh, und auch mit Recht, mich los zu werden, denn solchen »Politiker« um sich zu haben, der jeden Tag ins Schauspielhaus lief, um dort pro patria zu beraten und bei dem außerdem noch die Möglichkeit einer plötzlichen Verbrüderung mit dem Blusenmann Siegrist nicht ausgeschlossen schien, hatte was Bedrückliches, ganz abgesehn von den nächstliegenden geschäftlichen Unbequemlichkeiten, die mein beständiges »sich auf Urlaub befinden« mit sich brachte.

So kam es denn, daß ich schon im Juni höchst vergnüglich nach Bethanien hin übersiedelte, nur ein ganz klein wenig bedrückt durch die Vorstellung, daß mir vielleicht ein »Singen in einem höheren Ton« dort zugemutet werden könnte. Sonderbarerweise aber hat es sich für mich immer so getroffen, daß ich unter Muckern, Orthodoxen und Pietisten, desgleichen auch unter Adligen von der junkerlichsten Observanz* meine angenehmsten Tage verlebt habe. Jedenfalls keine unangenehmen.

* *Herkommen*

*Das Krankenhaus der Diakonissenanstalt Bethanien (Zeichnung von A. H. Payne)*

Berlin. 5. Oktober 1849.
Meine Wohnung:
Louisenstraße 12. 3 Treppen
bis 1 Uhr zu Haus,
nachher in Toepfers Hôtel

*An Bernhard von Lepel*

Mein lieber Lepel.
Da sitz' ich denn wieder, und koste die Reize des Chambre garni. Die knarrende Bettstelle, die mitleidsvoll aus den Fugen geht, um

einer obdachlosen Wanzenfamilie ein Unterkommen zu bieten, – der wankelmüthige Nachttisch, – das geviertheilte Handtuch, – die stereotypen Schildereien: Kaiser Nicolaus, und Christus am Kreuz, alles ist wieder da, mir Auge und Herz zu erquicken. O, es ist schön!

Kannst Du mir nicht sagen, mein lieber Lepel, warum ich zu gar nichts komme? Ich mache so geringe Ansprüche, und doch, – selbst das Kleinste wird mir verweigert. 400 Thaler, worauf mit Recht der Spruch erfunden ist: »zum Leben zu wenig, zum Sterben zu viel« ersehne ich nun schon seit Jahr und Tag, und obschon ich gar nicht wählerisch bin, obschon ich *all und jede* Subaltern-Stellung, die nicht besondere Fachkenntnisse erheischt, mit Freuden annehmen würde, dennoch ist es nicht möglich, auch nur ein solches minimum zu ergattern. Es giebt mehr denn 2 Dutzend Posten zu denen ich nicht schlechter wie andre Menschenkinder zu verwenden wäre. Geschäftsführer einer Apotheke, Eisenbahnbeamter, Sekretär, Calculator, Registrator, Lehrer in Chemie, Geographie und Geschichte, Constabler-Wachtmeister, Redacteur einer gesinnungslosen Zeitschrift, ministerieller Zeitungsleser und Berichterstatter, Billeteur eines Theaters, Bücher-Croupier in der Königl. Bibliothek und noch hundert andre Dinge könnt' ich so gut werden wie alle die Hinze und Kunze, denen das Glück des Lebens, in Gestalt von 400 Thalern, so reichlich zufließt. Sage mir, Lepel, woran liegt es? Greife nicht zu dem alten, billig gewordenen Witze: »weil Du zu allem taugst, taugst Du zu gar nichts« nein, das bestreit' ich allen Ernstes; ich habe in all den Stellungen, die mir bisher meinen Bissen Brot gewährten, wenn auch schweren Herzens, doch immer meine Pflicht erfüllt, und ich würd' es wieder thun, gleichviel, an welchen Platz auch, man mich ferner stellen möchte. Der langen Rede kurzer Sinn ist der: Lepel, Freund! Steige wieder auf die Warte, und schau aus, ob Du nicht in Nah oder Fern ein Plätzchen entdeckst, eine »kleinste Hütte, in der Raum ist für ein glücklich liebend Paar« natürlich mit nicht allzu viel Arbeit, vor allem aber mit den unerläßlichen 400 Thalern jährlich. – Du lächelst vielleicht, während Du das Vorstehende liest; lächelte ich doch, während ich's schrieb, und doch hat das Alles eine sehr, sehr ernste Seite, und es ist mir gar nicht so blos Spaß damit. Mir ist *dies* Junggesellenleben, wie ich es zu führen nun wiederum verdammt bin, ganz gründlich zuwider und ich sehne mich nach einem Herd, sei er auch so klein, um nur gerade ein Töpfchen Kartoffeln dran kochen zu können. Man wird ja alt; wie lange noch, so ist es aus guten Gründen auch mit der Chambre garni Herrlichkeit wieder vorbei, und der Ladentisch, jenes schrecklichste »6 Bretter und 2 Brettchen« wird

*Bernhard von Lepel,*

wieder meine Welt. Es heißt zwar immer: »Arbeit schändet nicht« und namentlich solche, die immer auf dem Sopha gelegen haben, sind sehr freigebig mit diesem Trost, aber rufe Dir mal meine ganze Wesenheit vor die Seele und frage Dich dann was ich empfinden muß wenn ich dem Lehrling zurufe: »sputen Sie sich! wiegen Sie genau! denken Sie die China-Pomade kostet dem Herrn X. Y. kein Geld? mein Gott, lassen Sie doch das schöne Kind nicht so lange warten; Sie sehen ja, sie hat Eile.« Darauf ergreif' ich in heiligem Eifer selbst die Pomadenbüchse, wickle mit einer zarten Bemerkung die Salbe in doppeltes Papier, und überreiche irgend welchem Saumensch, die Abends hinter den Hausthüren abgeknutscht wird, pfiffig lächelnd, ihre Haarschmiere. Und dabei: *Streben nach Unsterblichkeit*. Wahrlich der Platensche Nimmermann, der auf dem Nachtstuhl Tragödien macht, ist an Lächerlichkeit ein Quark dagegen.
Und es könnte alles anders sein! Sieh, das verbittert mich jetzt, zu Zeiten, bis ins tiefste Herz. Der Egoismus meines Vaters, der immer Geld hatte für Wein und Spiel, und nie für Erziehung und Zukunft seiner Kinder hat schlimme Frucht getragen. Man ließ mich Apotheker werden, weil man das Geld verprassen wollte, was zur Ausbildung der Kinder hätte verwendet werden müssen, und jetzt, wo sich die Reue darüber leise im Herzen regt, ist es zu spät: die Noth ist da, der Bankrutt bricht herein – jetzt *kann* Niemand mehr helfen. – Ich habe von Haus sehr trübe Nachrichten, die wenig geeignet sind, mich frei und froh in die Zukunft blicken zu lassen. [...]

Dein
Th. Fontane


[...] ernsthafter denn je zuvor [trat] die Frage an mich heran: »ja, was nun?« Ich war all die Zeit über in jedem Anbetracht derart verwöhnt worden, daß mir Stellungen »wieder draußen in der Welt« unmöglich behagen konnten, und zwar um so weniger, als ich das notorisch Beste davon, also Stellungen wie in Dresden und Leipzig, schon längst vorweg hatte. Was also tun? In einen elenden Durchschnittskasten mit schlechter Luft und schlechtem Bett wieder hineinzukriechen, bei Tisch ein zähes Stück Fleisch herunterzukauen und den Tag über allerlei Kompaniechirurgenwitze – die's damals noch gab – mit anhören zu müssen, all das hatte was geradezu Schaudervolles für mich und nach ernstlichstem Erwägen kam ich endlich zu dem Schluß: es sei das beste für mich den ganzen

*Aus:*
Von Zwanzig bis Dreißig.
Im Hafen.
Erstes Kapitel.
Mein erstes Jahr als Schriftsteller

Kram an den Nagel zu hängen und mich, *auf jede Gefahr hin*, auf die eignen zwei Beine zu stellen. Auf jede Gefahr hin! Daß eine solche da sei, darüber war mir kein Zweifel, ja, diese Gefahr stand mir so klar, so deutlich vor der Seele, daß ich mich davor gehütet haben würde, wenn irgendwie für mich ein Ende dieses immer langweiliger werdenden Umherfechtens abzusehen gewesen wäre. Das war aber nicht der Fall. Ohne jede Schwarzseherei mußt' ich mir vielmehr das Umgekehrte sagen und so war denn der Entschluß berechtigt: »gib es auf; schlechter kann es nicht werden.« Nicht Leichtsinn oder Großmannssucht war für mich das Bestimmende, sondern einfach Zwang und Drang der Verhältnisse, nüchternstes Erwägen, und so nahm ich denn meine sieben Sachen und übersiedelte nach einer in der Luisenstraße gemieteten, an einer hervorragend prosaischen Stelle gelegenen Wohnung, dicht neben mir die Charitee, gegenüber die Tierarzneischule. Mein Dreitreppenhochzimmer hatte natürlich jenes bekannte Seegrassofa, dessen schwarzgeblümter und außerdem stachlicher Wollstoff nur deshalb nicht mehr stach, weil schon so viele drauf gelegen hatten. Die Wirtin war ein Mustertyp der damaligen Berliner Philöse*: blaß, kränklich, schmuddlig und verhungert. Über mir, auf dem Boden, war noch eine Mansardenstube, drin ganz arme Leute wohnten, die, wenn ich arbeiten wollte, gerade ihr Holz spellten, um aus einem Scheit ein Dutzend zu machen. Es waren aber gute Menschen, denn als ich ihnen sagte: »das Holzspellen führe mir immer so in den Kopf«, ließen sie's, ein Fall, den ich, als einzig dastehend in meinen Berliner Mietserfahrungen, hier doch notieren muß. Der richtige Berliner klopft dann erst recht. »Was *der* sich einbildet...« Luisenstraße, gegenüber der Tierarzneischule, – da hab' ich ein Jahr zugebracht, das erste Jahr in meiner neuen Schriftsteller-Laufbahn. Und wenn ich dann bedenke, wie bang und sorgenvoll ich mich am ersten Tag in die Seegras-Sofaecke hineindrückte, so muß ich das in dieser elenden Chambre garnie verbrachte Jahr ein vergleichsweise glückliches nennen. Ich war sehr fleißig und schlug mich durch. Wie? weiß ich nicht mehr recht. Denn was ich einnahm, war begreiflicherweise sehr gering, weil ich davon nicht ablassen wollte, mein literarisches Leben auf den »Vers« zu stellen. Ein Entschluß, der übrigens schließlich, und zwar um vieles mehr als ich damals vermutete, das Richtige traf. Ich sagte mir: »wenn du jetzt ein Gedicht machst, das dir nichts einbringt, so hast du wenigstens ein Gedicht. Das Gedicht ist dein Besitz und wenn es nur leidlich gut ist, kann es immerhin für etwas gelten. Wenn du aber einen Aufsatz schreibst, den niemand haben will – und die Chancen des »Nicht-haben-wollens« sind immer sehr groß – so hast du rein gar

* Hauswirtin

nichts. Prosa darfst du nur schreiben, wenn sie von durchaus zahlungskräftigen Leuten von dir *gefordert* wird.« Dies letztere traf nun freilich sehr selten ein, aber es kam doch vor, und die Verse, von denen ich glücklicherweise manches auf Lager hatte, trugen mir mehr ein, als man von einer Zeit, in der die sogenannten »hohen Honorare« noch nicht erfunden waren, hätte vermuten sollen. Ich war in jenen Tagen in Beziehungen zur Firma Cotta getreten, in deren »Morgenblatt« meine Gedichte vom alten Derfflinger, dem alten Zieten etc. und bald darnach auch meine Romanzen »Von der schönen Rosamunde« veröffentlicht worden waren und als sich um ein geringes später ein paar mutige Männer fanden, die nicht bloß diese vorgenannten Sachen, sondern auch noch andre kleine Dichtungen als Buch herauszugeben gedachten, war ich oben auf, besuchte meine damals in Schlesien im Kreise von Verwandten lebende Braut, überreichte ihr das ihr gewidmete Buch* und versicherte ihr »die schönen Tage von Aranjuez seien nicht wie gewöhnlich vorüber, sondern brächen jetzt an«. Ein ungläubiges Lächeln störte mich nicht und ich kehrte guter Dinge nach Berlin zurück. Es ging hier auch alles zu meiner leidlichen Zufriedenheit weiter, bis der unglückliche Ausgang der Schlacht bei Idstedt mich mit einemmal aus meinem stillen und relativ glücklichen Tun und Treiben herausriß. Ich erinnere mich keines anderen Außenereignisses, das mich *so* getroffen hätte; ich war wie aus dem Häuschen. In einem richtigen politischen Instinkt hatte ich die Herzogtümerfrage, so lange sie »Frage« war, in ihrer ganz besonderen Wichtigkeit erkannt; all die Katzbalgereien in Deutschland, offen gestanden selbst die Schicksale des Frankfurter Parlaments, hatten mich vergleichsweise kalt gelassen, aber für Schleswig-Holstein war ich vom ersten Augenblick an Feuer und Flamme gewesen und hatte die preußische Politik, die dies alles in einer unglaublichen Verblendung auf den traurigen »Revolutionsleisten« bringen wollte, tief beklagt. Mein ganzes Herz war mit den Freischaren, mit »von der Tann« und Bonin und als dann später General Willisen an die Spitze der schleswig-holsteinischen Armee trat, übertrug ich mein Vertrauen auch auf diesen; die Deutschen mußten siegen. Und nun Idstedt! Ich war ganz niedergeschmettert und etliche Tage danach befand ich mich auf dem Wege nach Kiel, um in eins der regelrechten Bataillone einzutreten. Aber es war anders beschlossen, wie ich schon in einem früheren Kapitel erzählt habe. Gleich nach meinem Eintreffen in Altona, wo ich Station gemacht und im Hause eines kleinen holsteinschen Schulmeisters Quartier genommen hatte, traf mich ein mir aus Berlin nachgeschickter Brief mit Amtssiegel. Solche großgesiegelte Schriftstücke haben immer etwas Ängstliches

* *Widmung an Emilie Fontane:*
Liebe dacht es, Liebe schrieb es:/ Und wieviel ihm immer fehle,/ Auch mit seinen Fehlern lieb es/ Als den Spiegel meiner Seele.

für mich gehabt und ich überlegte, was ich verbrochen haben
könnte. Zuletzt aber half kein Zögern und ich erbrach das
Schreiben. Es enthielt die Mitteilung seitens meines väterlichen
Freundes und Gönners W. von Merckel, daß ich im sogenannten
»Literarischen Bureau« des Ministeriums des Innern eine diätari-
sche* Anstellung gefunden hätte. Das war eine große Sache. Der
Mensch bleibt ein Egoist. Idstedt hatte mich aufrichtig erschüttert
und das Schicksal der beiden »ungedeelten« lag mir nicht bloß
redensartlich am Herzen; aber in diesem Augenblick siegte doch
das Ich über das Allgemeine. Zwei Briefe schrieb ich noch in selber
Stunde, von denen der eine an W. von Merckel gerichtete dankbarst
akzeptierte, während der andre im Telegrammstil lautete: »Schleswig-Holstein aufgegeben. Wenn dir's paßt, im Oktober Hochzeit.«

Theodor Fontane
(Bleistiftzeichnung von
Luise Kugler, 1853)

[...]

Was unsere Zeit nach allen Seiten hin charakterisiert, das ist der *Realismus.* Die Ärzte verwerfen alle Schlüsse und Kombinationen, sie wollen Erfahrungen; die Politiker (aller Parteien) richten ihr Auge auf das wirkliche Bedürfnis und verschließen ihre Vortrefflichkeitsschablonen ins Pult; Militärs zucken die Achsel über unsere preußische Wehrverfassung und fordern »alte Grenadiere« statt »junger Rekruten«; vor allem aber sind es die materiellen Fragen, nebst jenen tausend Versuchen zur Lösung des sozialen Rätsels, welche so entschieden in den Vordergrund treten, daß kein Zweifel bleibt: die Welt ist des Spekulierens müde und verlangt nach jener »frischen grünen Weide«, die so nah lag und doch so fern. Dieser Realismus unserer Zeit findet in der *Kunst* nicht nur sein entschiedenstes Echo, sondern äußert sich vielleicht auf keinem Gebiet unsers Lebens so augenscheinlich wie gerade in ihr. Die bildende Kunst, vor allem die Skulptur, ging hier mit gutem Beispiel voran. Als *Gottfried Schadow* die Kühnheit hatte, den Zopf in die Kunst einzuführen, nahm er ihr zugleich den Zopf. So wurde der »*Alte Dessauer*«, an dessen Dreimaster und Gamaschen wir jetzt gleichgültig vorübergehen, zu einer Tat von unberechenbarer Wirkung. Jener Statue zur Seite stehen *Schwerin* und *Winterfeldt* in antikem Kostüme, und wahrlich, wenn es Absicht gewesen wäre, das Ridiküle der einen Richtung und das Frische, Lebensfähige der andern zur Erscheinung zu bringen, die Zusammenstellung hätte nicht sprechender getroffen werden können. Seit fünfzig Jahren sind wir auf dem betretenen Wege fortgeschritten in Malerei, Skulptur und Dichtkunst, und es war ein Triumphtag für jene neue Richtung, von der wir uns eine höchste Blüte moderner Kunst versprechen, als die Hülle vom Standbild Friedrichs des Großen fiel und der »König mit dem Krückstocke« auf ein jubelndes Volk herniederblickte. Dieser »*Alte Fritz*« des genialen *Rauch* ist übrigens nicht das Höchste der neuen Kunst; er gehört jenem Entwicklungsstadium an, durch das wir notwendig hindurch müssen; es ist der nackte, prosaische Realismus, dem noch durchaus die poetische Verklärung fehlt.

Wir haben bei der Skulptur (in der Malerei würden wir als besonders charakteristisch *Adolf Menzel* und den Amerikaner *Karl Leutze* zu nennen haben) mit vollem Vorbedacht so lange verweilt, einmal um an bekannten Beispielen darzutun, wie bedeutsam und in die Augen springend das Grundstreben unserer Zeit sich bereits auf einzelnen Kunstgebieten geltend gemacht hat, andererseits um verstanden zu werden, wenn wir in bezug auf die Dichtkunst ausrufen: Was uns zunächst nottut, ist ein Meister

*Aus:*
Unsere lyrische und epische Poesie seit 1848
*(1853 anonym erschienen im ersten und einzigen Band der »Deutschen Annalen zur Kenntnis der Gegenwart und Erinnerung an die Vergangenheit«. Der Herausgeber Karl Biedermann, 1812–1901, Politiker, Mitglied der Bundesversammlung 1848/49, wurde wegen eines politischen Aufsatzes in diesem Band mit einem Monat Gefängnis und dem Verlust seiner Leipziger Professur bestraft.)*

Adolph Menzel, Selbstporträt *(Kreidezeichnung)*

*Standbild Friedrichs des Großen von Christian Daniel Rauch in Berlin*

Rauch unter den Poeten. Er, als der entschiedenste, wennschon nicht höchste Ausdruck einer neuen Kunstrichtung, fehlt uns noch, aber es fehlt uns nicht die Richtung überhaupt. Die moderne Kunst ist auf allen Gebieten dieselbe, und ihre Unterschiede sind nur quantitativer Natur, wie sie durch ein verschiedenes Maß von Kraft und Talent bedingt werden. Wir haben im Roman einen *Jeremias Gotthelf,* im Drama einen *Hebbel,* in der Lyrik einen *Freiligrath.* Bevor wir indes dazu übergehen, diesen Realismus teils an den einzelnen Erscheinungen unserer modernen Literatur nachzuweisen, teils darzutun, was wir auf diesem Gebiete unter Realismus verstehen, sei uns noch gestattet, ein Art Genesis desselben zu geben.

Der Realismus in der Kunst ist so alt als die Kunst selbst, ja, noch mehr: *er ist die Kunst.* Unsere moderne Richtung ist nichts als eine Rückkehr auf den einzig richtigen Weg, die Wiedergenesung eines Kranken, die nicht ausbleiben konnte, solange sein Organismus

noch überhaupt ein lebensfähiger war. Der unnatürlichen Ge-
schraubtheit *Gottscheds* mußte, nach einem ewigen Gesetz, der
schöne, noch unerreicht gebliebene Realismus *Lessings* folgen, und
der blühende Unsinn, der während der dreißiger Jahre dieses
Jahrhunderts sich aus verlogener Sentimentalität und gedanken-
losem Bilderwust entwickelt hatte, mußte als notwendige Reaktion
eine Periode ehrlichen Gefühls und gesunden Menschenverstandes
nach sich ziehen, von der wir kühn behaupten: sie ist da. Aus dem
Gesagten ergibt sich von selbst eine nahe Verwandtschaft zwischen
der Kunstrichtung unserer Zeit und jener vor beinahe hundert
Jahren, und, in der Tat, die Ähnlichkeiten sind überraschend. Das
Frontmachen gegen die Unnatur, sie sei nun Lüge oder Steifheit, die
Shakespeare-Bewunderung, das Aufhorchen auf die Klänge des
Volksliedes – unsere Zeit teilt diese charakteristischen Züge mit den
sechziger und siebziger Jahren des vorigen Jahrhunderts, und es
sollte uns nicht schwerfallen, die Persönlichkeiten zu bezeichnen,
welche die *Herder* und *Bürger* unserer Tage sind oder zu werden
versprechen. Das klingt wie Blasphemie und ist es doch keineswegs.
Man warte ab, was sich aus unsern jungen Kräften entwickelt, und
überlasse es dem Jahre 1900, zwischen uns und jenen zu entscheiden. [...]

[...]
1854 im Frühjahr verheiratete [sich Paul Heyse]. Der Polterabend
war eine große Aufführung. Die Hauptmomente daraus gaben: der
jüngere Kugler, Eggers, Menzel, ich und andere noch.

Ein Jahr später verließ ich selbst Berlin, war vier Jahr im Ausland
und kam erst im Jahr 59 nach Berlin zurück. Hier erhielt ich die
Aufforderung, nach München zu kommen (es handelte sich um eine
Stellung, die für mich geschaffen werden sollte); ich folgte dieser
Aufforderung und war acht oder neun Wochen in München bis
Ende März. In dieser Zeit wurden wir recht eigentlich erst
befreundet; ich sah ihn meist täglich, wenn auch oft nur auf
Minuten. Sein Leben erschloß sich mir: seine Stellung zum Hofe
(König Max), zu seiner Frau, zu Frau Kugler, zu Geibel.
Symposion. v. d. Tann. Abendgesellschaft mit Geibel. Menter-
schwaig. Krokodilia. Leuthold. W. Hertz (der Dichter).

Ende März 59 verließ ich München wieder und ging nach Berlin
zurück.

Über Paul Heyse
*(1883)*

61

*Aus:*
Von Zwanzig bis
Dreißig.
Der Tunnel über
der Spree.
Siebentes Kapitel.
George Hesekiel

* *unbrauchbarer
Abfall*

*Ludwig George Hese-
kiel, 1819–1874,
Redakteur bei der
»Preußischen
(Kreuz-)Zeitung«*

[…]

[1854 war ich] von England nach Berlin zurückgekehrt, trotzdem die Zeit, die mir der Minister Manteuffel für den Verbleib in meiner Londoner journalistischen Stellung zugesichert hatte, kaum halb abgelaufen war. »Bleiben Sie doch ruhig hier«, hatte mir mein Londoner Chef, der immer gütige Graf Bernstorff, in einem über diese Dinge geführten Gespräche zugerufen. »Das in Berlin da, das dauert nicht lange.« Die Richtigkeit davon leuchtete mir auch ein. Aber meine Sehnsucht nach den alten Verhältnissen – in London, so sehr ich es liebte, blieb ich doch schließlich ein Fremder – war groß und trieb mich fort, trotzdem ich wohl einsah, daß es bei meiner Rückkehr mit meinem Verbleiben in der Regierungspresse schlecht aussehen würde. Wer unter Manteuffel, wenn auch nur in kleinster und gleichgültigster Stelle gedient hatte, war mehr oder weniger verdächtig. Ich also auch. Mir wurde das, kaum in Berlin wieder eingetroffen, auch gleich fühlbar, berührte mich aber so kolossal komisch, daß ich zu keinem Ärger darüber kommen konnte. »Mußt du eine wichtige Person sein«, sagte ich mir, während ich doch am besten wußte, daß ich so gut wie gar nichts geleistet hatte. Chef der ministeriellen Presse war unter dem neuen Regime, der sogenannten »neuen Ära«, Geheimrat Max Duncker geworden, ein sehr liebenswürdiger Herr […] Ich kam aber trotzdem nicht recht an ihn heran. Alles, während es sich doch – wenigstens uns kleinen Skribenten und Korrespondenten gegenüber – immer nur um Quisquilien* handelte, wurde so furchtbar wichtig genommen, und so schied ich denn aus, um anderweitig mein Heil zu versuchen. Aber das war nicht leicht. Wer in ähnlicher Lage gewesen ist, wird mir das bestätigen, auch jetzt noch, trotzdem sich die Dinge seitdem sehr verbessert haben. Ich hatte zehn Jahre lang zur Regierungspresse gehört. In dieser verbleiben zu können, wäre mir schon aus Bequemlichkeit sehr erwünscht gewesen. Aber diese Presse der »neuen Ära«, zu der auch indirekt die nationalliberalen Zeitungen gehörten, mißfiel mir oder ich ihr, und so blieben nur Vossin und Kreuzzeitung übrig. Ich war also in einer argen Verlegenheit und sprach mich zu Hesekiel darüber aus. Der sagte: »Ja, melden kannst du dich nicht bei uns. Aber wenn ein Angebot kommt, dann liegt es doch um ein gut Teil günstiger für dich.« Und schon am anderen Tage kam ein solches Angebot. Der Chefredakteur der Kreuzzeitung fragte bei mir an, »ob ich die Redaktion des englischen Artikels übernehmen wolle?« Noch ein wenig unter den Gruselvorstellungen stehend, die sich, von 1848 her, an den Namen »Kreuzzeitung« knüpften, war ich unsicher, was zu tun sei, beschloß aber, wenigstens mich vorzustellen. Ein bloßer erster Besuch konnte ja den Kopf nicht gleich kosten. Immerhin hatte die Sache was von der Höhle des Löwen. Vier Uhr war Sprechstunde. Pünktlich erschien

ich in der Bernburgerstraße, wo der Chefredakteur* der Kreuzzeitung schräg gegenüber der Lukaskirche wohnte. Matthäi wäre wohl besser gewesen, aber Lukas war auch gut. Endlich in der zweiten Etage glücklich angelangt, zog ich die Klingel und sah mich gleich darauf dem Gefürchteten gegenüber. Er war aus seinem Nachmittagsschlafe kaum heraus und rang ersichtlich nach einer der Situation entsprechenden Haltung. Ich hatte jedoch verhältnismäßig wenig Auge dafür, weil ich zunächst nicht ihn, sondern nur sein unmittelbares Milieu sah, das links neben ihm aus einem mittelgroßen Sofakissen, rechts über ihm aus einem schwarz eingerahmten Bilde bestand. In das Sofakissen war das eiserne Kreuz eingestickt, während aus dem schwarzen Bilderrahmen ein mit der Dornenkrone geschmückter Christus auf mich niederblickte. Mir wurde ganz himmelangst, und auch das mühsam geführte Gespräch, das anfänglich wie zwischen dem eisernen Kreuz und dem Christus mit der Dornenkrone hin und her pendelte, belebte sich erst, als die Geldfrage zur Verhandlung kam. London hatte mich nach dieser Seite hin etwas verwöhnt, und ich sah mit Schmerz die Abstriche, die gemacht wurden. Als so zehn Minuten um waren, stand ich vor der Frage: »Ja« oder »Nein«. Und ich sagte »Ja«. Nicht leichten Herzens. Aber vielleicht gerade weil es ein so schwerer Entschluß war, war es auch ein guter Entschluß, aus dem mir nur Vorteile für mein weiteres Leben erwachsen sind. Ich blieb bis kurz vor dem siebziger Krieg in meiner Kreuzzeitungsstellung und muß diese zehn Jahre zu meinen allerglücklichsten rechnen. Daß es so verlief, lag an verschiedenen Dingen. Es kamen die Kriegsjahre 1864 und 1866, die mir Gelegenheit gaben, mich mehr als einmal nützlich zu machen; ich bereiste die Kriegsschauplätze, war in Schleswig, Jütland, Seeland, in Böhmen und den Gegenden des Mainfeldzuges, was mich alles ungemein erfrischte. Zugleich gab es mir ein Relief. Es war auch dasselbe Jahrzehnt, in dem ich meine »Wanderungen durch die Mark Brandenburg« und meinen ersten vaterländischen Roman – »Vor dem Sturm« – begann. Zudem, von vierzig bis fünfzig ist beste Lebenszeit. Aber der Hauptgrund, daß ich mich all die Zeit über so wohl fühlte, war doch der, daß, verschwindend

*Dr. Tuiscon Beutner, 1816–1882, Chefredakteur der Berliner »Kreuz-Zeitung« von 1853 bis 1872

kleine Störungen abgerechnet, das Leben auf der Redaktion und mehr noch das nebenherlaufende gesellschaftliche Leben ein sehr angenehmes war. Von dem sprichwörtlichen »der schwarze Mann kommt«, wovor ich ganz aufrichtig gebangt hatte, war keine Rede; nichts von Byzantinismus, nichts von Muckertum. Alles verlief eher umgekehrt. Stärkste Wendungen, auch gegen Parteiangehörige, fielen beständig und von jener erquicklichen Meinungsfreiheit – der ich übrigens, um von unserem vielverketzerten Metier auch mal was Gutes zu sagen, auf *allen* Redaktionen begegnet bin – wurde der weiteste Gebrauch gemacht. Ich möchte hier überhaupt einschalten dürfen, daß es – was auch ein wahres Glück ist – nach meinen Erfahrungen eine gewisse Zeitungssolidarität gibt, die durch die Parteifarbe wenig beeinträchtigt wird, und so gedenk' ich denn auch gern eines Wortes, das Professor Stahl einmal in einer Kreuzzeitungs-Versammlung aussprach: »Meine Herren, vergessen wir nicht, auch das konservativste Blatt ist immer noch mehr Blatt als konservativ.«
[...]

Zeitung
(1895)

Wie mein Auge nach dir späht,
Morgens früh und abends spät,

Die besten Plätze sind alle leer,
Was noch lebt, gefällt mir nicht mehr.

Aber wie sie mogeln und sich betören,
Davon mag ich noch gerne hören.

Wie sie sich zanken und sich verhetzen,
Ist mir gar nicht zu ersetzen,

Stöcker, Hammerstein, Antrag Kanitz,
Edler zu Putlitz und Edler von Planitz,

Liu-Tang und Liu-Tschang,
Christengemetzel am Yang-tse-Kiang –

Wie sie mogeln und sich betören,
Davon will ich tagtäglich hören.

Will mir, wenn sie ganz arg es treiben,
Vor Vergnügen die Hände reiben,

Und will aus dem Leitartikel erfahren
Die Gedanken des Sultans oder des Zaren.

Vielleicht entbehrt es des rechten Lichts,
Aber enfin, das schadet nichts,

Im ganzen ist es doch immer noch besser,
Als ein Weisheitsschnitt mit eignem Messer,

Und nichts kann mich so tief empören,
Als auf Zeitungsschreiber schimpfen zu hören.

Da stehn sie mit hochgetragnen Nasen:
»Aus deiner Zeitung – das sind ja Blasen,

Die Kerle, die's schreiben, halb Füchse, halb Hasen.
Und was sie schreiben, sind elende Phrasen.«

Aber nehmt uns die Phrasen auch nur auf drei Wochen,
So wird der reine Unsinn gesprochen,

Und du – du suchst wohl krampfhaft zu lachen –
Du würdest keine Ausnahme machen.


*Neuigkeitsbote.*

*An Theodor Storm
(Mitte Juli 1860)*

[...]
[...] Der Unterzeichnete oder »der Gefertigte«, wie die Östreicher
sagen. Ging 1855 im September nach England, kam im Januar 1859
zurück. Wurde als »reaktionsverdächtig« beiseite gesetzt, fungierte
5/4 Jahre als »freier Schriftsteller« und trat dann vor etwa sechs
Wochen als Redakteur des englischen Artikels bei der Kreuzzeitung
ein. Der Verachtung eines freien Schleswig-Holsteiners ist er also
unweigerlich verfallen. Muß sich drin finden und trägt es mit
Fassung. Sie müssen denken: »er war von je ein Bösewicht«. – Ich
beschäftige mich jetzt ausschließlich mit dem Studium unsrer Mark
und habe zwei darauf Bezug habende Arbeiten vor, die mich
ohngefähr zehn Jahre kosten und zwanzig Bände füllen werden. So
bricht jeder verschieden in den Tempel des Ruhmes ein, um drin zu
verweilen, bis man durch andre 'rausgeschmissen wird, *Sie* wie ein
Sonnenstrahl oder eine Toledoklinge, ich wie ein Frachtwagen.
Eines schickt sich nicht für alle.
[...]
Wie immer Ihr

Th. Fontane.

*Aus:*
Wanderungen
durch die Mark
Brandenburg.
Erster Teil. Die
Grafschaft Ruppin.
Vorwort
*(1861)*

»Erst die Fremde lehrt uns, was wir an der Heimat besitzen.« Das habe ich an mir selber erfahren und die ersten Anregungen zu diesen »Wanderungen durch die Mark« sind mir auf Streifereien in der Fremde gekommen. Die Anregungen wurden Wunsch, der Wunsch wurde Entschluß.

Es war in der schottischen Grafschaft Kinroß, deren schönster Punkt der Levensee ist. Mitten im See liegt eine Insel und mitten auf der Insel, hinter Eschen und Schwarztannen halb versteckt, erhebt sich ein altes Douglasschloß, das in Lied und Sage vielgenannte Lochleven-Castle. Es sind nur Trümmer noch, die Kapelle liegt als ein Steinhaufen auf dem Schloßhof und statt der alten Einfassungsmauer zieht sich Weidengestrüpp um die Insel her; aber der Rundturm steht noch, in dem Queen Mary gefangen saß, die Pforte ist noch sichtbar, durch die Willy Douglas die Königin in das rettende Boot führte, und das Fenster wird noch gezeigt, über dessen Brüstung hinweg die alte Lady Douglas sich beugte, um mit weit vorgehaltener Fackel dem nachsetzenden Boote den Weg und womöglich die Spur der Flüchtigen zu zeigen.

Wir kamen von der Stadt Kinroß, die am Ufer des Levensees liegt, und ruderten der Insel zu. Unser Boot legte an derselben Stelle an, an der das Boot der Königin in jener Nacht gelegen hatte, wir schritten über den Hof hin, langsam, als suchten wir noch die Fußspuren in dem hochaufgeschossenen Grase und lehnten uns dann über die Brüstung, an welcher die alte Lady Douglas gestanden und die Jagd der beiden Boote, des flüchtigen und des nachsetzenden, verfolgt hatte. Dann umfuhren wir die Insel und lenkten unser Boot nach Kinroß zurück, aber das Auge mochte sich nicht trennen von der Insel, auf deren Trümmergrau die Nachmittagssonne und eine wehmütig-unnennbare Stille lag.

Nun griffen die Ruder rasch ein, die Insel wurde ein Streifen, endlich schwand sie ganz und nur als ein Gebilde der Einbildungskraft stand eine Zeitlang noch der Rundturm vor uns auf dem Wasser, bis plötzlich unsre Phantasie weiter in ihre Erinnerungen zurückgriff und ältere Bilder vor die Bilder dieser Stunde schob. Es waren Erinnerungen aus der Heimat, ein unvergessener Tag.

Auch eine Wasserfläche war es; aber nicht Weidengestrüpp faßte das Ufer ein, sondern ein Park und ein Laubholzwald nahmen den See in ihren Arm. Im Flachboot stießen wir ab und so oft wir das Schilf am Ufer streiften, klang es, wie wenn eine Hand über knisternde Seide fährt. Zwei Schwestern saßen mir gegenüber. Die ältere streckte ihre Hand in das kühle, klare Wasser des Sees, und außer dem dumpfen Schlag des Ruders vernahm ich nichts als jenes leise Geräusch, womit die Wellchen zwischen den Fingern der

Adolph Menzel,
Wasserfahrt in Rheins-
berg
(Zeichnung, 1860)

weißen Hand hindurchplätscherten. Nun glitt das Boot durch
Teichrosen hin, deren lange Stengel wir (so klar war das Wasser) aus
dem Grunde des Sees aufsteigen sahen; dann lenkten wir das Boot
bis an den Schilfgürtel und unter die weitüberhängenden Zweige
des Parkes zurück. Endlich legten wir an, wo die Wassertreppe ans
Ufer führt, und ein Schloß stieg auf mit Flügeln und Türmen, mit
Hof und Treppe und mit einem Säulengange, der Balustraden und
Marmorbilder trug. Dieser Hof und dieser Säulengang, die Zeugen
wie vieler Lust, wie vielen Glanzes waren sie gewesen? Hier über
diesen Hof hin hatte die Geige Grauns geklungen, wenn sie das
Flötenspiel des prinzlichen Freundes begleitete; hier waren Le
Gaillard und Le Constant, die ersten Ritter des Bayardordens, auf-
und abgeschritten; hier waren, in buntem Spiel, in heiterer Ironie,
fingierte Ambassaden aus aller Herren Länder erschienen und von
hier aus endlich waren die heiter Spielenden hinausgezogen und
hatten sich bewährt im Ernst des Kampfs und auf den Höhen des
Lebens. Hinter dem Säulengange glitzerten die gelben Schloßwände
in aller Helle des Tags, kein romantischer Farbenton mischte sich
ein, aber Schloß und Turm, wohin das Auge fiel, alles trug den
breiten historischen Stempel. Von der andern Seite des Sees her
grüßte der Obelisk, der die Geschichte des Siebenjährigen Krieges
im Lapidarstil trägt.
So war das Bild des *Rheinsberger* Schlosses, das, wie eine Fata
Morgana, über den Levensee hinzog, und ehe noch unser Boot auf
den Sand des Ufers lief, trat die Frage an mich heran: so schön dies
Bild war, das der Levensee mit seiner Insel und seinem Douglas-

schloß vor dir entrollte, war jener Tag minder schön, als du im Flachboot über den Rheinsberger See fuhrst, die Schöpfungen und die Erinnerungen einer großen Zeit um dich her? Und ich antwortete: *nein.*

Die Jahre, die seit jenem Tag am Levensee vergangen sind, haben mich in die Heimat zurückgeführt und die Entschlüsse von damals blieben unvergessen. Ich bin die Mark durchzogen und habe sie reicher gefunden, als ich zu hoffen gewagt hatte. Jeder Fußbreit Erde belebte sich und gab Gestalten heraus, und wenn meine Schilderungen unbefriedigt lassen, so werde ich der Entschuldigung entbehren müssen, daß es eine Armut war, die ich aufzuputzen oder zu vergolden hatte. Umgekehrt, ein Reichtum ist mir entgegengetreten, dem gegenüber ich das bestimmte Gefühl habe, seiner niemals auch nur annähernd Herr werden zu können; denn das immerhin Umfangreiche, das ich in nachstehendem biete, ist auf im ganzen genommen wenig Meilen eingesammelt worden: am Ruppiner See hin und vor den Toren Berlins. Und sorglos habe ich es gesammelt, nicht wie einer, der mit der Sichel zur Ernte geht, sondern wie ein Spaziergänger, der einzelne Ähren aus dem reichen Felde zieht.

Es ist ein Buntes, Mannigfaches, das ich zusammengestellt habe: Landschaftliches und Historisches, Sitten- und Charakterschilderung, – und verschieden wie die Dinge, so verschieden ist auch die Behandlung, die sie gefunden. Aber wie abweichend in Form und Inhalt die einzelnen Kapitel von einander sein mögen, darin sind sie sich gleich, daß sie aus Liebe und Anhänglichkeit an die Heimat geboren wurden. Möchten sie auch in andren jene Empfindungen wecken, von denen ich am eignen Herzen erfahren habe, daß sie ein Glück, ein Trost und die Quelle echtester Freuden sind.

*Schloß Rheinsberg (Lithographie nach einer Originalaufnahme von T. Henneke)*

In ihrer Nummer vom 19. September 1889 brachte die »Kreuzzeitung« folgende Anzeige:
»Am 16. September, 11 Uhr vormittags, verschied nach langem, schwerem Leiden im 80. Lebensjahre unsere geliebte Tante, Großtante und Schwägerin

*Fräulein Mathilde von Rohr*
aus dem Hause Trieplatz,
Konventualin zu Kloster Dobbertin.

Im Namen der Hinterbliebenen *Christian v. Rohr*, Hauptmann u. Kompaniechef im 3. G.-Gr.-Reg. Königin Elisabeth.«
Das alte Fräulein hatte ich das Glück zu kennen und von ihr und der guten alten Zeit, die wenigstens dann und wann eine wirklich gute alte Zeit war, will ich in nachstehendem erzählen.
Mathilde von Rohr wurde den 9. Juli 1810 als fünfte Tochter ihrer Eltern in Trieplatz geboren. Ihr Vater, früher Adjutant beim General v. Knobelsdorf, war ein Mann von Gesinnung und Bildung, die Mutter (eine v. Hünecke) eine Schönheit, die sich schon mit achtzehn Jahren verheiratet hatte. Das fiel in den Anfang des Jahrhunderts. Es waren harte Zeiten, als die Kinder geboren wurden, – die Franzosen im Lande, Durchmärsche, Lieferungen ohne Zahl, und so hielt es denn schwer, sich durchzukämpfen. Auch die Jahre nach dem Kriege waren Jahre harter Entbehrung. Mit dem zehnten Jahre kam Mathilde nach Brandenburg in Pension, aber nicht auf lange; zwei Jahre später war sie wieder bei den Eltern, und weil Trieplatz keinen Prediger und keine passende Schule hatte, mußte sie jeden Tag zum Unterricht nach dem eine Meile entfernten Brunne. Während der langen und hellen Sommertage bot das keine Schwierigkeit und Gefahr, aber winters war es oft schon dunkel, wenn sie den Rückweg antrat, und der Vater, den es ängstigte, das halberwachsene Mädchen so allein auf der verschneiten Landstraße zu wissen, ging ihr dann entgegen. Mit ihm, immer auf tausend Schritt voraus, war sein Hund, der bei jedem Waldeck anschlug, um die in der Winterdämmerung Heimkehrende schon von weither wissen zu lassen »wir sind da«. Dieser Unterricht in Brunne dauerte bis zur Einsegnung.
Das Leben im Trieplatzer Hause war sehr einfach, selbst in die Kirche kam man wenig, weil der Prediger nur selten nach dem Filial herüberkam, und so ging man denn sonntags früh auf Wald und Feld hinaus, wo seitens des Vaters eine Art Gottesdienst abgehalten wurde. Man begnügte sich damals mit wenig, und Gott anbeten in der Natur war so gut wie was anderes. Es kam bloß auf »Andacht« an, ein Standpunkt, der für ketzerischer gilt, als er vielleicht sein sollte. Das Leben im Hause war von einer rührenden Einfachheit, für die

Mathilde von Rohr.
Konventualin zu
Kloster Dobbertin
*(zur Aufnahme in die
Wanderungen seit 1888
vorgesehen, 1903 innerhalb der 8. Auflage
veröffentlicht)*

*Mathilde von Rohr*

wir heute Sinn und Verständnis verloren haben. Erst im Alter kommt man wieder dahinter, »daß das eigentlich das Wahre sei«. Die Töchter hatten die Wirtschaft zu führen und morgens um vier mit dem Melken zu beginnen. Ein Übelstand war es, daß die junge Männerwelt mit einer Art Geflissentlichkeit von Trieplatz ferngehalten wurde, weil der alte Rohr seine Töchter für sich behalten wollte. Das ging so weit, daß, als einer der Gutsnachbarn, ein reicher adeliger Herr, um Mathilde anhielt, dieser Antrag vor ihr verschwiegen und ihr erst viele Jahre später zur Kenntnis gebracht wurde. Sie hätte ihn übrigens doch nicht genommen, denn so reich er war, so moralisch fragwürdig war er, ein Punkt, in dem Mathilde von Jugend auf sehr diffizil war. Alles, um es noch einmal zu sagen, trug den Stempel höchster Einfachheit, trotzdem hatte das Leben einen großen Reiz, so groß, daß Frau v. Romberg, eine geborene Gräfin Dönhoff, die zu jener Zeit als junge Gutsherrin auf dem benachbarten Brunne lebte, mir noch nach fünfzig Jahren schreiben konnte: »Trieplatz war damals ein Idyll ohnegleichen, und ich kann Ihnen nicht aussprechen, wie uns jedesmal ums Herz war, wenn ich mit meinem Manne vorfuhr und die schönen jungen Mädchen in ihren einfachen Hauskleidern, aber alle wie aus dem Ei gepellt, auf uns zukamen, aus Stall und Küche, vom Butterfaß und von der Bleiche. Zuletzt erschien dann auch der stattliche Vater vom Felde her, wo er die Aufsicht geführt, das weiße Haar im Winde um die hohe Stirn fliegend und die schönen tiefblauen Augen unter den buschigen Brauen von Freundlichkeit leuchtend. Es war alles reizend in seiner Patriarchalität und Gastlichkeit, und ich kann Ihnen nicht sagen, wie tief sich mir diese Bilder eingeprägt haben. Dabei der alte Rohr ganz Ritter und Offizier und ein Bild schöner Menschenwürde.«

1832 starb der Vater, Trieplatz wurde verpachtet, und die Mutter zog mit den Töchtern nach Berlin. Das Haus des der Trieplatzer Familie nahe verwandten Generals v. Rohr, damals ein Sammelpunkt der Berliner Gesellschaft, vermittelte Beziehungen, und sehr angenehme Tage brachen an. Aber Mathilde trat nicht sonderlich hervor, was darin liegen mochte, daß einige der älteren Schwestern ihr an Klugheit überlegen waren, eine jüngere an Schönheit. Sie kam erst zur Geltung, als sie bei Gelegenheit eines Besuchs in Künkendorf, einem in der Uckermark gelegenen Rohrschen Gute, mit dem alten Bischof Roß bekannt wurde. Dieser, im gesegneten Besitz einer liebenswürdigen, bis ins Greisenalter hinein ihm treu bleibenden Kindernatur, erkannte sofort die besonderen Gaben, die sich in der bis dahin wenig beachteten Mädchenseele bargen, und lud das junge Fräulein in sein Haus, eine Einladung, der sie Folge gab. In diesem Roßschen Hause schloß sie sich alsbald an die durch Klugheit und pikantesten Esprit ausgezeichnete Enkelin des Bischofs an, an Lina Tendering, später Frau Lina Duncker, der sie durch alle Zeit hin, auch die Lassalle-Zeit nicht ausgenommen, eine treue Freundschaft bewahrte.

Es war um die Wende der dreißiger und vierziger Jahre, daß diese Beziehungen angeknüpft wurden; dieselben erweiterten sich später innerhalb der hauptstädtischen Gesellschaft und erhielten ihren Höhepunkt, als die vorerwähnte Frau v. Romberg von ihrem Gute Brunne nach Berlin zog, um hier in Gemeinschaft mit ihrer älteren Schwester, der Gräfin Schwerin, das alte Dönhoffsche, jetzt Stollbergsche Palais in der Wilhelmstraße Nr. 63 zu bewohnen. Seitens dieser Dame (Frau v. Romberg), die die Trieplatzer Tage nicht vergessen hatte, wurde das junge Fräulein wie vordem durch Entgegenkommen und Freundschaft ausgezeichnet und sehr bald auch bei der Gräfin Schwerin eingeführt, in deren »blauem Salon« sich ein gut Teil der damaligen ersten Berliner Gesellschaft versammelte. Herren und Damen nahe verwandter, namentlich ostpreußischer und pommersch-uckermärkischer Familien bildeten den Stamm, zu dem sich hervorragende Personen aus Kunst und Wissenschaft gesellten, darunter Maler wie Hopfgarten, Henning, Kretschmer. Unter den Gelehrten stand der blinde Professor Müller obenan, ein kluger, in literarischen Dingen versierter, zugleich etwas spitzer Herr, der mit seiner »Ironie«, einer Blume, die damals noch blühte, den Rest der Gesellschaft mehr oder weniger intimidierte*. *einschüchterte
Nur als sich Graf Fritz Eulenburg, der spätere Minister des Innern, in den Salon einführte, war es mit dieser Herrschaft vorbei. Graf Eulenburgs Sarkasmus war doch noch stärker als die Müllersche Ironie. Neben dem Grafen Eulenburg würde sicherlich auch noch ein anderes Mitglied des Kreises sowohl seinem Charakter wie namentlich seinem Talente nach, die Kraft zur gesellschaftlichen Emanzipation von dem ironischen Machthaber gehabt haben, wenn eben diesem Mitgliede nicht ein geradezu krankhafter Respekt vor »Wissenschaftlichkeit« innegewohnt hätte. Dieser ganz ohne Not sich Unterordnende war Bernhard v. Lepel, ein junger Offizier im Regiment »Kaiser Franz«, der um seiner eben damals erschienenen »Lieder aus Rom« willen ebenso schnell der Protegé der Dönhoffschen Schwestern, wie ganz im besonderen der intime Freund des Fräulein Mathilde v. Rohr wurde. Diese ganz auf literarischen Interessen aufgebaute, durch drei Jahrzehnte hin fortgeführte Freundschaft hatte schon nach verhältnismäßig kurzer Zeit zur Folge, daß sich von dem großen Zirkel im Dönhoff-Schwerinschen Palais ein kleinerer Zirkel abzweigte, dem Mathilde v. Rohr

vorstand und in dem, unter Zurücktritt der Maler und Gelehrten, das Dichterelement in den Vordergrund trat.

Ich weiß nicht, wie lange dieser abgezweigte Zirkel schon bestand, als mir eines Tages ein Brief zuging, in dem ich von dem Fräulein v. Rohr aufgefordert wurde, »nächsten Sonntag nach dem ›Tunnel‹ (dessen Besuch wie Kirchendienst galt und selbstverständlich nicht versäumt werden durfte) den Tee bei ihr zu nehmen«. Ich sagte natürlich in freudig gehobener Stimmung zu, war aber nach allem bis dahin in Erfahrung Gebrachten, wonach das Fräulein etwas von einer Queen Elizabeth haben mußte, doch auch in hohem Grade beunruhigt, etwa wie wenn ich in einen geheimen Orden aufgenommen werden sollte.

Schließlich waren Tag und Stunde heran, und ich stieg mit Lepel, der den Introdukteur zu machen hatte, die drei Treppen zur Wohnung des Fräuleins hinauf: Behrenstr. 72. Es war ein stilles Haus, das einem Major von Häseler gehörte. Die altberlinische Klingel, deren verbogener Draht nicht recht durch die Öse wollte, wurde von Lepel stark, aber doch auch wieder diskret und wohlanständig gezogen, und eine für den Abend engagierte Aufwärterin, die sich durch ein kleines vertrauliches Lächeln auszeichnete, öffnete. Nun legten wir ab und traten in ein einfenstriges Empfangszimmer, darin uns das Fräulein, eine Dame von damals nahe an Fünfzig, in einem schwarzen Atlaskleid empfing. Mit einer Gewandtheit, die teils angeboren, teils innerhalb der verschiedensten Wilhelmstraßenzirkel ausgebildet war, wurden die Honneurs gemacht und mir natürlich gesagt: wie glücklich sie sei, mich nun auch bei sich empfangen zu können. Der Gräfin Schwerinsche Kreis, den ich, wie sie zu ihrer Freude vernommen, demnächst auch kennenlernen würde, sei bei hundert Vorzügen, doch von ziemlich bunter Zusammensetzung, während sich der kleine Zirkel, der sich bei ihr versammle, lediglich dem Lyrischen und Dramatischen zuwende. So hoffe sie denn, es werde mir gefallen. Unter allen Umständen aber würde ich bald wahrzunehmen imstande sein, wie viele Verehrer meine Dichtungen in dem ihr bekannten Kreise bereits hätten. Ich verbeugte mich; Lepel schmunzelte, was halb der gelungenen Rede, halb dem von ihm mit nur zu vielem Recht angezweifelten Tatbestande galt. Denn so befangen er war und so sehr er die literarischen Tugenden seiner und nun bald auch meiner Freundin überschätzte, so war er doch anderseits unbefangen genug, diese Gefühle nicht auf die Gesellschaft, die sich um das Fräulein versammelte, zu übertragen. Er wußte vielmehr umgekehrt, aus wie literaturabgewandten Persönlichkeiten sich dieser Kreis in seiner großen Mehrheit zusammensetzte. Noch zwei-, dreimal wurde die Klingel gezogen und ehe 9½ Uhr heran war, waren alle Geladenen einander vorgestellt, und die Tür zum Nebenzimmer ging auf. Jeder seine Dame führend, traten wir ein. Hier war es nun wirklich allerliebst. Das Zimmer niedrig, aber doch doppelt so groß als das Empfangszimmer, Lampen und Blumen auf dem Tisch, alles blinkend von Silber und weißestem Linnen.

Wir waren alles in allem acht Personen: Major v. Häseler und Frau, Herr v. Hünecke und Frau, ein Fräulein Wißling (das Teefräulein der Gräfin Schwerin), dann Fräulein v. Rohr selbst, Lepel und ich. Alles steht mir noch in voller Deutlichkeit vor Augen, und auch das Gespräch ist mir, wenn nicht in seinem Wortlaute, so doch in seinem Inhalte noch so gegenwärtig, als ob es gestern geführt worden wäre. Man war sehr heiter, alles wohlwollend und die Verpflegung vorzüglich, namentlich auch der Tee, was man damals nicht von allen Berliner Teeabenden sagen konnte. Wir hatten zu Kaviar- und Sardellenbrötchen einen kalten Braten, einen Reh- oder Hammelrücken, den Trieplatz oder irgendein befreundetes Gut in Havelland oder Ruppin geliefert hatte. Zum Schluß kam dann »Götterspeise«, die ihrem Namen Ehre machte; sie bestand aus in Rum oder Kognak getränkten Biskuitscheiben, Himbeer- kompott und Schlagsahne, welche dreifache Schicht sich dreimal wiederholte. Zum Schluß wurden Apfelsinen zurechtgemacht, aber während wir unter Andauer dieser harmlosen Beschäftigung bemüht waren, unser Gespräch, das sich meist um Theater und die mit den Häselers befreundete Familie Hülsen drehte, fortzusetzen, war es ganz ersichtlich, daß sich unserer liebenswürdigen Wirtin eine gewisse Unruhe bemächtigte, die von Minute zu Minute wuchs und sich namentlich auch in ihren auf die jedesmalige Frage nicht mehr recht passenden Antworten zu erkennen gab. Dabei sah sie immer eindringlicher nach der Stutzuhr ihr gegenüber, auf der ein goldener Saturn mit Urne lag, bis sie zuletzt die Konversation kurz abschnitt, indem sie kategorisch bemerkte: »Die Herren werden jetzt etwas lesen.« Nun schwieg alles, während sie selbst unter einer kleinen Verbeugung fortfuhr: »Herr v. Lepel und Herr Th. F. wollen nämlich die Güte haben, uns eine von ihnen herrührende ›Terzine‹ zu lesen.« Ich wollte, weil ich glaubte, daß sich das Fräulein versprochen habe, die Sache richtigstellen, Lepel aber warf mir einen grotesk-ernsten Blick zu, der mich verstummen machte, während das Fräulein unbefangen hinzusetzte: »Diese Strophen bilden nämlich eine Art Rede und Gegenrede wie zwei Advokaten, von denen jeder seine Sache verteidigt. Wie lautet doch das Thema?« Lepel, der bereits sein Manuskript aus der Tasche gezogen hatte, sagte: »Das Thema lautet: ›Reden ist Silber, Schweigen ist

Gold‹ und bildet eine Tenzone zwischen mir und meinem Freunde F.« Er betonte das Wort »Tenzone«, Fräulein v. Rohr aber merkte nichts, denn Terzine oder Tenzone war ihr dasselbe. Sie hatte viele herrliche Gaben, und Lyrik war ihr Ideal. Aber die Nomenklatur* italienischer Formen und nun gar diese Formen selbst waren ihr ein Geheimnis geblieben.

* Benennung

Lepel und ich lasen nun unsere Tenzone. Dann trat die herkömmliche Verlegenheitspause ein. Der alte Häseler wirbelte an seinem Husarenschnurrbart, während seine Frau, älter als er und schon nahe an Achtzig, ihren schwarzen Scheitel, der sich etwas verschoben hatte, wieder gerade rückte, dabei Lepel und mich verschmitzt ansehend, wie wenn sie sagen wollte: »Kinder, was soll das alles? Als ich jung war, waren ganz andere Dinge Mode.« Sie stammte nämlich aus den Gräfin-Lichtenau-Tagen und hatte manches erlebt. Endlich nahm Herr v. Hünecke das Wort. »Es muß schwer sein«, sagte er, worauf Frau von Hünecke fast einen Lachanfall kriegte und gutmütig hinzusetzte: »ja, Hünecke, du könntest es nicht.« Durch diesen Zwischenfall war das Eis gebrochen, und nun griff auch die alte Häseler ein und sagte: »Schwer. Ja was heißt schwer? Ich glaube nicht, daß es so sehr schwer ist, und improvisieren zum Beispiel ist viel schwerer. Da war hier vor zwanzig Jahren ein Improvisator Langenschwarz, ein jüdischer, aber ziemlich distinguiert aussehender Mann, und wir hatten damals eine Matinée im Konzertsaal, es war das letzte Jahr unter des hochseligen Königs Majestät. Und das Thema war ›Alexanders des Großen Tod‹ und jeder, der anwesend war, hatte das Recht, ihm ein Reimwort zuzurufen. Und da war ja nun dieser schreckliche Mensch, der Glasbrenner, d. h. eigentlich war er gar nicht so schrecklich und konnte es nur sein, wenn er wollte, der rief Langenschwarzen, weil er eine Pike gegen ihn hatte, das Wort ›Blutwurst‹ zu, so daß einige lachten, während wir anderen alle zusammenschraken. Aber was denken Sie, was geschah? Ohne daß dieser Langenschwarz sich verfärbte, nahm er das furchtbare Wort in seine Dichtung auf, und ich weiß auch noch, daß er mit ›Glutdurst‹ darauf reimte, was damals jeder bewunderte, so daß Glasbrenner eigentlich geschlagen war, und wenn ich mir das alles vergegenwärtige – Hülsen war damals noch Leutnant und hatte die Plätze besorgt – so muß ich doch sagen, das war schwerer.« Lepel und ich stimmten vollkommen ein, Fräulein v. Rohr aber fand diesen plötzlichen Einwurf in eine Debatte, die sich doch mit einer ernsten Dichtung zu beschäftigen habe, ziemlich unangemessen und sagte: »Frau von Häseler, ich muß Ihnen doch bemerken, daß ich das Gedicht der beiden Herren seit vorigem Sonntag abschriftlich besitze, und daß ich es sowohl der Gräfin Schwerin wie dem Prinzen Georg vorgelegt habe, die beide von der besonderen Schwierigkeit sprachen. Es wird also wohl auch schwer sein. Der Prinz ist selbst Dichter, wie Sie wissen, und ein Mann von Urteil.«

So waren die Abende bei Fräulein v. Rohr, deren ich von nun ab, durch mehr als zehn Jahre hin, zahllose verlebte. Der Charakter war immer derselbe, immer sechs, acht Personen, immer Mustertee, immer »Götterspeise«, immer Dichtungen vor einem Publikum, das durch Vortrag derselben grenzenlos gelangweilt wurde. Nur Fräulein v. Rohr strahlte. Sie war nach wie vor Lepels Egeria* und bald auch meine.

* Name einer altitali-schen Quellnymphe, nach deren Eingebun-gen Numa, der zweite König von Rom, seine Gesetze erließ, daher uneigentlich die ver-trauliche Ratgeberin eines Fürsten

[...] Ich war ihr Verzug, fast mehr als Lepel, und konnte tun was ich wollte – sie fand immer eine Entschuldigung. Eine Nachsicht und Milde, die sie keineswegs für jeden hatte! Die letzte Wurzel davon war, gleichviel nun ob es mir zukam oder nicht, ihr großes Vertrauen zu mir, was einmal einen mich tief rührenden Ausdruck annahm. Als ich nämlich vor jetzt zwanzig Jahren in meine gegenwärtige Wohnung zog und ihr erzählte: »das alte Weib, das bis dahin in dieser meiner Wohnung gewohnt und dieselbe sehr ungern verlassen habe, habe beim Hinausziehen so was wie einen Hexen-fluch ausgesprochen und mir allerhand Böses gewünscht, was mir nun doch im Kopf herumgehe«, da nahm sie meine Hand und streichelte sie und sagte: »Das tut Ihnen nichts; Sie kommen da drüber weg.« Und so verwöhnte sie mich in allen Stücken, hatte nur Liebe und Güte für mich und war mir auch, um eine Hauptsache nicht zu vergessen, bei meinen Arbeiten vom allergrößten Nutzen. Ihrer Natur nach, wie ich nur wiederholen kann, mehr gewollt als wirklich literarisch, hat sie mir trotzdem auf eben diesem Gebiete sehr ersprießliche Dienste geleistet, und wohl ein Dutzend der lesbarsten Kapitel in meinen »Wanderungen« verdanke ich ihrem nie rastenden Eifer, der mir Empfehlungsbriefe schrieb und mir mitunter auch fix und fertige Beiträge verschaffte, die nur ein wenig der Zurechtstutzung bedurften. Ein solcher Beitrag ist beispielswei-se der ein völliges Charakterbild gebende Brief, der sich mit der Frau v. Jürgaß, einer Tochter des alten Zieten beschäftigt. Aber bei solchen von den verschiedensten Seiten herrührenden Beiträgen blieb es nicht, sie war auch persönlich ein wahres Anekdotenbuch und eine brillante Erzählerin alter Geschichten aus der Mark Bran-denburg, besonders in Bezug auf adelige Familien in Havelland, Priegnitz und Ruppin. Den Stoff zu meinem kleinen Roman »Schach von Wuthenow« habe ich mit allen Details von ihr erhalten. [...] Sie war eine richtige Lutheranerin, noch mehr ihrem Wesen als ihrem Bekenntnis nach, und wußte sich was damit. Da machte es denn einen großen Eindruck auf mich, daß sie mir, kurz vor ihrem Tode, als ich sie noch einmal in Dobbertin besuchte, mit Ergriffenheit sagte: »Ja, wir hoffen selig zu werden und ich hoffe es auch. Aber wenn dann so die Beängstigungen kommen, da habe ich doch schon gebetet, daß es vorbei sein möchte, und wenn es auch ganz und gar vorbei wäre. Schrecklich zu sagen, aber die Seligkeitsfrage beschäftigte mich in solchem Augenblicke gar nicht mehr.«

Neben ihrem lutherischen Wesen war sie vor allem spezifisch märkisch und gehörte zu denen, an denen man alle guten und auch einige schwache Seiten des alten Märkertums wie an einem Musterbeispiel studieren konnte; sie war, um es am Schlusse noch einmal zu sagen, tüchtig, verständig, zuverlässig, ja, mehr denn das, treu wie Gold, und ihre schlichten, immer aus der Lebenserfahrung heraus gesprochenen Sätze haben durch ein Menschenalter hin einen großen Einfluß auf mich geübt, auch solche Sätze, denen ich jede höhere und mehr noch jede schönere Berechtigung absprechen mußte. »Nie über seine Verhältnisse leben«, das war natürlich richtig. Und auch *das* war richtig: »*Niemandem zur Last fallen,* lieber entbehren und entsagen.« Aber in ihrem am eindringlichsten gepredigten Satze: »*Nur von andern nichts annehmen*«, konnt' ich ihr nicht zustimmen. Freilich lag gerade die Weisheit *dieses* Satzes – wenn er nun mal *bedingungsweise* (und das kann er) für weise gelten soll – tief in ihrer Natur begründet, von Jugend an. Als sie zehn Jahre alt war, wollte ihr eine alte Tante durchaus einen Taler schenken; sie nahm ihn, nach langer Gegenwehr, endlich auch an, aber kaum wieder im Zimmer allein, so warf sie ihn fort und rief weinend: »Ich will keinen Taler.« – »Nur nichts annehmen« – noch einmal, ich stehe *gegen* diesen Satz. Aber das unter märkischen Erfahrungen und Anschauungen herangewachsene und alle Zeit über unter den entsprechenden Eindrücken verbliebene Fräulein wird *lokaliter,* so viel kann ich zugestehen, wohl auch in diesem Punkte recht gehabt haben. Leider. Es ist nicht christliche Weisheit, die sich darin ausspricht, wohl aber *brandenburgische.* Das arme Land hat eben in den Jahrhunderten eine dieser Armut entsprechende Weisheit großgezogen.

*Aus:*
Wanderungen
durch die Mark
Brandenburg.
Erster Teil. Die
Grafschaft Ruppin.
Gustav Kühn

*»Bei Gustav Kühn*
*In Neu-Ruppin.«*

In der Mitte der Stadt, gegenüber dem Häuserviereck, darin Schinkel und Günther und auch der Held unseres letzten Kapitels: Michel Protzen, das Licht der Welt erblickten, erhebt sich ein kleines, nur drei Fenster breites Häuschen, dem ein neu aufgesetztes

Stockwerk nur wenig zu gesteigertem Ansehen verhilft. Auf dem schmalen Hofe des Häuschens aber drängen sich die Hintergebäude und jeder Zollbreit Erde ist benutzt. Hier erinnert die Beschränktheit und zu gleicher Zeit die sorgliche Ausnutzung des Raumes an den Geschäftsbetrieb englischer Zeitungslokalitäten. Aber was sind die Londoner Blätter im Vergleich zu jenen kolorierten Blättern, die aus dieser kleinen Ruppiner Offizin hervorgehen? Was ist der Ruhm der Times gegen die zivilisatorische Aufgabe des Ruppiner Bilderbogens? Die Times, die sich mit Recht das »Weltblatt« nennt, gleicht immer nur dem anglikanischen Geistlichen, dem hochkirchlichen Bischof, der, an schmalen Küstenstrichen entlang, in den großen, reichbevölkerten Städten der andern Hemisphäre seine Wohnung aufschlägt und seines Amtes wartet, der Gustav Kühnsche Bilderbogen aber ist der Herrnhutsche Missionar, der überall hin vordringt, dessen Eifer mit der Gefahr wächst und der die eine Hälfte seines Lebens in den Rauchhütten der Grönländer, die andere Hälfte in den Schlammhütten der Fellahs verbringt. Chamisso erzählt in seiner »Reise um die Welt«, daß er, nach selbst gemachter Erfahrung, Kotzebue für den verbreitetsten Schriftsteller halten müsse, denn er sei demselben, und zwar einem Bande seiner Komödien, 1818 auf der Insel Tahiti begegnet. Aber noch einmal, was will eine solche Verbreitung sagen neben der Verbreitung jener Dreipfennigbogen, die mit der wohlbekannten Notiz: »Bei Gustav Kühn in Neu-Ruppin« über die Welt flattern. Gebiete, die Barth und Overweg, die Richardson und Levingstone erst aufgeschlossen, – der Kühnsche Bilderbogen war ihnen vorausgeeilt und hatte längst vor ihnen dem Innersten von Afrika von einer Welt da draußen erzählt. Er flieht die Gegenden, drin der Kupferstich und das Ölbild vorwalten, aber wo die Glaskoralle und der Zahlpfennig ein staunendes Ah und die Begierde nach Besitz wecken, in den engeren und weiteren Bezirken des Königs von Dahomey – da ist er zu Haus. Den Maranon und den Orinoko aufwärts, wo die Kolibris wie Blüten und die Blüten wie Schmetterlinge sich schaukeln, dort, wo alles Glanz und Farbe ist, tritt er kühn und siegreich auf und stellt die Kolorierkunst seiner Schablone – die unbeeinflußt von den neuen Gesetzen der Farbenzusammenstellung ihre ehrwürdigen Traditionen wahrt – siegreich in die Zauber der Tropennatur hinein. Auf den Inseln der schottischen Westküste war es mir selbst vergönnt, diese Landsleute, diese Boten aus der engeren Heimat zu begrüßen. Die Fingalshöhle, die Gestalt König Fingals selbst, die wie ein Nebelphantom auf der öden Kuppe von Morven stand, war nicht mächtig genug gewesen, diese Sendboten abzuhalten, sie waren eingezogen in die Hütten der Macleans und Macdonalds.

Lange bevor die erste »Illustrierte Zeitung« in die Welt ging, illustrierte der Kühnsche Bilderbogen die Tagesgeschichte, und was die Hauptsache war, diese Illustration hinkte nicht langsam nach, sondern folgte den Ereignissen auf dem Fuße. Kaum, daß die Trancheen* vor Antwerpen eröffnet waren, so flogen in den Druck- und Kolorierstuben zu Neu-Ruppin die Bomben und Granaten durch die Luft; kaum war Paskewitsch in Warschau eingezogen, so breitete sich das Schlachtfeld von Ostrolenka mit grünen Uniformen und polnischen Pelzmützen vor dem erstaunten Blick der Menge aus, und tief sind meinem Gedächtnisse die Dänen eingeprägt, die in zinnoberroten Röcken vor dem Danewerk lagen, während die preußischen Garden in Blau auf Schleswig und Schloß Gottorp losrückten. Dinge, die keines Menschen Auge gesehen, die Zeichner und Koloristen zu Neu-Ruppin haben Einblick in sie gehabt, und der »Birkenhead«, der in Flammen unterging, der »Präsident«, der zwischen Eisbergen zertrümmerte, das Auge der Ruppiner Kunst hat darüber gewacht. Andere, ähnliche Unternehmungen sind seitdem ins Dasein getreten, der Münchener Bilderbogen hat seine Welttour gemacht, Winkelmann und Söhne haben durch Abbildungen von Stauffacher, Franz Moor und der Jungfrau von Orleans der dramatischen Kunst die Schleppe getragen, aber was immer ihre Erfolge gewesen sein mögen, sie haben sich schlechter auf den Geschmack des großen Publikums verstanden und haben die rechte Stunde mehr als einmal versäumt. Da liegt es. In jedem Augenblicke zu wissen, was oben aufschwimmt, was das eigentlichste Tagesinteresse bildet, das war unausgesetzt und durch viele Jahrzehnte hin Prinzip und Aufgabe der Ruppiner Offizin. Und diese Aufgabe ist glänzend gelöst worden, so glänzend, daß ich Personen mit sichtlichem Interesse vor diesen Bildern habe verweilen sehen, die vor der künstlerischen Leistung als solcher einen unaffektierten Schauder empfunden haben würden. Aber die Macht des Stoffs bewährte sich siegreich an ihnen, und sie zählten (wie ich selbst) mit leiser Befriedigung die Leichen der gefallenen Dänen, ohne sich in ihrem künstlerischen Gewissen irgendwie bedrückt zu fühlen.

Die Frage nach dem Recht dieser Bilder, »die den Geschmack mehr verwildern als bilden«, ist aufgeworfen und dabei hinzugesetzt worden, daß Leistungen der Art in künstlerisch gesegneten Zeiten und bei feiner gearteten Völkern eine bare Unmöglichkeit sein würden. Vielleicht. Nach der künstlerischen Seite hin sind diese Dinge preiszugeben, aber sie haben eine andere, nicht minder wichtige Seite. Sie sind der dünne Faden, durch den weite Strecken unseres eigenen Landes, litauische Dörfer und masurische Hütten, mit der Welt draußen zusammenhängen. Die letzten Jahrzehnte mit ihrem rasch entwickelten Zeitungswesen, mit ihrer ins Unglaubliche gesteigerten Kommunikation haben darin freilich viel geändert, aber noch immer gibt es abgelegene Sumpf- und Heideplätze, die von Delhi und Khanpur, von Magenta und Solferino nichts wissen würden, wenn nicht der Kühnsche Bilderbogen die Vermittlung übernähme. Seine Uhr ist noch nicht abgelaufen, und das schmale Haus in der Ruppiner Friedrich-Wilhelm-Straße hat noch immer seine Bedeutung.

*Französische Cavallerie. Cürassiere (Ruppiner Bilderbogen)*

Nachmittag.

Sehr geehrter Herr Hertz.

Ich bin innerlich tief-müde seit Monaten, vielleicht seit dem Moment schon, wo ich von England als eine geschlagene Truppe zurückkam und bin seitdem (halb auch aus einer Art Klugheit, oder aus dem Instinkt: »wozu? es hilft ja doch alles nichts«) halb unfähig, halb unlustig, Dinge *mit Feuer* in Angriff zu nehmen. Ich darf sagen: ich hab es *verlernt*. So kommt es, daß mich Ihr liebenswürdi-

*An den Verleger Wilhelm Hertz (24. 11. 1861)*

*W. Hertz, 1822–1901, verlegte Fontanes Gedichte, Wanderungen durch die Mark Brandenburg und den Roman* Vor dem Sturm

ger Eifer halb rührt und halb erschrickt. Ich kann nicht mit; mir fehlt ein Stück Lungenflügel. Ich bitte Sie freundlichst die Bücher zu schicken, Sie können es in der That auch leichter, da Sie alle die Herren kennen, während ich doch genöthigt wäre mich erst in Positur zu setzen und als Schüler, wohl erwogen und wohl überlegt, an die verschiedenen Meister zu schreiben.

Mich ängstigt noch ein zweites und dies ist wirklich wichtig: theils das Lob das das Buch findet, noch mehr vielleicht der souveraine Tadel den B. H.* dagegen ausgesprochen hat, sind auf dem Punkt mein Buch auf eine falsche Leitersprosse zu stellen, auf eine Staffel, die es nicht beansprucht.

* Kultusminister von Bethmann Hollweg

Verzeihen Sie, wenn ich vielleicht oft Gesagtes noch einmal sage. Das Buch entstand in unmittelbarer Folge meiner Reisen durch England und Schottland; ich hatte einfach vor, *ohne jegliche Prätension von Forschung, Gelehrsamkeit, historischem Apparat etc.* meinen Landsleuten zu zeigen, daß es in ihrer nächsten Nähe auch nicht übel sei und daß es in Mark Brandenburg auch historische Städte, alte Schlösser, schöne Seen, landschaftliche Eigenthümlichkeiten und Schritt für Schritt tüchtige Kerle gäbe. So entstand das Buch *»wandernd, plaudernd, reise-novellistisch«* wie ich mich in meinem Briefe an B. H. ausgedrückt habe. Erst als das Buch halb fertig war, fing ich an, unter Beibehaltung leichter, feuilletonistischer Form mich in meine Aufgabe zu vertiefen und so sind schließlich verschiedne Arbeiten entstanden, *die absolut Neues bringen* und in ihrem Keın weit über das blos Unterhaltliche hinausgehend, unsre Spezial-Geschichte in der That bereichern. Diese Arbeiten sind das Beste was über die betreffenden Dinge und Personen existirt, weil eben nichts existirt als das was ich darüber gesagt habe. Hierher rechne ich vor allem: »der Hof des Prinzen Heinrich von 1786–1802«; ferner *stellenweis*: Wustrau, Carwe, Kronprinz Friedrich in Ruppin, Schloß Coepenick, Schloß Oranienburg, Küstrin; auch, nach literarhistorischer Seite hin: Werneuchen. Die eigentlichen Rheinsberg-Aufsätze aber bringen einem Historiker gar nichts Neues (mit Ausnahme des Aufsatzes über die Rheinsberger Kirche) und gehören noch ganz der Epoche an, wo ich blos plaudern wollte. Das große Publikum kann diesen Unterschied nicht merken wohl aber unsre märkischen Historiker. Ich bitte deshalb, daß Sie in Ihren Briefen an diese Herrn ja betonen was dies Buch eigentlich sein will, sonst nimmt man die Elle zu lang und befindet es zu kurz. Und nun muß ich mich anziehn um – in den Tunnel zu stürzen. Schreckliches Wort für mich: »stürzen«. Festina

* Eile mit Weile

lente* ist mein Wahlspruch. Ihr

Th. F.

Land und Leute.

*Aus:*
Der Schleswig-
Holsteinische
Krieg im Jahre 1864
*Mit 4 Porträts, 56 in
den Text gedruckten
Abbildungen und Plä-
nen in Holzschnitt und
9 Karten in Steindruck,
374 S., Verlag der Kö-
niglichen Geheimen
Ober-Hofdruckerei
R. von Decker, Berlin
1866*

m Norden Mittel-Europa's, wo die Elbe das Meer erreicht, streckt das deutsche Festland, als erhöb' es seinen Arm gen Norden, einen Halbinsel-Damm in das Meer hinaus; dieser Damm heißt die cimbrische Halbinsel. Er theilt die Wassermasse, welche die deutschen Küsten bespült, in zwei Hälften, in eine Ost- und eine Westsee, gemeinhin Nordsee geheißen. Der Damm trennt zwar die Meere, aber zugleich ist er die Brücke zwischen Deutschland und Skandinavien. Seine südliche Hälfte ist Schleswig-Holstein.

Schleswig-Holstein, trotzdem wir es einen Damm nannten, hat den Charakter der norddeutschen Ebene, von der es ein bloßer Ausläufer ist. Es ist ein Flachland. Wie aber allerorten Hebungen des Bodens unsre norddeutschen Küstenländer durchziehn, so auch hier. Eine solche Hebung läuft rückgratartig von Nord nach Süd und teilt die Südhälfte der kimbrischen Halbinsel (wie übrigens auch die Nordhälfte derselben, Jütland) in einen zwanzig Meilen langen Ost- und Weststreifen, zwischen denen sie selbst als Mittelstreifen sich hinzieht. Alle drei sind voneinander sehr verschieden, so verschieden, daß die klimatischen Abweichungen,

81

namentlich aber die Verschiedenartigkeiten des Bodens, *mehr in der Linie von West nach Ost* als in der Linie von Nord nach Süd hervortreten.

*Der Mittelstreifen* (der Höhenzug) gilt als der unfruchtbarste Teil des Landes. Hier sind die Heiden und Moore, die sich bis zur Nordspitze Jütlands hinauf fortsetzen. Die Eisenbahnen zwischen Altona und Flensburg passieren vorzugsweise diese öden Gegenden. Sie sind übrigens landschaftlich wie wirtschaftlich besser als ihr Ruf. Die Einkoppelung der Heiden, die vor ungefähr zwanzig Jahren angeordnet wurde, hat den Wirtschaftsstand dieser Gegenden sehr wesentlich verbessert. Sumpf und Sand (wie bei uns in der Mark) haben einander aushelfen müssen und haben neue Kulturen geschaffen. Weite Distrikte liegen jetzt unterm Pflug; was aber von Öde und Einsamkeit geblieben, das leiht mehr poetischen Reiz, als es nimmt. Diese Heiden sind der Schlachtengrund des Landes; hier wurden, durch fast ein Jahrtausend hin, die Schlachten zwischen Nord und Süd geschlagen; hier baute König Waldemar die Waldemarsmauer und Königin Margarethe den Margarethenwall; hier liegen Bornhöved und die Loheide, hier endlich Idstedt, wo sich 1850, auf unheilvolle vierzehn Jahre hin, die Geschicke des Landes entschieden.

[...]

**Das Krönungsbild von Adolph Menzel**
*(Aufsatz in der »Neuen Preußischen (Kreuz-)Zeitung«, 29. 10. 1863)*

Wir hatten unlängst die Freude, in den Garde-du-Corps-Saal (im Königlichen Schloß) eintreten zu dürfen, in dem Professor *Adolf Menzel* sein großes *Krönungsbild* malt. Wir hoffen dem verehrten Künstler nicht Anstoß dadurch zu geben, wenn wir – noch ehe das Bild fertig ist – ein paar Worte über dasselbe an dieser Stelle sagen und unsere lebhafte Freude darüber aussprechen, daß ihm die Lösung der gestellten Aufgabe in einer Weise geglückt ist, die selbst einen alten Menzel-Verehrer überrascht. Denn verhehlen wir uns nicht: aus solchen feierlichen Staatsaktionen und Zeremonien – poetisch-großartig wie sie sein mögen – ein *Bild* zu machen, zählt zu den schwersten künstlerischen Aufgaben, die gestellt werden können. Die Ansprüche, die nach der Seite des Architektonischen und besonders des *Porträts* hin zu erfüllen sind, bieten Mühen und Klippen aller Art; die Hauptschwierigkeit aber bleibt immer die: etwas ganz bestimmt Gegebenes in realistischer Treue und zugleich in künstlerischer Verklärung darzustellen. Erst wo diese Verschmelzung glückt, da wird aus dem bloßen Tableau ein *historisches* Bild. *Ein solches haben wir hier.*

Der dargestellte Moment ist der, wo Se. M. der *König Wilhelm*, die Krone auf dem Haupte, Schwert und Zepter in erhobenen Händen, auf den Stufen des von Kerzen reich erleuchteten Altars steht, der *Kronprinz*, den Reichsapfel in beiden Händen haltend, neben ihm kniet, und der Feldprobst Thielen, zum Könige aufblickend, die Worte spricht: »Dem Könige Heil«. Diese Gruppe nimmt die linke Seite des Bildes ein; zur Rechten gegenüber stehen, in dunklem Scharlach, die beiden Thronhimmel; unter dem einen, etwas zurückgelegeneren, erhebt sich die Gestalt der *Königin*. Die Krone, die für ihr Haupt bestimmt ist, ruht noch auf dem Seidenkissen, das Graf Gröben in Händen hält.

Um die schlanken Pfeiler herum, die vielgeribbt in das Deckengewölbe münden, stehen dichtgedrängt die Festgeladenen und füllen den Raum des Kirchenschiffs bis tief in den Hintergrund hinein, den zwei gotische Fenster abschließen. Überall, auf Treppen und Emporen, ein Gedränge bunter, festlich gekleideter Gestalten; immer aber wird das Auge wieder auf die schon beschriebenen Gruppen des Vordergrundes hingelenkt, die in einem nach vorn hin wenig geöffneten Kreise von den Prinzen und Würdenträgern des Königlichen Hauses, von Ministern und Generalen umstanden werden. Hier beginnt das bekannte *Porträt- und Wiedererken-nungs*-Interesse – für die Mehrzahl der Beschauer immer die Hauptsache. Prinz *Karl*, Prinz *Adalbert*, Prinz *Friedrich Karl*, Prinz *Albrecht*, die Minister v. Auerswald und v. d. Heydt stehen rechts im Vordergrunde, hinter ihnen Feldmarschall v. Wrangel, Minister v. Bethmann-Hollweg, Graf Redern, Graf Pückler, Hausminister v. Schleinitz, Graf Stillfried. Nach der Mitte des Bildes zu setzt sich diese Reihe in hohen Frauengestalten fort, – hier stehen die Prinzessinnen; zunächst die *Kronprinzessin*; dann die Prinzessinnen *Karl* (Gräfin Hacke unmittelbar hinter ihr), *Friedrich Karl* und *Alexandrine*. Die Gestalten links im Vordergrunde sind erst angedeutet und noch nicht mit Bestimmtheit zu erkennen.

Ein Jahr weiterer angestrengter Arbeit liegt noch zwischen heut' und der Vollendung des Bildes. Es wird dermaleinst unter den Menzelschen Arbeiten mit zu denen zählen, die in *erster* Linie stehen. Das, was die Größe Menzels ausmacht: die Verquickung von Genius und peinlicher Gewissenhaftigkeit, von Angeborenem und Angeeignetem, von Flug des Geistes und Fleiß der Hand – zeigt sich auch auf diesem Bilde wieder aufs glänzendste. Man kann hier lernen, was Kunst ist, wie man Kunst (auf jedem Gebiete) zu üben hat, – Kunst, die nichts Nebensächliches kennt und in Kleinem und Großem nur eines anstrebt – die Vollkommenheit.

Wir schreiben dies, weil wir glauben, daß es unsere Leser und zwar ganz speziell *unsere* Leser interessieren wird zu vernehmen, daß die Arbeit rüstig fortschreitet und ein Krönungsbild zu werden verspricht, wie – wir wissen genau, was wir schreiben – wohl noch kein zweites gemalt worden ist. Wir bitten aber zugleich, sich's vorläufig an dieser Notiz genug sein zu lassen, da alle Kunst ihre Weile, ihre Muße, ihre Ungestörtheit verlangt und neugieriges Einblicken während der Arbeit wahrscheinlich dasjenige sein dürfte, womit unserm trefflichen Künstler am wenigsten ein Dienst geschähe.

*Über Fontanes*
*Krieg von 1866*
(aus »*Westermanns*
*Illustrierte Monats-*
*hefte*«, *1870/71*)

*Die Schmerzen von 1866 sind jetzt besiegt. Angesichts der Lorbee-ren, welche die Krieger des ganzen Deutschlands auf französischen Schlachtfeldern erkämpfen, muß die düstere Erinnerung schweigen, daß die neue Herrlichkeit des Vaterlandes nur durch einen Krieg begründet werden konnte, in dem Deutsche gegen Deutsche standen. Wie die Mutter der Gefahren, Schmerzen und Ängsten der Geburtsstunde vergißt, wenn sie ihr schönes, vielversprechendes Kind sieht, so gedenken wir nicht mehr der Bangigkeit, die uns bei* dem Kampfe Österreichs und Preußens befiel und durch den Prager Frieden nicht von uns genommen wurde. Es mußte sein, sagen wir uns, daß Österreichs Widerspruch gegen die preußische Führung zum Schweigen gebracht wurde, damit die Deutschen unter dieser Führung wieder zu der Stelle unter den Völkern emporstiegen, welche sie vor dem Dreißigjährigen Kriege eingenommen hatten. Fontanes Werk erzählt von den Wehen, denen das heutige Deutschland seine Entstehung schuldet. Die Entscheidung fiel in Böhmen, der Krieg im westlichen Deutschland war mit Ausnahme von Langensalza bloß ein Nachspiel, das die Bewahrung der süddeutschen Waffenehre zum Zweck hatte. Bei den Bewegungen der preußischen Armeen in Böhmen entfaltete sich die überlegene Strategie, die wir heute wieder bewundern. Unterstützt durch die Tüchtigkeit der Truppen, die durch alle Grade vom General bis zum einfachen Soldaten die gleiche war, gab sie von vornherein die sichere Gewähr des Erfolges. Für Fontane war es eine schöne Aufgabe, die großen und einfachen Gedanken dieser Strategie anschaulich zu machen. In einem eigenen Abschnitte: Die Kriegspläne, führt er uns in die Werkstatt ein, in der General von Moltke, alle moralischen und materiellen Faktoren in seine Rechnung hineinziehend, seine Pläne entwarf. Der österreichischen Heerführung läßt er volle Gerechtigkeit widerfahren. Von dem Benedekschen Kriegsplan, der allgemein getadelt wird, weil er nicht zum Siege geführt hat, sagt Fontane: Er scheiterte einerseits an unserer großen taktischen Überlegenheit, wobei das Zündnadelgewehr eine nicht unwesentliche Rolle spielte, andererseits an jener Fülle von Hemmnissen, die man kurzweg als österreichisches System zu bezeichnen pflegt. An geistigen Fähigkeiten gebrach es der österreichischen Heeresleitung nicht, wohl aber an moralischen, und das gut Angelegte, kühn und klar Gedachte, es ging in erster Reihe zu Grunde nicht an einem Verstoße gegen sogenannte Fundamentalprinzipien, sondern es litt Schiffbruch eben am System, an Geheimniskrämerei und Wichtigtuerei, an Rivalität und falscher Rücksichtnahme, an Mißtrauen und Eigensucht. Der böhmische Kriegsschauplatz findet eine ausführliche Darstellung, die sich hoch über eine gewöhnliche militärische Terrainbeschreibung erhebt und auch den Volkscharakter berücksichtigt. Die detaillierte Kriegsgeschichte beginnt mit dem Feldzuge im Isergebiete und folgt den Begebenheiten bis zur Schlacht von Königsgrätz. Fontane beobachtet das allein richtige System, bei der tief eingehenden Schilderung der Tätigkeit der einzelnen Heeresabteilungen immer auf ihren Zusammenhang mit dem Ganzen der Operationen hinzuweisen. Durch die häufige Mitteilung von Briefen, die von Offizieren und

*Soldaten nach den Gefahren geschrieben wurden, verleiht er seiner Erzählung den frischen Eindruck des Selbsterlebten. Ein episches Element tragen die Soldatenlieder hinzu, die vor dem Feind entstanden und die Geschichte eines Regimentes, eines Gefechtes, oder den Tod eines geliebten Führers besingen. Die reiche Illustration (sieben Porträts und hundertvierundsechzig Abbildungen und Pläne in Holzschnitt) ist zugleich eine ungewöhnlich gute. Viele der Holzschnitte, teils militärische Genrebilder, teils Ansichten von Städten oder Landschaften, sind kleine Kunstwerke. Überhaupt ist die ganze Ausstattung durch die Verlagshandlung (Berlin, R. von Decker) eine ebenso gediegene wie elegante. Der zweite Band wird den Krieg in Böhmen bis zum Ende erzählen, der dritte (oder zweite, denn die zwei ersten Bände werden als Halbbände bezeichnet und gelten zusammen für einen) den Main-Feldzug besprechen.*

*An Emilie Fontane*                                   *Berlin 2. Dezemb. 69*

[...]

Mein Buch wird überall angezeigt (»besprochen« wäre ein zu edler Ausdruck), das heißt der von Decker beigelegte gelbe Zettel, dessen Du Dich vielleicht noch entsinnst, wird, seinem Hauptinhalte nach, abgedruckt. Natürlich sind solche »Kritiken« absolut werthlos für mich, wie ich denn wohl überhaupt drauf werde Verzicht leisten müssen, etwas Lesenswerthes über mich zu lesen zu kriegen. Es liegt ja auf der Hand, daß überhaupt nur ganz wenig Menschen im Stande sind über den Werth oder Unwerth eines solchen Buches ein Urtheil abzugeben und von den wenigen, die dazu im Stande sind, thut es vielleicht nicht einer. Selbst was die militair. Fachblätter über ein solches Buch sagen, ist in der Regel bloßes Gesäure. Nicht einmal auf den *militairischen* Theil gehen sie ernsthaft ein, das Militairische ist ja aber unter allen Umständen nur *eine* Seite des Buches; das Wichtigste daran ist der Aufbau, der Grundriß, die Klarheit der Anlage und es muß einer schon eine gute Künstler-Ader im Leibe haben, um dies Eigentlichste sofort zu erkennen und sich dran zu erfreun. Viele Leser haben es *instinktiv weg*, daß die Dinge so sind wie sie sind, sie freuen sich während des Lesens an einem gewissen etwas, das ihnen wohlthut, das angenehm wie Licht auf sie wirkt, aber sie können sich über dies angenehme Gefühl nicht eigentlich Rechenschaft geben. Wenn ich viele *solche* Leser habe, so bin ich zufrieden und leiste auf kritisches Geschwätze Verzicht.

[...]

AUF DEM FRIEDHOFE IN KISSINGEN.
am 10. Juli 1866.

Auf dem Friedhofe in
Kissingen, am 16. Juli
1866

Bald nach 1 Uhr stand die Division Goeben am jenseitigen (linken) Saal-Ufer. Kissingen war in unsren Händen, mit Ausnahme des am östlichen Ausgange der Stadt gelegenen Kirchhofs, der noch eine bayerische Besatzung hatte und die an seiner Flanke vorüberführende Winkels-Nüdlinger Chaussee beherrschte. Der Kampf um diese Kirchhofs-Position bildet eine interessante Episode des 10. Juli und die Tapferkeit, mit der dieselbe verteidigt wurde, hat die Anerkennung reichlich verdient, die ihr bei Freund und Feind zuteil geworden ist; dennoch darf man behaupten, die Besetzung selbst war ein Fehler. Links und rechts ließ sich die sonst gutgewählte Stellung ohne besondere Schwierigkeiten umgehn (nach rechts hin erfolgte diese Umgehung auch wirklich) und wenn unsre in Kissingen zurückbleibenden Bataillone den Feind an diesem Punkte festhielten, während unsre Umgehungs-Kolonnen in der Flanke über den Stationsberg hin auf Winkels vorgingen, so mußte die Kirchhofs-Besatzung notwendig bis auf den letzten Mann gefangengenommen werden. Es war eben ein verlorener Posten und was das zu Tadelnde bleibt: ein verlorener Posten ohne Not.

Der Kissinger Kirchhof liegt hoch; wie ein Kastell springt er in die Straße vor, so daß, wer von der Stadt aus an ihm vorüber will, erst von der schmalen Front, dann von der langen Flanke aus unter Feuer genommen werden kann. Die Länge des Kirchhofs ist 200 Schritt, seine Breite 30; eine Mauer aus roten Quadern faßt ihn ein. Das Mauerwerk, infolge unebenen Terrains, wechselt zwischen 4 und 8 Fuß Höhe; etwa ebenso hoch ist der Erdwall (der Abhang), auf dem die Mauer sich erhebt. Zwei Gebäude stehen auf dem

Aus:
Der Deutsche
Krieg von 1866.
Die Erstürmung
des Kirchhofes
(Kissingen)
Mit Illustrationen von
Ludwig Burger.
1. Bd. Der Feldzug in
Böhmen und Mähren.
Mit 7 Porträts, 164 in
den Text gedruckten
Abbildungen und Plä-
nen in Holzschnitt,
466 S.
2. Bd. Der Feldzug in
West- und Mittel-
deutschland. Mit 3 gro-
ßen Porträts, 3 großen
Gefechtsbildern, 109 in
den Text gedruckten
Abbildungen und Plä-
nen in Holzschnitt,
735 S. (1869)

Kirchhof: das Meßnerhaus und die Marien-Kapelle. Letztere, ein geräumiger, mit Bildnissen und vergoldeten Rokoko-Heiligen reich ausgeschmückter Bau, liegt etwas zurück; das Meßnerhaus aber, hart an der Ecke von Front und Flanke, beherrscht das ganze Terrain, namentlich die breite, von der Stadt her zum Kirchhof hinaufführende Straße. Unmittelbar neben dem Hause (auch in Front) ist der Eingang zum Kirchhof; steinerne Stufen führen hinauf; hart an der untersten Stufe, den Eingang mit ihrer Krone überdeckend, erhebt sich eine Linde; in Front der Linde ein Muttergottesbild.

Dies war der Ort, den Hauptmann *Thoma*, etwa um 12 Uhr, mit 300 Mann vom bayerischen 15. Regiment besetzt hatte. Mit ihm waren Oberleutnant Hoppe und die Leutnants Heßle und Mayer. Als der Hauptmann – eine typisch-bayerische Figur: klein, embonpoint, lebhaft und tapfer – seine 300 beisammen hatte, gab er Befehl, alles zur Verteidigung einzurichten, das Meßnerhaus wurde zu einer kleinen Festung umgeschaffen und an der langen Seitenmauer hin aus Tonnen, Sägeböcken, Bohlen und Balken (die man einem gegenübergelegenen Holz- und Bretterhof entnehmen konnte) ein Gerüst hergerichtet, gerade hoch genug, daß der Mann sein Gewehr auflegen und selbst mit Leichtigkeit Deckung nehmen konnte. Die besten Schützen hatten einzelne Steine aus der Mauer ausgelöst und auf die Weise Schießscharten gewonnen.

Nachdem so alles vorbereitet und das Meßnerhaus mit einzelnen Posten zum Auslugen besetzt worden war, zogen sich die 300 in die Marienkapelle zurück, die einerseits Schutz gegen die Mittagshitze, andrerseits einige Deckung gegen die dann und wann einschlagenden Granaten gewährte. Mehrere Grabsteine und Denkmäler wurden durch solche in die Irre gehenden Kugeln und Sprenggeschosse getroffen, unter andern der Grabstein eines Preußen, des Sattlermeisters Carl Teschner aus Groß-Glogau, der am 5. Juli 1865 im Bade zu Kissingen gestorben, also genau vor Jahresfrist auf dem Kissinger Kirchhofe beigesetzt worden war. Die Sprengstücke der Granate sowohl, wie des zersplitternden Grabsteins richteten noch unter den Nachbar-Monumenten eine Verheerung an und schlugen von einem im gotischen Stile errichteten Grabdenkmal die Spitzen und Zacken herunter.*

Um 1½ Uhr rückten die Unsren, die sich bis dahin im Zentrum der Stadt zurückgehalten hatten, gegen den Kirchhof vor. Es waren Abteilungen der Brigade Wrangel: die 2. und 3. Kompanie vom 15. und ebenso die 2. und 3. Kompanie vom 55. Regiment unter Führung Majors v. Boecking. – Die Posten im Meßnerhause machten Meldung.

»Nun, ihr Leute, machts hinaus«, rief Hauptmann Thoma, – »nun kommen's.«

Alles griff nach den Gewehren und nahm seinen Stand; die einen im Haus, die andern an der Mauer hin. Nur einer von denen, die in der Kapelle Zuflucht gesucht hatten, blieb an den Altarstufen zurück. Er durfte es. Das war Kaspar Betzer, der Meßner und Totengräber. In seiner Familie war das Meßner- und Totengräberamt schon seit dreihundert Jahren. Heute, am 10. Juli, war der hundertjährige Geburtstag seines Vaters. Er sank in die Knie und betete: »Gott, daß ich diesen Tag nie gesehen hätt'!«

Die Unsren rückten rasch vor; sie nahmen die Giebelseite des Meßnerhauses unter ein heftiges Feuer; Kalk und Mörtel stoben umher, aber kein Bayer war getroffen. Um so besser trafen die Bayern *uns*; ein Stocken kam in die Vorwärtsbewegung; es erschien unstatthaft, eine Position, die von keiner hervorragenden Bedeutung war, coute qu'il coute im ersten Anlauf zu nehmen. Man entschloß sich also zu retardieren, andre Kompanien heranzuziehen und entweder eine Umgehung dieser Kirchhofsstellung oder doch einen Angriff von verschiedenen Seiten her zu versuchen, bis dahin aber ein Schützengefecht fortzuspinnen.

Und so geschah es. Es mochte 3 Uhr sein, als sich weitere Abteilungen der Unsrigen, namentlich Kompanien vom 53., erst rechts ausbiegend und dann wieder einschwenkend, in Gärten und Vorstadt-Häusern festgesetzt und auf Entfernung von kaum hundert Schritt (wenig mehr als die Straße lag zwischen ihnen) der langen Kirchhofsmauer gegenüber eingenistet hatten. Jetzt war es möglich, die Position von zwei Seiten her unter Feuer zu nehmen. Aber an der vorzüglichen Deckung scheiterte alles Tiraillieren. Dies war kein Kampf, der mit der Schußwaffe zum Austrag gebracht werden konnte.

Von dem Augenblick an, wo das feststand, war auch die Sache entschieden. In dichten Schwärmen brachen unsre 53er über die Chaussee vor, den Abhang hinauf und durch einen Seiten-Torweg hindurch, den man von innen her mit Hilfe alter Grabsteine verrammelt hatte. Die Grabsteine stürzten um und über zahlreiche Kindergräber hin, die hier an kleinen Kreuzen die immer wiederkehrende Inschrift tragen: »Hier ruht das schuldlose Kind« (und dann der Name) drangen die von Kampf erhitzten Westfalen in den Kirchhof ein. Der Torweg war ziemlich genau in Mitte der langen Mauer. Das Einbrechen und Vordringen an dieser Stelle war wie ein Keil, der die Verteidiger in zwei Hälften teilte; was rechts stand und noch Kraft hatte zum Klettern und Springen, konnte fliehn (man ließ es geschehn); was links stand, war abgeschnitten.

Links stand auch das Meßnerhaus, dicht besetzt in Erdgeschoß und erstem Stock. Von allen Seiten her anstürmend, nahmen es die Sieger im ersten Anlauf; Widerstand war nutzlos und die meisten gaben sich gefangen, aber nicht alle. Ein 53er setzte einem Bayer das Gewehr auf die Brust und rief ihm zu: »nimm Pardon«. Der Bayer aber, statt aller Antwort, schlug das Gewehr beiseite und sprang dem Westfalen an die Kehle. Auf so nahe Distanz konnte dieser sein Gewehr nicht brauchen und warf es fort. Beide zogen ihre Säbel und mit der Linken sich krampfhaft an den Kragenstücken haltend, hieben und hackten sie jetzt aufeinander ein. Eine preußische Kugel machte dem Kampf ein Ende.

Alles, was nach rechts hin die Mauer überklettert hatte, hatte inzwischen das freie Feld gewonnen; mit ihnen war Hauptmann Thoma. Alles drängte die Chaussee hinan auf Winkels zu. »Halt, ihr Leute«, rief jetzt der Hauptmann, als er sah, was er noch beisammen hatte. »Halt!« und sie standen. Es waren noch 200 Mann.

Zur Seite der Chaussee, einen rechten Winkel mit ihr bildend, zog sich ein Graben; dahinter nahmen die 200 Stellung und suchten Deckung, so gut sie zu finden war. Ein kurzes Gefecht entspann sich; aber es war das letzte Aufflackern des Kampfes. Dieser kümmerliche Graben war keine zu haltende Position und unter dem Feuer unsrer nachdrängenden und überflügelnden Schützen stob die dünne Linie auseinander. Hauptmann Thoma, auf den Tod verwundet, fiel in Gefangenschaft; mit ihm sein Oberleutnant und wohl die Hälfte der Mannschaften. Der Rest floh auf Winkels und Nüdlingen zu.

161 Mann, die Toten und Verwundeten ungerechnet, fielen am Kissinger Kirchhof den Siegern in die Hände. Sie wurden in derselben Marienkapelle untergebracht, in der sie die Stunde vor dem Kampfe zugebracht hatten. Später schaffte man sie nach Preußen. Nur einer entkam glücklich. Er hatte sich, während alle andern Gefangenen unten im Kirchenschiff lagerten, oben auf der Kanzel einquartiert, *duckte* sich, als die Kirche geräumt wurde und rettete sich durch diese einfache Prozedur. Übrigens mag auch das noch eine Stelle hier finden, daß ein münsterländischer Kürassier, den man als Wachtposten vor die Kapelle gestellt hatte, abzulösen vergessen wurde. Er stand zwei Tage lang auf Posten, ruhte dann und wann eine halbe Stunde, während welcher die Meßnersfrau den Wachtdienst für ihn tat und schlief immer erst mit der Beschwörungsformel ein: »wecken's mich, Frau, oder's kost't mein Leben.«

Lieber Storm.

Vor 8 Tagen habe ich mich hieher in diese Harzesstille zurückgezo-
gen, wohlweislich zu einer Zeit, wo der Berliner diese Gegenden
noch nicht unsicher macht und seine Butterstullen-Papiere noch
nicht in den Bodekessel wirft. Es führte mich die Absicht hierher zu
ruhn, zu athmen, und mit Beschämung sei es gesagt auch zu dichten.
Ich nahm nur drei Bücher mit: die Psalmen vom alten David, die
Erzählungen eines Großvaters vom alten Scott und die Gedichte
von Theodor Storm.

In allen dreien hab ich tüchtig gelesen, gestern Abend 2 Stunden
lang in Theodor Storm und als mir (ich weiß nicht zum wievielsten
Male in meinem Leben) beim Lesen von »Im Herbste 1850«, »Ein
Epilog 1850« und vor allem von »Abschied 1853« wieder die dicken
Wonnethränen übers Gesicht liefen, da nahm ich mir vor Ihnen
diesen Brief zu stiften und endlich mal den Zoll schuldigster
Dankbarkeit gegen Sie zu entrichten. Ja, lieber Storm, Sie sind und
bleiben nun mal mein Lieblingsdichter und ich bin dessen ganz
gewiß, Sie haben auf der ganzen weiten Welt keinen größren
Verehrer als mich. An der immer mehr oder weniger stupiden
Verehrung der blöden Menge kann Ihnen wenig gelegen sein (das ist
schon mehr Schindler's Sache) und nichts ist rarer als die Verehrung
Berufener, als die Liebe der Concurrenten. Unter diesen pflegen 99
von 100 immer ähnlich zu denken wie Louis Schneider, der einem
jungen Verse-anbietenden Poeten antwortete: »meinen kleinen
Bedarf mach' ich mir selber.« Was mich angeht, so bin ich minder
glücklich angelegt. Meine eigne Mache deckt *nicht* meinen Bedarf,
ich habe noch spezielle Bedürfnisse die ich zu befriedigen außer
Stande bin, die ich aber immer befriedigt fühle, wenn ich 3 oder
5 oder 10 Seiten (nicht mehr) in Theodor Storm lese. Je älter ich
werde, je mehr überzeug ich mich, daß ebenso fein nuancirt wie die
*Begabungen* der Producirenden auch die *Geschmacksbedürfnisse*
der Genießenden sind und daß die sogenannten großen Poeten die
Bedürfnisse gewisser Naturen durchaus nicht decken. Damit ist
durchaus nichts gegen die Großen gesagt; sie bleiben die Großen;
Bürger ist kein Schiller, Heine ist kein Göthe, Storm ist kein
Wieland und doch decken Bürger-Heine-Storm mein Herzensbe-
dürfniß unendlich mehr als das große Dreigestirn. Nicht einmal für
die Schönheit des »Königs von Thule« ist mir das volle Verständniß
aufgegangen. Vielleicht (beiläufig bemerkt) ist dies Gedicht um eine
Nuance klassischer in Styl und Ausdruck, als einem romantischen
Stoffe wohlthut. Ich könnte auch noch andre Gründe geben. Aber

ganz geht mir das Herz auf, wenn von Heine ich lese: »sie mußten beide sterben, sie hatten sich viel zu lieb« oder wenn ich lese: »so soll es wie ein Schauer Dich berühren und wie ein Pulsschlag in Dein Leben gehn«. Es giebt für mich keinen lyrischen Dichter, der meine Empfindung *so oft* träfe wie Sie. Es war mir Bedürfniß Ihnen dies einmal zu schreiben. Wenn die Poeten-Eitelkeit dadurch wächst (viel ist an uns nicht mehr zu verderben) so lassen Sie sie wachsen. Im Allgemeinen entzieht uns diese Zeit auch das bescheidenste Maß von Anerkennung, deren bekanntlich alle Kunst bedarf, um zu leben. Ich würde mich freun, wenn mein Dank der Wassertropfen wäre, der einem neuen Keime Frische und Gedeihen gäbe.

[...]

*An König Wilhelm I.*
*(Entwurf)*

Allerdurchlauchtigster, Großmächtigster König!
Allergnädigster König und Herr.
Ew. Majestät geruhten huldvollst die Geschichte des 64er Krieges, die zu schreiben mir der Auftrag geworden war, entgegenzunehmen; heute bitte ich um die Gnade Allerhöchstdenselben eine Darstellung des Feldzuges von 1866 – leider zunächst nur den ersten Halbband: »Bis Königgrätz« – überreichen zu dürfen.
Ew. Majestät ehrten mich damals durch Verleihung der goldenen Medaille für Kunst und Wissenschaft; ich wage es heute mit einem ganz bestimmten Gesuch vor Ew. Majestät zu treten.
Im Jahre 1861 wurde mir auf Antrag des Cultus-Ministeriums eine jährliche Unterstützung von 300 Thalern zur Fortführung meiner ethnographischen und spezial-historischen Arbeiten über die Mark Brandenburg bewilligt. Ich empfing diese Unterstützung bis Ostern 1868, wo meine Bitte um Fortbewilligung dieser Summe abschlägig beschieden wurde.
Die Wiederbewilligung dieser sieben Jahre lang aus der Generalkasse des Cultus-Ministeriums empfangenen Unterstützung von jährlich 300 Thalern ist es, was ich heute von der Gnade Ew. Majestät erbitte. Manche drückende Sorge würde dadurch von mir genommen, ich selbst aber in den Stand gesetzt werden, meinen Arbeiten mit erneuter Frische und Freiheit mich zuwenden zu können.
Im Vertrauen auf Allerhöchstdero Huld und Gnade, verharre ich als Ew. Majestät

allerunterthänigster

Berlin
23. November 1869                                        Th. Fontane
Königgrätzer-Str: 25.

Sehr geehrter Herr Hertz.

Die Gegenwart meiner Frau verhinderte mich gestern Ihnen das mitzutheilen, was Sie muthmaßlich längst wissen, daß ich auf das unselige 300 Thaler-Gesuch wieder mal eine abschlägliche Antwort erhalten habe. Was mich selber angeht, so kann ich, bei Behandlung dieses Kapitels, einigermaßen Contenance halten, meine Frau aber ergeht sich dabei in so leidenschaftlichen Ausdrücken, bezeichnet ein hohes Ministerial-Reskript so ungenirt als einen »nichtsnutzigen Wisch, dessen Inhalt geflissentlich die eigentliche Wahrheit verschweige« daß ich billig Anstand nehme, so hochverrätherische Worte immer wieder heraufzubeschwören. Es wird dadurch nicht anders, daß sie freilich vollständig Recht hat. Ich habe die kümmerliche Genugthuung, daß jeder der davon hört, sein empörtes Urtheil in die Worte zusammenfaßt: »wenn *Sie* diese Unterstützung nicht erhalten, wer überhaupt *soll* sie dann noch erhalten!« – indessen was gilt den Herrn, die alles vom Standpunkte eines Seminardirektors ansehn, eine solche oberflächliche *Coterie*-Meinung. Zucht muß geübt werden. Arme Kerle. Die schlimmsten sind doch immer die Parvenus!

*Wilhelm Hertz*

Dies große Kriegsbuch, die Tag- und Nacht-Arbeit dreier Jahre, war der letzte Zug; alles wieder umsonst, und so darf ich denn sagen: ich habe diesen Literaturbettel gründlich satt.

Wir sind entschlossen ein ganz neues Leben anzufangen und leben der freudigen Hoffnung, daß die Güte Gottes die Ungüte der Menschen in Segen für uns wandeln wird. Ist es anders beschlossen, so auch gut. Diskretion in Betreff dieser Zeilen ist nicht nöthig; je mehr davon wissen, desto besser. Wie immer Ihr ergebenster

Th: Fontane

Mein gnädigstes Fräulein.

Ihr Brief und unser Freund haben mir von Ihrem Leben erzählt, und ich habe 'mal wieder die alte Wahrnehmung gemacht: wo viel Licht ist, ist auch viel Schatten. Wir verhandeln das alles wohl ausführlicher, wenn wir uns im Spätherbst oder Winter wiedersehn, freilich noch eine hübsche Zeit, in der meinerseits noch vieles gethan und gefördert werden muß.

Meine Frau ist seit dem 21. April in London; die Reise war glücklich, die Ueberfahrt (von Calais aus) ein Vergnügen, der Aufenthalt ist eine Freude und Erhebung. Ich gönne ihr diese schönen, poetischen, sorglosen Wochen, nachdem sie einen durch

meine 10 wöchentliche Krankheit langweiligen und sorgenvollen
Winter hinter sich hat; das berühmte Reskript aus dem Cultusministerium – übrigens nicht von Mühler*, sondern von Lehnert**
unterzeichnet – war nicht dazu angethan, die ohnehin gedrückte
Stimmung wieder aufzurichten.

Dies führt mich auf Ihren freundlichen Vorschlag, die bewußte
Visite bei Lehnert zu machen. Ich will mich nicht in hochtrabenden
Redensarten ergehn, und will Ihnen gern zugestehn, daß Hunderte,
und darunter beßre Leute als ich, diesen Gang machen würden; *ich*
kann es nicht. Sie müssen denken: des Menschen Wille ist sein
Himmelreich. Ich bisse mir lieber den kleinen Finger ab. Auf *solche*
Erfolge hab ich zeit meines Lebens verzichtet. Und glauben Sie mir,
es geht auch so. Zudem, was hätte ich von einer lumpigen
Bewilligung auf 1 oder höchstens auf 3 Jahr. Wenn man sich nicht
entschließen kann mir zu sagen: wir bewilligen Dir aus *freien*
*Stücken*, in Anerkennung alles dessen was Du der specifisch
vaterländischen Literatur in Prosa und in Versen geleistet hast,
300 Thlr jährlich auf Lebenszeit, wenn man sich nicht entschließen
kann *endlich* diese Anstandssprache zu mir zu sprechen, so will ich
ihre 300 Thlr nicht, so kann mir das ganze Cultusministerium mit
seiner ›altpreußischen‹ Sechsdreier-Tradition gewogen bleiben.

Ich schreibe Ihnen dies in Lebhaftigkeit der Empfindung, aber eben
so gewiß in aller Heiterkeit. Den Gram und Groll über diese Dinge
hab' ich längst hinter mir; was soll ich mich jetzt noch groß über
diese mesquine* 300 Thaler-Affaire kümmern, wo ich es für gut
befunden habe, den ausgebliebenen 300 noch die 1000 Thlr meiner
ganzen Kreuzzeitungs-Stelle nachzuwerfen und ein ganz neues
Leben anzufangen. Lepel hat Ihnen vielleicht schon davon geschrieben. An demselben Vormittage, an dem meine Frau abreiste, setzte
ich mich hin, um den Absagebrief zu schreiben. Die unmittelbare
Veranlassung war unbedeutend, das Maß war aber voll und so lief es
über. Die Unfreiheit, die Dürre, die Ledernheit des Dienstes fingen
an mir unerträglich zu werden, vor allem aber empörte mich mehr
und mehr der Umstand, daß man nie und nimmer für gut fand, die
wichtige *Pensionsfrage* auch nur leise zu berühren. Ich sagte mir
also, das geht noch so 10 Jahr, dann sehnt man sich nach einer
jüngeren Kraft, behandelt Dich schlecht und zwingt Dich Deine
Stelle zu quittiren; *dem* komme lieber zuvor, *jetzt* kanns noch
glücken; und danach hab ich gehandelt. Bis in den Sommer des
nächsten Jahres bin ich in meinen Einnahmen gedeckt; das Weitere
wird sich finden.

[...]

Geliebte Frau.

Seid beide schön bedankt, Du und Klein-Martha, für Eure Briefe, die ich heute rechtzeitig erhalten habe. Es interessiert mich alles; Deine Urteile und Vergleiche sind sehr gut; Du anerkennst freudig, ohne Dich verblüffen zu lassen, und so muß alles räsonable Urteil beschaffen sein. Ich beantworte Eure Briefe – ebenso wie den Brief von Mr. Merington (dem ich danke und dem ich mich zu empfehlen bitte) – wie immer am Sonnabend; heute schreibe ich nur in besondrer Angelegenheit.

Die Hälfte ist nun um, heute vor 3 Wochen bist Du abgereist, und der Zeitpunkt ist nun da, den ich mir gleich festgesetzt hatte, um Dich in unsre Geheimnisse einzuweihen. Ich habe meine Kreuzzeitungs-Stelle aufgegeben. Falle nicht um. Eh Du noch mit diesem Briefe zu Ende bist, wirst Du hoffentlich sagen: er hat ganz recht getan. Vielleicht (und das wäre das Beste) sagst Du's auch gleich und hast das Vertraun zu mir, daß ich nicht so gehandelt haben würde, wenn ich nicht überzeugt wäre, es war so am klügsten und besten. Einiges Gewicht muß es doch vorweg für Dich haben, daß ich meinen Entschluß und meine Handelweise in diesen 3 Wochen noch keinen Augenblick bereut habe. Im Gegenteil, ich freue mich jeden Tag darüber.

Nun historisch. Am Ostersonnabend hatte ich den Ärger. Er sagte mir etwas über »Skandinavien« (lächerlich in sich), sprach artig, aber sehr kühl, zog Parallelen mit Hesekiel; ich kriegte das Zucken um den Mund, stand auf und empfahl mich. Noch eh ich an dem Portierknopf unsres Hauses zog, war ich entschlossen, das Redaktionslokal nicht wieder zu betreten. Ich wollte, bevor ich meinen Absagebrief schrieb, nur Deine Abreise abwarten. Um ¾9 reistest Du ab; Du warst noch nicht in Brandenburg, als Dr. B. schon meinen Brief hatte. Alles, was nun folgte, im Detail zu erzählen, würde zu weit führen. Hesekiel, in B.s Auftrag, suchte einen Ausgleich herbeizuführen. Ich fand dies freundlich, aber kindisch; im Guten und Nicht-Guten ganz Beutner, ganz die kleine Luckenwalder Natur, die einen tapfren, reellen Entschluß nicht begreifen kann. Ich schrieb noch mal an ihn, dankte ihm, in aller Aufrichtigkeit, für vieles Gute und Freundliche, das er mir erwiesen, bat ihn, meine alten Beziehungen zur Zeitung, Mitarbeiterschaft statt Redaktion, fortbestehn zu lassen, und empfahl mich. So sind die Dinge geblieben.

*Dir* brauche ich wohl nicht erst zu sagen, daß die Ostersonnabendszene weiter nichts war als der Tropfen, der das Glas zum Überlaufen bringt. Du weißt, daß ich längst entschlossen war, in dieser

Weise zu handeln, und daß ich die Brutalität, die darin liegt, unsre Freiheit und unsre geistigen Kräfte auszunutzen, ohne vorsorglich und human an unsre alten Tage zu denken, ich sage, daß ich diese Brutalität nicht mehr ertragen kann. Sooft ich an diesen Punkt denke, empöre ich mich, und nicht das Schlechte in mir, sondern das Gute. Es ist *gemein*, beständig große Redensarten zu machen, beständig Christentum und Bibelsprüche im Munde zu führen und nie eine *gebotene* Rücksicht zu üben, die allerdings von Juden und Industriellen, von allen denen, die in unsern biedern Spalten beständig bekämpft werden, oftmals und reichlich geübt wird. Dieser Punkt war für mich der entscheidende. Aber auch hier folgte ich nicht dem Gefühl berechtigter Bitterkeit, sondern ich behandelte die Sache nüchtern wie ein Exempel. Ich sagte mir: wenn man dir solche kühle Standrede *jetzt* zu halten wagt, wo du, zugestandenermaßen, eine Zierde, ein kleiner Stolz der Zeitung bist, wie wird man nach 10 Jahren zu dir sprechen, wenn du ihr vielleicht eine Last geworden bist? Man wird dann eine Sprache führen, die du einfach nicht ertragen kannst, und mit 60 Jahren wirst du arm und stellungslos dastehn. Diese Situation ist beinah unausbleiblich, sie kehrt in allen Lebensverhältnissen wieder; fasse dir also ein Herz, *antizipiere* die ganze Situation; jetzt bist du noch elastisch genug, um sie mit Gottes Hilfe siegreich überwinden zu können; dir kann sich noch absolut Neues, Glückliches erschließen, der Moment dazu ist gut gewählt; erschließt sich etwas Neues, Glückliches dir aber *nicht*, nun, so ist auch noch nichts verloren; entweder trittst du dann wieder in Stellungen ein, die im wesentlichen nicht schlechter sind als die bei der Kreuzzeitung, mitunter auch besser, oder aber du stehst im schlimmsten, Gott sei Dank nicht anzunehmenden Falle vor einer Katastrophe, vor der du früher oder später *doch* gestanden hättest. Und lieber *jetzt* als nach zehn Jahren.

Hier hast Du die inneren Motive, die meine Handelweise bestimmt haben und vielleicht auch *dann* noch in derselben Richtung mich bestimmt hätten, wenn die ganze äußre Situation viel ungünstiger läge, als sie liegt. Wir werden vom 1. Juli 70 bis zum 1. Juli 71 in runder Summe 2200 Rtl. einnehmen, so daß wir pekuniär eher einem sehr guten als einem schlechten Jahr entgegengehn. Ich bitte Dich dringend, dabei von der Ansicht ablassen zu wollen, als rechnete ich wieder falsch. Ich rechne gut und richtig, aber mein Schicksal hab ich natürlich nicht in der Gewalt, und die Striche, die einem dieses mitunter durch die Rechnung macht (*mir* bisher, Gott sei Dank dafür, sehr selten), entscheiden nicht darüber, ob man falsch oder richtig gerechnet hat. All das liegt auf einem andren Brett. Was ich durch Abmachungen und Kontrakte belegen kann, hab ich ein Recht, in Rechnung zu stellen; werden diese Kontrakte aber gebrochen oder wirft mich Gott statt der üblichen 2 Monate 12 Monate aufs Krankenbett, so ist meine Rechnung freilich falsch. Das nennt man aber nicht »falsch rechnen«, das nennt man Heimsuchung, der man sich unterwerfen muß wie dem Tod.

Nun höre. Die Partie steht so. Ich nehme bis übers Jahr drei große Summen ein: 600 Taler für den dritten Band meiner »Wanderungen«, 1200 Rtl. für meinen Roman, 400 Rtl. vom Ministerium des Innern (Hahn). Macht zusammen 2200 Taler. Dabei sind weder die berühmten 200 Taler von Hertz noch Schillerstiftungsgelder noch Einnahmen für Pensionäre noch Zinsen, die doch am Ende auch 100 Rtl. betragen, mitgerechnet.

Es verbliebe also nur noch, daß wir uns die drei großen Posten näher ansehn. Zuerst die 600 Rtl. für die »Wanderungen«. Ich habe hier einen allerniedrigsten Satz angenommen. Von Hertz erhalte ich 350, von Kreuz-Ztng. 75, vom Johanniterblatt 75, von Über Land und Meer 50, von Gartenlaube 50. Macht zusammen 600 Taler. Es ist aber sehr wahrscheinlich, daß sich diese Summe nicht unerheblich erhöht.

Von Hahn*, unterzeichnet Eulenburg, hab ich ein wohlwollendes und anerkennendes Schreiben erhalten, worin mir 400 Rtl. zugesichert werden. Das 1. Vierteljahr hat mir Hahn gleich zum Geschenk gemacht, in *dem* Sinne, daß ich für die ersten 100 Rtl. nichts zu schreiben brauchte.

* *Ludwig Hahn, Leiter der Regierungspresse*

Bliebe noch der Roman. Hertz, in einem durch mich angeregten Briefwechsel, hat sich aufs neue freudig zu den Fortsetzungen des Kontrakts bekannt. Die Geldangelegenheit wäre dadurch geregelt, und nur das eine verbliebe noch: *den Roman auch zu schreiben.* Dies unterschätz ich nun keineswegs. Aber Du magst mir glauben: ich werd es leisten. Ein gut Stück ist fertig, und wenn ich vom 1. Juli bis 1. Januar, also in 180 Tagen, auch täglich nur 4 Seiten schreibe, werde ich zu Neujahr im großen und ganzen fertig sein. Wenn dann auch 2 Monat Krankheit kommen, so bleiben immer noch 4 Monat, eh das Jahr um ist. Ich bin also gutes Muts und werd es zwingen. Die Summen, die wir bis dahin brauchen, gibt mir Sommerfeldt von meinen 1000 Talern. Die Pensionsfrage braucht Dich nicht zu ängstigen, nicht einmal zu beschäftigen. Nimm die kleine Treutler ins Haus oder ein andres junges Mädchen oder keins, es ist alles nicht von Bedeutung. Es geht auch so. Vier Monate lang wirst Du mich immer nur besuchsweise hier haben; ich werde mich in Stille und Einsamkeit verfügen und dort meinen Roman schreiben. Und leb wohl; cheer up! Immer

Dein alter Th. F

London d 14. Mai.

Liebster Theodor.

Du wirst nicht erwarten, daß mich Dein gestriger Brief erfreut hat;
dazu blickst auch Du zu dankbar auf die letzten 10 glücklichsten
Jahre unseres Lebens zurück. Noch bitte ich Gott mir die
Ueberzeugung zu geben, daß Du richtig gehandelt hast; möge das
Gefühl der Freiheit, welches Dich jetzt erquickt, Dir Kraft und
Muth zu dem neuen Lebensweg geben; überrascht hat mich dieser
Dein Schritt nicht; ich weiß seit lange daß Du nach Freiheit
schmachtetest; freilich wünschte ich Beutner hätte ganz Unrecht;
Du weißt aber in wie fern ich auf seiner Seite stehe.

Jedes Gebundensein wiederstrebt Deiner Natur; so lange die Dinge
ruhig gehen, bist du glücklich und zufrieden; kommt aber ein
Anstoß, so verwirfst Du auch Alles; ich fürchte auch die leichte
Fessel, durch die Du jetzt an Hahn gebunden, wird Dich in kurzer
Zeit auch wieder drücken. Es ist dies der Fall mit mir seit beinah 20
Jahren. Sobald ich durch irgend etwas Dir unangenehm bin, sobald
ich Dir entgegen stehe, sprichst Du von einer 20jährigen, unerträgli-
chen Ehe. Dasselbe gilt von Deinen Freunden; sie binden sich immer
wieder an Dich; nicht Du an sie. Daß Du in diesen drei Wochen
keine Minute Deine Handelsweise bereut, hat keinen Trost für
mich; Du hast Dich Deiner Freiheit erfreut, Geld hat Dir nicht
gefehlt und mein Leidensgefühl Dich nicht gequält und die Freunde
konnten Deinem heiteren Gesicht kein mißbilligendes entgegen
bringen. Sie billigen wahrscheinlich Deinen Schritt nicht; jeder von
ihnen hat in seiner Stellung etwas zu ertragen und daß Du in
Freiheit bist, kann nur mit anderen Opfern erkauft werden. Gott
gebe mit nicht zu schweren! Dein monatelanges Kranksein ist mir
noch zu schmerzlich in Erinnerung, um mit Muth in die ungewisse
Zukunft zu blicken.

Aber geschehene Dinge sind nicht zu ändern und da Du mich nicht
gefragt hast, so habe ich auch nicht zu antworten. Es gilt nun meine
Pflicht zu thun und Dir mit Freudigkeit beizustehen, zu helfen.
Leider ist unserer beider Gesundheit nicht dazu angethan, mit 50 u.
beinah 50 von vorn anzufangen, aber die Kräfte kommen, wenn
man sie braucht...

Ebenso wie es nutzlos ist, an George Abhandlungen über Sparsam-
keit zu schreiben, so ist es auch nutzlos mit Dir über gewisse Punkte
zu streiten; Frauen haben die Tugend immer auf ihr erstes Wort
zurückzukommen und Du hast diese Gabe eminent. Dennoch füg'

ich meinen ersten Zeilen noch ein paar Worte hinzu. Man bleibt immer der Einfaltspinsel, der da glaubt das überzeugende Wort könnte gesprochen werden.

Ich bin beim alten Rose 4½ Jahr, in England 4 Jahr, bei der Kreuzzeitung 10 Jahr gewesen; aus Leipzig und aus Bethanien *mußte* ich fort, wiewohl ich gern länger geblieben wäre, – wo liegt denn nun da der ungeheure Hang nach Freiheit und Wechsel! Allerdings hab ich diesen Hang, aber ich hab ihn unter Controlle meines *Urtheils und Verstandes,* die überhaupt die Regulatoren meiner Lebens- und Handelweise sind. Soll es mich nicht ärgern, ja das Wort »ärgern« ist viel zu schwach; wenn Du nun so thust, als hätte ich aus Verlangen nach Veränderung und in Folge eines kleinen Streites eine *gesicherte* Lebensstellung aufgegeben. Ich habe eine nach außen hin leidlich aussehende, aber in ihrem Kern perfide Stellung aufgegeben, die mich *jetzt* halb ernährte und – nach 10 Jahren – nach langem, geduldigen Einstecken von Kränkungen die sicher nicht ausgeblieben wären, *gar nicht mehr* ernährt haben würde. *Das* war das Bestimmende für meine Handelweise, ein ruhiger Calcül, und über diesen wichtigen Punkt gehst Du hinweg. Natürlich kann ich mich auch verrechnet haben, aber muthmaßlich wird es *nicht* der Fall sein und Du wirst hoffentlich (natürlich ohne Erfolg) wieder 'mal einsehen können, daß neben der Gnade Gottes, unsre Existenz mehr auf meiner Frische und Schaffensfreudigkeit als wie auf Deiner Unken-Prophetie beruht, die bis jetzt – der Beweis liegt offenkundig da – noch jedesmal zu Schanden geworden ist, und hoffentlich auch wieder zu Schanden werden wird. Du hast bisher *nichts* dadurch erreicht als das Eine, mir in kritischen Momenten das Schwere meiner Aufgabe noch schwerer gemacht zu haben. Denn das Gesicht mit dem *Du mit*trägst, hat noch niemals eine Last leichter gemacht.

Dein<br>Theo.

Berlin, 28. Mai 1870

Geliebte Frau.

Endlich ein Brief, der eine andre Stimmung zeigt und der mich sehr glücklich gemacht hat. Glaube doch nicht, daß ich Dir ein bestimmtes Maß von »In-Sorge-Sein« verdenke; aus diesem »Auf-dem-Quivive-Stehn« werden wir wohl nie herauskommen, dergleichen ist schwer abzutun, wenn man sich auf 40 Rtl. monatlich hin verheiratet hat und das Metier eines deutschen Schriftstellers betreibt, es kommt nur darauf an, wie man die Sorge und das beständige Auf-dem-Posten-Stehn trägt, ob man sich davon ganz niederdrücken läßt oder ob das Vertrauen nebenhergeht: »Gott, der bis hierher geholfen hat, wird auch weiter helfen.« Sicherheit »is nich«. [...]

[...]

Und nun nimm endlich das Schlimmste, das gewiß nicht zutreffen wird, aber nimm an, es glückte wirklich *nicht,* ich fände *keine* Stellung, die mir einen ähnlichen festen Anhalt gäbe wie meine Kreuzzeitungs-Position, nun so wäre das äußerste, das passieren könnte, daß wir ausschließlich und ganz direkt von dem Ertrage meiner Feder leben müßten. Dieser Ertrag war bis jetzt, wo ich nur die Abende resp. die Nächte dafür hatte, gegen 1000 Rtl. oder sage auch nur 800 Rtl.; glaubst Du nun nicht, daß ich unter Dransetzung des ganzen Tages imstande sein werde, diese Summe zu verdoppeln? Das gäbe 1600 Rtl. Meinst Du nicht, daß, wenn es durchaus sein *müßte,* die Sache auch davon zu bestreiten wäre? meinst Du nicht, daß diese Summe unter allen Umständen ausreichen würde, uns vor Erniedrigung und Unwürdigkeit zu bewahren. Und nur *darauf* kommt es schließlich an. Independenz über alles. Alles andre ist zuletzt nur Larifari. Und auch von diesem Larifari werden wir immer genugsam haben, wir werden immer lebhaft, espritvoll und gesellschaftlich-liebenswürdig bleiben, und die Menschen werden sich immer ein Vergnügen und eine Ehre daraus machen, uns zu Gaste zu laden, sei es auf 5 Stunden zu einem Diner, sei es auf 5 Wochen zu einem Besuch. Also sei heiter, vertrauensvoll; wenn unser Niedergang nicht in den Sternen beschlossen steht, so werden wir *nicht* zugrunde gehn. Wie immer

Dein alter Th. F.

*Emilie Fontane mit*
*einem ihrer Kinder*

Mein gnädigstes Fräulein.

Im Nebenzimmer – die Thür weit offen – sitzen Frau und 3 Kinder: George, Theo und Martha, und spielen Whist, ein Spiel für das sie alle vier eine mir unbegreifliche Vorliebe haben. Ich kann die mir dadurch werdende Muße (an arbeiten ist doch nicht zu denken) nicht besser verwenden, als durch Beantwortung Ihrer letzten beiden freundlichen Briefe [...]

Nun, mein gnädigstes Fräulein, zu all jenen liebenswürdigen Stellen Ihrer beiden Briefe, wo Sie sich, in gewohnter Güte und Vorsorge, mit meinem Wohl, und wenn man mit 52 davon noch reden darf, mit meiner Zukunft beschäftigen. Sie knüpfen an den Prinzen Georg an, an Cultus-Ministerium (Geh.R. Keller), an v. Decker und Hertz. Lassen Sie mich auf alles kurz antworten.

Zuerst der Prinz. Glauben Sie mir, mein gnädigstes Fräulein, mein Leben muß nun schon so weiter gehn und ich werde nach wie vor auf die beiden alten Hauptfaktoren unsres Daseins angewiesen sein: auf Gott und das eigne Thun. Man fährt dabei schließlich auch wirklich am besten. Mir kann kein Kaiser und am allerwenigsten ein doch immerhin ziemlich wackliger Prinz helfen. Sie sollen selbst entscheiden: wir haben im vorigen Jahre (erschrecken Sie nicht) 3000 Thlr ausgegeben; 300 Thlr davon hab ich an Scherz zurückgezahlt und 200 Thlr hab ich, neben andrem, auf meiner französischen Reise verausgabt. Bleiben noch 2500 Thlr. Diese bleiben nun aber auch *wirklich*; davon geht nichts ab; nun nennen Sie mir irgend einen König oder Prinzen, der die Lust oder – den besten Willen vorausgesetzt – auch nur die Fähigkeit haben könnte, mit drittehalbtausend Thaler jährlich auszuzahlen. Sie kennen unsre Verhältnisse zu gut, als daß Sie nicht selbst wissen sollten daß dies ein Unding ist. Ueber 300 Thlr giebt es nicht; über 400 gewiß nicht und auch *diese* Summen werden an civile Personen nie aus prinzlichen oder königlichen Chatoullen* sondern immer aus ministeriellen Fonds gezahlt. Die Hohenzollern (was ihnen kein Vorwurf sein soll) haben nach dieser Seite hin – immer von Militairpersonen abgesehn – *nie* etwas gethan; Friedrich der Große schickte an die Karschin 2 Thlr, andre schicken eine Bronze-Medaille im Werthe von 1 Thlr; ich persönlich habe, von wenigen Fällen abgesehn, nie etwas andres extrahirt als ein prinzliches oder herzogliches Schreiben, an dem nichts golden war als der Rand des Briefpapiers. Nicht mal eigenhändig geschrieben waren solche Briefe; Cabinetsekretair-Arbeit und der Namenszug von Serenissimus unleserlich druntergefludert. Ich weiß, daß ich mich Ihnen gegenüber durchaus offen über alle solche Dinge äußern kann, weil

* *Privatgüter eines Fürsten, worüber derselbe frei verfügen kann*

*Sie* eben wissen, daß ich mich über dies und viel andres noch nie gegrämt habe. Ich habe von derlei Schritten, wenn ich sie dann und wann unternahm, nie etwas erwartet, und finde es im Allgemeinen ganz in der Ordnung, daß man sich kühl gegen die ganze Klasse von nicht recht vorwärtskommenden Kunst- und Literatur-Menschen verhält, aber nachdem ich dies alles eingeräumt und den sogenann-ten ›hohen Herrschaften‹ die besten Zeugnisse ihres Verhaltens ausgestellt habe, soll man mich nun auch – wenn Sie mir diesen Ausdruck gütigst verzeihn wollen – in Ruhe lassen* und von mir kein ferneres Anklopfen an Thüren fordern, von denen ich aufs bestimmteste weiß, daß das bekannte Berliner Schild ›Mitglied des Vereins gegen Bettelei‹ neben dem Klingezuge hängt. Nennen Sie mir *ein* Beispiel, wo durch derartiges Pochen und Purren etwas *Ordentliches* d. h. also eine Stellung mit drittehalbttausend Thalern herausgekommen wäre; wenn Sie an Stellungen denken, wie etwa Olfers eine inne hatte, so würde man mich die Treppe hinunterwer-fen (und mit Recht) wenn ich meine Hände so hoch ausstrecken, *solche* Prätensionen erheben wollte. Kleinere Stellungen aber sind umgekehrt unter meiner Würde und passen weder zu meinen Jahren, noch zu meinen Talenten, noch zu meinen Bedürfnissen. Was soll ich mit einer 6 oder 800 Thlr Stellung? Das ist gut für jemand mit 25, nicht mit 52 Jahren.

Nun das Cultusministerium. Gegen das ganze Ministerium habe ich einen wohlbegründeten Haß. Seit lange hätte es eine Art von moralischer Verpflichtung gehabt (namentlich wenn Sie daran denken, wie wenig man mir meine 4jährige Mission in England gelohnt und gedankt hatte) etwas *Reelles*, Dauerndes für mich zu thun; statt dessen haben sie sich jeden Tropfen abbetteln lassen. Bethmann-Hollweg* war ein steifbockiger, unliebsamer alter Herr, Mühler ein dünkelhafter, halb-verdreht gewordener Egoist, seine Frau (die man mitrechnen muß, denn *sie* war Minister) ein Gräuel, Stiehl ein wichtigthuerischer Grobian und selbst Lehnert ein wunderbarer Heiliger. Wie ich Ihnen schon früher schrieb, ich mag mit diesem Ministerium nichts zu thun haben; eh ich nicht *muß*, tret ich über jene Schwelle nicht mehr; die Leute wissen, daß ich existire, sie wissen auch, daß mir eine Anerkennung für meine klar-vorliegende Gesammtthätigkeit willkommen sein würde; wol-len sie also etwas thun, so mögen sie es thun auf eigne Veranlassung oder in Folge eines Anstoßes von außen her; aber *ich* werde diesen Anstoß nicht mehr geben. An den perfiden, nichtsnutzigen Reskripten dieses kümmerlichen, schusterhaften Ministeriums würge ich noch. Mich an Herrn Falk zu wenden, hab ich keine Veranlassung; auch beschäftigen ihn ganz andre Fragen.

[...]
Ich behandele in diesem Bande meinen letzten Lebensabschnitt, die Jahre von 50 bis 70. Was sich seitdem noch anschloß und vielleicht weiter anschließt, ist Nachspiel. Ich habe die erste Titelhälfte gewählt, weil die Jahre zwischen 50 und 70, wo das Zünglein beständig schwankt, »kritische Jahre« sind. Aber wenn dieser Teil des Titels auch anfechtbar sein sollte, die zweite Hälfte tritt desto berechtigter auf: meine Lebensjahre von 50 bis 70 waren meine Kritikerjahre. Zwanzig Jahre lang von 1870 bis 90 hatte ich für die »Vossische« das Referat über die Königlichen Schauspiele (Hülsens letzte und Graf Hochbergs erste Jahre). Und was ich in diesen zwanzig Jahren auf meinem Parkettplatz Nr. 23 erlebt habe, will ich auf den nachstehenden Seiten erzählen, über Stücke, Premièren, Schauspieler, Dichter, ein paar mal auch von mir selbst. Es war keine uninteressante Zeit, die Zeit von der Aufrichtung des Reiches an bis zum Sturze dessen, der es aufgerichtet hatte. [...]

*Aus:*
Kritische Jahre –
Kritiker-Jahre.
Vorwort
*(1924)*

*Theodor Fontane war nahezu zwei Jahrzehnte hindurch (1870–1889) ständiger Referent der Vossischen Zeitung über das Berliner Königliche Schauspiel. Diese Tätigkeit, die er des Brotes wegen übernommen hatte, wurde zweimal für längere Frist unterbrochen. Zunächst im Spätherbst 1870 während der Kriegszeit und seiner Kriegsgefangenschaft. Besorgt um die Stellung, aber mit dem ihm eigenen Fatalismus schrieb er am 24. Oktober aus Besançon seiner Frau:* Du mußt zu Dr. Kletke (dem Chefredakteur) fahren und ihm sagen, daß ich das Theaterreferat gern behalten würde und deshalb um einen Stellvertreter bäte; wenn dies aber nicht ginge, so müßte ich freilich zurücktreten. *Die zweite Unterbrechung erfolgte 1876, als er zum Sekretär der Königlichen Kunstakademie ernannt war und sich nun erst recht in einem Frondienst fühlte. Er hielt diese bürokratische Arbeit nur wenige Monate aus. Bald erfuhr seine Gattin zu ihrem Entsetzen, daß er das Staatsamt bereits wieder niedergelegt habe. Die demnächst bei F. Fontane & Co. erscheinenden Briefe an seine Familie werden darüber Genaueres bringen. Am bezeichnendsten für sein damaliges Empfinden ist ein Brief vom 15. August 1876:* Eine gute Theaterkritik, um das Kleinste herauszugreifen, ist viel viel besser als diese Reskriptefabrikation. *Zum Trost fügt er hinzu:* Auf Wiedereintritt bei der Vossin rechne ich.
*Er hatte richtig gerechnet und trug nun die Last dieser Pflicht geduldig weiter, obwohl auch sie ihm manche gesegnete Stunde*

Paul Schlenther,
Vorwort zu
Causerien über das
Theater
*(1905)*

*Paul Schlenther,
1854–1916, Schriftsteller und Kritiker. 1898
Direktor des Burgtheaters in Wien. Herausgeber von Fontanes
Briefen an die Freunde,
Verwalter von Fontanes Nachlaß*

dichterischen Schaffens verstörte oder raubte. Aber er fühlte sich doch innerhalb seines eigenen Metiers. So setzte er auch an diesen Beruf sein ganzes Wissen und Gewissen, nie von einem anderen Zweck zu Urteil und Ausdruck getrieben als vom Zweck der Sache.

Mit rührender Pünktlichkeit erschien er zur Anfangsstunde im Schauspielhaus und harrte durch bis ans Ende. Wenn er sich auf der äußersten Rechten des Parketts dicht unter der Intendantenloge auf seinen angestammten Eckplatz niedergelassen hatte, sah man ihn mit hochgezogenen Brauen dasitzen, den Oberkörper vorgebeugt, das schöne Dichterhaupt in den Nacken geworfen, den sorgenvollen Blick gespannt, in leibhaftiger Fragestellung. Im ganzen Publikum gab es keinen aufmerksameren Lauscher, keinen scharfsichtigeren Betrachter. Wie alles in Kunst und Leben Eindruck auf ihn machte, so nahm er auch von diesen notgedrungenen Theaterbesuchen stets etwas Besonderes mit sich, freilich auch Bedenken, Zweifel, Qual.

Er rang nicht wie andere um Meinung und Form. Aber ihn peinigte das Gefühl, anderen wehe tun zu sollen und sein persönliches Empfinden, das für ihn die Richtschnur seines Urteils blieb, als einen Gerichtsbeschluß auf Tod und Leben unter das Volk geworfen zu sehen. Darum schrieb er nicht gern und nicht leicht. Während der Arbeit ward er unzugänglich. Die Dienerin des Hauses, die wie alle weiblichen Seelen seiner Bekanntschaft gewohnt war, für ihn zu schwärmen, fertigte schon im Treppenflur störenden Besuch mit dem geflüsterten Scheuchwort ab: »Der Herr hat heute Kritik.« Am Morgen nach so kritischem Tag erschien die Besprechung im Leibblatt von Alt-Berlin. Ihr Verfasser las sie mit Beklommenheit und einem Samariterherzen für die, denen er Wunden geschlagen hatte. Zuweilen wuchs sich dieses Gefühl bis zur Verzagtheit aus. Dann ließ er andere Zeitungen holen, um über denselben Gegenstand auch fremde Meinung zu hören und zu ermessen. Auf den zusammengehefteten Konzeptpapierbogen, in die er seine eigenen Kritiken einklebte, finden sich zwischendurch auch Artikel von Karl Frenzel, Paul Lindau, Oscar Blumenthal, Otto Brahm, durch die er entweder sein banges Gemüt beruhigte oder erst recht aufpeitschte. So litt er bis in sein siebzigstes Jahr hinein das Martyrium eines gewissenhaften Rezensenten, der von der Subjektivität und Relativität aller ästhetischen Urteile durchdrungen ohne das geringste Kritikersgnadentum die Pflicht zur eigenen Überzeugung fühlte. [...]

Wie man – einer amerikanischen Berechnung zufolge – bei
Südwestwind sich und andre mit Vorliebe umbringt, so ist gewiß,
daß man nach einem Kapitel Fontane gedachten Personen weit
freundlicher gegenübersteht. Ein kräftiges Behagen überfällt einen,
man ist wieder ganz »drin« im Leben, zumal im Leben seiner Zeit
und seines Volkes, und alle Spintisiererei geht bis auf weiteres den
Weg alles Rauches.

Paul Schlenther hat wohlgetan, aus den Kritiken, die Theodor
Fontane von 1870–1889 für die Vossische Zeitung schrieb, eine
umfangreiche Auslese herauszugeben. Überreich ist die Fülle
scharfer und edler Bemerkungen, die wir hier über unsere großen
und kleinen Dramatiker und Schauspieler finden, unwiderstehlich
der Charme seiner Art, Menschen und Werke anzufassen, blutbil-
dend (möchte ich sagen) seine feine weltmännische Heiterkeit, die
ohne viel Aufhebens selbst eine Welt voll Südwestwind paralysiert.
Voran stehen mir seine Urteile über Kleist, Anzengruber, Ibsen,
Tolstoi und Hauptmann. Trifft es nicht den ganzen Anzengruber,
wenn es vom »Vierten Gebot« heißt: Nirgends schlummert etwas
Verführerisches: die Schlange fehlt, und keusch und rein geht das
Drama seinen großen Gang? – Leuchtet es nicht in den Schatten
Kleist's, wenn er ihn wider Julian Schmidt mit den Worten
verteidigt: Die vaterländische Intention, sei es in Liebe oder Haß,
haben hundert andre mit ihm gemein; aber was unter den
Dramatikern dieses Jahrhunderts keiner hat wie er, das ist die
großartige Unsentimentalität, die Schlichtheit des Ausdrucks, auch
da noch, wo sich Unerhörtes vollzieht. Die Dinge sind groß, nicht
die Worte? – Vor Tolstois »Macht der Finsternis« beugt er sich
zuletzt künstlerisch wie ethisch: Die moderne realistische Kunst hat
nichts Besseres und, trotzdem wir überall in Nacht blicken, nichts
heilig Leuchtenderes aufzuweisen als dieses Stück. Und wenn ihm
der Gerhart Hauptmann von 1889 kein von philosophisch-
romantischen Marotten angekränkelter Realist, sondern ein
stilvoller Realist, d. h. von Anfang bis Ende derselbe ist, so hat er
damit wohl den Hauptmann gesehen und gezeichnet, dem wir das
Beste, Ganzeste, Bleibendste verdanken. Am prächtigsten aber ist
seine Mobilmachung gegen den Terraineroberer Ibsen, den er in
vollem Maße würdigt und versteht, dessen doktrinärer Art er aber
doch am Anfang einmal in aller Ehrerbietung und Ritterlichkeit
seine hellere Natur, seinen freudigeren Glauben entgegenstellt. Wie
im Sturm nehmen seine Thesen und Gegenfragen die Schanzen des
Zweifels und der Verzweiflung, und wenn Preußengeist je etwas
Herrliches gewesen, so ist auf diesen zwei Seiten ein Hauch davon.
Von den Darstellern, deren Bekanntschaft ihm fast ausschließlich

Christian Morgen-
stern,
Theodor Fontane
über Theater
(1904)

das Kgl. Schauspielhaus vermittelte, standen seinem Geschmack Paula Conrad, für die er anmutigste Worte findet, und Arthur Vollmer wohl am nächsten, während er sich mit Matkowsky nie wirklich befreunden konnte. Ernesto Rossi und mehr noch Adelaide Ristori beschäftigen ihn außerordentlich und entlocken ihm eine Reihe bewunderungswürdiger Schilderungen (so, wenn er die Ristori als Maria Stuart beschreibt) und schlagender Urteile. Dies alles ist nicht meine Kunst schließt er über die Ristori ab. Aber innerhalb dieser Kunstrichtung ist ein Vollendeteres nicht wohl denkbar. Alles gestaltete sich in den letzten Akten zur meisterhaften Studie, zur psycho-physiologischen Untersuchung, und eine Beobachtung des Lebens offenbarte sich, deren ungeheure Detailfülle wiederum fast divinatorisch berührte. [...]

*Dom und königliches Schauspielhaus auf dem Gendarmenmarkt in Berlin*

*Aus:*
Kritische Jahre –
Kritiker-Jahre.
Parkettplatz Nr. 23

1870 starb der alte Gubitz; die Vossische Zeitung sah sich nach einem Ersatzmann für ihn um, und ich rückte an seine Stelle. Mit Beginn der Spielzeit (15. August) sollte ich eintreten.
Als diese Abmachungen im Mai oder Juni getroffen wurden, lag die Welt in tiefem Frieden, und ich genoß desselben an einer allerfriedlichsten Stelle: ich war in Warnemünde und ging täglich die Mole hinunter bis ans Spill, um einen Seehund zu sehen oder die Segel am Horizont zu zählen. Aber diese Ruhe währte nicht lange, am 9. Juli hatte die Szene zwischen König Wilhelm und Benedetti

gespielt, Ende Juli hieß es, die französische Flotte steure in die Ostsee, und Anfang August sagte ich zu meiner Frau: »Die Sache wird hier gefährlich, die Franzosen können jede Nacht landen und entführen dich. Was fang ich dann an?« Unser ältester Sohn, der erst 18 war, war mit dabei, aber es ängstigte mich nicht sonderlich. Ich weiß nicht, wie ich dazu komme, mir das alles nicht so furchtbar vorzustellen. Vielleicht weil ich in dem siebentägigen Krieg von 66 wie befangen war. Noch am 17. oder 18. August, als mir ein Freund unseres Hauses (unser Arzt), der vorsprach, erzählte: der Krieg hat bis heute schon mehr Menschen gekostet als der ganze 66er Krieg, war ich ungläubig. Erst ein paar Tage darauf (nach St. Privat) dämmerte mir eine richtige Vorstellung.

Wirklich, ein gewisses Unsicherheitsgefühl kam über uns, und wir traten am 6. August unsern Rückzug an. In Schwerin, wo wir einen Tag verweilten, hieß es in der sechsten Stunde: großer Sieg (bei Wörth), aber am rechten Flügel (Spichern) steht es noch. Schwerin stand Kopf, und in dem Weinlokal, in dem ich gerade saß, sah ich sofort eine Bowle brauen, wie sie in Deutschland wohl nur in Mecklenburg gebraut werden kann. Am andern Tage war ich in Berlin, und ein paar Tage später begannen die Vorstellungen, und ich nahm meinen Kritikerplatz ein.

Dies war damals Nr. 23. Schon eine merkwürdige Zahl. In überfüllten Hotels bin ich fast immer in Nummer 23 untergebracht worden und habe da Schreckliches erlebt. Das kann ich nun von Nummer 23 im Schauspielhaus nicht eigentlich sagen, ich habe da viel angenehme Stunden zugebracht, aber ein merkwürdiger Platz war es doch auch. Es war nämlich kein eigentlicher Parkettplatz, sondern nur ein Annex, ein Vorposten, ein ausgebautes Fort, man könnte auch sagen ein Sperrfort und wuchs, ganz in die scharfe Ecke zwischen Proscenniums- und Parkettlogen hineingebaut, von dieser Ecke her in den Parkettumgang vor. Knierempeleien waren also was ganz Alltägliches. Das Häßlichste war die Abgesondertheit. Wer eine hohe Meinung von sich hatte, der konnte sich beglückt fühlen, hier ein Gegenstand der Aufmerksamkeit zu sein. Wer dieses Gefühls entbehrte, für den war es peinlich. Für den Eitlen war Nummer 23 ein kurulischer Stuhl*, für den weniger Eitlen ein Armesünderbänkchen. Denn man bilde sich nur nicht ein, daß ein Theaterkritiker ein Richter ist, viel öfter ist er ein Angeklagter. »Da sitzt das Scheusal wieder«, habe ich sehr oft auf den Gesichtern gelesen.

Mein Kritiker-Debut fiel auf den 15. oder 25. August. Es wurde »Wilhelm Tell« gegeben, wohl mit Rücksicht auf die Zeitlage... Der und der gab den Tell, Friedmann den Geßler. Ich fand die

* der Ehrensitz der altrömischen Könige

Vorstellung ziemlich langweilig, Friedmann aber sehr gut. Ich sprach das Lob auch aus und zwar ganz ohne Einschränkung. Am zweiten Tag (damals ging es noch nicht so flink wie jetzt) stand es im Blatt, und schon gegen Mittag hatte ich einen Brief von Friedmann, stilistisches und kalligraphisches Meisterstück und wundervoll in einer Art Königshandschrift unterzeichnet: Siegwart Friedmann. Er schrieb mir, er müsse mir danken; er sei nun schon eine ganze Weile Schauspieler, aber das sei ihm noch nicht vorgekommen, daß ein Kritiker uneingeschränkt und bedingungslos gelobt habe. Dieser Brief hat damals einen großen Eindruck auf mich gemacht, und ist nicht ohne Einfluß auf meine Schreibweise geblieben; ich habe vermieden, mit der Linken wieder zu nehmen, was ich mit der Rechten eben gegeben hatte. Natürlich ist dies nur möglich, wenn man, sei's durch das Stück, sei's durch den einen oder andern Darsteller, hingerissen worden ist. Ist dies der Fall, so muß man sich die Freude des herzlichen Lobenkönnens nicht durch Hervorhebung mißglückter Kleinigkeiten selber verderben. Man schädigt sich dadurch in seinem eigenen Genuß. Anders liegt es natürlich da, wo man einer Leistung ruhig gegenüber steht oder wo sich Gutes und Nichtgutes balancieren, da muß man dann freilich seine Gewichte in beide Schalen werfen. [...]

Schiller – Wilhelm Tell
*(Theaterkritik in der »Vossischen Zeitung«, 18.3. 1870)*

Die neue Saison, nach Ablauf der Sommerferien, wurde am Mittwoch den 17. durch eine Festvorstellung im Königl. Opernhause eingeleitet. Der Spontinischen »Borussia«, ausgeführt vom gesamten Personal der Königlichen Oper, folgte *Wilhelm Tell*.
Es ist herkömmlich geworden, in großen nationalen Momenten unseren nationalen Dichter zum Volke sprechen zu lassen. Ein Glück, daß wir ihn besitzen, daß seine vor allem spruch- und gedankenreichen Schöpfungen uns, für alles, was kommen mag, bereits einen geprägten, längst Allgemeingut gewordenen Ausdruck überliefert haben, der zu rechter Stunde seine ursprüngliche Frische zurückgewinnend, neuzündend in alle Herzen schlägt.
Einer Situation, wie der gegenwärtigen, entspricht nichts besser als der Tell. Er enthält kaum eine Seite, gewiß keine Szene, die nicht völlig zwanglos auf die Gegenwart, auf unser Recht und unseren Kampf gedeutet werden könnte, und wir müssen uns des guten Taktes des Publikums freuen, das nicht stichwortbegierig mit seinem Beifall im Anschlage lag, sondern ihm nur Ausdruck gab, wo Schweigen ein Fehler der Affektation gewesen wäre.
Die Rütli-Szene (2. Akt) weckte die erste laute Zustimmung:

Zum letzten Mittel, wenn kein andres mehr
Verfangen will, ist uns das Schwert gegeben,
Der Güter höchstes dürfen wir verteidigen
Gegen Gewalt; wir stehn für unser Land,
Wir stehn für unsre Weiber, unsre Kinder;

ein Beifall, der sich zum Schluß der Szene (Wir wollen sein ein einig
Volk von Brüdern) noch lebhaft steigerte. Der 3. und 4. Akt ließen
die patriotische Erhebung zurücktreten; die dramatische Gewalt
des Stückes wird hier eben siegreich über jede andere Empfindung.
Nur bei den vielzitierten Worten Tells: »Es kann der Frömmste
nicht in Frieden bleiben«, Worte, die wie nichts andres unsre
gegenwärtige Lage charakterisieren, schlug die Tagesstimmung
wieder durch. Herr *Berndal* (Tell) sprach diese Zeilen rasch, hastig,
was unsere unbedingte Zustimmung hat, selbst wenn er darin ein
leises Zuviel getan haben sollte. Nichts wirkt verstimmender, als
solche Schlagworte mit einem gewissen feierlichen Zurechtrücken
von Geist und Körper ausgesprochen zu sehn.
Über die Aufführung nur in Kürze. Sorgfalt und innerliche
Teilnahme waren unverkennbar. Aber wiederum hing der 5. Akt
wie ein Bleigewicht an den übrigen vier. Wir gedenken keineswegs
die alte Kontroverse wieder aufzunehmen; nur unserer Empfindung wollten wir Ausdruck gegeben haben. Rücksichtsnahmen, die
vielleicht zu Schillers Zeiten noch unerläßlich waren, sind es heute
nicht mehr. Die freiheitliche Entwicklung hat die Gemüter so weit
geklärt, daß der Tell, der den Geßler erschießt, keine Geister mehr
verwirrt. Daneben Johannes Parricida! Der Unterschied zwischen
der erlösenden Tat des einen und der verstrickenden Tat des andern
ist uns allen ins Herz geschrieben. Wenn etwas uns wieder stutzig
und schwankend machen könnte, so wäre es dieser fünfte Akt. Was
wir uns selber sagen, darf uns nur einer *nicht* sagen, und dieser eine
ist Tell.
Noch ein Wort über die Darsteller. Hr. *Berndal* tat sein Bestes. Am
gelungensten erschien er uns in der 1. Szene des 3. Akts, wo wir ihn
in seinem Hause bei der Arbeit, in heiterm Gespräch mit seiner Frau
und seinen Kindern sehen. Die Erzählung seiner Begegnung mit
dem Landvogt wirkte vor allem durch jede Abwesenheit von
Pathos. Hr. *Wünzer* gab den Stauffacher. Das Zwiegespräch mit
Walther Fürst, solang es ein Zwiegespräch war, kam zu voller
Wirkung; als es ein Dreigespräch wurde, wich der Zauber. Frau
*Breitbach* (Hedwig) war vortrefflich in der Szene des 4. Akts, wo sie
ihren Sohn, nach dem Apfelschuß, unversehrt wiederfindet. Das
waren *Natur*klänge, ansprechend, zu Herzen gehend, Klänge, die

immer seltener werden. Hrn. *Friedmanns* Geßler erschien unserm Urteil als die Glanzpartie des Abends. Kunstvoll im besten Sinne, alles aus einem Guß.

Das Publikum war animiert und dankbar. Lauter Beifall begleitete namentlich auch die Piècen der Zwischenakte: den Pariser Einzugsmarsch, das deutsche Vaterlands- und das Preußenlied.

*An den Verleger*
*Rudolf von Decker*

Berlin, 8. August 1870

Gestern in die flaggende, siegestrunkene Hauptstadt zurückgekehrt, beeile ich mich, Ihre geehrte Zuschrift, für die ich herzlich danke, zu beantworten.

Es erging mir wie Ihnen; ich hatte das Gefühl: nun ist es auf Lebenszeit an Siegen und Siegesbeschreibung genug. Es hat anders kommen sollen. Alles steht ein drittes Mal im Felde, so denn auch wir.

Ich habe den lebhaften Wunsch, daß wir uns über die Bedingungen auch für ein drittes, hoffentlich letztes Kriegsbuch einigen. Ich proponiere folgendes:

1. Illustrationen keine oder bloß saubre, kleine Initialen und Vignetten. Karten und Krokis, Format usw. wie früher.

2. Honorar 50 Taler pro Bogen.

Es ist dies gerade die Summe, die wir schon das vorige Mal, eh der traurige Konflikt ausbrach, vereinbart haben, eine Summe, die ich diesmal um so eher glaube fordern zu können, als das mutmaßliche Wegbleiben der Bilder, deren Raum mir zugute kam, einen ziemlich bedeutenden Ausfall macht.

Ich sage, das *mutmaßliche* Wegbleiben der Bilder! Sollte zuletzt vielleicht doch wieder illustriert werden, so hab ich nicht Erhebliches dagegen einzuwenden, um so weniger, als ich allen möglichen Respekt vor Burgers eminenter Begabung habe. Aber ehrlich gestanden, wenn es sich um Wünsche handelt, so wünsch' ich diese Illustrierung nicht, wenigstens nicht, was über Landschaft und Genre hinausginge. Ich finde dies beständige Auftauchen von drei, vier Kerlen, die mal einen Helm, mal einen Federhut tragen, selbst wenn dies alles aufs gewissenhafteste gemacht ist, doch ein bloßes Amüsement für Kinder. Für erwachsene Menschen ist es einfach langweilig. Indessen sei es drum, wenn es sein *soll*. Eins aber halte ich fest, und der herkömmlichen Maleranschauung: »Die Bilder sind alles, der Text ist nichts«, ordne ich mich zunächst nicht wieder unter. Ich schreibe das Buch ohne Rücksicht auf die Bilder, ohne persönliches Einvernehmen mit der Künstlerwelt und unbekümmert darum, ob sich hinterher eine Illustrierung empfiehlt oder nicht.

Ich bin überzeugt, daß Sie, hochzuverehrender Herr v. Decker, mir dies alles nachempfinden und meine Reservationen in der Ordnung finden werden.


Wilhelm Tell war am 25. Ich wohnte noch einer oder zwei Vorstellungen bei – dann kam eine lange Unterbrechung durch meinen Abgang auf den Kriegsschauplatz, wenn man will durch eine Schlachtenbummlergastrolle. Wenn man will, kann man es so nennen. Es war aber was anderes. Ich sollte den Krieg beschreiben, und wer dabei nicht bloß auf seinem Drehstuhl reiten, beziehungsweise mit der Papierschere vorgehen will, wer, wenn weiter nichts, so doch wenigstens die Szenerie kennen lernen will, um hinterher sein Bild zu malen, der hat den Beruf, sich die Sache anzusehen. Aber man soll sich nicht Spielverderber sein. Also Schlachtenbummler! Als solcher wurde ich gefangen genommen, weggeschleppt [...] und war zwei Monate lang auf der Insel *Oléron*. [...]

*Aus:*
Kritische Jahre –
Kritiker-Jahre.
Parkettplatz Nr. 23


[...]

Um 3 Uhr etwa fuhren wir in die Hauptstraße von Domremy hinein. Es ist ein Dorf von mittlerer Größe, eher klein. Der Eindruck, trotz hellen Sonnenscheins und des weißen Anstrichs der Häuser, war ein düsterer; alles schien auf Verfall und Armut hinzudeuten. In der Mitte des Dorfes hielten wir vor einem rußigen, anscheinend herabgekommenen Gasthause, das in verwaschenen Buchstaben die Inschrift trug: Café de Jeanne d'Arc. Es war unheimlich. Ich hatte dieselbe, mich direkt ins Herz treffende Empfindung wie am Abend vorher, wo der Blaukittel mich besucht und seine Botschaft ausgerichtet hatte.

Ich eilte, mich diesem Eindruck zu entziehen; die geweihte Stätte, wo »la Pucelle« geboren wurde, schien mir der geeignetste Platz dazu. Ich brach also unverzüglich auf. Es waren nur 150 Schritt; in einem Stück Gartenland lag das ehrwürdige Gemäuer. Ich zog die Glocke an einem sauberen drahtgeflochtenen Gittertor, das den Garten von der Straße schied. Eine »Religieuse« öffnete und machte die Führerin. Und siehe da, als ich erst in der Nische über der niederen Eingangstür das in Stein gemeißelte Bild der gewappneten Jungfrau, innerhalb des Hauses selbst aber den alten eichenen

*Aus:*
Kriegsgefangen.
Erlebtes 1870.
»Ins alte romantische Land«.
1. Domremy
*(1871)*

Wandschrank sah, der ihr Jahre lang als Truhe gedient hatte, fiel alles Mißtrauen wieder von mir ab und ich fühlte mich ganz dem Zauber dieser Stunde hingegeben. Ich machte meine Notizen, trat dann zurück in den Garten und versenkte mich noch einmal in den Anblick dieses in Geschichte und Dichtung gleich gefeierten Ortes. Convolvulus rankte sich um die Stämme einiger Zypressen; Resedabeete füllten die Luft mit ihrem Duft, die Religieuse sprach leise freundliche Worte; – alles war Poesie.

In unmittelbarer Nähe des Hauses »de la Pucelle« liegt die Kapelle. Sie ist gotisch. Einige Glasfenster, namentlich eines, dessen bunte Scheiben das Wappen der Jeanne d'Arc aufweisen, deuten auf das 15. Jahrhundert zurück; das meiste aber ist modern. Ich verweilte wohl eine Viertelstunde an dieser Stelle, mir jedes Kleinste einprägend, und trat dann wieder vor das Portal der Kapelle, zu deren Linken sich eine Statue der Pucelle erhebt. Diese kniet im Gebet, preßt die linke Hand aufs Herz, während sie die rechte gen Himmel hebt; – eine wohlgemeinte, aber schwache Arbeit.

Ich klopfte eben mit meinem spanischen Rohr an der Statue umher, um mich zu vergewissern, ob es Bronze oder gebrannter Ton sei, als ich vom Café de Jeanne d'Arc her eine Gruppe von 8 bis 12 Männern auf mich zukommen sah, ziemlich eng geschlossen und unter einander flüsternd. Ich stutzte, ließ mich aber zunächst in meiner Untersuchung nicht stören und fragte, als sie heran waren, mit Unbefangenheit: aus welchem Material die Statue gemacht sei? Man antwortete ziemlich höflich: »aus Bronze«, schnitt aber weitere kunsthistorische Fragen, zu denen ich Lust bezeugte, durch die Gegenfrage nach meinen Papieren ab. Ich überreichte ein rotes Portefeuille, in dem sich meine Legitimationspapiere befanden, selbstverständlich nur *preußische*. Man suchte sich darin zurecht zu finden, kam aber nicht weit und forderte mich nunmehr auf, zu besserer Feststellung sowohl meiner Person, wie meiner Reiseberechtigung ihnen in das Wirtshaus zu folgen.

Die ganze Szene, so peinlich sie war, hatte, der Gesamthaltung der Dorfbewohner nach, nicht gerade viel Bedrohliches gehabt und schien nach unserem Eintreten in das Wirtshaus, wo bald Wein und Reimser Biskuit herumgegeben wurden, ein immer helleres Licht gewinnen zu wollen. Ich machte alle Umstehenden, deren Zahl von Minute zu Minute wuchs, mit dem Inhalt meiner Legitimationspapiere bekannt und setzte ihnen offen den Zweck meiner Reise und dieser speziellen Exkursion nach Domremy auseinander, was alles wohl aufgenommen wurde. Aber der kleine Lichtstrahl, der eben durchbrechen wollte, sollte bald wieder schwinden. Ich war eben noch im besten Perorieren*, als ein junger Bauer, der sich mit meinem Stock zu tun gemacht hatte, die Krücke aus der Stockscheide zog und mit einem »ah, un poignard« die mir zuhörende Gesellschaft überraschte. Es durchfröstelte mich etwas, weil ich klar einsah, was jetzt notwendig kommen mußte. Ich faßte mich aber schnell und zur Initiative greifend, die allein einem Schlimmeren vorbeugen konnte, sagte ich mit Ruhe: Naturellement, Messieurs, je suis armé. Ich sprach es so, daß man heraushören *mußte*: mit diesem Poignard* allein ist es nicht getan. Man verstand mich auch sofort und von mehreren Seiten hieß es jetzt: »ah, ah! sans doute un revolvèr«, während andere dazwischen riefen: »où est-il? où sont ses effets? cherchez! apportez!« Man brachte alsbald meine Reisedecke und bestand seltsamerweise darauf, daß ich sie selber öffnen solle. Es war, als hätt' ich sie mit Torpedos geladen. Ich konnte mich selbst in diesem Augenblicke eines Lächelns nicht erwehren, löste die Riemen, wickelte die Decke auseinander und überreichte meinen Revolver. Er ging von Hand zu Hand; ich konnte wahrnehmen, daß er mit sehr verschiedenen Gefühlen betrachtet wurde.

Die Situation war bereits heikel genug, aber schlimme Momente kommen nie allein; so auch hier. In eben diesem Augenblick, wo die Stimmung gegen mich ziemlich hoch ging, drängte sich durch den dichtesten Haufen ein wüst aussehender Geselle, der, gedunsen und kurzhalsig, seiner apoplektischen Anlage durch 6 Liter Wein täglich zu Hülfe zu kommen schien, stellte sich sperrbeinig vor mich hin, schlug mit der Faust auf seine Brust und erklärte mit lallender Zunge: »Je suis le Maire.« Dies kam mir *sehr* ungelegen. Ich griff zu

* *eine Rede zum Schluß bringen*

* *eine Handvoll*

einem verzweifelten Mittel und sagte ihm unter Verbeugung, »daß ich erfreut sei, ihn zu sehen«, was bei einzelnen (ich hatte also richtig gerechnet) sofort eine gewisse Heiterkeit zu meinen Gunsten erweckte und die Gebildeteren veranlaßte, die Dorfobrigkeit, die noch allerhand faselte, bei Seite zu schieben. Dies war sehr wichtig für mich. Solch trunkener Imbecile, an dem alles, was Vernunft und Wahrheit ist, notwendig scheitern mußte, war das Schlimmste, was mir in solchem Momente begegnen konnte.

Einer aus dem Kreise der Minorität trat jetzt an mich heran und fragte ruhig: ob ich damit einverstanden sei, daß man mich nach Neufchateau auf die Souspräfektur führe? Ich mußte lächeln; ebenso gut hätte er mich fragen können, ob ich damit einverstanden sei, gehängt zu werden? Ich mußte eben tragen, was über mich beschlossen wurde.

[...]

»Comme officier supérieur«.
4. Gueret

[...] das Zimmer [war] wie umgewandelt. Ich saß auf dem Stuhl, der sein Geflecht wieder gewonnen hatte, wiegte mich hin und her und blickte träumend in die immer ruhiger werdende Flamme. Liebe, freundliche Gesichter traten mir entgegen; ich sah deutlich die großen klugen Augen meines Lieblings; es war mir, als spräch' es lieb und traut in mein Ohr. So saß ich im Gefängnis zu Gueret, schwere Tage hinter mir, schwere Tage vor mir, und schrieb Verse in mein Notizbuch.

> O trübe diese Tage nicht,
> Sie sind der letzte Sonnenschein,
> Wie lange, und es lischt das Licht
> Und unser Winter bricht herein.
>
> Dies ist die Zeit, wo jeder Tag
> Viel Tage gilt in seinem Wert,
> Weil man's nicht mehr erhoffen mag
> Daß *so* die Stunde wiederkehrt.
>
> Die Flut des Lebens ist dahin,
> Es ebbt in seinem Stolz und Reiz,
> Und sieh', es schleicht in unsern Sinn
> Ein banger, nie gekannter Geiz;
>
> Ein süßer Geiz, der Stunden zählt
> Und jede prüft auf ihren Glanz,
> O sorge, daß uns keine fehlt
> Und gönn' uns jede Stunde *ganz*.

[...]

Isle d'Oléron ist 4½ Quadratmeilen groß, also ebenso groß wie Wollin, etwas größer wie Fehmarn. Die Bevölkerung, ziemlich zahlreich und wohlhabend, hat sich in zwei Städten und vier Dörfern konzentriert. Die beiden Städte sind Chateau und St.Pierre. St.Pierre ist um etwas größer, steht aber an Bedeutung hinter Chateau zurück. Hier ist die Zitadelle, hier sind die Forts und Kasernen, hier wohnen die Behörden; es ist der beherrschende Punkt, während St.Pierre, als behagliche Ackerstadt, inmitten der Insel liegt. Der Boden von Isle d'Oléron wechselt zwischen großer Fruchtbarkeit und Sterilität; weite Strecken sind Sumpfland wie die Marais zwischen Rochefort und der Küste, und hier wie dort hat man diese unfruchtbaren, wenn auch jetzt trocken gelegten Sümpfe zur Gewinnung von Seesalz hergerichtet, ganz in der Art, wie ich es in dem Kapitel Marennes beschrieben habe. Der ärmste Teil der Bevölkerung lebt von dieser Salz-Industrie; andere sind Schiffer, Fischer und versorgen den inländischen Markt mit Fischen und Austern, von denen sich die letzteren (sie sind grünlich und von einem aparten Wohlgeschmack) der besonderen Geneigtheit der Pariser Gourmands erfreuen. Die Wohlhabenden auf Isle d'Oléron sind die Ackersleute; einige wenige treiben Handel.

Dies war die Insel, für die wir bestimmt waren, der wir jetzt zufuhren.

Marennes liegt nicht so unmittelbar am Meere, daß sich von hier aus die Überfahrt nach der Insel ermöglicht hätte; es bedurfte also noch eines kurzen Marsches, um die eigentliche Fährstelle zu erreichen. Diese ist ein einzeln stehendes Gehöft, das nach der Seeseite zu einen Quai bildet. An diesem Quai liegt das Dampfschiff, das den bescheidenen Dienst einer Fähre versieht.

Es regnete, als wir in das Fährhaus eintraten, und so hatten es denn die hohen, durchwärmten Räume mit ihren flackernden Feuern verhältnismäßig leicht, einen anheimelnden Eindruck auf uns zu machen. Es war aber nicht bloß der Gegensatz von draußen und drinnen, der uns hier mit einem lebhaften Behagen erfüllte, die Ordnung, die Sauberkeit, die Wohlhabenheit, die hier unverkennbar zu Hause waren, trugen das ihrige dazu bei. Inmitten des großen Gastzimmers standen zwei riesige Betten von Nußbaumholz mit grünen Decken und Vorhängen von derselben Farbe. Das Holz war spiegelblank und gab einen ordentlichen Glanz durch das ganze Zimmer hin.

Die Beherrscherin dieser Räume war eine Frau von Mitte Siebzig, klein, aber mit großen, klugen Augen voll unerloschenen Feuers,

An Mr. Washburne,
den Gesandten der Ver-
einigten Staaten in
Paris:

Versailles, 29. Oktober
1870
Mein Herr! Nach
glaubwürdiger Mittei-
lung ist Dr. Fontane,
ein preußischer Unter-
tan und wohlbekann-
ter Geschichtsschreiber,
auf einer wissenschaft-
lichen Reise in franzö-
sischen, durch deutsches
Militär besetzten Di-
strikten verhaftet und
nach Besançon abge-
führt worden, wo er in
Lebensgefahr zu sein
scheint. Nichts kann ein
derartiges Vorgehen ge-
gen einen harmlosen
Gelehrten rechtferti-
gen. Ich bitte Sie daher
die Güte zu haben, for-
mell seine Freilassung
von der französischen
Regierung zu verlan-
gen und ausdrücklich
zu erklären, daß wir im
Weigerungsfalle eine
gewisse Anzahl von
Personen in ähnlicher
Lebensstellung in ver-
schiedenen Städten
Frankreichs verhaften
und nach Deutschland
schicken und ihnen die-
selbe Behandlung zu-
teil werden lassen, die
dem Dr. Fontane in
Frankreich beschieden
ist. Ich verbleibe usw.
                v. Bismarck

* Spieß
** Klatschrose

unverkennbar eine Person, die vor 50 Jahren allen jungen Männern zwischen Marennes und Isle d'Oléron die Köpfe verdreht hatte. Sie wählte mich gleich aus der Gruppe heraus, um mir in einer liebenswürdigen, kleidsamen und ihrem Alter entsprechenden Weise den Hof zu machen. Dabei beherrschten ihre Augen mitten im Geplauder den ganzen Haushalt, nichts entging ihr und man sah, daß alles ängstlich nach ihr hinüber fragte.

Es ist sehr interessant, derartige Frauen zu beobachten; sie bilden eine ganze Gruppe. Von Jugend auf gewöhnt zu gefallen, Aufmerksamkeit zu erregen und eine *Macht* auszuüben, bleibt ihnen eine gewisse Koketterie (die nach den Jahren sich *modelt*) bis in ihr höchstes Alter hinein, während zugleich ihre Siegergewohnheit sich zu jener absoluten Herrschergewalt ausbildet, von der die Haushaltungen und ihre *nominellen* Vorstände zu erzählen wissen. Diese Alte, die mir mit Eleganz, Schelmerei und mütterlichem Wohlwollen den Kaffeetisch arrangierte, während ihr Augenzwinkern durch drei Stuben hin dirigierte, war ein Musterstück ihrer Gattung. Ein Haus- und Eheherr, den ich in Verdacht hätte haben können, der zeitige Bewohner einer jener blanken Nußbaumbettstellen zu sein, war nicht sichtbar; – ich vermute *längst* seinem Geschick erlegen. Der Regen legte sich, der Dampfer zischte, die Gendarmen mahnten zum Aufbruch; eine Viertelstunde später schwammen wir zwischen Festland und Insel; noch zehn Minuten (durch die übliche Unterhaltung, die mich am Beobachten hinderte, leider getrübt) und wir lagen an dem Quaderdamm von Isle d'Oléron. Im Geschwindschritt, durch Neugierige wenig belästigt, ging es auf die Kommandantur zu.

Sie lag am andern Ende der Stadt; wir hielten vor einem Gartenzaun, über dessen Spitzen allerhand Baum- und Strauchwerk hinüberwuchs; das Ganze mehr idyllisch, nach Art einer Pfarrerwohnung, als kommandanturhaft-militärisch. So war auch das spalierumhegte Haus, in das wir jetzt eintraten. Wir wurden rangiert; ich, in einigem Abstand, erhielt den rechten Flügel; es fehlte mir nur noch der Sponton* des Unteroffiziers. Dann erschien ein freundlicher Herr in Zivil mit dem üblichen Ponceau** im Knopfloch, das aber diesmal eine rotgefärbte beinerne Rosette war und aussah wie eine kleine Schachfigur. Der Herr selbst war Capitain Forot, Bataillonschef, Kommandant von Isle d'Oléron. Er musterte uns, entließ die Kolonne und bat mich, ihm in sein Zimmer zu folgen. Hier wurde ich den Damen vorgestellt, unter denen sich, neben der Frau vom Hause, eine hübsche blonde, eben erst verheiratete Elsässerin befand, deren eigentliche, stillschweigend verabredete Aufgabe dahin ging, im Verkehr mit den täglich eintreffenden Gefangenen den Interpreten zu machen; eine Aufgabe, deren sie sich aber nach Möglichkeit entschlug, indem sie, wie mir Capitain Forot vertraulich versicherte, ihre Zeit lieber dahin anlegte, »Vormittags Briefe zu schreiben und Nachmittags zu weinen«. Er setzte hinzu: »So ein Krieg, der in die Flitterwochen fällt, ist allerdings das Empörendste, was man sich denken kann.«

Wir plauderten das Übliche, und der Friede (wie immer) wurde wieder auf Tag und Stunde durch mich festgestellt. Inzwischen waren einige Flaschen Straßburger Bier erschienen, die junge Elsässerin präsentierte das vaterländische Gebräu und ich letzte mich nach 6 Wochen zum ersten Male wieder an einer Art Gerstensaft. Es war ein sehr mäßiges Produkt, aber, wie immer auch, es war doch *Bier*, hatte etwas von jenem nervenstärkenden Bitterstoff, der die Hauptsache bleibt, und so kam es mir vor, als ob ich Gesundheit tränke. Capitain Forot ließ bald die Politica fallen

AUG<sup>TE</sup> JOSSET, Phot.                    GISORS

*George Fontane*

*Gisors,
den 31. Oktober 1870
Meine liebe, gute, arme
Mutter.
Vorgestern empfing ich
die Trauernachricht
von der Gefangennahme Papas. Ich muß Dir
gestehen, daß ich schon
oft eine Vorahnung davon gehabt habe, besonders als Du mir
schriebst, Du bekämst
keine Briefe mehr. Alle
hier von den Offizieren
finden es aber auch kolossal leichtsinnig, in
einem Lande, dessen
Einwohner, wie Papa
selbst schreibt, »sont
enragés contre nous«,
herumzuturnen. Ich
hoffe natürlich sehr,
daß durch die Verwendung der Freunde seine
Freilassung zustande
kommen wird, zweifle
aber doch sehr daran.*

*Deuil,
den 18. Dezember
Mein lieber, guter
Vater.
Daß Du wieder da bist,
hat mich sehr gefreut.
Hier hält alles Deine
Reise nach Frankreich
für einen unverzeihlichen Leichtsinn; auch
ich hatte, ich muß es
gestehen, schon öfter
eine Ahnung von dem
kommenden Unglück
gehabt. Jetzt gratuliert
Dir alles zu Deiner
Freilassung und zu dem
wahrscheinlichen Verdienst (pekuniär), der
aus Deiner Gefangenschaft erwachsen sollte.*

*St. Denis,
den 2. Februar 1871
… Ich muß Dir, lieber
Vater, und auch im Namen aller unserer Her-*

*George Fontane als
Leutnant in
Frankreich (1871)*

117

ren einen kleinen Vor-
wurf machen, weil Du
die Franzosen in Dei-
nen Schicksalen zu sehr
herausstreichst. Du
mußt ein ganz beson-
deres Glück gehabt ha-
ben; unter den vielen
Franzosen, die ich die
Ehre gehabt habe ken-
nenzulernen, waren
nur sehr, sehr wenige,
für die ich ein gewisses
tendre haben möchte.
(aus: George Fontane,
Feldpostbriefe
1870–1871)

und ging in den Ton über, der seiner feinen und liebenswürdigen Natur der entsprechendste war, in humoristische Neckerei. Sein Hauptstichblatt war die junge Blondine mit ihrem antezipierten Witwenschmerz; aber auch ich erhielt meinen Teil und mußte mir Scherze über die Gefahren des Romantizismus gefallen lassen. Ich tat es nur zu gern. Es waren doch wieder verwandte, anheimelnde Töne. »Enfin, so schloß er, ich sehe die Tage heraufziehen, wo Sie die Gefangenschaft auf Isle d'Oléron segnen werden; Sie werden einen guten Stoff gewinnen und Ihr zukünftiger Biograph einen noch besseren.«

Aus:
Kritische Jahre –
Kritiker-Jahre.
Parkettplatz Nr. 23

In der ersten Dezemberwoche war ich wieder zurück (Wer hatte mich befreit? Die Katholische Partei oder die Judenpartei oder die Regierungspartei?), verletzte meine Freunde (die in ihrem ärgerlichen Gefühl gegen mich ganz recht hatten) durch eine halb ulkhafte Behandlung alles inzwischen Erlebten.

Aus:
Der Krieg gegen
Frankreich
1870–71.
Die Abreise König
Wilhelms zur
Armee
1. Bd. Der Krieg gegen
das Kaiserreich. Mit 32
Plänen in Holzschnitt,
854 S. (1873)
2. Bd. Der Krieg gegen
die Republik. Mit 44
Plänen in Holzschnitt,
1023 S. (1875)

In der Mittagsstunde, Sonntag den 31. Juli hatte das 2. Garde-Ulanen-Regiment seine Fahnen abgeholt. Der König war freundlich ernst wie immer. Als beim Abmarsch der Kommandeur (Prinz Heinrich von Hessen) des Regiments an der Rampe vorbeiritt, lehnte sich der König über das Gitter hinab und reichte dem Prinzen die Hand. Dieser ergriff sie und beugte sich, um sie zu küssen. Der Anblick war ergreifend und die versammelte Menschenmasse brach in stürmische Lebehochs auf den König aus. Schon von dieser Mittagsstunde an war das königliche Palais fortdauernd von vielen Tausenden umgeben. Als um 4 Uhr die königliche Proklamation an den Anschlagsäulen erschien und dadurch die Abreise als bestimmt bekannt wurde, wuchs die Menschenmenge dergestalt an, daß sie sich vom Palais die Linden entlang durch das Brandenburger Tor bis zum Bahnhof erstreckte. Hier stand alles Kopf an Kopf gedrängt; auf dem Platz vor dem königlichen Palais mochten allein an 50000 Menschen versammelt sein: jedes Alter, alle Stände waren vertreten.

Um 5½ Uhr öffnete sich das Gitter zum Seiteneingange des Palais und König und Königin fuhren in dem gewöhnlichen zweispännigen offnen Wagen des königlichen Herrn heraus. Ein nicht endenwollendes Hoch und Hurra empfing den greisen, aber wunderbar-rüstigen Herrscher, der unter den Segenswünschen

seines Volkes ins Feld zog. Der König, in Mantel und in der
Feldmütze, saß mit ernstem Antlitz im Wagen und dankte durch
stilles Neigen des Hauptes auf den jubelnden Zuruf. Die Königin
war sichtlich ergriffen. Langsam nur konnte anfangs der Wagen sich
fortbewegen, so dicht stand die Menschenmenge, von der jeder
einzelne noch einmal den geliebten König sehen, ihm aus tiefbeweg-
tem Herzen den Abschiedsgruß und den Wunsch auf glückliches
Wiedersehen zurufen wollte. Ein Menschenstrom, brausend von
Liebe und Begeisterung, umwogte Schritt um Schritt das königliche
Paar durch die Straßen zum Bahnhof hin. Mit dem schlichten
Wagen des königlichen Feldherrn zog das Herz des Landes; die
patriotische Stimmung der Berliner Männer und Frauen, die hier
standen, weinten und jubelten, war im Einklang mit dem allgemeinen Gefühl. Von den Dächern flaggten die Fahnen, aus den Fenstern
wehten die Tücher; zum Himmel auf stieg aus tausend Herzen die
Bitte um Sieg und frohe Heimkehr. Wer am Bahnhof einen Platz
gefunden hatte, hörte schon von ferne her den Hurraruf. Die Liebe
des Volkes (wie 14 Tage vorher bei dem Eintreffen des Königs von
Ems) hatte die ganze Auffahrt zum Eingang des Wartesalons mit
Blumen und Kränzen geschmückt, die preußischen und norddeutschen Fahnen wehten darüber und zwischen ihnen leuchtete weit
hinaus, dem königlichen Helden entgegen, auf weißer eichenbe-
kränzter Tafel der Wunsch und Gruß: Mit Gott!

Berlin 24. Novemb. 74. Potsdammer Str. 134.c.

Mein gnädigstes Fräulein.

Seit 4 Tagen wieder hier, eile ich um Ihnen ein Lebenszeichen von uns zu geben. Sieben schöne Wochen, die wir in Venedig, Florenz, Rom u. Neapel zubrachten, liegen hinter uns; unsre Erwartungen sind fast noch übertroffen worden, dennoch sind wir froh nun wieder in der Heimath zu sein und unsrer Arbeit, unsren Kindern und Freunden leben zu können. In der Jugend, wo man noch flügger, noch weniger verwachsen mit dem Boden ist auf dem man geboren wurde, kann einem in der Fremde und ganz besonders in einer so schönen Fremde, der Wunsch kommen, sich auf lange niederlassen und das Herrliche ganz genießen, das Lernenswerthe ganz lernen zu wollen. Man hat dann noch eine freie Wahl und kann sein Leben, sein Studium, seine Interessen an irgend ein Schönes setzen, das einem irgendwo entgegentritt. In spätren Lebensjahren ist das nicht mehr möglich; man ist dann nicht blos mit einer Frau (wenigstens in der Regel) sondern auch mit einer bestimmten Lebensaufgabe verheirathet, die einem nun nicht mehr erlaubt willkürlich dies und das zu thun, sondern einen mit wohlthuender Gewalt in das vorgeschriebene Geleise pflichtschuldiger Thätigkeit zurückzwingt. Vor 30 Jahren hätten mich nicht zehn Pferde von Neapel weggekriegt und ich würde Kopf und Kragen daran gesetzt haben, mein Leben, oder doch ein bestes Stück davon, dem Studium Pompejis und seiner ausgegrabenen, wunderbaren Schätze zu widmen. *Jetzt* konnte mir dieser Wunsch nicht mehr kommen, kaum der Gedanke. All dieser Herrlichkeit gegenüber empfand ich deutlich, und nicht einmal schmerzlich, daß meine bescheidene Lebensaufgabe nicht am Golf von Neapel, sondern an Spree und Havel, nicht am Vesuv sondern an den Müggelsbergen liegt und inmitten aller Herrlichkeit, die nur eben bildartig gesehn und dann in den Kasten der ›Anschauungen‹ hineingethan sein wollte, zog es mich an die schlichte Stelle zurück, wo meine Arbeit und in ihr meine Befriedigung liegt. Wenn es Zweck des Reisens ist, sich zu enthusiasmiren und innerhalb des Enthusiasmus sich glücklich zu fühlen, so kann man nicht früh genug auf Reisen gehn, handelt es sich umgekehrt um jene gerechte Würdigung, die verständig gewissenhaft abwägt zwischen Daheim und Fremde, zwischen Altem und Neuem, so kann man seinen Wanderstab nicht spät genug in die Hand nehmen. So schön und herrlich Italien ist, so ist es mir doch ganz unzweifelhaft, daß es durch *jugendliche* Menschen, namentlich durch die unglückselige Masse der Maler, noch zu etwas Herrlicherem hinaufgeschraubt worden ist, als nöthig war. [...]

*Emilie Fontane*
*(1874)*

*Theodor Fontane*
*(1874)*

Silberne Hochzeit. Erscheinen des Schlußbandes meines siebziger Kriegs. Ärgernisse. Kränkungen. Und keiner nimmt für einen Partei; man ist immer ganz verlassen, sowie man in die Ecke gestellt wird. Während dieser Leidenszeit war auch der Schlußteil meines 70er Kriegs, an dem ich 6 Jahre gearbeitet, erschienen. Ein Buch, an das ich auch allerhand Hoffnungen geknüpft hatte. Der Kaiser hatte die Widmung angenommen, und mit äußerster Freude und verzeihlichem Stolze habe ich auch später oft erfahren, daß das aus 4 starken Halbbänden bestehende Werk immer auf seinem Schreibtisch...
Aber das alles war Kleinigkeit, es kam schlimmer. Anfrage wegen Akademie. »Ja.« Ostern 76 trat ich ein. Es war so ziemlich meine schlechteste Lebenszeit. Nichts wie Ärger, Kränkungen. Als es damit vorbei war, war ich bescheiden genug, die Schuld in mir selbst zu suchen. Ich denke jetzt aber anders darüber. Ich war gewiß nicht sehr befähigt für eine solche Stellung, vielleicht für etwas Dienstliches überhaupt nicht; aber bei mehr Glück und freundlichem guten Willen hätte es trotz meiner geringen Befähigung für dergleichen doch anders verlaufen müssen. Alles lag so pechös, wie nur irgend möglich. Die Geschäftsführung lag in den Händen dreier Personen: Akademie-Sekretärs, Akademie-Inspektors und eines Schreibers. Die Stellung eines ersten Sekretärs hatte ich mir – und ich glaube mit Fug und Recht – so gedacht, daß es mir obliegen würde, den schriftlichen Verkehr zwischen dem Akademie-Senat und dem Kultusministerium als vorgesetzter Behörde zu vermitteln, dazu gelegentliche Arbeiten zu fertigen von historischem oder kunstästhetischem Charakter. Hätte es dabei sein Bewenden gehabt, so würde ich mich darin zurecht gefunden haben, vielleicht nicht gut, aber ausreichend. Aber ganz andere Aufgaben fielen mir zu, weil es sich traf, daß der die Tradition vorstellende Inspektor krankheitshalber zurücktrat und der Schreiber auf dem Punkt stand, ein gleiches zu tun.
Und so sollte ich denn alles tun. Kein Zweifel, daß man mir dazu nach Möglichkeit alle möglichen Hilfen gewährt haben würde. Aber das nutzte mir wenig, ich hätte selbst, wenn ich geeignete Hilfskräfte hätte finden können, doch immer noch die Verpflichtung gehabt, diese Hilfskräfte anzulernen. Und da ich selber von all den Dingen nicht das Geringste wußte, so konnte ich sie, wenn solche Kräfte fehlten, nicht persönlich leisten und von dem Augenblick an, wo sie sich fanden, diese Hilfskräfte nicht anlernen und für ihren Dienst fähig machen. Es war eine Ansammlung von Pech. Pour combler le bonheur kam auch ein ganz eigengearteter Vorgesetzter hinzu: der Präsident der Akademie, damals Geheimer Baurat Hitzig... (und seine Stellung zu Werner).

*Liebste, wenn man solche unbestreitbare Dinge liest, wird einem noch wirrer als wirr: Fontane hatte 1876 eine Beamtenstelle als Sekretär der Kgl. Akademie der Künste angenommen und nach 3½ Monaten unter gräßlichem Streit mit seiner Frau sie gekündigt. Er schreibt an eine Freundin:* Alle Welt verurteilt mich, hält mich für kindisch, verdreht, hochfahrend. Ich muß es mir gefallen lassen. Das Sprechen darüber habe ich aufgegeben u.s.w., *dann:* ich bin jetzt 3½ Monate im Dienst. In dieser ganzen Zeit habe ich auch nicht eine Freude erlebt, nicht einen angenehmen Eindruck empfangen. Die Stelle ist mir, nach der persönlichen wie nach der sachlichen Seite, gleich zuwider. Alles verdrießt mich; alles verdummt mich; alles ekelt mich an. Ich fühle deutlich, daß ich immer unglücklich sein, daß ich gemütskrank, schwermütig werden würde. Ich habe furchtbare Zeiten durchgemacht. Und was geschehen sollte, mußte rasch geschehn. Noch hab' ich vielleicht die Kraft und Elastizität, die Dinge wieder in so guten Gang zu bringen, wie sie bis zu dem Tage waren, wo mir diese unglückselige Stelle angeboten wurde. Die Weisheit der Menschen nutzt mir nichts. Was sie mir sagen können, hab' ich mir in 100 schlaflosen Stunden selbst gesagt. Schließlich muß ich doch dafür aufkommen und die bequemen Tage (bequem trotz ihres innern Schreckensgehaltes) mit arbeitsvollen vertauschen. Man kann nicht gegen seine innerste Natur, und in jedes Menschen Herz gibt es ein Etwas, das sich, wo es mal Abneigung empfindet, weder beschwichtigen noch überwinden läßt. Ich hatte mich zu entscheiden, ob ich, um der äußern Sicherheit willen, ein stumpfes licht- und freudeloses Leben führen oder u.s.w. *So, heute hat Dir also Fontane statt meiner geschrieben.*

*Herzlichste Grüße*
*Franz*

Die alte Kunstakademie
in Berlin, Unter den
Linden Nr. 38

*[...] – Ja, Fontane! Du mußt der Frau nicht Unrecht tun, so sehr
Unrecht sie selbst gehabt hat, und zwar oft. Ich habe zwar das Jahr
genannt aber verschwiegen, daß Fontane damals 57 Jahre alt war,
also immerhin sehr berechtigte Ansprüche für sich erheben konnte,
daß aber dem die Ansprüche einer Familie mit – ich glaube
– 5 Kindern entgegenstanden. Im Recht war er, aber einfach war es
nicht. Noch eine Stelle über seine Frau zu dieser Sache:* Ich würde
ihre Forderung unendlich lieblos nennen müssen, wenn ich nicht
annähme, sie hätte sich in ihrem Gemüt mit dem berühmten
Alltagssatz beruhigt: der Mensch gewöhnt sich an alles. Dieser Satz
ist falsch. Ich bin so unsentimental wie möglich, aber es ist ganz
gewißlich wahr, daß zahllosen Menschen, alten und jungen, das Herz
vor Gram, Sehnsucht und Kränkung bricht. Jeder Tag führt den
Beweis, daß sich der Mensch nicht an alles gewöhnt. Auch ich
würde es nicht gekonnt haben und wäre entweder, wenn ich
durchaus hätte aushalten müssen, tiefsinnig geworden oder hätte
doch eine traurige Wandlung aus dem Frischen ins Abgestandene,
aus dem geistig Lebendigen ins geistig Tote durchgemacht. Das
heißt dann freilich ›sich gewöhnen‹ aber wie! *Es ist das alles
flüchtiger, leichter gesagt, als es gemeint ist, und es ist vielleicht sogar
flüchtiger gemeint, als es in Wahrheit ist, denn Fontane sprang so
kräftig als er war darüber weg. Aber seine Forderung gegenüber
seiner Frau, das zu verstehn (ich meine, es mitzuleben) war zu hart,
ich leugne die Möglichkeit dessen; sie allerdings hätte im Vertrauen
auf ihn schweigen sollen, aber wenn sie es in der langen Ehe nicht
gelernt hatte (ich meine das Vertrauen und das Schweigen), so mußte
man es auch jetzt nicht erwarten. Übrigens fehlen uns zur
Abhaltung des ordentlichen Gerichts ihre Briefe. [...]*

Mein gnädigstes Fräulein.
Für zwei liebe Briefe habe ich Ihnen zu danken, die mir, der eine wie
der andre, eine rechte Herzstärkung gewesen sind. Sie haben so
recht die Weisheit der klaren Empfindung, des guten Herzens und
keiner von allen denen, die in diesen Wochen zu mir gesprochen
haben, hat es so zu treffen gewußt wie Sie. Ja es ist so: man kann
nicht gegen seine innerste Natur und in jedes Menschen Herz giebt
es ein Etwas, das sich, wo es mal Abneigung empfindet, weder
beschwichtigen noch überwinden läßt. Ich hatte mich zu entscheiden, ob ich, um äußrer Sicherheit willen, ein stumpfes, licht- und

## Wie sich meine Frau einen Beamten denkt

1. Ein Beamter lebt lange.
2. Solange er lebt, hat er ein auskömmliches Gehalt.
3. Ist er krank, so wird er vertreten. Je öfter, desto besser.
4. Badereisen sind garantiert.
5. Der Dispositionsfonds ist unerschöpflich und wird nur von der unergründlichen Güte seines Verwalters übertroffen.
6. Arbeit Chimäre.
7. Dienststunden werden gehalten oder nicht gehalten. Werden sie gehalten, so wechselt die Lektüre der »Nationalzeitung« mit der der »Vossischen«.
8. Fehler sind gleichgültig, solange nur nach außen hin die eigene und des Standes Unfehlbarkeit gewahrt bleibt.
9. Zum Ordensfest und zu Königs Geburtstag muß der Beamte gesund sein (weiße Binde).
10. Erfüllt er dies, so verdoppelt der König die Witwenpension aus dem Schatullenfonds. Für die Töchter: Erziehungsgelder; für die Söhne: drei Kadettenstellen frei.

freudeloses Leben führen oder die alte Unsicherheit bevorzugend, mir wenigstens die *Möglichkeit* heitrer Stunden zurückerobern wollte. Ich wählte das letztre, während meine Frau das erstre von mir forderte. Ich würde diese Forderung unendlich lieblos nennen müssen, wenn ich nicht annähme, sie hätte sich in ihrem Gemüth mit dem berühmten Alltagssatze beruhigt: der Mensch gewöhnt sich an alles. Dieser Satz ist falsch. Ich bin so unsentimental wie möglich, aber es ist ganz gewißlich wahr, daß zahllose Menschen, alten und jungen, das Herz vor Gram, Sehnsucht und Kränkung bricht. Jeder Tag führt den Beweis, daß sich der Mensch *nicht* an alles gewöhnt. Auch *ich* würde es nicht gekonnt haben und wäre entweder, wenn ich durchaus hätte aushalten müssen, tiefsinnig geworden, oder hätte doch wenigstens eine traurige Wandlung aus dem Frischen ins Abgestandene, aus dem geistig Lebendigen ins geistig Todte durchgemacht. Das heißt dann freilich ›sich gewöhnen‹, aber wie! Noch jetzt empfinde ich täglich, wie wenig meine Stellung, die Dinge wie die Menschen, für mich taugt, und doch ist seit meiner eingereichten Demission, der eine große Scene im Senat zwischen Geh.R. Hitzig und mir vorausgegangen war, eine wesentliche Aenderung zum Beßren eingetreten. Denn so sind die Menschen: man flößt ihnen erst Respekt ein, wenn man ihnen den Beweis führt, daß man sich aus ihnen selbst, aus ihrem Geld und ihrer Gunst, aus ihren Ehren und Aemtern nicht das Geringste macht. Bis dahin war ich, wenn auch im Ganzen wohlgelitten, doch immerhin ein ›armer Teufel‹, der froh sein mußte schließlich noch unter Dach und Fach gekommen zu sein; jetzt bin ich ein forscher Kerl, ein Charakter, dem der Ehrenpunkt über den Geldpunkt ging und der nicht Lust hatte, nach jeder Geheimeraths-Pfeife zu tanzen. Die Epoche der Anklagen ist längst vorüber; die meisten beglückwünschen mich jetzt. Ich brauche Ihnen wohl nicht erst zu versichern, daß ich auf solche Beglückwünschungen gern verzichten und statt dessen des stillen Glücks einer gesicherten Stellung mich gern (Gott weiß, *wie* gern) erfreuen würde, aber andrerseits konnt' ich, von einer ganzen Menge andrer Unleidlichkeiten abgesehn, das *Gefühl des Degradirtseins*, das ich nach Lage der Sache durchaus haben mußte, nicht ertragen. In allen Lebensstellungen, in denen ich bisher war, auch in denen die mich nur halb befriedigten, hatte ich immer das Gefühl, innerhalb meines kleinen Kreises, etwas zu sein und zu bedeuten; von Jugend auf bin ich daran gewöhnt, als etwas nicht ganz Alltägliches angesehn zu werden. Dieses süßen Gefühls sollte ich plötzlich entbehren, auch *mit gutem Grunde* entbehren, da, wie ich Ihnen schon schrieb, all meine Begabung nicht zu brauchen und alles was gebraucht wurde, wiederum nicht im Bereiche meiner Begabung war. Ich konnte das Peinliche, was mir daraus erwuchs, nicht auf die Dauer hinnehmen. Wer das Eitelkeit oder Hochmuth nennen will, der thu es; ich beneide solchen Jammerprinzen nicht um seine Demuth.

Meine Frau, die Ihnen herzlich dankt und gewiß bald von sich hören lassen wird, reist Ende der nächsten Woche. Ich denke, es soll dann alles anders werden; ihr Auge wird sich wieder erhellen. So leid sie mir thut, so muß ich doch sagen: sie hat sich in dieser Angelegenheit nicht *so* genommen, wie sie gesollt hätte. Ich bin aber weder nachtragend noch bitter und lasse alle ›Naturen‹ bis zu einem gewissen Grade gelten. Freilich die eine vor der andern.

Zu Beginn der zweiten Juliwoche schreibe ich wieder. Nochmals besten Dank. Wie immer in herzlicher Ergebenheit

Th. Fontane.


Berlin 1. Novb. 76. Potsd. Str. 134. c.

Gnädigstes Fräulein.

Auch von mir, nach längerer Pause, mal wieder ein paar Zeilen. Ich schreibe sie um so lieber, als ich zu wissen glaube, daß Sie in dem unglücklichen Streit, der immer noch nicht ausgeglichen ist, einigermaßen auf meiner Seite stehn und mir das Recht zuerkennen, mein Leben nach *meinem* Können und Geschmack zu gestalten. Ich habe das Nöthige zu erwerben, und entziehe mich dem nicht, aber *wie* ich dies Nöthige erwerben will, das muß mir freigestellt bleiben. Ich komme wohl noch auf diesen Punkt zurück. Zunächst lassen Sie mich Einiges berichten.

Ueber meinen Besuch bei Herrn v. Bülow hat wohl meine Frau schon geschrieben. Er war sehr gütig und ich nahm einen angenehmen Eindruck mit fort, was ich von den Berührungen, die ich jetzt mit den Menschen habe, im Allgemeinen nicht sagen kann. Er versprach mit Wilmowski zu sprechen. Ich erwarte nicht viel davon, da die ganze Geheime-Rathschaft in einer Art Verschwörung gegen mich ist. Sie finden es impertinent, daß jemand erklärt, ich ersehe kein Glück und keine große Ehre darin, langweilige, um den äußersten Kleinkram sich drehende Berichte zu schreiben, und ziehe es vor das Leben eines Schriftstellers weiter zu führen. Wilmowski hat jetzt gerade meine Akademie-Angelegenheit mehrfach unter Händen gehabt, und wiewohl mir ein von ihm abgefaßtes, an Herrn v. Decker gerichtetes Schreiben vorliegt, in dem sich der Kaiser (d. h. also Herr v. W.) sehr anerkennend über mein Kriegsbuch ausspricht, so weiß ich doch nicht, ob er Lust haben wird, unter den gegenwärtigen Umständen für meine Person ein gutes Wort einzulegen. Ich werde darüber in den nächsten Tagen Gewißheit haben; Herr v. Bülow wollte mir das Resultat seiner Unterredung mit v. W. mittheilen.

Seit gestern habe ich nun meinen Abschied. In diesem Augenblick (Mittwoch Abend) wird Zoellner als mein Nachfolger eingeführt. Ich freue mich, daß er die Stelle erhalten hat; er ist der rechte Mann am rechten Platz; die Stelle paßt für ihn und er für die Stelle. Zu übersehen ist nicht, daß – ganz abgesehn von dem Unterschied, der in unsren Personen liegt – er auch unter unendlich günstigeren Verhältnissen in seine Stelle eintritt. Mir gegenüber glaubten Ministerium und Präsident Hitzig das Gefühl haben zu dürfen: ›der kann Gott danken dieses Amt erhalten zu haben‹, Zoellner gegenüber haben sie das Gefühl ›danken wir Gott, daß wir diesen Mann haben‹. Das macht einen ungeheuren Unterschied. Ich bin nur auf Kühle, Ablehnung, Zweifel gestoßen, mein Nachfolger wird überall einem artigen Entgegenkommen begegnen. Er steht nicht unter dem Senat, am wenigsten unter seinem Präsidenten (dies hat er sich klugerweise vorher ausbedungen) und wird binnen kürzester Frist Rang und Titel eines Geheimen-Regierungsraths erhalten. Es wird ihm also freundlicher gesungen als mir, der ich bis zuletzt einem ganz aparten Rigorismus begegnet bin. Noch mein Entlassungsschreiben selbst – im Uebrigen verbindlich genug abgefaßt – gab den Beweis davon. Die letzten Zeilen lauteten ohngefähr: ›Was das für das letzte Quartal 76 empfangene Gehalt angeht, so bitten wir Sie, die den Monaten November und Dezember entsprechende Summe an unsre Generalkasse zurückzuzahlen.‹ Ich werde also beinah 400 Thlr morgen wieder abliefern. Solche Rückzahlungen kommen, glaub ich, überhaupt nur selten vor; man trifft andre Auswege, die sich ja immer bieten, wenn man sie nur finden *will*. Es scheint mir dies Verfahren also überhaupt so streng wie möglich. Es kommt aber hinzu, daß ich meine kurze Beamtenlaufbahn gleich mit ›zwei Monaten ohne Gehalt‹ (März und April d. J.) eröffnet und wie ich wohl sagen darf mich bis zum letzten Augenblick gentlemännisch betragen habe. Es hätten dies, unter ähnlichen Verhältnissen, wohl nicht viele gethan. Eine Verdächtigung meines Charakters, also eine offenbare Beleidigung, veranlaßte mich meine Entlassung einzureichen. Die ganze wüste Wirthschaft kam als Motiv hinzu. Auf Wunsch des Ministeriums ließ ich, in meinem Schreiben an den Kaiser, dies alles aber fallen und stellte mich wohlgemuth als einen halben Imbecile dar, der weder seinem Charakter noch seiner Begabung nach, der Stelle gewachsen sei. Dies war denn doch höchstens die halbe Wahrheit, und unter ein bischen *angenehmeren* Verhältnissen, hätt' ich ruhig bleiben und mein Leben als Akademie-Sekretair beschließen können. All das weiß das Ministerium; es weiß, daß man mir nicht allzu freundlich mitgespielt hat, es weiß, daß ich zwei Monate umsonst gearbeitet habe, es weiß, daß ich unbemittelt bin, und nun in meinen alten Tagen abermals von vorne anfangen muß, trotz alledem hat man die schöne Seelenruhe, das Gehalt pro November und Dezember von mir zurückzufordern. Ich find' es einfach empörend. Kommt man mir mit der ›Gesetzlichkeit‹ der Maßregel, die ich natürlich nicht bestreite, so kann ich blos die Achseln zucken. Seit 26 Jahren hab ich mit den verschiedensten Ministerien: Auswärtiges-, Innres, Cultus und Staats-Ministerium zu thun gehabt und ich weiß nach gerade, *was möglich ist, wenn man will.* Wenn Sie die Freundlichkeit haben, mir zu antworten, so berühren Sie diesen Punkt *nicht.* Meine Frau weiß nämlich nichts davon und soll auch nichts davon erfahren. Es würde sie nur aufs Neue beunruhigen, neue Sorge und wenn ich Glück habe auch neue Vorwürfe schaffen.

Nun zu Erfreulicherem. Vor etwa zehn, zwölf Tagen empfing ich den Besuch von einem jungen Herrn v. Rohr, einem Bruder von Hans. Er gefiel mir sehr; dem Bruder sehr ähnlich, aber dabei etwas specifisch Rohr'sches, die lange Nase, überhaupt das Gestreckte. Ich hätte nun wohl die Verpflichtung ihm einen Gegenbesuch zu machen, auch ihn zu einem Thee- und Plauderabend einzuladen. Ich kann aber weder das eine noch das andre. Bei Tage sitz' ich an meinem Schreibtisch, fleißig bei der Arbeit, am Abend bin ich im Theater, oder lese oder mache einen 2 stündigen Dauerlauf am Randes des Thiergartens. Ich bin aus allem Verkehr heraus und werde in diesem ganzen Winter weder eine Gesellschaft besuchen noch Freunde einladen. Am Sonnabend soll Theos Geburtstag mit jungen Herrn und Damen gefeiert werden; ich werde mich dieser Herrlichkeit aber entziehn und am selben Tage nach Küstrin und Frankfurt reisen, wo ich mir, meines Romans halber, Verschiedenes ansehen muß.

Ja, der Roman*! Er ist in dieser für mich trostlosen Zeit mein einziges Glück, meine einzige Erholung. In der Beschäftigung mit ihm vergesse ich, was mich drückt. Aber wenn er überhaupt noch zur Welt kommt, so werde ich, im Rückblick auf die Zeit in der er entstand, sagen dürfen: ein Schmerzenskind. Er trägt aber keine Züge davon; er ist an vielen Stellen heiter und nirgends von der Misere angekränkelt. Dies letzre kann ich mit voller Bestimmtheit behaupten. Ich glaube auch sagen zu dürfen, *Ihnen* wird er gefallen und die Hoffnungen, die Sie in Ihrer großen Güte immer daran

* Vor dem Sturm. Roman aus dem Winter 1812 auf 13

geknüpft haben, werden nicht ganz unerfüllt bleiben. Ich empfinde im Arbeiten daran, daß ich *nur* Schriftsteller bin und nur in diesem schönen Beruf – mag der aufgeblasene Bildungs-Pöbel darüber lachen – mein Glück finden konnte.

Empfehlen Sie mich Fräulein Jeannette v. Bülow. Wie immer in dankbarer Ergebenheit Ihr

Th. Fontane.

*Aus:*
*Wilhelm Lübke,*
*Altes und Neues.*
*Studien und*
*Kritiken*
*(1891)*

*Wilhelm Lübke,*
*1820–1893, Kunsthisto-*
*riker, tätig in Berlin,*
*Zürich, Stuttgart und*
*Karlsruhe; mit Fontane*
*befreundet*

*Unter [Fontanes] Erzählungen ist die weitaus breiteste in Anlage und Ausführung der Roman* Vor dem Sturm. *Er spielt in Berlin und der Mark und schildert die Zeiten des tiefsten Verfalls in Preußen, wie sie sich zwischen der Katastrophe von Jena und dem Beginne der Befreiungskriege hinziehen. Dies ist nun ein Zeitbild ersten Ranges, ein historischer Roman in des Wortes vollster Bedeutung, der diese neuerdings vielfach nicht mit Unrecht in Verruf gekommene Literaturgattung wieder zur höchsten Stufe erhebt. Zweierlei war dazu nötig: das tiefgründige Versenken in jene bedeutsame Periode mit der Feinheit und Schärfe des Historikers und das freie Darüberschweben über dem Stoff mit der Schwungkraft des Dichters. Beide Eigenschaften fanden sich in Fontane in vollkommener Verschmelzung und Durchdringung. Hier bleibt nirgends »ein Erdenrest« trockener Forschung als ungelöstes Residuum, sondern alles ist in lebendigste Anschauung übersetzt. Und welch' ein Hauch fesselnder Unmittelbarkeit liegt auf der Schilderung von Land und Leuten! Wie ist diese märkische Landschaft gezeichnet – am entzückendsten die Winterlandschaft! – daß man in ihr zu wandeln, zu atmen glaubt: meisterhaft durch und durch, dem Besten, was Willibald Alexis geschaffen, mindestens ebenbürtig. Es wird auch im Süden Deutschlands mehr und mehr Interesse erregen, sich mit diesen anscheinend reizlosen Gegenden vertraut zu machen, in denen aber vor allem dasjenige lebt und webt, was die Franzosen »paysage intime« nennen, und in welchem, kämpfend gegen die Ungunst einer rauhen und sterilen Natur, die schwäbischen Hohenzollern und mit ihnen ihr Volk erst das geworden sind, was die Zukunft Deutschlands verbürgte!*

*Die Gestalten, die sich auf diesem Hintergrunde bewegen, welche Mannigfaltigkeit, welche Fülle des Lebens atmen sie. Die beiden Liebespaare zunächst sind reine, vornehme Naturen, wahrhaft liebenswürdig, und es gehört die Seele eines echten Dichters dazu, solche Figuren hervorzuzaubern. Nun aber der ganze Kreis, der sie umgibt, das ehrenfeste, etwas knorrige Landjunkertum, die Tante*

Amélie aus den Rheinsberger Tagen, welche die französische Bildung des achtzehnten Jahrhunderts in ihrem letzten Verklingen repräsentiert, als Gegensatz Tante Schorlemer, die Herrenhuterin der reinsten Observanz, der vornehme Graf Drosselstein und dann wieder Ladalinski, Vertreter spezifisch preußischen und polnischen Adels, die barocke Prachtfigur des Generals Bamme und die fast unheimlich spukhafte und dabei höchst fesselnde Botin Hoppenmarieken, welche Reihe von scharf und klar ausgeprägten Charakteren! Nicht minder treu ist das Berliner Bürgertum der Zeit in allen

*Schattierungen, sind die vornehmen Kreise bis zu den höchsten Spitzen hinauf lebensvoll vorgeführt. Mit einem Worte, es ist ein Buch, das man immer auf's neue lesen muß, und das weitaus zum besten gehört, was unsere Literatur auf diesem Felde aufzuweisen hat. [...]*

*Aus:*
Vor dem Sturm.
Roman aus dem
Winter 1812 auf 13.
Erster Band.
Hohen-Vietz.
4. Kapitel. Berndt
von Vitzewitz
*(1878)*

Der Vater Lewins war Berndt von Vitzewitz, ein hoher Fünfziger. Mit dreizehn Jahren bei den zu Landsberg garnisonierenden Knobelsdorff-Dragonern eingetreten, hatte er, nach beinahe dreißigjährigem Dienst, das Kommando des berühmten Regiments eben übernommen, als ihn, im Frühjahr 1795, der Abschluß des Basler Friedens veranlaßte, seinen Abschied zu fordern. Voller Abscheu gegen die Pariser Schreckensmänner, sah er in dem »Paktieren mit den Regiciden« ebenso eine Gefahr wie eine Erniedrigung Preußens. Er zog sich verstimmt nach Hohen-Vietz zurück. Vielleicht war es ein Ausdruck seiner Verstimmung, daß er es, wenigstens im geselligen Verkehr, vorzog, seinen militärischen Rang ignoriert und sich lediglich als Herr von Vitzewitz angesprochen zu sehen. Das Gut selbst war ihm schon sieben Jahre früher zugefallen, unmittelbar fast nach seiner Vermählung mit Madeleine von Dumoulin, ältesten Tochter des Generalleutnants von Dumoulin, der bei Zorndorf, als jüngster Offizier in der Schwadron des Rittmeisters von Wakenitz, Wunder der Tapferkeit verrichtet und nach zweimaligem Durchbrechen der russischen Karrees den *Pour le mérite* auf dem Schlachtfelde empfangen hatte.

Madeleine von Dumoulin, groß, schlank, blond, eine typische deutsche Schönheit, wie so oft die Töchter des altfranzösischen Adels, war der Abgott ihres Gemahls. Und doch sah sie zu ihm hinauf; ohne Prätensionen*, fast ohne Laune, beugte sie sich vor der Überlegenheit seines Charakters. Die Geburt eines Sohnes, noch in der Garnisonstadt des Regiments, schuf ein gesteigertes Glück, das aus beider Augen noch lebhafter sprach, als ihnen, bald nach ihrer Übernahme von Hohen-Vietz, auch eine Tochter geboren wurde. Es war im Mai 1795, ein Frühlingsregen sprühte, und das Zeichen des Bundes zwischen Gott und den Menschen, ein Regenbogen, stand verheißungsvoll über dem alten Hause. Aber die Verheißung, wenn sie dem Kinde gelten mochte, galt nicht dem Vater. Ein Allerschmerzlichstes blieb auch ihm, wie so vielen seiner Ahnen, unerspart. Es traf ihn anders, aber nicht minder schwer.

Der Tag von Jena hatte über das Schicksal Preußens entschieden; elf Tage später hielten bereits angemeldete französische Offiziere vor

*\* Ansprüche*

dem Herrenhause in Hohen-Vietz, zu deren Bewillkommnung, um nicht Anstoß zu geben, auch die kaum von einem hitzigen Fieber wiederhergestellte, noch die Blässe der Krankheit zeigende Dame vom Hause erschienen war. In der Halle war gedeckt. Frau von Vitzewitz blieb und schien ihren Zweck, ein leidliches Einvernehmen zwischen Wirt und Gästen herzustellen, erreichen zu sollen, als sich, während schon der Nachtisch aufgetragen wurde, ein ihr gegenüber sitzender Kapitän, von der spanischen Grenze, olivenfarbig, mit dünnem Spitzbart, erhob und in unziemlichster Huldigung Worte lallte, die der schönen Frau das Blut in die Wangen trieben. Berndt von Vitzewitz fuhr auf den Elenden ein, andere Offiziere, dazwischen springend, trennten die miteinander Ringenden, und Partei ergreifend für den beleidigten Gemahl, steckten sie draußen im Park den Platz ab, wo der Handel auf der Stelle ausgemacht werden sollte. Berndt, ein Meister auf den Degen, verwundete seinen Gegner schwer am Kopf, und die Franzosen, in der ihnen eigenen ritterlichen Gesinnung, beglückwünschten ihn, ohne die geringste Verstimmung zu zeigen, zu seinem Triumph. Aber es war ein kurzer Sieg, zum mindesten ein teuer erkaufter. Die heftigen, von solchen Vorgängen unzertrennlichen Erregungen warfen die schöne Frau aufs Krankenbett zurück, am dritten Tag war sie aufgegeben, am neunten trugen sie sie die alte Nußbaumallee hinauf bis an die Hohen-Vietzer Kirche und senkten sie unter Innehaltung aller von ihr gegebenen Bestimmungen ein. Nicht in die Gruft, sondern in »Gottes märkische Erde«, wie sie so oft gebeten hatte. Die Glocken klangen den ganzen Tag ins Land, und als der Frühling kam, lag ein Stein auf der Grabesstelle, ohne Namen, ohne Datum, nur tief eingegraben: »Hier ruht mein Glück.«
Berndts Charakter hatte sich unter diesen Schlägen aus dem Ernsten völlig ins Finstere gewandt. Die Lage des zerbröckelten, nahezu aus der Reihe der Staaten gestrichenen Vaterlandes war nicht dazu angetan, ihn aufzurichten. Sein eigner Besitz entwertet, die Ernten geraubt, das Gehöft von Räuberhänden halb niedergebrannt – so verfiel er auf Jahr und Tag in brütenden Trübsinn und lebte erst wieder auf, als Sorge und Mißgeschick, die beinahe unausgesetzt auf ihn eindrangen, einen großen Haß in ihm gezeitigt hatten. Er wurde rührig, regsam, er hatte Ziele, er lebte wieder.
Der Haß, dem er dieses dankte, richtete sich gegen alles, was von jenseits des Rheines kam, aber doch war ein Unterschied in dem, was er gegen den Machthaber und gegen die französische Nation empfand. Für diese letztere, deren Mut, Begeisterung und Opferfähigkeit er so oft gepriesen, so oft vorbildlich hingestellt hatte, hatte er, wie fast alle Märker, im tiefsten Herzen eine nicht zu

ertötende Vorliebe, und aller Haß, den er dieser Liebe zum Trotz, stark und ehrlich zur Schau trug, war viel mehr Absicht und Kalkül, als unmittelbare Empfindung, emporgewachsen aus der unablässigen, mit Geflissentlichkeit gehegten Betrachtung, daß – um ihn selber sprechen zu lassen – »das undankbarste aller Völker einen guten König geschlachtet habe, um sich vor den Triumphwagen eines freiheitsmörderischen Tyrannen zu spannen«. Ganz anders sein Haß gegen den Bonaparte selbst. Ungemacht und ungekünstelt, sprang er wie ein heißer Quell aus seinem Herzen. Schon der Name widerte ihn an. Er war kein Franzos, er war Italiener, Korse, aufgewachsen an jener einzigen Stelle in Europa, wo noch die Blutrache Sitte und Gesetz; und selbst die Größe, die er ihm zugestehen mußte, war ihm staunens- aber nicht bewundernswert, weil sie alles himmlischen Lichtes entbehrte. Er sah in ihm einen Dämon, nichts weiter; eine Geißel, einen Würger, einen aus Westen kommenden Dschingiskhan. Als Mitte November bekannt wurde, daß der Kaiser Küstrin passieren werde, um bis an die Weichsel zu gehen, führte Berndt seine beiden halberwachsenen Kinder, Renate zählte elf, Lewin eben sechzehn Jahre, nach der alten Oderfestung und nahm Stand an dem Müncheberger Tore, um ihnen den zu zeigen, »den Gott gezeichnet habe«. Und als dieser nun unter dem gewölbten Portal hin in die stille Stadt einritt und das gelbe Wachsgesicht, wie ein unheimlicher Lichtpunkt, zwischen dem Bug des Pferdes und dem tief in die Stirn gerückten Hute sichtbar wurde, da schob er die Kinder in die vorderste Reihe und rief ihnen vernehmlich zu: »Seht scharf hin, das ist der *Böseste* auf Erden.«
Aber wer zu hassen versteht, so es nur der rechte Haß ist, der weiß auch zu lieben, und die leidenschaftliche Zuneigung, die Berndt so viele Jahre lang gegen die zu früh Heimgegangene als sein höchstes irdisches Glück im Herzen getragen hatte, er übertrug sie jetzt auf die Kinder, die als die Ebenbilder der Mutter heranwuchsen. Schlank aufgeschossen, blond und durchsichtig, wichen sie in jedem Zuge von der äußeren Erscheinung des Vaters ab, zu dessen gedrungener Gestalt sich dunkelster Teint und ein schwarzes, kurz geschnittenes, mit nur wenig Grau erst untermischtes Haar gesellte. Und wie verschieden die Erscheinung, so verschieden auch waren die Charaktere. Leichtbeweglich und leichtgläubig, immer geneigt zu bewundern und zu verzeihen, hatten die Kinder das heitere Licht der Seele, wo der Vater das düstere Feuer hatte. Demütig und trostreich, angelegt um zu beglücken und glücklich zu sein, leuchtete ihren Wegen die alles verklärende Phantasie. Der Vater freute sich dessen. Er träumte von einer Wandlung, die mit ihnen über das Haus kommen werde.

Berndt von Vitzewitz, wie alle, die ihr Herz an etwas setzen, machte wenig davon; er hatte das Schamgefühl der Liebe. Aber ebensowenig gefiel er sich darin, eine rauhe Außenseite herauszukehren. Weil er Autorität hatte, durfte er darauf verzichten, sie jeden Augenblick geltend zu machen. Er liebte es, im Gespräch den Unterschied der Jahre zu überspringen und bespöttelte jene Väter und Mütter, die, aus der Not eine Tugend machend, ihre Gefühls- und Gedankenwelt in zwei Rubriken, in eine für die »Intimen« und in eine andere für die Kinder bestimmte Hälfte zu teilen pflegen. Er war offen, entgegenkommend gegen Lewin, reich an Aufmerksamkeiten gegen Renate. Nur in den letzten Wochen, wie die Schwester dem Bruder bereits geklagt hatte, war eine Änderung eingetreten; er mied jede Begegnung, sprach wenig und saß halbe Nächte lang, wenn ihn nicht Besuche in die Umgegend führten, an seinem Schreibtisch oder durchschritt im Selbstgespräch das einfensterige Kabinett, das sein Arbeitszimmer bildete.

Dies Arbeitszimmer war ebenso tief wie schmal, so daß die gelben, von Tabak- und Lampenrauch längst grau gewordenen Wände, bei dem wenigen Licht, das einfiel, noch dunkler erschienen, als sie waren. Von Luxus keine Spur. Nur für Bequemlichkeit war gesorgt, für jenes Alleszurhandhaben geistig beschäftigter Männer, denen nichts unerträglicher ist, als erst holen, suchen oder gar warten zu müssen. Die beiden Türen des Kabinetts, von denen die eine nach der Halle, die andere nach dem Damenzimmer führte, lagen dem Fenster zu, wodurch zwei breite Wandflächen zur Aufstellung eines Schreibtisches und eines Ledersofas, beide von beträchtlicher Länge, gewonnen waren. Ein dazwischenstehender gartenstuhlartiger Holzschemel würde die Kommunikation vollständig geschlossen haben, wenn nicht die Tischplatte eine entsprechende Einbuchtung gehabt hätte. Über dem Schreibtisch hing ein schönes Frauenporträt, Brustbild, nachgedunkelt, über dem Sofa ein schmaler länglicher Spiegel, dessen völlig verblaktes Glas über seine Nutzlosigkeit an dieser Stelle keinen Zweifel ließ. Ein Schlüsselbrett, dazu zwei, drei Hirschgeweihe, mit allerhand Mützen und Hüten daran, vollendeten die Einrichtung. In den Ecken standen Stöcke umher, eine Entenflinte und ein Kavalleriedegen, während an den Paneelen der Fensternische mehrere Spezialkarten von Rußland, mit Oblaten und Nägelchen, je nachdem es sich am bequemsten gemacht hatte, befestigt waren. Zahllose rote Punkte und Linien zeigten deutlich, daß mit dem Zeitungsblatt in der Hand zwischen Smolensk und Moskau bereits viel hin- und hergereist worden war.

Dies war das Zimmer, in das, wie am Schlusse des vorigen Kapitels erzählt, Vater und Sohn eintraten. Beide nahmen auf dem Sofa Platz, gegenüber dem Frauenporträt, das jetzt auf sie niedersah. Berndt, der in seinem gewöhnlichen Hauskostüm war: weite Beinkleider von schottischem Stoff, dunkler Samtrock, dazu ein rotseidenes Tuch leicht um den Hals geschlungen, streckte den rechten Fuß auf ein hohes, taburettartiges Doppelkissen. Lewin, aus Respekt und Gewöhnung, saß gerade aufrecht neben ihm.

»Nun, was gibt es, Lewin, was bringst du?«

»Vielleicht eine Neuigkeit. Morgen werden unsere Blätter das Bulletin bringen, das die Vernichtung des Heeres zugesteht. Ladalinskis hatten den französischen Text; Kathinka las uns die Hauptstellen vor. Es hat mich erschüttert.«

»Auch mich, aber noch mehr hat es mich erhoben.«

»So kennst du schon den Inhalt? Und ich komme wieder zu spät.«

»Tante Amelie empfing den Zeitungsausschnitt schon gestern; du kennst ihre alten Beziehungen. Graf Drosselstein, der gestern bei ihr war, erbot sich, mir persönlich die Nachricht zu bringen. Wir haben wohl eine Stunde geplaudert. Und glaube mir, das Bulletin sagt nicht die Hälfte. Wir haben Briefe aus Minsk und Bialystok; sie sind total vernichtet.«

»Welch ein Gericht!«

»Ja, Lewin, du sprichst das Wort. – Die große Hand, die beim Gastmahl des Belsazar war, hat wieder ihre Zeichen geschrieben und diesmal keine Rätselzeichen. Jeder kann sie lesen: ›Gezählt, gewogen und hinweggetan.‹ Ein Gottesgericht hat ihn verworfen. Und doch fürchte ich, Lewin, wir haben Neunmalweise am Ruder, die dem zornigen Gott in den Arm fallen wollen. Sie dürfen es nicht. Wagen sie es, so sind sie verloren, sie und wir. – Wie ist die Stimmung?«

»Gut. Es ist mir, als wäre eine Wandlung über die Gemüter gekommen. Das ganze Fühlen ist ein höheres; wo noch Niedrigkeit der Gesinnung ist, da wagt sie sich nicht hervor. Was fehlt, ist eins: ein leitender Wille, ein entschlußkräftiges Wort.«

»Das Wort *muß* gesprochen werden, so oder so. Wenn die Menschen stumm sind, so schreien es die Steine. Gott will es, daß wir seine Zeichen verstehen. Lewin, wir alle sind hier entschlossen. Wir alle stehen hier des Wortes gewärtig; wird es *nicht* gesprochen, so folgen wir dem lauten Wort, das in uns klingt. Es begräbt sich leicht im Schnee. Nur kein feiges Mitleid. Jetzt oder nie. Nicht viele werden den Njemen überschreiten, *über die Oder darf keiner.*«

Lewin schwieg ein Weile; er mied es, dem Blick des Vaters zu begegnen. Dann sprach er halb vor sich hin: »Wir sind die Verbündeten des Kaisers. Wir wollen das Bündnis lösen, Gott gebe es, aber –«

»So mißbilligst du, was wir vorhaben?«

»Ich kann nicht anders. Das, was du vorhast und was Tausende der Besten wollen, es ist gegen meine Natur. Ich habe kein Herz für das, was sie jetzt mit Stolz und Bewunderung die spanische Kriegsführung nennen. Alles, was von hinten her sein Opfer faßt, ist mir verhaßt. Ich bin für offenen Kampf, bei hellem Sonnenschein und schmetternden Trompeten. Wie oft habe ich in Entzücken geweint, wenn ich auf der Fußbank neben Mama saß und sie von ihrem Vater erzählte, wie er, kaum achtzehnjährig, in die russischen Vierecke einbrach und wie dann Rittmeister von Wakenitz vor der Schwadron ihn küßte und ihm zurief: ›Junker von Dumoulin, lassen Sie uns die Degen tauschen.‹ Ja, ich will Krieg führen, aber deutsch, nicht spanisch, auch nicht slawisch. Du weißt, Papa, ich bin meiner Mutter Sohn.«

»Das bist du, und ein Glück, daß du es bist. Über deiner Mutter Kindheit haben helle Sterne gestanden, und ich bitte Gott, daß der Segen ihres Hauses über dir und über Renaten sei.«

Lewin sah wieder vor sich hin. Berndt von Vitzewitz aber fuhr fort: »Ich weiß, was eine Natur zu bedeuten hat; alles An- und Eingeborene, das nicht gegen die Gebote Gottes streitet, ist mir heilig; gehe deinen Weg, Lewin, ich zwinge dich in nichts. Aber ich, in stillen Nächten habe ich mir's geschworen, ich will den meinen gehen!«

Eine kurze Pause folgte, während welcher Berndt in dem schmalen Zimmer auf- und niederschritt. Dann, ohne des Schweigens zu achten, in dem Lewin verharrte, sprach er weiter: »Ihr in den Städten, und du bist ein Stadtkind geworden, Lewin, ihr wißt es nicht, ihr habt es nicht recht erlebt. Unter den Augen der Machthaber nahm die Unterdrückung Maß und das Ungesetzliche gesetzliche Formen an. Sie rühmen sich dessen sogar und glauben es beinahe selbst, daß sie unsere Ketten gebrochen haben. Aber wir auf dem Lande, wir wissen es besser, und ich sage dir, Lewin, die rote Hand, die Feuer an die Scheunen legte, die die Goldringe von den Fingern unserer Toten zog, sie ist unvergessen hier herum, und eine rötere Hand wird ihr Antwort geben.«

Lewin wollte dem Vater antworten; aber dieser, die Heftigkeit seiner Rede plötzlich umstimmend, fuhr mit ersichtlicher Bewegung fort: »Du warst noch ein Knabe, als der böse Feind ins Land kam; der Glanz seiner Taten ging vor ihm her. Was er damals im Übermut seines Glückes unsere Königin zu fragen sich erdreistete: ›Wie mochten Sie's nur wagen, den Kampf gegen mich aufzunehmen?‹ diese Frage ist seitdem von tausend Schwachen und Elenden im Lande selber nachgesprochen worden, als ob sie das A und das

O aller Weisheit wäre. Und in dieser Vorstellung unserer Ohnmacht bist du herangewachsen, du und Renate. Ihr habt nichts gesehen als unsere Kleinheit, und ihr habt nichts gehört als die Größe unseres Siegers. Aber, Lewin, es war einst anders, und wir Alten, die wir noch das Auge des Großen Königs gesehen haben, wir schmecken bitter den Kelch der Niedrigkeit, der jetzt täglich an unseren Lippen ist.«

»Und ich bin es sicher«, fiel jetzt Lewin ein, »er wird von uns genommen werden. Wir werden einen frohen, einen heiligen Krieg haben. Aber zunächst sind wir unseres Feindes Freund, wir haben mit und neben ihm in Waffen gestanden; er rechnet auf uns, er schleppt sich unserer Türe zu, hoffnungsvoll wie der Schwelle seines eigenen Hauses; das Licht, das er schimmern sieht, bedeutet ihm Rettung, Leben, und an der Schwelle eben dieses Hauses faßt ihn unsere Hand und würgt den Wehrlosen.«

In diesem Augenblick begannen die Glocken zu klingen, die von dem alten Hohen-Vietzer Turm her zur Kirche riefen. Sie klangen laut und voll in dem klaren Wetter. Berndt horchte auf; dann mit der Hand nach Osten deutend, von wo die Klänge herüberhallten, fuhr er seinerseits fort: »Ich weiß, daß geschrieben steht, ›die Rache ist mein‹, und in menschlicher Gebrechlichkeit, das weiß der, der in die Herzen sieht, bin ich allezeit seinem Wort gefolgt. Ich fürchte nicht, daß ich lästere, wenn ich ausspreche: es gibt auch eine heilige Rache. So war es, als Simson die Tempelpfosten faßte und sich und seine Feinde unter Trümmern begrub. Vielleicht, daß auch unsere Rache nichts anderes wird als ein gemeinschaftliches Grab. Sei's drum; ich habe abgeschlossen; ich setze mein Leben daran, und, Gott sei Dank, ich *darf* es. Diese Hand, wenn ich sie aufhebe, so erhebe ich sie nicht, um persönliche Unbill zu rächen, nein, ich erhebe sie gegen den bösen Feind aller Menschheit, und weil ich ihn selber nicht treffen kann, so zerbreche ich seine Waffe, wo ich sie finde. Der große Schuldige reißt viel Unschuldige mit in sein Verhängnis; wir können nicht sichten und sondern. Das Netz ist ausgespannt, und je mehr sich darin verfangen, desto besser. Wir sprechen weiter davon, Lewin. Jetzt ist Kirchzeit. Laß uns Gottes Wort nicht versäumen. Wir bedürfen seiner.«

So trennten sie sich, als die Glocken zum zweiten Mal ihr Geläut begannen.

Dritter Band. Alt-Berlin.
17. Kapitel. Bei Hansen-Grell

[...]

[...] Lewin, nachdem er in der Taubenstraße an alter Stelle sein einfaches Mittagsmahl eingenommen hatte, ging auf die lange, der ehemaligen Berliner Stadtmauer entsprechende Wallstraße zu, von der aus er – in nur geringer Entfernung vom Spittelmarkt – in die aus alten und stattlichen, aber freilich auch heruntergekommenen Häusern bestehende Kreuzgasse einbog.

In einem dieser alten und stattlichen Häuser wohnte *Hansen-Grell*, zu dem sich Lewin um seiner Schlichtheit und kaum minder um seines romantischen, ebendieser Schlichtheit fast widersprechenden Zuges willen von Anfang an in hohem Maße hingezogen gefühlt hatte. Eine Aufforderung zu einem Besuche war nie ausgesprochen worden, aber als sie vor zwei Tagen, wo ein Zufall sie zusammengeführt, sich nach längerem und sehr eingehendem Geplauder wieder getrennt hatten, hatte Lewin den Entschluß gefaßt, diesen Besuch in Grells Wohnung auch ohne Aufforderung zu machen. Es war ein Hochparterre. Acht oder zehn Steinstufen, ausgelaufen und von einem verbogenen Eisengeländer eingefaßt, führten hinauf. An der Tür, mit dicker Feder auf ein halbes Kartenblatt geschrieben, stand: *Hansen-Grell.*

Lewin klopfte.

»Herein!«

Es war eine in drei Felder geteilte, nur mit dem vordersten Drittel sich öffnende Tür, gerade breit genug, einen Menschen mit seiner Schmalseite hindurchzulassen. Lewin passierte das Defilee und befand sich in einem großen, wohl vierzehn Fuß hohen Raum, in dem er auf den ersten Blick nichts weiter als vier kahle gelbgetünchte Wände und einen ungeheuren schwarzen Kachelofen erkennen konnte. Zugleich hatten sich vier lange schmale Gardinenstreifen, bei dem durch das Öffnen der Tür entstandenen Luftzug, in eine langsam schwerfällige Bewegung gesetzt. Aber dieser Eindruck des Kahlen und Öden blieb nicht lange, und die gemütlicheren Elemente kamen zu ihrem Recht. In dem von innen her geheizten Ofen war der Torf so weit niedergebrannt, daß der Anblick der in blauen Flämmchen zuckenden Glut mit diesem unschönsten aller Heizungsmateriale wieder aussöhnen konnte, und von dem danebenstehenden, mit Büchern überdeckten Klapptisch stiegen kleine, sich kräuselnde Wölkchen auf und zogen dem Eintretenden wie ein freundlicher Gruß entgegen. Hansen-Grell war bei Präparation seines Nachmittagskaffees.

»Einen Augenblick noch«, rief er, und den Topf mit kochendem Wasser, den er nur halb geleert hatte, wieder in die Glut des Ofens schiebend, trat er jetzt Lewin entgegen und reichte ihm die noch halb rußige Hand, nachdem er sie durch einen energischen Strich über den Ärmel seines Flausrocks hin wenigstens aus dem Gröbsten herausgebracht hatte.

»Ich freue mich herzlich, Sie zu sehen«, sagte er, »besonders zu dieser Stunde, wo die Ofenglut und der dampfende Kaffee die Honneurs des Hauses machen. Sie trinken mit. Ich bin, wie Sie sehen, etwas beschränkt im Wirtschaftlichen, aber was Tassen angeht, kann ich mit jeder Klatschbase konkurrieren.«

Lewin wollte erwidern, aber Hansen-Grell fuhr fort: »O nicht doch; fürchten Sie nicht, mich zu benachteiligen; hier ist der Kaffee und dort das Wasser. Ich könnte die ganze Kastalia bewirten ohne jede Gefahr persönlicher Einbuße. Ich bitte Sie, nehmen Sie Platz, während ich nach meiner besten Meißner suche. Sie sollen die vergoldete haben, mit einem Amor und einer Schäferin, die lacht und weint, weil sie schon getroffen ist. Können Sie sich denken, daß ich eine Passion für solche Spielereien habe? Es ist noch ein Nachklang aus meinen Kopenhagener Tagen her. Der alte Graf war ein leidenschaftlicher Sammler.«

Bei diesen Worten hatte sich Hansen-Grell an einen auf den ersten Blick nicht wahrnehmbaren Schrank gemacht, der in einer der dicken Wände mittendrin steckte, und suchte hier nicht bloß nach der versprochenen Meißner Tasse, sondern behufs besserer Repräsentation auch nach einer Zuckerschale, die er auf einem der Bretter oben oder unten gesehen zu haben sich deutlich entsann. Er persönlich hatte das Tütenprinzip.

Lewin war inzwischen der Aufforderung seines in halber Verlegenheit immer weitersprechenden Wirtes gefolgt und hatte, die Gardinen zurückschlagend, in einer der tiefen Fensternischen Platz genommen. Hier standen zwei Binsenstühle, auf deren einem ein paar aufgeschlagene Bücher lagen, und während Hansen-Grell – der die Zuckerschale noch immer nicht entdeckt hatte – sein mehr und mehr in bloße Verwunderungsausrufe sich auflösendes Gespräch fortsetzte, nahm Lewin eines der kleinen Bändchen zur Hand und sah hinein. Es waren Hölderlins Gedichte. Auf einer der aufgeschlagenen Seiten standen vier Zeilen.

> In jüngeren Tagen war ich des Morgens froh,
> Des Abends weint' ich; jetzt, da ich älter bin,
> Beginn' ich zweifelnd meinen Tag, doch
> Heilig und heiter ist mir sein Ende.

Lewin empfing einen bedeutenden Eindruck von diesen Zeilen; aber es war dafür gesorgt, daß er sich ihm nicht lange hingeben konnte. Hansen-Grell hatte mittlerweile alles gefunden, was ihm wünschenswert erschien, und präsentierte jetzt, nachdem er, ängstlich die Diele haltend, den weiten Weg zwischen Ofen und Fenster zurückgelegt hatte, seinem Gaste eine bis an den Rand hin gefüllte Tasse Kaffee.

Dieser nahm, schlürfte und lobte und sagte dann: »Ich bin überrascht, Sie bei Hölderlin zu finden. Nach dem Bilde, das ich mir von Ihnen gemacht habe, mußten Sie mit der ›ums Morgenrot fahrenden Lenore‹ für dieses und jenes Leben verbunden sein. Ich kann Ihnen auch allenfalls den ›Wilden Jäger‹ oder die ›Chevyjagd‹ gestatten, aber Hölderlin? Nein.«

Hansen-Grell hatte sich auf den gegenüberstehenden Binsenstuhl gesetzt und sagte, während er seine beiden Hände auf das bequem übergeschlagene Knie legte: »Sie berühren da einen feinen Punkt; wenn Sie wollen, einen Widerspruch in meiner Natur. Vielleicht auch in mancher andern. Es ist ganz richtig, daß ich meiner Empfindung und, wenn ich von so Unbedeutendem sprechen darf, auch meiner Dichtung nach ganz in die neue Schule hineingehöre; ich halte es wohl oder übel mit den Romantikern und werde nie von etwas anderem träumen als von nordischen Prinzessinnen und siegreichen Schlangentötern. Und wird es mir gelegentlich des romantischen Apparates zu viel, so pfleg ich mich, nach der Lehre vom Gegensatz, mit einer Art Passion auf Rokokodinge zu werfen und vor Puder und Reifrock nicht zu erschrecken. Aber etwas Klassisches nie, weder nach Form noch Inhalt.«

Lewin lächelte und wies auf das zwischen ihnen liegende Buch.

»Ich komme darauf«, fuhr Hansen-Grell fort; »das ist es ja eben, was mich von einem Widerspruche sprechen ließ. Ich werde nie klassisch empfinden, nie auch nur den Versuch machen, einen Hexameter oder gar eine alkäische Strophe aufzubauen, und doch, wo immer ich mit dieser Welt des Klassischen in Berührung komme, fühl ich mich in ihrem Banne und sehe, solange dieser Zauber anhält, auf alles Volksliedhafte wie auf bloße Bänkelsängereien herab. Ich habe dann plötzlich aller naiven Dichtung gegenüber ein Gefühl, als ob ich hübsche Dorfmädchen auf einem Hofball erscheinen sähe: sie bleiben hübsch, aber die Buntheit und die Willkürlichkeit ihres Aufputzes läßt selbst ihren wirklichen Reiz als untergeordnet erscheinen.«

»Ich kann Ihnen darin nicht zustimmen«, erwiderte Lewin. »Sie sprachen schon selbst das Wort aus, auf das es mir anzukommen scheint, ›solange der Zauber anhält‹. Da liegt es. Auch in der Kunst gilt das ›Toujours perdrix‹*, und jedes Zuviel weckt das Verlangen nach einem Gegenteil.«

»Möglich, daß Sie es mit dem ›Toujours perdrix‹ getroffen haben«, sagte Hansen-Grell, »aber nach meiner eigenen persönlichen Erfahrung muß ich es doch in etwas anderem suchen. Vielleicht haben Sie ähnliches beobachtet. Unsere dichterische Produktion, und das ist der Punkt, auf den ich Gewicht lege, entspricht unserer

*immer Rebhuhn!, d. i. immer etwas Lekkeres, ein Ausruf der Übersättigung oder des Widerwillens

*Natur,* aber nicht notwendig unserem *Geschmack.* Dieser kann sich über jene erheben. Wollen wir einen Einklang herstellen, soll unser Geschmack, der unsere *Lektüre* bestimmt, auch unsere *Produktion* bestimmen, so läßt uns die Natur, die andere Wege ging, im Stich, und wir scheitern. Wir haben dann unseren Willen gehabt, aber das Geborene ist tot.«

Lewin wollte antworten. Hansen-Grell indes fuhr in Entwicklung seines Gedankens mit Lebhaftigkeit fort: »Im übrigen, was unseren schwäbischen Hyperion angeht«, und dabei schlug er mit dem Finger auf das vor ihm liegende Bändchen, »so löst sich der Widerspruch, den ich Ihnen anfänglich zugestand, auf eine vielleicht viel einfachere Weise. Hölderlin, aller Klassizität seiner Form unerachtet, ist Romantiker von Grund aus. Darf ich Ihnen meine Lieblingsstrophen vorlesen?«

»Ich bitte darum.«

Es dunkelte schon. Da Hansen-Grell aber die Strophen so gut wie auswendig wußte, so genügte jede Beleuchtung, und er las:

> Nur einen Sommer gönnt, ihr Gewaltigen,
> Und *einen* Herbst zu reifem Gesange mir,
> Daß williger mein Herz, vom süßen
> Spiele gesättigt, dann mir sterbe!
>
> Die Seele, der im Leben ihr göttlich Recht
> Nicht ward, sie ruht auch drunten im Orkus nicht;
> Doch ist mir einst das Heil'ge, das am
> Herzen mir liegt, das Gedicht, gelungen:
>
> Willkommen dann, o Stille der Schattenwelt!
> Zufrieden bin ich, wenn auch mein Saitenspiel
> Mich nicht hinabgeleitet; einmal
> Lebt' ich wie Götter, und mehr bedarf's nicht.

Er legte das Buch aus der Hand und fuhr ohne Pause fort: »Das sind alkäische Strophen, klassisch in Bau und Form, und doch klingt es in ihnen romantisch trotz Orkus und aller Schatten- und Götterwelt der Klassizität.« Nun erst sah er auf Lewin.

Dieser schwieg noch immer. Aber sein Schweigen sagte mehr, als die enthusiastischen Worte gekonnt hätten. Endlich sprach er vor sich hin: »Wie schön, und wie ist die Stimmung getroffen!«

»Ja, das ist's«, nahm Grell noch einmal das Wort. »Die Stimmung ist *getroffen*; und darauf kommt es an, das entscheidet. Es ist jetzt Mode, von Stimmung zu sprechen und von In-Stimmung-kommen. Aber das In-Stimmung-*kommen* bedeutet noch nicht viel. Erst der, der die ihm gekommene Stimmung: das rätselvoll Unbestimmte, das wie Wolken Ziehende scharf und genau festzuhalten und diesem Festgehaltenen doch zugleich auch wieder seinen zauberischen, im Helldunkel sich bewegenden Schwankezustand zu lassen weiß, erst *der* ist der Meister.«

Lewin nickte, aber zerstreut. Er hatte offenbar nur mit halbem Ohre hingehört und wiederholte statt aller andern Antwort nur die Schlußworte des Liedes: »Einmal lebt' ich wie Götter, und mehr bedarf's nicht.«

Hansen-Grell war aufgestanden, und sein unschönes Gesicht mit dem kurzen Strohhaar und den geröteten Lidern verklärte sich von innen heraus zu wirklicher Schönheit. »Ob Lied oder Liebe, ob Freiheit oder Vaterland, *einmal* leben wie Götter und dann – sterben. Sterben bald, ehe das große Gefühl der Erinnerung verblaßt.«

Sie sprachen noch eine Weile, beide sich in dieselben Vorstellungen vertiefend; dann sagte Lewin: »Lassen Sie uns gehen, Grell; draußen hängt noch das Abendrot; es plaudert sich besser im Freien.«

Und damit verließen sie das Haus und gingen über den Opernplatz auf den Lustgarten und die Schloßfreiheit zu.

Hinter der Sophienkirche ging eben die Mondsichel auf.


Berlin, 11. September 1881

*An den Verleger*
*Salo Schottländer*
*in Breslau*

[...] Anbei der unterzeichnete Kontrakt.

Was den Titel angeht, so proponier' ich Wiederherstellung der alten und ursprünglichen Überschrift:

*Melanie Van der Straaten.*

Zu »L'Adultera«* ließ ich mich bestimmen, weil das Spiel mit dem L'Adultera-*Bild* und der L'Adultera-*Figur* eine kleine Geistreichig-keit, ja, was mehr ist: eine rundere Rundung in sich schließt. In dieser Gegenüberstellung und Parallele lag etwas Verlockendes, das mich anderweite Bedenken zurückdrängen ließ. Aber freilich, diese Bedenken sind mir immer wiedergekommen und haben ihren Grund darin, daß es mir aufs äußerste widerstand und noch widersteht, einer noch lebenden und trotz all ihrer Fehler sehr liebenswürdigen und ausgezeichneten Dame das grobe Wort »L'Adultera« ins Gesicht zu werfen. Es ist zwar alles verschleiert, aber doch nicht so, daß nicht jeder die Gestalt erraten könnte. Vielleicht lassen wir auch dem Buche den neuen Titel. Ich geb aber hierin gerne nach; denn man kann nicht immer seinen Sentiments gehorchen, auch seinen besten nicht.

*\* Ehebrecherin*

Aus:
*Wilhelm Lübke,
Altes und Neues*

*[...] In der* Adultera, *welche eine allbekannte Episode aus dem Berliner Leben behandelt, wird, wie schon der Titel sagt, ein von kirchlichem wie bürgerlichem Recht verurteiltes Verbrechen in seinem Entstehen und seinen Folgen psychologisch entwickelt. Man sollte nun erwarten, daß der Dichter die schöne Sünderin, wie es in den französischen Ehebruchsdramen meist geschieht, der ganzen Wucht tragischen Verderbens überliefern würde. Aber nichts davon geschieht. Fontane schlägt einen ganz anderen, ja entgegengesetzten Weg ein, indem er den Tatsachen der Wirklichkeit, die ihm in diesem Falle vorschwebten, treu nachgeht. Und doch wird der ernstere Leser bei tieferem Nachdenken alsbald gewahr, daß der Dichter eine poetische Gerechtigkeit, eine Sühne für das Vergehen aufstellt. Entschuldigt – wenn dergleichen überhaupt zu entschuldigen! – wird die schöne junge Frau durch den ans Rohe grenzenden Zynismus ihres Mannes; schließlich aber, nachdem sie wirklich der schwersten Schuld verfallen ist, sucht der Dichter sie dadurch zu entsühnen, daß sie für den Geliebten, als dieser sie zum Weibe genommen und bald darauf seine Existenz zusammenbricht, in redlicher Arbeit ihre Kräfte einsetzt, um ihm auf neuer Grundlage das Leben zu gestalten. Dies ist alles recht schön; allein eine rein ausklingende Lösung will es mir nicht erscheinen; ein schwerer Treubruch, Verrat am Heiligsten läßt sich wohl nicht so glatt wieder ins Gleiche bringen. Wie dem aber auch sein mag, die Zeichnung der Gestalten verrät wieder den Meister, besonders aber sind ihm die Figuren des Berliner Lebens wundervoll gelungen. Ich will nur an den Legationsrat erinnern, der alles vom Standpunkte des Besserwissens bemäkelt und der sogar an Bismarck findet, daß er »überschätzt« werde.*

Aus:
L'Adultera.
1. Kommerzienrat
van der Straaten
*(1882)*

Der Kommerzienrat van der Straaten, Große Petristraße 4, war einer der vollgültigsten Finanziers der Hauptstadt, eine Tatsache, die dadurch wenig alteriert wurde, daß er mehr eines geschäftlichen als eines persönlichen Ansehens genoß. An der Börse galt er bedingungslos, in der Gesellschaft nur bedingungsweise. Es hatte dies, wenn man herumhorchte, seinen Grund zu sehr wesentlichem Teile darin, daß er zu wenig »draußen« gewesen war und die Gelegenheit versäumt hatte, sich einen allgemein gültigen Weltschliff oder auch nur die seiner Lebensstellung entsprechenden Allüren anzueignen. Einige neuerdings erst unternommene Reisen nach Paris und Italien, die übrigens niemals über ein paar Wochen hinaus ausgedehnt worden waren, hatten an diesem Tatbestande nichts Erhebliches ändern können und ihm jedenfalls ebenso seinen spezifisch lokalen Stempel wie seine Vorliebe für drastische Sprichwörter und heimische »geflügelte Worte« von der derberen Observanz* gelassen. Er pflegte, um ihn selber mit einer seiner Lieblingswendungen einzuführen, »aus seinem Herzen keine Mördergrube zu machen«, und hatte sich, als reicher Leute Kind, von Jugend auf daran gewöhnt, alles zu tun und zu sagen, was zu tun und zu sagen er lustig war. Er haßte zweierlei: sich zu genieren und sich zu ändern. Nicht als ob er sich in der Theorie für besserungsunbedürftig gehalten hätte; keineswegs; er bestritt nur in der Praxis eine besondere Benötigung dazu. Die meisten Menschen, so hieß es dann wohl in seinen jederzeit gern gegebenen Auseinandersetzungen, seien einfach erbärmlich und so grund- schlecht, daß er, verglichen mit ihnen, an einer wahren Engelgrenze stehe. Er sähe mithin nicht ein, warum er an sich arbeiten und sich Unbequemlichkeiten machen solle. Zudem könne man jeden Tag an jedem beliebigen Konventikler oder Predigtamtskandidaten erken- nen, daß es *doch* zu nichts führe. Es sei eben immer die alte Geschichte, und um den Teufel auszutreiben, werde Beelzebub zitiert. Er zög es deshalb vor, alles beim alten zu belassen. Und wenn er so gesprochen, sah er sich selbstzufrieden um und schloß behaglich und gebildet: »O rühret, rühret nicht daran«, denn er liebte das Einstreuen lyrischer Stellen, ganz besonders solcher, die seinem echtberlinischen Hange zum bequem Gefühlvollen einen Ausdruck gaben. Daß er ebendiesen Hang auch wieder ironisierte, versteht sich von selbst.

*\* Gewohnheit*

Van der Straaten, wie hiernach zu bemessen, war eine sentimental- humoristische Natur, deren Berolinismen und Zynismen nichts weiter waren als etwas wilde Schößlinge seines Unabhängigkeitsge- fühls und einer immer ungetrübten Laune. Und in der Tat, es gab nichts in der Welt, zu dem er allezeit so beständig aufgelegt gewesen wäre, wie zu Bonmots und scherzhaften Repartis, ein Zug seines Wesens, der sich schon bei Vorstellungen in der Gesellschaft zu zeigen pflegte. Denn die bei diesen und ähnlichen Gelegenheiten nie ausbleibende Frage nach seinen näheren oder ferneren Beziehungen zu dem Gutzkowschen Vanderstraaten, ward er nicht müde prompt und beinahe paragraphenweise dahin zu beantworten, daß er jede Verwandtschaft mit dem von der Bühne her so bekannt gewordenen Manasse Vanderstraaten ablehnen müsse, 1. weil er seinen Namen nicht einwortig, sondern dreiwortig schreibe, 2. weil er trotz seines Vornamens Ezechiel nicht bloß überhaupt getauft worden sei, sondern auch das nicht jedem Preußen zu teil werdende Glück gehabt habe, durch einen evangelischen Bischof, und zwar durch den alten Bischof Roß, in die christliche Gemeinschaft aufgenommen zu sein, und 3. und letztens weil er seit längerer Zeit des Vorzugs genieße, die Honneurs seines Hauses nicht durch eine Judith, sondern durch eine Melanie machen lassen zu können, durch eine Melanie, die, zu weiterem Unterschiede, nicht seine Tochter, sondern seine »Gemahlin« sei. Und dies Wort sprach er dann mit einer gewissen Feierlichkeit, in der Scherz und Ernst geschickt zusammenklangen.

Aber der Ernst überwog, wenigstens in seinem Herzen. Und es konnte nicht anders sein, denn die junge Frau war fast noch mehr sein Stolz als sein Glück. Älteste Tochter Jean de Caparoux', eines Adligen aus der französischen Schweiz, der als Generalkonsul eine lange Reihe von Jahren in der norddeutschen Hauptstadt gelebt hatte, war sie ganz und gar als das verwöhnte Kind eines reichen und vornehmen Hauses großgezogen und in all ihren Anlagen aufs glücklichste herangebildet worden. Ihre heitere Grazie war fast noch größer als ihr Esprit, und ihre Liebenswürdigkeit noch größer als beides. Alle Vorzüge französischen Wesens erschienen in ihr vereinigt. Ob auch die Schwächen? Es verlautete nichts darüber. Ihr Vater starb früh, und statt eines gemutmaßten großen Vermögens fanden sich nur Debets über Debets. Und um diese Zeit war es denn auch, daß der zweiundvierzigjährige van der Straaten um die siebzehnjährige Melanie warb und ihre Hand erhielt. Einige Freunde beider Häuser ermangelten selbstverständlich nicht, allerhand Trübes zu prophezeien. Aber sie schienen im Unrecht bleiben zu sollen. Zehn glückliche Jahre, glücklich für beide Teile, waren seitdem vergangen, Melanie lebte wie die Prinzeß im Märchen, und van der Straaten seinerseits trug mit freudiger Ergebung seinen Necknamen »Ezel«, in den die junge Frau den langatmigen und etwas suspekten »Ezechiel« umgewandelt hatte. Nichts fehlte. Auch Kinder waren da: zwei Töchter, die jüngere des Vaters, die ältere der Mutter Ebenbild, groß und schlank und mit herabfallendem, dunklem Haar. Aber während die Augen der Mutter immer lachten, waren die der Tochter ernst und schwermütig, als sähen sie in die Zukunft.

2. L'Adultera

Die Wintermonate pflegten die van der Straatens in ihrer Stadtwohnung zuzubringen, die, trotzdem sie altmodisch war, doch an Komfort nichts vermissen ließ. Jedenfalls aber bot sie für das gesellschaftliche Treiben der Saison eine größere Bequemlichkeit, als die spreeabwärts am Nordwestrande des Tiergartens gelegene Villa.

Der erste Subskriptionsball war gewesen, vor zwei Tagen, und van der Straaten und Frau nahmen wie gewöhnlich in dem hochpaneelierten Wohn- und Arbeitszimmer des ersteren ihr gemeinschaftliches Frühstück ein. Von dem beinah unmittelbar vor ihrem Fenster aufragenden Petri-Kirchturme herab schlug es eben neun, und die kleine französische Stutzuhr sekundierte pünktlich, lief aber in ihrer Hast und Eile den dumpfen und langsamen Schlägen, die von draußen her laut wurden, weit voraus. Alles atmete Behagen, am meisten der Hausherr selbst, der, in einen Schaukelstuhl gelehnt und die Morgenzeitung in der Hand, abwechselnd seinen Kaffee und den Subskriptionsballbericht einschlürfte. Nur dann und wann ließ er seine Hand mit der Zeitung sinken und lachte.

»Was lachst du wieder, Ezel?« sagte Melanie, während sie mit ihrem linken Morgenschuh kokettisch hin und her klappte. »Was lachst du wieder? Ich wette die Robe, die du mir heute noch kaufen wirst, gegen dein häßliches, rotes und mir zum Tort wieder schief umgeknotetes Halstuch, daß du nichts gefunden hast als ein paar Zweideutigkeiten.«

»Er schreibt *zu* gut«, antwortete van der Straaten, ohne den hingeworfenen Fehdehandschuh aufzunehmen. »Und was mich am meisten freut, sie nimmt es alles für Ernst.«

»Wer denn?«

»Nun, wer! Die Maywald, deine Rivalin. Und nun höre. Oder lies es selbst.«

»Nein, ich mag nicht. Ich liebe nicht diese Berichte mit ausgeschnittenen Kleidern und Anfangsbuchstaben.«

»Und warum nicht? Weil du noch nicht an der Reihe warst. Ja, Lanni, er geht stolz an dir vorüber.«

»Ich würd es mir auch verbitten.«

»Verbitten! Was heißt verbitten? Ich verstehe dich nicht. Oder glaubst du vielleicht, daß gewesene Generalkonsulstöchter in vestalisch-priesterlicher Unnahbarkeit durchs Leben schreiten oder sakrosankt sind wie Botschafter und Ambassaden! Ich will dir ein Sprichwort sagen, das ihr in Genf nicht haben werdet...«

»Und das wäre?«

»Sieht doch die Katz den Kaiser an. Und ich sage dir, Lanni, was man ansehen darf, das darf man auch beschreiben. Oder verlangst du, daß ich ihn fordern sollte? Pistolen und zehn Schritte Barriere?« Melanie lachte. »Nein, Ezel, ich stürbe, wenn du mir totgeschossen würdest.«

»Höre, dies solltest du dir doch überlegen. Das beste, was einer jungen Frau wie dir passieren kann, ist doch immer die Witwenschaft, oder ›le Veuvage‹, wie meine Pariser Wirtin mir einmal über das andere zu versichern pflegte. Beiläufig, meine beste Reisereminiszenz. Und dabei hättest du sie sehen sollen, die kleine, korpulente, schwarze Madame...«

»Ich sehne mich nicht danach. Ich will lieber wissen, wie alt sie war.«

»Fünfzig. Die Liebe fällt nicht immer auf ein Rosenblatt...«

»Nun, so mag es dir und ihr verziehen sein.«

Und dabei stand Melanie von ihrem hochlehnigen Stuhl auf, legte den Kanevas beiseite, an dem sie gestickt hatte, und trat an das Mittelfenster.

Unten bewegte sich das bunte Treiben eines Markttages, dem die junge Frau gern zuzusehen pflegte. Was sie daran am meisten fesselte, waren die Gegensätze. Dicht an der Kirchentür, an einem kleinen, niedrigen Tische, saß ein Mütterchen, das ausgelassenen Honig in großen und kleinen Gläsern verkaufte, die mit ausgezacktem Papier und einem roten Wollfaden zugebunden waren. Ihr zunächst erhob sich eine Wildhändlerbude, deren sechs aufgehängte Hasen mit traurigen Gesichtern zu Melanie hinübersahen, während in Front der Bude (das erfrorene Gesicht in der Kapuze) ein kleines Mädchen auf und ab lief und ihre Schäfchen, wie zur Weihnachtszeit, an die Vorübergehenden feilbot. Über dem Ganzen aber lag ein grauer Himmel, und ein paar Flocken federten und tanzten, und wenn sie niederfielen, wurden sie vom Luftzuge neu gefaßt und wieder in die Höhe gewirbelt.

Etwas wie Sehnsucht überkam Melanie beim Anblick dieses Flockentanzes, als müsse es schön sein, so zu steigen und zu fallen und dann wieder zu steigen, und eben wollte sie sich vom Fenster her ins Zimmer zurückwenden, um in leichtem Scherze, ganz wie sie's liebte, sich und ihre Sehnsuchtsanwandlung zu persiflieren, als sie, von der Brüderstraße her, eines jener langen und auf niedrigen Rädern gehenden Gefährte vorfahren sah, die die hauptstädtischen Bewohner Rollwagen nennen. Es konnte das Exemplar, das eben hielt, als ein Musterstück seiner Gattung gelten, denn nichts fehlte. Nach hinten zu war der zum Abladen dienende Doppelbaum in vorschriftsmäßigem rechten Winkel aufgerichtet, vorn stand der Kutscher mit Vollbart und Lederschurz, und in der Mitte lief ein kleiner Bastard von Spitz und Rattenfänger hin und her und bellte jeden an, der nur irgendwie Miene machte, sich auf fünf Schritte dem Wagen zu nähern. Er hatte kaum noch ein Recht zu diesen Äußerungen übertriebener Wachsamkeit, denn auf dem ganzen langen Wagenbrette lag nur noch ein einziges Kollo, das der Rollkutscher jetzt zwischen seine zwei Riesenhände nahm und in den Hausflur hineintrug, als ob es eine Pappschachtel wäre.

Van der Straaten hatte mittlerweile seine Lektüre beendet und war an ein unmittelbar neben dem Eckfenster stehendes Pult getreten, an dem er zu schreiben pflegte.

»Wie schön diese Leute sind«, sagte Melanie. »Und so stark. Und dieser wundervolle Bart. So denk ich mir Simson.«

»Ich nicht«, entgegnete van der Straaten trocken.

»Oder Wieland den Schmied.«

»Schon eher. Und über kurz oder lang denk ich, wird diese Sache spruchreif sein. Denn ich wette zehn gegen eins, daß ihn der ›Meister‹ in irgend etwas Zukünftigem bereits unterm Hammer hat. Oder sagen wir auf dem Ambos. Es klingt etwas vornehmer.«

»Ich muß dich bitten, Ezel ... Du weißt ...«

Aber ehe sie schließen konnte, wurde geklopft, und einer der jungen Kontoristen erschien in der Tür, um seinem Chef, unter gleichzeitiger Verbeugung gegen Melanie, einen Frachtbrief einzuhändigen, auf dem in großen Buchstaben und in italienischer Sprache vermerkt war: »Zu eigenen Händen des Empfängers.«

Van der Straaten las und war sofort wie elektrisiert. »Ah, von Salviati! ... Das ist hübsch, das ist schön ... Gleich die Kiste heraufschaffen! ... Und du bleibst, Melanie ... Hat er doch Wort gehalten ... Freut mich, freut mich wirklich. Und dich wird es auch freuen. Etwas Venezianisches, Lanni ... Du warst so gern in Venedig.«

Und während er in derartig kurzen Sätzen immer weiter perorierte, hatte er aus einem Kasten seines Arbeitstisches ein Stemmeisen herausgenommen und hantierte damit, als die Kiste hereingebracht worden war, so vertraut und so geschickt, als ob es ein Korkzieher oder irgendein anderes Werkzeug alltäglicher Benutzung gewesen wäre. Mit Leichtigkeit hob er den Deckel ab und setzte das daran angeschraubte Bild auf ein großes, staffeleiartiges Gestell, das er schon vorher aus einer der Zimmerecken ans Fenster geschoben hatte. Der junge Kommis hatte sich inzwischen wieder entfernt; van der Straaten aber, während er Melanie mit einer gewissen Feierlichkeit vor das Bild führte, sagte: »Nun, Lanni, wie findest du's? ... Ich will dir übrigens zu Hilfe kommen ... Ein Tintoretto.«

»Kopie?«

»Freilich«, stotterte van der Straaten etwas verlegen. »Originale werden nicht hergegeben. Und würden auch meine Mittel übersteigen. Dennoch dächt ich ...«

Melanie hatte mittlerweile die Hauptfiguren des Bildes mit ihrem Lorgnon gemustert und sagte jetzt: »Ah, l'Adultera! ... Jetzt erkenn ich's. Aber daß du gerade *das* wählen mußtest! Es ist eigentlich ein gefährliches Bild, fast so gefährlich wie der Spruch ... Wie heißt er doch?«

»Wer unter euch ohne Sünde ist...«

»Richtig. Und ich kann mir nicht helfen, es liegt so was Ermutigen-
des darin. Und dieser Schelm von Tintoretto hat es auch ganz in
diesem Sinne genommen. Sieh nur! ... Geweint hat sie ...
Gewiß... Aber warum? Weil man ihr immer wieder und wieder
gesagt hat, wie schlecht sie sei. Und nun glaubt sie's auch, oder *will*
es wenigstens glauben. Aber ihr Herz wehrt sich dagegen und kann
es nicht finden... Und daß ich dir's gestehe, sie wirkt eigentlich
rührend auf mich. Es ist so viel Unschuld in ihrer Schuld... Und
alles wie vorherbestimmt.«

Melanie, während sie so sprach, war ernster geworden und von dem
Bilde zurückgetreten. Nun aber fragte sie: »Hast du schon einen
Platz dafür?«

»Ja, hier.« Und er wies auf eine Wandstelle neben seinem
Schreibpult.

»Ich dachte«, fuhr Melanie fort, »du würdest es in die Galerie
stecken. Und offen gestanden, es wird sich an diesem Pfeiler etwas
sonderbar ausnehmen. Es wird...«

»Unterbrich dich nicht.«

»Es wird den Witz herausfordern und die Bosheit, und ich höre
schon Reiff und Duquede medisieren*, vielleicht auf deine Kosten
und gewiß auf meine.«

Van der Straaten hatte seinen Arm auf das Pult gelehnt und lächelte.

»Du lächelst, und sonst lachst du doch mehr als gut ist und
namentlich lauter als gut ist. Es steckt etwas dahinter. Sage, was hast
du gegen mich? Ich weiß recht gut, du bist nicht so harmlos, wie du
dich stellst. Und ich weiß auch, daß es wunderliche Gemütlichkei-
ten gibt. Ich habe mal von einem russischen Fürsten gelesen, ich

* lästern

148

glaube Suboff war sein Name. Eigentlich waren es zwei, zwei Brüder. Die spielten Karten, und dann ermordeten sie den Kaiser Paul, und dann spielten sie wieder Karten. Ich glaube beinah, du könntest auch so was! Und alles mit gutem Gewissen und gutem Schlaf.«

»Also *darum* König Ezel!« lachte van der Straaten.

»O nein. Nicht darum. Als ich dich so hieß, war ich noch ein halbes Kind. Und ich kannte dich damals noch nicht. Jetzt aber kenn ich dich und weiß nur nicht, ob es etwas sehr Gutes oder etwas sehr Schlimmes ist, was in dir steckt... Aber nun komm. Unser Kaffee ist kalt geworden.«

Und sie gab ihren Platz am Fenster auf, setzte sich wieder auf ihren hochlehnigen Stuhl und nahm Nadel und Kanevas und tat ein paar rasche Stiche. Zugleich aber ließ sie kein Auge von ihm, denn sie wollte wissen, was in seiner Seele vorging.

Und er wollt es auch nicht länger verbergen. War er doch ohnehin, aller Freundschaft unerachtet, ohne Freund und Vertrauten, und so trieb es ihn denn, angesichts dieses Bildes einmal aus sich herauszugehen.

»Ich habe dich nie mit Eifersucht gequält, Lanni.«

»Und ich habe dir nie Veranlassung dazu gegeben.«

»Nein. Aber heute rot und morgen tot. Das heißt, alles wechselt im Leben. Und sieh, als wir letzten Sommer in Venedig waren, und ich dies Bild sah, da stand es auf einmal alles deutlich vor mir. Und da war es denn auch, daß ich Salviati bat, mir das Bild kopieren zu lassen. Ich will es vor Augen haben, so als Memento mori, wie die Kapuziner, die sonst nicht mein Geschmack sind. Denn sieh, Lanni, auch in ihrer Furcht unterscheiden sich die Menschen. Da sind welche, die halten es mit dem Vogel Strauß und stecken den Kopf in den Sand und wollen nichts wissen. Aber andere haben eine Neigung, ihr Geschick immer vor sich zu sehen und sich mit ihm einzuleben. Sie wissen genau, den und den Tag sterb ich, und sie lassen sich einen Sarg machen und betrachten ihn fleißig. Und die beständige Vorstellung des Todes nimmt auch dem Tode schließlich seine Schrecken. Und sieh, Lanni, so will ich es auch machen, und das Bild soll mir dazu helfen... Denn es ist erblich in unserm Haus ... und so gewiß dieser Zeiger...«

»Aber Ezel«, unterbrach ihn Melanie, »was hast du nur? Ich bitte dich, wo soll das hinaus? Wenn du die Dinge so siehst, so weiß ich nicht, warum du mich nicht heut oder morgen einmauern läßt.«

»An dergleichen hab ich auch schon gedacht. Und ich bekenne, ›Melanie die Nonne‹ klänge nicht übel, und es ließe sich eine Ballade darauf machen. Aber es hilft zu nichts. Denn du glaubst gar nicht, was Liebende bei gutem Willen alles durchsetzen. Und sie haben immer guten Willen.«

»Oh, ich glaub es schon.«

»Nun siehst du«, lachte van der Straaten, den diese scherzhafte Wendung plötzlich wieder zu heiterer Laune stimmte. »So hör ich dich gern. Und zur Belohnung: das Bild soll nicht an den Eckpfeiler, sondern wirklich in die Galerie. Verlaß dich darauf. Und um dir nichts zu verschweigen, ich hab auch über all das so meine wechselnden und widerstreitenden Gedanken, und mitunter denk ich: ich sterbe vielleicht darüber hin. Und das wäre das beste. Zeit gewonnen, alles gewonnen. Es ist nichts Neues. Aber die trivialsten Sätze sind immer die richtigsten.«

»Dann vergiß auch nicht *den,* daß man den Teufel nicht an die Wand malen soll!«

Er nickte. »Da hast du recht. Und wir *wollen's* auch nicht, und wollen diese Stunde vergessen. Ganz und gar. Und wenn ich dich je wieder daran erinnere, so sei's im Geiste des Friedens und zum Zeichen der Versöhnung. Lache nicht. Es kommt, was kommen soll. Und wie sagtest du doch? Es sei so viel Unschuld in ihrer Schuld...«

»...Und vorherbestimmt, sagt ich. Prädestiniert!... Aber vorherbestimmt ist *heute,* daß wir ausfahren, und das ist die Hauptsache. Denn ich brauche die Robe viel, viel nötiger als du den Tintoretto brauchst. Und ich war eigentlich eine Törin und ein Kindskopf, daß ich alles so bitter ernst genommen und dir jedes Wort geglaubt habe! Du hast das Bild haben wollen, c'est tout. Und nun gehab dich wohl, mein Dänenprinz, mein Träumer. Sein oder nicht sein... Variationen von Ezechiel van der Straaten!«

Und sie stand auf und lachte und stieg die kleine durchbrochene Treppe hinauf, die, von van der Straatens Zimmer aus, in die Schlafzimmer des zweiten Stockes führte.

## 16. Abschied

Christel unterbrach sich und zog sich erschrocken in die Nebenstube zurück, denn van der Straaten war eingetreten. Er war noch in demselben Gesellschaftsanzug, in dem er, eine Stunde nach Mitternacht, nach Hause gekommen war, und seine überwachten Züge zeigten Aufregung und Ermattung. Von welcher Seite her er Mitteilung über Melanies Vorhaben erhalten hatte, blieb unaufgeklärt. Aus allem war nur ersichtlich, daß er sich gelobt hatte, die Dinge ruhig gehen zu lassen. Und wenn er dennoch kam, so geschah es nicht, um gewaltsam zu hindern, sondern nur, um Vorstellungen zu machen, um zu bitten. Es kam nicht der empörte Mann, sondern der liebende.

Er schob einen Fauteuil an das Feuer, ließ sich nieder, so daß er jetzt Melanie gegenüber saß, und sagte leicht und geschäftsmäßig: »Du willst fort, Melanie?«

»Ja, Ezel.«

»Warum?«

»Weil ich einen andern liebe.«

»Das ist kein Grund.«

»Doch.«

»Und ich sage dir, es geht vorüber, Lanni. Glaube mir; ich kenne die Frauen. Ihr könnt das Einerlei nicht ertragen, auch nicht das Einerlei des Glücks. Und am verhaßtesten ist euch das eigentliche, das höchste Glück, das Ruhe bedeutet. Ihr seid auf die Unruhe gestellt. Ein bißchen schlechtes Gewissen habt ihr lieber, als ein gutes, das nicht prickelt, und unter allen Sprichwörtern ist euch das vom ›besten Ruhekissen‹ am langweiligsten und am lächerlichsten. Ihr wollt gar nicht ruhen. Es soll euch immer was kribbeln und zwicken, und ihr habt den überspannt sinnlichen oder meinetwegen auch den heroischen Zug, daß ihr dem Schmerz die süße Seite abzugewinnen wißt.«

»Es ist möglich, daß du recht hast, Ezel. Aber je mehr du recht hast, je mehr rechtfertigst du mich und mein Vorhaben. Ist es wirklich, wie du sagst, so wären wir geborene Hazardeurs, und Va banque spielen so recht eigentlich unsere Natur. Und natürlich auch die meinige.«

Er hörte sie gern in dieser Weise sprechen, es klang ihm wie aus guter, alter Zeit her, und er sagte, während er den Fauteuil vertraulich näher rückte: »Laß uns nicht spießbürgerlich sein, Lanni. Sie sagen, ich wär ein Bourgeois, und es mag sein. Aber ein Spießbürger bin ich *nicht*. Und wenn ich die Dinge des Lebens nicht sehr groß und nicht sehr ideal nehme, so nehm ich sie doch auch nicht klein und eng. Ich bitte dich, übereile nichts. Meine Kurse stehen jetzt niedrig, aber sie werden wieder steigen. Ich bin nicht Geck genug, mir einzubilden, daß du schönes und liebenswürdiges Geschöpf, verwöhnt und ausgezeichnet von den Klügsten und Besten, daß du mich aus purer Neigung oder gar aus Liebesschwärmerei genommen hättest. Du hast mich genommen, weil du noch jung warst und noch keinen liebtest und in deinem witzigen und gesunden Sinn einsehen mochtest, daß die jungen Attachés auch keine Helden und Halbgötter wären. Und weil die Firma van der Straaten einen guten Klang hatte. Also nichts von Liebe. Aber du hast auch nichts *gegen* mich gehabt und hast mich nicht ganz alltäglich gefunden, und hast mit mir geplaudert und gelacht und gescherzt. Und dann hatten wir die Kinder, die doch schließlich reizende Kinder sind, zugestanden, *dein* Verdienst, und du hast enfin an die zehn Jahre in der Vorstellung und Erfahrung gelebt, daß es nicht zu den schlimmsten Dingen zählt, eine junge, bequem gebettete Frau zu sein und der Augapfel ihres Mannes, eine junge, verwöhnte Frau, die tun und lassen kann, was sie will, und als Gegenleistung nichts anderes einzusetzen braucht, als ein freundliches Gesicht, wenn es ihr gerade paßt. Und sieh, Melanie, weiter will ich auch jetzt nichts, oder sag ich lieber, will ich auch in Zukunft nichts. Denn in diesem Augenblick erscheint dir auch das Wenige, was ich fordere, noch als zu viel. Aber es wird wieder anders, muß wieder anders werden. Und ich wiederhole dir, ein Minimum ist mir genug. Ich will keine Leidenschaft. Ich will nicht, daß du mich ansehen sollst, als ob ich Leone Leoni wär oder irgendein anderer großer Romanheld, dem zuliebe die Weiber Giftbecher trinken wie Mandelmilch und lächelnd sterben, bloß um *ihn* noch einmal lächeln zu sehen. Ich bin nicht Leone Leoni, bin bloß deutsch und von holländischer Abstraktion, wodurch das Deutsche nicht besser wird, und habe die mir abstammlich zukommenden hohen Backenknochen. Ich bewege mich nicht in Illusionen, am wenigsten über meinen äußeren Menschen, und ich verlange keine Liebesgroßtaten von dir. Auch nicht einmal Entsagungen. Entsagungen machen sich zuletzt von selbst, und das sind die besten. Die besten, weil es die freiwilligen und eben deshalb auch die dauerhaften und zuverlässigen sind. Übereile nichts. Es wird sich alles wieder zurechtrücken.«

Er war aufgestanden und hatte die Lehne des Fauteuils genommen, auf der er sich jetzt hin und her wiegte. »Und nun noch eins, Lanni«, fuhr er fort, »ich bin nicht der Mann der Rücksichtnahmen und hasse diese langweiligen ›Regards‹* auf nichts und wieder nichts. Aber dennoch sag ich dir, nimm Rücksicht auf dich *selbst*. Es ist nicht gut, immer nur an das zu denken, was die Leute sagen, aber es ist noch weniger gut, gar nicht daran zu denken. Ich hab es an mir selbst erfahren. Und nun überlege. Wenn du *jetzt* gehst... Du weißt, was ich meine. Du kannst jetzt nicht gehen; nicht *jetzt*.«

»Eben deshalb geh ich, Ezel«, antwortete sie leise. »Es soll klar zwischen uns werden. Ich habe diese schnöde Lüge satt.«

Er hatte jedes Wort begierig eingesogen, wie man in entscheidenden Momenten auch das hören will, was einem den Tod gibt. Und nun war es gesprochen. Er ließ den Stuhl wieder nieder und warf sich hinein, und einen Augenblick war es ihm, als schwänden ihm die Sinne. Aber er erholte sich rasch wieder, rieb sich Stirn und Schläfe und sagte: »Gut. Auch das. Ich will es verwinden. Laß uns miteinander reden. Auch darüber reden. Du siehst, ich leide; mehr

* *Rücksichten*

als all mein Lebtag. Aber ich weiß auch, es ist so Lauf der Welt, und ich habe kein Recht, dir Moral zu predigen. Was liegt nicht alles hinter mir! ... Es mußte so kommen, *mußte* nach dem van der Straatenschen Hausgesetz – warum sollen wir nicht auch ein Hausgesetz haben –, und ich glaube fast, ich wußt es von Jugend auf.« Und nach einer Weile fuhr er fort: »Es gibt ein Sprichwort ›Gottes Mühlen mahlen langsam‹, und sieh, als ich noch ein kleiner Junge war, hört ich's oft von unserer alten Kindermuhme, und mir wurde immer so bange dabei. Es war wohl eine Vorahnung. Nun bin ich zwischen den zwei Steinen, und mir ist, als würd ich zermahlen und zermalmt ...

Zermahlen?« Er schlug mit der rechten in die linke Hand und wiederholte noch einmal und in plötzlich verändertem Tone: »Zermahlen! Es hat eigentlich etwas Komisches. Und wahrhaftig, hol die Pest alle feigen Memmen. Ich will mich nicht länger damit quälen. Und ich ärgere mich über mich selbst und meine Haberei und Tuerei. Bah, die Nachmittagsprediger der Weltgeschichte machen zuviel davon, und wir sind dumm genug und plappern es ihnen nach. Und immer mit Vergessen allereigenster Herrlichkeit, und immer mit Vergessen, wie's war und ist und sein wird. Oder war es besser in den Tagen meines Paten Ezechiel? Oder als Adam grub und Eva spann? Ist nicht das ganze Alte Testament ein Sensationsroman? Dreidoppelte Geheimnisse von Paris! Und ich sage dir, Lanni, gemessen an *dem*, sind wir die reinen Lämmchen, weiß wie Schnee. Waisenkinder. Und so höre mich denn. Es soll niemand davon wissen, und ich will es halten, als ob es mein eigen wäre. Dein ist es ja, und das ist die Hauptsache. Denn so du's nicht übel nimmst, ich liebe dich und will dich behalten. Bleib. Es soll nichts sein. *Soll* nicht. Aber bleibe.«

Melanie war, als er zu sprechen begann, tief erschüttert gewesen, aber er selbst hatte, je weiter er kam, dieses Gefühl wieder weggesprochen. Es war eben immer dasselbe Lied. Alles, was er sagte, kam aus einem Herzen voll Gütigkeit und Nachsicht, aber die Form, in die sich diese Nachsicht kleidete, verletzte wieder. Er behandelte das, was vorgefallen, aller Erschütterung unerachtet, doch bagatellmäßig obenhin und mit einem starken Anfluge von zynischem Humor. Es war wohlgemeint, und die von ihm geliebte Frau sollte, seinem Wunsche nach, den Vorteil davon ziehn. Aber ihre vornehmere Natur sträubte sich innerlichst gegen eine solche Behandlungsweise. Das Geschehene, das wußte sie, war ihre Verurteilung vor der Welt, war ihre Demütigung, aber es war doch auch zugleich ihr Stolz, dies Einsetzen ihrer Existenz, dies rückhaltlose Bekenntnis ihrer Neigung. Und nun plötzlich sollte es *nichts* sein, oder doch nicht viel mehr als nichts, etwas ganz Alltägliches, über das sich hinwegsehen und hinweggehen lasse. Das widerstand ihr. Und sie fühlte deutlich, daß das Geschehene verzeihlicher war, als seine Stellung zu dem Geschehenen. Er hatte keinen Gott und keinen Glauben, und es blieb nur das eine zu seiner Entschuldigung übrig: daß sein Wunsch, ihr goldne Brücken zu bauen, sein Verlangen nach Ausgleich um *jeden* Preis, ihn anders hatte sprechen lassen, als er in seinem Herzen dachte. Ja, so war es. Und wenn es so war, so konnte sie dies Gnadengeschenk nicht annehmen. Jedenfalls wollte sie's nicht.

»Du meinst es gut, Ezel«, sagte sie. »Aber es kann nicht sein. Es hat eben alles seine natürliche Konsequenz, und *die*, die hier spricht, die scheidet uns. Ich weiß wohl, daß auch anderes geschieht, jeden Tag, und es ist noch keine halbe Stunde, daß mir Christel davon vorgeplaudert hat. Aber einem jeden ist das Gesetz ins Herz geschrieben, und danach fühl ich, ich muß fort. Du liebst mich, und deshalb willst du darüber hinsehen. Aber du darfst es nicht und du *kannst* es auch nicht. Denn du bist nicht jede Stunde derselbe, keiner von uns. Und keiner kann vergessen. Erinnerungen aber sind mächtig, und Fleck ist Fleck, und Schuld ist Schuld.«

Sie schwieg einen Augenblick und bog sich rechts nach dem Kamin hin, um ein paar Kohlenstückchen in die jetzt hellbrennende Flamme zu werfen. Aber plötzlich, als ob ihr ein ganz neuer Gedanke gekommen, sagte sie mit der ganzen Lebhaftigkeit ihres früheren Wesens: »Ach, Ezel, ich spreche von Schuld und wieder Schuld, und es muß beinah klingen, als sehnt ich mich danach, eine büßende Magdalena zu sein. Ich schäme mich ordentlich der großen Worte. Aber freilich, es gibt keine Lebenslagen, in denen man aus der Selbsttäuschung und dem Komödienspiele herauskäme. Wie steht es denn eigentlich? Ich will fort, nicht aus Schuld, sondern aus Stolz, und will fort, um mich vor mir selber wieder herzustellen. Ich kann das kleine Gefühl nicht länger ertragen, das an aller Lüge haftet; ich will wieder klare Verhältnisse sehen und will wieder die Augen aufschlagen können. Und das kann ich nur, wenn ich gehe, wenn ich mich von dir trenne und mich offen und vor aller Welt zu meinem Tun bekenne. Das wird ein groß Gerede geben, und die Tugendhaften und Selbstgerechten werden es mir nicht verzeihen. Aber die Welt besteht nicht aus lauter Tugendhaften und Selbstge- rechten, sie besteht auch aus Menschen, die Menschliches mensch- lich ansehen. Und auf *die* hoff ich, *die* brauch ich. Und vor allem brauch ich mich selbst. Ich will wieder in Frieden mit mir selber leben, und wenn nicht in Frieden, so doch wenigstens ohne Zwiespalt und zweierlei Gesicht.«

Es schien, daß van der Straaten antworten wollte, aber sie litt es nicht und sagte: »Sage nicht nein. Es ist so und nicht anders. Ich will den Kopf wieder hochhalten und mich wieder fühlen lernen. Alles ist eitel Selbstgerechtigkeit. Und ich weiß auch, es wäre besser und selbstsuchtsloser, ich bezwänge mich und bliebe, freilich immer vorausgesetzt, ich könnte mit einer Einkehr bei mir selbst beginnen. Mit Einkehr und mit Reue. Aber das kann ich nicht. Ich habe nur ein ganz äußerliches Schuldbewußtsein, und wo mein Kopf sich unterwirft, da protestiert mein Herz. Ich nenn es selber ein störrisches Herz, und ich versuche keine Rechtfertigung. Aber es wird nicht anders durch mein Schelten und Schmähen. Und sieh, so hilft mir denn eines nur und reißt mich eines nur aus mir heraus: ein ganz neues Leben und in ihm *das*, was das erste vermissen ließ: Treue. Laß mich gehen. Ich will nichts beschönigen, aber das laß mich sagen: Es trifft sich gut, daß das Gesetz, das uns scheidet, und mein eignes selbstisches Verlangen zusammenfallen.«

Er hatte sich erhoben, um ihre Hand zu nehmen, und sie ließ es geschehen. Als er sich aber niederbeugen und ihr die Stirn küssen wollte, wehrte sie's und schüttelte den Kopf. »Nein, Ezel, nicht so. Nichts mehr zwischen uns, was stört und verwirrt und quält und ängstigt, und immer nur erschweren und nichts mehr ändern kann... Ich werd erwartet. Und ich will mein neues Leben nicht mit einer Unpünktlichkeit beginnen. Unpünktlich sein, ist unordentlich sein. Und davor hab ich mich zu hüten. Es soll Ordnung in mein Leben kommen, Ordnung und Einheit. Und nun leb wohl und vergiß.«

Er hatte sie gewähren lassen, und sie nahm die kleine Reisetasche, die neben ihr stand, und ging. Als sie bis an die Tapetentür gekommen war, die zu der Kinderschlafstube führte, blieb sie stehen und sah sich noch einmal um. Er nahm es als ein gutes Zeichen und sagte: »Du willst die Kinder sehen!«

Es war das Wort, das sie gefürchtet hatte, das Wort, das in ihr selber sprach. Und ihre Augen wurden groß, und es flog um ihren Mund, und sie hatte nicht die Kraft, ein »Nein« zu sagen. Aber sie bezwang sich und schüttelte nur den Kopf und ging auf Tür und Flur zu.

Draußen stand Christel, ein Licht in der Hand, um ihrer Herrin das Täschchen abzunehmen und sie die beiden Treppen hinabzubegleiten. Aber Melanie wies es zurück und sagte: »Laß, Christel, ich muß nun meinen Weg allein finden.« Und auf der zweiten Treppe, die dunkel war, begann sie wirklich zu suchen und zu tappen.

»Es beginnt früh«, sagte sie.

Das Haus war schon auf, und draußen blies ein kalter Wind von der Brüderstraße her, über den Platz weg, und der Schnee federte leicht in der Luft. Sie mußte dabei des Tages denken, nun beinah jährig, wo der Rollwagen vor ihrem Hause hielt, und wo die Flocken auch wirbelten wie heut, und die kindische Sehnsucht über sie kam, zu steigen und zu fallen wie sie.

Und nun hielt sie sich auf die Brücke zu, die nach dem Spittelmarkt führt, und sah nichts als den Laternenanstecker ihres Reviers, der mit seiner langen, schmalen Leiter immer vor ihr her lief und wenn er oben stand, halb neugierig und halb pfiffig auf sie niedersah und nicht recht wußte, was er aus ihr machen sollte.

Jenseits der Brücke kam eine Droschke langsam auf sie zu. Der Kutscher schlief, und das Pferd eigentlich auch, und da nichts Besseres in Sicht war, so zupfte sie den immer noch Verschlafenen an seinem Mantel und stieg endlich ein und nannt' ihm den Bahnhof. Und es war auch, als ob er sie verstanden und zugestimmt habe. Kaum aber, daß sie saß, so wandt er sich auf dem Bock um und brummelte durch das kleine Guckloch: »er sei Nachtdroschke, un janz klamm, un von Klock elwe nichts in'n Leib. Un er wolle jetzt nach Hause.« Da mußte sie sich aufs Bitten legen, bis er endlich nachgab. Und nun schlug er auf das arme Tier los, und holprig ging es die lange Straße hinunter.

Sie warf sich zurück und stemmte die Füße gegen den Rücksitz, aber die Kissen waren feucht und kalt, und das eben erlöschende Lämpchen füllte die Droschke mit einem trüben Qualm. Ihre Schläfen fühlten mehr und mehr einen Druck, und ihr wurde weh und widrig in der elenden Armeleuteluft. Endlich ließ sie die Fenster nieder und freute sich des frischen Windes, der durchzog. Und freute sich auch des erwachenden Lebens der Stadt. Und jeden Bäckerjungen, der trällernd und pfeifend, und seinen Korb mit Backwaren hoch auf dem Kopf, an ihr vorüberzog, hätte sie grüßen mögen. Es war doch ein heiterer Ton, an dem sich ihre Niederge-drücktheit aufrichten konnte.

Sie waren jetzt bis an die letzte Querstraße gekommen, und in fort-gesetztem und immer nervöser werdendem Hinaussehen erschien es ihr, als ob alle Fuhrwerke, die denselben Weg hatten, ihr eignes, elendes Gefährt in wachsender Eil' überholten. Erst einige, dann vie-le. Sie klopfte, rief. Aber alles umsonst. Und zuletzt war es ihr, als läge es an ihr, und als versagten ihr die Kräfte, und als sollte sie die letzte sein und käme nicht mehr mit, heute nicht und morgen nicht und nie mehr. Und ein Gefühl unendlichen Elends überkam sie. »Mut, Mut«, rief sie sich zu und raffte sich zusammen und zog ihre Füße von dem Rücksitzkissen und richtete sich auf. Und sieh, ihr wurde besser. Mit ihrer äußeren Haltung kam ihr auch die innere zurück. Und nun endlich hielt die Droschke, und weil weder oben, noch

auch vorne bei dem Kutscher etwas von Gepäckstücken sichtbar war, war auch niemand da, der sich dienstbar gezeigt und den Droschkenschlag geöffnet hätte. Sie mußt es von innen her selber tun. »Wenn er nicht da wäre!« Doch sie hatte nicht Zeit, es auszudenken. Im nächsten Augenblicke schon trat von einem der Auffahrtpfeiler her Rubehn an sie heran und bot ihr die Hand, um ihr beim Aussteigen behilflich zu sein. Ihr Fuß stand eben auf dem mit Stroh umwickelten Tritt, und sie lehnte den Kopf an seine Schulter und flüsterte: »Gott sei Dank! Ach, war *das* eine Stunde! Sei gut, einzig Geliebter, und lehre sie mich vergessen.«
Und er hob die geliebte Last und setzte sie nieder, und nahm ihren Arm und das Täschchen, und so schritten sie die Treppe hinauf, die zu dem Perron und dem schon haltenden Zuge führte.

*Da brachte mir eines Tages die Post für mein »Magazin« einen dünnen Band von Theodor Fontane: L'Adultera. Das war 1881. Daß Th. F. ein sehr gescheiter Mann sein müsse, wußte ich aus seinen Theaterberichten; sie hatten mich durch ihren höchst natürlichen plaudersamen Sprechstil gefesselt. Alle Welt las sie gern; er berichtete viel besser, als heute berichtet wird, selbst von dem großen Alfred Kerr und dem vielleicht doch noch größeren Arthur Eloesser. Daß Th. F. geistreich wie nur einer sei, erkannte man, ohne daß er in jedem Satz geistreich scheinen wollte, wie das heute die Regel ist. Und wie wohlwollend war er für die Verfasser der doch meist recht mittelmäßigen Stücke und besonders für die Darsteller! Also da lag ein, nicht dickes, Buch dieses Th. F. vor mir, von dem ich immer nur halbe oder dreiviertel Spalten gelesen hatte. Ich dachte, das wird sich lesen lassen; auch hatte ich gehört, daß in L'Adultera ein jüngst in der Berliner »Gesellschaft« erlebtes Geschehnis behandelt sei: die Entführung der Frau eines sehr angesehenen Mannes durch einen ganz unbedeutenden Menschen. Ich las, wurde gefesselt, namentlich von vielen Feinheiten in der Unterhaltung, vielen sprachlichen Reizen, von der Überlegenheit und Sicherheit der ganzen Darstellung. Mir kam der Gedanke, dann die Überzeugung: Aber dies ist ja vortrefflich, dies ist doch mindestens ebenso gut wie die vielgepriesenen Franzosen, viel feiner als Zola, viel wärmer als Maupassant, auf gleicher Höhe mit Daudet. Ich setzte mich hin und sagte dies und manches dazu in einem längern Aufsatz des »Magazins«, dem ersten, der je über den großen deutschen Erzähler Fontane geschrieben wird ... Das Heft des »Magazins« erschien; ich bekam mancherlei Zuschriften, Zustimmungen, beson-*

*Aus:*
*Eduard Engel,*
*Menschen und*
*Dinge*
*(1909)*
*Eduard Engel,*
*1851–1938, Schriftsteller und Literaturhistoriker, leitete von 1879 bis 1884 das »Magazin für die Literatur des In- und Auslands«*

ders aus Berlin, dann einen freudigen Brief von Paul Heyse, dem aufrichtigen Freunde Fontanes, und dann, einige Tage darauf, meldete mir das Mädchen: Ein alter Herr möchte Sie sprechen, hier ist seine Karte –: Theodor Fontane, dazu seine Wohnung Potsdamer Straße 134 c. Er trat ein, noch sehe ich das ganze Bild: in meinem großen hellen Zimmer am Lützow-Ufer – das Haus ist unverändert – da stand Theodor Fontane, der »alte Herr«, stattlich, nur leichtergraut, mit dem geschichtlich gewordenen grünen Schal um den Hals; ja da stand er an der Tür, tat keinen Schritt vorwärts ins Zimmer, schüchtern wie ein armer Bittsteller, und – ja dann sah ich Tränen in seinen Augen. Ich streckte ihm die Hand entgegen: Lieber Herr! – da umarmte er mich und lächelte mich durch Tränen an. Und dann saßen wir einander gegenüber vor meinem Schreibtisch, demselben an dem ich dies nach 48 Jahren schreibe, und er begann: Ich muß Ihnen danken: Sie sind der Erste und der Einzige, der auszusprechen gewagt hat, daß Theodor Fontane ein Erzähler hohen Ranges sei, so bedeutend wie die großen englischen und französischen Erzähler unsrer Zeit. Das hat noch keiner von mir öffentlich gesagt; Allen bin ich nur der Dichter der preußischen Balladen in den Schullesebüchern und der Theaterberichterstatter für die Vossische. Ich selbst habe immer geglaubt, daß ich noch etwas andres könne, und meine Frau hat es auch geglaubt, aber wer sonst? Vielleicht noch mancher Andre, mancher hat es mir sogar wohlwollend gesagt, unter vier Augen, aber drucken hat es keiner lassen. Nie werde ich Ihnen das vergessen!

Potsdamer Straße 134c.
Hier lebte Fontane von
1872 bis zu seinem
Tode

Berlin, 27. April 1894

*An den Schweizer Schriftsteller und Journalisten Joseph Viktor Widmann*

Meine L'Adultera-Geschichte hat mir damals, als sie, ich glaube 1880, zuerst in Lindaus Nord und Süd erschien, viel Anerkennung, aber auch viel Ärger und Angriffe eingetragen. Seitens der Lobredner hieß es: »Da haben wir wieder einen Berliner Roman«, aber die Philister und Tugendwächter, deren Tugend darin besteht, daß sie die Tugend *nicht* bewachen, sondern sie nur immer weiter behaupten, auch wenn sie längst weg ist – diese guten Leute beschuldigten mich, neben andrem, der Indiskretion. Sie gingen davon aus – und dies erklärt manches –, ich sei so was wie ein eingeweihter Hausfreund in dem hier geschilderten Ravenéschen Hause gewesen. Dies war nun aber ganz falsch. Ich habe das Ravenésche Haus nie betreten, habe die schöne junge Frau nur einmal in einer Theaterloge, den Mann nur einmal in einer Londoner Gesellschaft und den Liebhaber (einen Assessor Simon) überhaupt nie gesehn. Ich denke, in solchem Falle hat ein Schriftsteller das Recht, ein Lied zu singen, das die Spatzen auf dem Dache zwitschern. Verwunderlich war nur, daß auch in bezug auf die Nebenpersonen alles, in geradezu lächerlicher Weise, *genau* zutraf. Aber das erklärt sich wohl so, daß vieles in unsrem gesellschaftlichen Leben so typisch ist, daß man, bei Kenntnis des Allgemeinzustandes, auch das einzelne mit Notwendigkeit treffen muß.

*Ludwig Knaus, Bildnis Ravené (Gemälde, um 1881)*

159

*Berlin* 31. Januar 82.
Potsd. Str. 134c.

[...] Ich habe sechs oder sieben Novellen im Brouillon fertig und muß nun erst an das Glatt- und Saubermachen dieser im Kasten liegenden Dinge gehn, bevor ich mich Neuem zuwende. Darf ich Ihnen eine dieser Novellen proponiren? Sie heißt »*Schach von Wuthenow*«, spielt in der Zeit von 1805 auf 6 und schildert den *schönsten* Offizier der damaligen Berliner Garnison, der, in einem Anfall von Uebermuth und Laune, die liebenswürdigste, aber häßlichste junge Dame der damaligen Hofgesellschaft becourt. So, daß der Skandal offenbar wird. Alles tritt auf die Seite der Dame, so daß sich v. Schach anscheinend freudig zur Hochzeit entschließt, nachdem er vorher durch allerlei Kämpfe gegangen. Die Kamerad-schaft vom Regiment Gensdarmes aber lacht und zeichnet Carrika-turen, und *weil er dies Lachen nicht ertragen kann*, erschießt er sich unmittelbar nach dem Hochzeitsmahl, an dem er in heiterer Ruhe theilgenommen. Alles ein Produkt der Zeit, ihrer Anschauungen, Eitelkeiten und Vorurtheile. Uebrigens alles Thatsache. In vorzügli-cher Ergebenheit

Th. F.

---

*Aus:*
Schach von Wuthe-
now.
Erzählung aus der
Zeit des Regiments
Gensdarmes.
18. Fata Morgana
(*1882*)

[...]

Am Sonntage, wie verabredet, erfolgte das Aufgebot, und der Freitag, an dem die Hochzeit stattfinden sollte, rückte heran. Alles im Carayonschen Hause war Aufregung, am aufgeregtesten Tante Marguerite, die jetzt täglich erschien und durch ihre naive Glückseligkeit alles Unbequeme balancierte, das sonst unzertrenn-lich von ihrem Erscheinen war.

Abends kam Schach. Er war heiterer und in seinem Urteile milder als sonst, und vermied nur in ebenso bemerkenswerter wie zum Glück unbemerkt bleibender Weise, von der Hochzeit und den Vorberei-tungen dazu zu sprechen. Wurd' er gefragt, ob er dies oder jenes wünsche, so bat er mit einer Art von Empressement*, »ganz nach eigenem Dafürhalten verfahren zu wollen; er kenne den Takt und guten Geschmack der Damen und wisse, daß ohne sein Raten und Zutun alles am besten entschieden werden würde; wenn ihm dabei manches dunkel und geheimnisvoll bleibe, so sei dies ein Vorteil mehr für ihn, hab' er doch von Jugend auf eine Neigung gehabt, sich überraschen zu lassen.«

Unter solchen Ausflüchten entzog er sich jedem Geplauder, das, wie Tante Marguerite sich ausdrückte, »den Ehrentag en vue hatte«, war aber um so plauderhafter, wenn das Gespräch auf die Reisetage

*\* Diensteifer*

*nach* der Hochzeit hinüberlenkte. Denn Venedig, aller halben Widerrede der Frau von Carayon zum Trotz, hatte doch schließlich über Wuthenow gesiegt, und Schach, wenn die Rede darauf kam, hing mit einer ihm sonst völlig fremden Phantastik allen erdenklichen Reiseplänen und Reisebildern nach. Er wollte nach Sizilien hinüber und die Sireneninseln passieren, »ob frei oder an den Mast gebunden, überlaß er Victoiren und ihrem Vertrauen«. Und dann wollten sie nach Malta. Nicht um Maltas willen, o nein. Aber auf dem Wege dahin sei die Stelle, wo der geheimnisvolle schwarze Weltteil in Luftbildern und Spiegelungen ein allererstes Mal zu dem in Nebel und Schnee gebornen Hyperboreer* spräche. *Das* sei die ⟨* *Nordmensch*⟩ Stelle, wo die bilderreiche Fee wohne, die *stumme* Sirene, die mit dem Zauber ihrer Farbe fast noch verführerischer locke als die singende. Beständig wechselnd seien die Szenen und Gestalten ihrer Laterna magica, und während eben noch ein ermüdeter Zug über den gelben Sand ziehe, dehne sich's plötzlich wie grüne Triften, und unter der schattengebenden Palme säße die Schar der Männer, die Köpfe gebeugt und alle Pfeifen in Brand, und schwarz und braune Mädchen, ihre Flechten gelöst und wie zum Tanze geschürzt, erhüben die Becken und schlügen das Tamburin. Und mitunter sei's, als lach' es. Und dann schwieg' es und schwänd' es wieder. Und diese Spiegelung aus der geheimnisvollen Ferne, *das* sei das Ziel!

Und Victoire jubelte, hingerissen von der Lebhaftigkeit seiner Schilderung.

Aber im selben Augenblick überkam es sie bang und düster, und in ihrer Seele rief eine Stimme: *Fata Morgana*.

Die Trauung hatte stattgefunden, und um die vierte Stunde versammelten sich die zur Hochzeit Geladenen in dem nach dem Hofe hinaus gelegenen großen Eßsaale, der für gewöhnlich als ein bloßes unbequemes Anhängsel der Carayonschen Wohnung angesehen und seit einer ganzen Reihe von Jahren heute zum ersten Male wieder in Gebrauch genommen wurde. Dies erschien tunlich, trotzdem die Zahl der Gäste keine große war. Der alte Konsistorialrat Bocquet hatte sich bewegen lassen, dem Mahle beizuwohnen, und saß, dem Brautpaare gegenüber, neben der Frau von Carayon; unter den anderweit Geladenen aber waren, außer dem Tantchen und einigen alten Freunden aus der Generalfinanzpächterzeit her, in erster Reihe Nostitz, Alvensleben und Sander zu nennen. Auf letzteren hatte Schach, aller sonstigen, auch bei Feststellung der Einladungsliste, beobachteten Differenz unerachtet, mit besonderem Nachdruck bestanden, weil ihm inzwischen das rücksichtsvolle

**19. Die Hochzeit**

Benehmen desselben bei Gelegenheit des Verlagsantrages der drei Bilder bekannt geworden war, ein Benehmen, das er um so höher anschlug, als er es von *dieser* Seite her nicht erwartet hatte. Bülow, Schachs alter Gegner, war nicht mehr in Berlin und hätte wohl auch gefehlt, wenn er noch dagewesen wäre.

Die Tafelstimmung verharrte bis zum ersten Trinkspruch in der herkömmlichen Feierlichkeit; als indessen der alte Konsistorialrat gesprochen und in einem dreigeteilten und als »historischer Rückblick« zu bezeichnenden Toast erst des großväterlichen Generalfinanzpächterhauses, dann der Trauung der Frau von Carayon und drittens (und zwar unter Zitierung des ihr mit auf den Lebensweg gegebenen Bibelspruches) der Konfirmation Victoirens gedacht, endlich aber mit einem halb ehrbaren, halb scherzhaften Hinweis auf den ägyptischen Wundervogel, in dessen verheißungsvolle Nähe man sich begeben wolle, geschlossen hatte, war das Zeichen zu einer Wandlung der Stimmung gegeben.

Alles gab sich einer ungezwungenen Heiterkeit hin, an der sogar Victoire teilnahm, und nicht zum wenigsten, als sich schließlich auch das zu Ehren des Tages in einem grasgrünen Seidenkleid und einem hohen Schildpattkamme erschienene Tantchen erhob, um einen *zweiten* Toast auf das Brautpaar auszubringen. Ihr verschämtes Klopfen mit dem Dessertmesser an die Wasserkaraffe war eine Zeitlang unbemerkt geblieben und kam erst zur Geltung, als Frau von Carayon erklärte: Tante Marguerite wünsche zu sprechen.

Diese verneigte sich denn auch zum Zeichen der Zustimmung und begann ihre Rede mit viel mehr Selbstbewußtsein, als man nach ihrer anfänglichen Schüchternheit erwarten durfte. »Der Herr Konsistorialrat hat so schön und so lange gesprochen, und ich ähnle nur dem Weibe Ruth, das über dem Felde geht und Ähren sammelt, was auch der Text war, worüber am letzten Sonntag in der kleinen Melonenküche gepredigt wurde, die wieder sehr leer war, ich glaube nicht mehr als ölf oder zwölf. Aber als Tante der lieben Braut, in welcher Beziehung ich wohl die älteste bin, erheb ich dieses Glas, um noch einmal auf dem Wohle des jungen Paares zu trinken.«

Und danach setzte sie sich wieder, um die Huldigungen der Gesellschaft entgegenzunehmen. Schach versuchte, der alten Dame die Hand zu küssen, was sie jedoch wehrte, wogegen sie Victoirens Umarmung mit allerlei kleinen Liebkosungen und zugleich mit der Versicherung erwiderte: sie hab es alles vorher gewußt, von dem Nachmittag an, wo sie die Fahrt nach Tempelhof und den Gang nach der Kürche gemacht hätten. Denn sie hab es wohl gesehen, daß Victoire neben dem großen, für die Mama bestimmten Veilchenstrauß auch noch einen kleinen Strauß in der Hand gehalten hätte, den habe sie dem lieben Bräutigam, dem Herrn von Schach, in der Kürchentüre präsentieren wollen. Aber als er dann gekommen sei, habe sie das kleine Bukett wieder weggeworfen, und es sei dicht neben der Tür auf ein Kindergrab gefallen, was immer etwas bedeute und auch *dies*mal etwas bedeutet habe. Denn sosehr sie gegen den Aberglauben sei, so glaube sie doch an Sympathie, natürlich bei abnehmendem Mond. Und der ganze Nachmittag stehe noch so deutlich vor ihr, als wär es gestern gewesen, und wenn manche so täten, als wisse man nichts, so hätte man doch auch seine zwei gesunden Augen und wisse recht gut, wo die besten Kürschen hingen. In diesen Satz vertiefte sie sich immer mehr, ohne daß die Bedeutung desselben dadurch klarer geworden wäre.

Nach Tante Margueritens Toast löste sich die Tafelreihe: jeder verließ seinen Platz, um abwechselnd hier oder dort eine Gastrolle geben zu können, und als bald danach auch die großen Jostyschen Devisenbonbons* umhergereicht und allerlei Sprüche wie beispielsweise »Liebe, wunderbare Fee, selbst dein Wehe tut nicht weh«, aller kleinen und undeutlichen Schrift unerachtet, entziffert und verlesen worden waren, erhob man sich von der Tafel. Alvensleben führte Frau von Carayon, Sander Tante Marguerite, bei welcher Gelegenheit, und zwar über das Ruth-Thema, von seiten Sanders allerlei kleine Neckereien verübt wurden, Neckereien, die der Tante so sehr gefielen, daß sie Victoiren, als der Kaffee serviert wurde, zuflüsterte: »Scharmanter Herr. Und so galant. Und so bedeutungsvoll.«

* *eingebackene oder überzuckerte Zettelchen mit Denksprüchen*

Schach sprach viel mit Sander, erkundigte sich nach Bülow, der ihm zwar nie sympathisch, aber trotz all seiner Schrullen immer ein Gegenstand des Interesses gewesen sei, und bat Sander, ihm bei sich darbietender Gelegenheit dies ausdrücken zu wollen. In allem, was er sagte, sprach sich Freundlichkeit und ein Hang nach Versöhnung aus.

In diesem Hange nach Versöhnung stand er aber nicht allein da, sondern begegnete sich darin mit Frau von Carayon. Als ihm diese persönlich eine zweite Tasse präsentierte, sagte sie, während er den Zucker aus einer Schale nahm: »Auf ein Wort, lieber Schach, aber im Nebenzimmer.«

Und sie ging ihm dahin vorauf.

»Lieber Schach«, begann sie, hier auf einem großgeblümten Kanapee Platz nehmend, von dem aus beide mit Hilfe der offenstehenden Flügeltür einen Blick auf das Eckzimmer hin frei hatten, »es sind dies unsere letzten Minuten, und ich möchte mir, ehe wir Abschied voneinander nehmen, noch manches von der Seele heruntersprechen. Ich will nicht mit meinem Alter kokettieren, aber ein Jahr ist eine lange Zeit, und wer weiß, ob wir uns wiedersehen. Über Victoire kein Wort. Sie wird Ihnen keine trübe Stunde machen; sie liebt Sie zu sehr, um es zu können oder zu wollen. Und Sie, lieber Schach, werden sich dieser Liebe würdig zeigen. Sie werden ihr nicht wehe tun, diesem süßen Geschöpf, das nur Demut und Hingebung ist. Es ist unmöglich. Und so verlang ich denn kein Versprechen von Ihnen. Ich weiß im voraus, ich hab es.«

Schach sah vor sich hin, als Frau von Carayon diese Worte sprach, und tröpfelte, während er die Tasse mit der Linken hielt, den Kaffee langsam aus dem zierlichen kleinen Löffel.

»Ich habe seit unserer Versöhnung«, fuhr sie fort, »mein Vertrauen wieder. Aber dies Vertrauen, wie mein Brief Ihnen schon aussprach, war in Tagen, die nun glücklicherweise hinter uns liegen, um vieles mehr, als ich es für möglich gehalten hätte, von mir gewichen, und in diesen Tagen hab ich harte Worte gegen Sie gebraucht, harte Worte, wenn ich mit Victoiren sprach, und noch härtere, wenn ich mit mir allein war. Ich habe Sie kleinlich und hochmütig, eitel und bestimmbar gescholten und habe Sie, was das Schlimmste war, der Undankbarkeit und der lâcheté geziehen. All das beklag ich jetzt und schäme mich einer Stimmung, die mich unsre Vergangenheit so vergessen lassen konnte.«

Sie schwieg einen Augenblick. Aber als Schach antworten wollte, litt sie's nicht und sagte: »Nur ein Wort noch. Alles, was ich in jenen Tagen gesagt und gedacht habe, bedrückte mich und verlangte nach dieser Beichte. Nun erst ist alles wieder klar zwischen uns, und ich kann Ihnen wieder frei ins Auge sehen. Aber nun genug. Kommen Sie. Man wird uns ohnehin schon vermißt haben.«

Und sie nahm seinen Arm und scherzte: »Nicht wahr? On revient toujours à ses premiers amours. Und ein Glück, daß ich es Ihnen lachend aussprechen kann, und in einem Momente reiner und ganzer Freude.«

Victoire trat Schach und ihrer Mama von dem Eckzimmer her entgegen und sagte: »Nun, was war es?«

»Eine Liebeserklärung.«

»Ich dacht es. Und ein Glück, Schach, daß wir morgen reisen. Nicht wahr? Ich möcht der Welt um keinen Preis das Bild einer eifersüchtigen Tochter geben.«

Und Mutter und Tochter nahmen auf dem Sofa Platz, wo sich Alvensleben und Nostitz ihnen gesellten.

In diesem Augenblick wurde Schach der Wagen gemeldet, und es war, als ob er sich bei dieser Meldung verfärbe. Frau von Carayon sah es auch. Er sammelte sich aber rasch wieder, empfahl sich und trat in den Korridor hinaus, wo der kleine Groom* mit Mantel und Hut auf ihn wartete. Victoire war ihm bis an die Treppe hinaus gefolgt, auf der noch vom Hof her ein halber Tagesschein flimmerte. »Bis auf morgen«, sagte Schach und trennte sich rasch und ging. Aber Victoire beugte sich weit über das Geländer vor und wiederholte leise: »Bis auf morgen. Hörst du? ... Wo sind wir morgen?«

* Reitknecht

Und siehe, der süße Klang ihrer Stimme verfehlte seines Eindrucks *nicht*, auch in *diesem* Augenblicke nicht. Er sprang die Stufen wieder hinauf, umarmte sie, wie wenn er Abschied nehmen wolle für immer, und küßte sie.

»Auf Wiedersehn, Mirabelle.«

Und nachhorchend hörte sie noch seinen Schritt auf dem Flur. Dann fiel die Haustür ins Schloß, und der Wagen rollte die Straße hinunter.

Auf dem Bocke saßen Ordonnanz Baarsch und der Groom, von denen jener sichs eigens ausbedungen hatte, seinen Rittmeister und Gutsherrn an diesem seinem Ehrentage fahren zu dürfen. Was denn auch ohne weiteres bewilligt worden war. Als der Wagen aus der Behren- in die Wilhelmstraße einbog, gab es einen Ruck oder Schlag, ohne daß ein Stoß von unten her verspürt worden wäre.

»Damn«, sagte der Groom. »What's that?«

»Wat et is? Wat soll et sind, Kleener? En Steen is et; en doter Feldwebel.«

»Oh no, Baarsch. Nich stone. 't was something ... dear me ... like shooting.«

»Schuting? Nanu!«

»Yes, pistol-shooting...«

Aber der Satz kam nicht mehr zu Ende, denn der Wagen hielt vor Schachs Wohnung, und der Groom sprang in Angst und Eile vom Bock, um seinem Herrn beim Aussteigen behilflich zu sein. Er öffnete den Wagenschlag, ein dichter Qualm schlug ihm entgegen, und Schach saß aufrecht in der Ecke, nur wenig zurückgelehnt. Auf dem Teppich zu seinen Füßen lag das Pistol. Entsetzt warf der Kleine den Schlag wieder ins Schloß und jammerte: »Heavens, he is dead!«

Die Wirtsleute wurden alarmiert, und so trugen sie den Toten in seine Wohnung hinauf.

Baarsch fluchte und flennte und schob alles auf die »Menschheit«, weil ers aufs Heiraten zu schieben nicht den Mut hatte. Denn er war eine diplomatische Natur wie alle Bauern.

*Königsberg,* 14. Sept. 1806. . . . Sie schreiben mir, lieber Sander, auch
von Schach. Das rein Tatsächliche wußte ich schon, die Königsber-
ger Zeitung hatte der Sache kurz erwähnt, aber erst Ihrem Briefe
verdank ich die Aufklärung, soweit sie gegeben werden kann. Sie
kennen meine Neigung (und dieser folg ich auch heut), aus dem
einzelnen aufs Ganze zu schließen, aber freilich auch umgekehrt aus
dem Ganzen aufs einzelne, was mit dem Generalisieren zusammen-
hängt. Es mag das sein Mißliches haben und mich oft zu weit
führen. Indessen, wenn jemals eine Berechtigung dazu vorlag, so
hier, und speziell *Sie* werden es begreiflich finden, daß mich dieser
Schach-Fall, der nur ein Symptom ist, um eben seiner symptomati-
schen Bedeutung willen aufs ernsteste beschäftigt. Er ist duchaus
Zeiterscheinung, aber wohlverstanden, mit lokaler Begrenzung, ein
in seinen Ursachen ganz abnormer Fall, der sich in dieser Art und
Weise nur in Seiner Königlichen Majestät von Preußen Haupt- und
Residenzstadt, oder, wenn über diese hinaus, immer nur in den
Reihen unserer nachgeborenen friderizianischen Armee zutragen
konnte, einer Armee, die statt der Ehre nur noch den Dünkel und
statt der Seele nur noch ein Uhrwerk hat – ein Uhrwerk, das bald
genug abgelaufen sein wird. Der große König hat diesen schlimmen
Zustand der Dinge vorbereitet, aber daß er *so* schlimm werden
konnte, dazu mußten sich die großen Königsaugen erst schließen,
vor denen bekanntermaßen jeder mehr erbangte als vor Schlacht
und Tod.

Ich habe lange genug dieser Armee angehört, um zu wissen, daß
»Ehre« das dritte Wort in ihr ist; eine Tänzerin ist scharmant »auf
Ehre«, eine Schimmelstute magnifique »auf Ehre«, ja, mir sind
Wucherer empfohlen und vorgestellt worden, die süperb »auf
Ehre« waren. Und dies beständige Sprechen von Ehre, von einer
falschen Ehre, hat die Begriffe verwirrt und die richtige Ehre tot
gemacht.

All das spiegelt sich auch in diesem Schach-Fall, in Schach selbst,
der, all seiner Fehler unerachtet, immer noch einer der Besten
war.

Wie lag es denn? Ein Offizier verkehrt in einem adligen Hause; die
Mutter gefällt ihm, und an einem schönen Maitage gefällt ihm auch
die Tochter, vielleicht, oder sagen wir lieber sehr wahrscheinlich,
weil ihm Prinz Louis eine halbe Woche vorher einen Vortrag über
»beauté du diable« gehalten hat. Aber gleichviel, sie gefällt ihm, und
die Natur zieht ihre Konsequenzen. Was unter so gegebenen
Verhältnissen wäre nun wohl einfacher und natürlicher gewesen als
Ausgleich durch einen Eheschluß, durch eine Verbindung, die
weder gegen den äußeren Vorteil noch gegen irgendein Vorurteil

verstoßen hätte. Was aber geschieht? Er flieht nach Wuthenow, einfach weil das holde Geschöpf, um das sichs handelt, ein paar Grübchen mehr in der Wange hat, als gerade modisch oder herkömmlich ist, und weil diese »paar Grübchen zuviel« unsren glatten und wie mit Schachtelhalm polierten Schach auf vier Wochen in eine von seinen Feinden bewitzelte Stellung hätten bringen können. Er flieht also, sag ich, löst sich feige von Pflicht und Wort, und als ihn schließlich, um ihn selber sprechen zu lassen, sein »Allergnädigster König und Herr« an Pflicht und Wort erinnert und strikten Gehorsam fordert, da gehorcht er, aber nur, um im Momente des Gehorchens den Gehorsam in einer allerbrüskesten Weise zu brechen. Er kann nun mal Zietens spöttischen Blick nicht ertragen, noch viel weniger einen neuen Ansturm von Karikaturen, und in Angst gesetzt durch einen Schatten, eine Erbsenblase, greift er zu dem alten Auskunftsmittel der Verzweifelten: un peu de poudre.

Da haben Sie das Wesen der falschen Ehre. Sie macht uns abhängig von dem Schwankendsten und Willkürlichsten, was es gibt, von dem auf Triebsand aufgebauten Urteile der Gesellschaft, und veranlaßt uns, die heiligsten Gebote, die schönsten und natürlichsten Regungen ebendiesem Gesellschaftsgötzen zum Opfer zu bringen. Und diesem Kultus einer falschen Ehre, die nichts ist als Eitelkeit und Verschrobenheit, ist denn auch Schach erlegen, und Größeres als er wird folgen. Erinnern Sie sich dieser Worte. Wir haben wie Vogel Strauß den Kopf in den Sand gesteckt, um nicht zu hören und nicht zu sehen. Aber diese Straußenvorsicht hat noch nie gerettet. Als es mit der Mingdynastie zur Neige ging und die siegreichen Mandschuheere schon in die Palastgärten von Peking eingedrungen waren, erschienen immer noch Boten und Abgesandte, die dem Kaiser von Siegen und wieder Siegen meldeten, weil es gegen »den Ton« der guten Gesellschaft und des Hofes war, von Niederlagen zu sprechen. O, dieser gute Ton! Eine Stunde später war ein Reich zertrümmert und ein Thron gestürzt. Und warum? Weil alles Geschraubte zur Lüge führt und alle Lüge zum Tod. Entsinnen Sie sich des Abends in Frau von Carayons Salon, wo bei dem Thema »Hannibal ante portas« ähnliches über meine Lippen kam? Schach tadelte mich damals als unpatriotisch. Unpatriotisch! Die Warner sind noch immer bei diesem Namen genannt worden. Und nun! Was ich damals als etwas bloß Wahrscheinliches vor Augen hatte, jetzt ist es *tatsächlich* da. Der Krieg ist erklärt. Und was das bedeutet, steht in aller Deutlichkeit vor meiner Seele. Wir werden an derselben Welt des Scheins zugrunde gehen, an der Schach zugrunde gegangen ist. Ihr *Bülow.*

*Nachschrift.* Dohna (früher bei der Gardedukorps), mit dem ich eben über die Schachsche Sache gesprochen habe, hat eine Lesart, die mich an frühere Nostitzsche Mitteilungen erinnerte. Schach habe die Mutter geliebt, was ihn, in einer Ehe mit der Tochter, in seltsam peinliche Herzenskonflikte geführt haben würde. Schreiben Sie mir doch darüber. Ich persönlich find es pikant, aber nicht zutreffend. Schachs Eitelkeit hat ihn zeitlebens bei voller Herzenskühle gehalten, und seine Vorstellungen von Ehre (hier ausnahmsweise die richtige) würden ihn außerdem, wenn er die Ehe mit der Tochter wirklich geschlossen hätte, vor jedem faux pas gesichert haben. B.

*Fontane mit seiner Tochter Martha (1886)*

*An die Tochter Martha (»Mete«)*

Berlin, 24. August 1882

Habe Dank für Deinen lieben Brief und die freundlich eingehende Beschäftigung mit dem armen Schach. Wenn Du fürchtest, das Aussprechen von Bedenken könnte mich verstimmen, so ist das eine Sorge, die mich in Verlegenheit bringt und beinah traurig macht, um so mehr als George seinen letzten Brief an mich mit einer ähnlichen Betrachtung resp. Entschuldigung schloß. Wenn ich *so* reizbar, *so* kindisch-eitel wäre, so thät' ich am besten, ich ginge in die Ecke und schösse mich todt. *So* eitel und empfindsam bin ich aber nie gewesen, bin ich jetzt nicht, und werd' ich nie werden. Ja, ich darf es geradezu aussprechen, daß ich einen klugen, wohl motivirten und vor allem *liebevollen* Tadel, einen Tadel der das Talent und die Schreibeberechtigung in jedem Wort anerkennt, und *nun* erst zu Aeußerung seiner Bedenken übergeht, daß ich solchen Tadel lieber habe als uneingeschränktes Lob, gegen das ich immer mißtrauisch bin. Gegen die moderne Dumme-Jungens-Kritik, wo Laffen oder aber, wenn talentvoll, höchst fragwürdige Gestalten mir beibringen wollen, was Anstand, Moral und gute Sitte ist, gegen *solche* Kritik bin ich freilich empfindlich, aber nicht ihres Tadels, sondern ihrer Unart und Unverschämtheit halber. Macht man mir aber eine aufrichtige Verbeugung, nimmt man den Hut ab, und begrüßt mich herzlich oder wenigstens mit Manier, so kann man mir hinterher *alles* sagen. Und wenn ich dies Recht schon Fremden zugestehe, so meiner Frau und meinen Kindern erst recht. Wenn hiervon vielleicht ein paar Ausnahmen existieren, so muß man sich diese erst ansehn; Verschrobenheiten, auch wenn sie wohlmeinend sind, machen mich nervös und ungeduldig. Das hat aber mit Empfindelei *gar* nichts zu thun.

Der Punkt, den Du berührst, ist sehr wichtig. Wir sprechen das später mal durch. Es hängt alles mit der Frage zusammen: »wie soll man die Menschen sprechen lassen?« Ich bilde mir ein, daß nach dieser Seite hin eine meiner Forcen liegt, und daß ich auch die Besten (unter den *Lebenden* die Besten) auf diesem Gebiet übertreffe. Meine ganze Aufmerksamkeit ist darauf gerichtet, die Menschen so sprechen zu lassen, wie sie *wirklich* sprechen. Das Geistreiche (was ein bischen arrogant klingt) geht mir am leichtesten aus der Feder, ich bin – auch darin meine französische Abstammung verrathend – im Sprechen wie im Schreiben, ein Causeur, aber weil ich vor allem ein Künstler bin, weiß ich genau, wo die geistreiche Causerie hingehört und wo *nicht*. In Grete Minde und Ellernklipp herrscht eine absolute Simplicitätssprache, aus der ich, meines Wissens, auch nicht einmal herausgefallen bin, in L'Adultera und Schach v. Wuthenow liegt es umgekehrt. Deshalb kann ich moderne Salon-Novellen meistens nicht lesen, weil alles was gesagt wird, so langweilig, so grenzenlos unbedeutend ist; will ich aber eine geistreiche Frau schildern, oder wohl gar einen Mann wie Bülow, nun so muß auch 'was herauskommen. Natürlich kann es des Guten zuviel werden und wenn Bülow alle 21 Kapitel hindurch spräche, so wär' es einfach nicht auszuhalten; von Kapitel

8 an hören diese Geistreichigkeiten aber ganz auf oder kehren nur noch sehr vereinzelt wieder. Und so denk ich, sind sie hinzunehmen, um so mehr als mir durchaus daran lag auch wirklich ein Zeitbild, ein Stück Geschichte zu geben. Ohne ein bestimmtes Maaß von »Voraussetzungen« läßt sich überhaupt nicht schreiben, und je geschulter die Menschen werden, je größer wird der Kreis dessen, worüber man plaudern darf.

*An Emilie Fontane*                                                                    Berlin, d. 19. Juli 1882.

Meine liebe Frau.

Sei nochmals bestens bedankt. Ich glaube nicht, daß Du mit Deiner Ausstellung hinsichtlich *Schachs* recht hast. Wär' es so, so wär' es schlimm; denn damit steht und fällt die ganze Geschichte. Leg' es Dir noch einmal zurecht. Darauf, daß es *tatsächlich* geschehen ist und auch aus *dem* Grunde geschehen ist, den ich als Hauptgrund anführe, *darauf* leg' ich kein Gewicht. Es zeigt aber doch wenigstens *so* viel, daß dergleichen bei einem, im ganzen genommen, durchaus gesund organisierten Menschen vorkommen *konnte*. Ich geh' aber einen Schritt weiter und find' es vollkommen erklärlich. Er hat mit der Mutter getechtelmechtelt (was *auch* mitwirkt) und hat hinterher in einem unbewachten Moment die mindestens in Frage gestellte Schönheit Victoires über ihrer großen Liebenswürdigkeit und einem gewissen, ihr verbliebenen Reiz vergessen. Nun soll er sie heiraten. Er schwankt, endlich will er's, weil er's wollen *muß*; die Mutter verlangt es, sein eigenes Rechtsgefühl verlangt es, der *König* verlangt es. Dies Letztre gibt den Ausschlag, er muß nun *unbedingt*. Zugleich empfindet er, daß *er*, der eitle, stolze Mann, der ohne die Bewunderung der Welt und seiner Kameraden nicht leben kann, sich für immer zur Lächerlichkeit verurteilt sieht; wenigstens erscheint es ihm so, und nicht aus noch ein wissend, erschießt er sich, nachdem er durch den Trauakt seinen faux pas rektifiziert hat. Mir leuchtet das Ganze vollkommen ein, mindestens doch so wie der Tod des Hofmanns, der sich erschoß, weil er sich bei der Whistpartie mit zwei Kaisern und einem Könige, das Mindeste zu sagen, »unanständig aufgeführt hatte«. Die Furcht vor dem Ridikülen spielt in der Welt eine kolossale Rolle.

[...]

1000 Grüße von Deinem

                                                                                             Th. F.

Mein gnädigstes Fräulein.

Die Festtage liegen zurück, das Rehziemer ist verzehrt und die Marzipankiste für die Zeiten eines beßren Magens bei Seite gestellt, – da geziemt sich's nun Briefe zu schreiben und Dank auszusprechen, zuvörderst an Sie, mein hochverehrtes gnädigstes Fräulein, denn ich bin mit allem Möglichen tief in Ihrer Schuld.

Ein längerer Brief von Ihnen, den ich schon etwa Mitte Dezember erhielt, hat mich sehr beglückt. Sie sprachen sich darin über meinen Schach aus und in einer Weise, die weit über meine Erwartungen hinausging. Alles Lob thut wohl; an *Ihrer* Zustimmung aber mußte mir in diesem Falle ganz besonders gelegen sein, schuld' ich Ihnen doch den ganzen Stoff, ohne *Ihre* Erzählung existirte auch die meinige nicht.

Mit dem Beifall, den Schach im Publikum und in der Presse gefunden hat, kann ich zufrieden sein, *eine* der Kritiken (im ›Magazin f. d. Literatur des In- und Auslandes‹) geb' ich gleichzeitig mit diesen Zeilen zur Post. Fast noch wichtiger ist mir *das*, daß mir Landgerichts-Direktor Lessing, der reiche Besitzer der Voss. Ztng., einen liebenswürdigen Brief geschrieben, mir seinen Dank ausgesprochen und für nächsten Sommer 83, etwas ähnlich Novellistisches von mir eingefordert hat, aber über dies schließlich doch immer nur bescheidene Maaß von Glück und Anerkennung werd' ich schwerlich hinauskommen. Ein *wirklicher* Erfolg war mir nie beschieden und wird mir auch nicht mehr beschieden werden. Ich muß mich einrichten mit Lebenslotterie-Gewinnen von 50 Thalern. Je länger ich das Leben beobachte, je deutlicher seh' ich, daß dem Einzelnen mit einer eisernen Consequenz des Schicksals das Eine gegeben, das Andre versagt wird; der eine spekulirt immer glücklich, der andre immer unglücklich; der eine liebt immer glücklich, der andre immer unglücklich; der eine reist dreimal um die Welt ohne Unfall, der andre trifft es bei jeder Ausfahrt so, daß ein Rad bricht oder ein Pferd durchgeht oder doch wenigstens daß es mit Mollen gießt. Und nach diesem Unwandelbarkeits-Gesetz ist auch über mein Bücher-Glück und Unglück ein für allemal entschieden; ich werde immer einen mäßigen Anstands-Erfolg erzielen; aber nie mehr. Auch bei Schach wird sich dies wieder zeigen; die 2. Auflage war schnell da, aber darüber hinaus wird es wohl nicht kommen. Der Buchhändler und das Publikum wenden sich schnell andern Göttern zu. Alles lebt nur auf 8 Tage.

Die Festtage, trotzdem uns nichts eigentlich quälte und drückte, waren nicht recht froh. Meine Frau schob es darauf, daß ich *alle die Festtage durch* bis zum 31., wo ich dann um 7 Uhr ins Theater

(Sylvester-Vorstellung) stürzte, angestrengt arbeiten mußte; aber das ist Täuschung. Der eigentliche Grund, der keine rechte Lustigkeit aufkommen läßt, ist der, daß in unsren sämmtlichen Herzen keine Lustigkeit existirt; alles ist unter dem Druck von irgend etwas Lästigem, Unangenehmen; die Kinder – mit alleiniger Ausnahme von Friedel, der einen gütigen, theilnahmevollen, liebenswürdigen Charakter hat – sind, im letzten Winkel ihres Herzens, alle über ›die kleinen Lebensverhältnisse‹ verstimmt; alle drei sagen sich beständig ›Gott, es ist doch aber auch ein Pech, daß *wir* gerade so arme Eltern haben müssen‹; sie übersehen das tausendfältig Gute, das sie haben, und kommen zu keiner ächten und tiefen Anerkennung meiner Bestrebungen, weil ihnen die relative Resultatlosigkeit dieser Bestrebungen unbequem ist. Meine Frau ist darin viel verständiger und viel liebenswürdiger geartet (überhaupt die Beste von der ganzen Gesellschaft, mich mit eingerechnet) und leidet nur ihrerseits wiederum unter ihrer großen körperlichen Gebrechlichkeit. Ich, trotz aller Arbeit (oder vielleicht *durch* die Arbeit) bin der einzig oft wirklich Heitre, und würde dieser Heiterkeit auch Ausdruck geben, wenn mich nicht die tief-innerlichste *Nicht*-Heiterkeit der Kinder um diese meine Heiterkeit brächte. Das Maaß von Verkehrtheit und Undankbarkeit, das darin liegt, aergert mich. Keins der Kinder hat je scharf zugefaßt und gesagt: ›so soll es sein; *das* übernehm' ich, *das* ist nun *meine* Sache‹ – alle leben ganz ausschließlich nach ihrem Penchant*.

*Hang*

Dieser Penchant ist nicht schlecht, sie verlangen keine Dummheiten, sie sind nicht faul – aber jeder folgt nur seiner Laune, seiner Natur, keiner hat eine höhere Vorstellung von *Pflicht*. Sie thuen dies und das, auch Gutes und Verständiges, aber so wie es anfängt, ihnen im Kleinsten unbequem zu werden, ist es damit vorbei. Vielleicht war ich ebenso, vielleicht sind die meisten Menschen so; aber jedenfalls giebt es auch andre, die voll *Kraft und Muth* nicht blos der eignen Neigung, sondern auch einer wirklich schönen, über das *Ich* hinausgehenden Aufgabe leben. Die Beobachtung dieser Dinge rund um mich her, ist mir mitunter schmerzlich, und kann einem das ganze Menschenthum, man selbst mit eingerechnet, verleiden. [...]

Adolph Menzel, Blick
von der Terrasse der
Bildergalerie zu Sans-
souci
(Bleistiftzeichnung,
1840)

Von Marly kommend und der Friedenskirche,
Hin am Bassin (es plätscherte kein Springstrahl)
Stieg ich treppan; die Sterne blinkten, blitzten,
Und auf den Stufen-Aufbau der Terrasse
Warf Baum und Strauchwerk seine dünnen Schatten,
Durchsichtige, wie Schatten nur von Schatten.
Rings tiefe Stille, selbst der Wache Schritt
Blieb lautlos auf dem überreiften Boden,
Und nur von rechts her, von der Stadt herüber,
Erscholl das Glockenspiel.
                Nun schwieg auch *das*,
Und als mein Auge, das auf kurze Weile
Dem Ohr gefolgt war, wieder vorwärts blickte,
Trat aus dem Buschwerk, und ich schrak zusammen,
Er selbst, im Frackrock, hinter ihm das Windspiel
(Biche, wenn nicht alles täuschte), dazu Krückstock
Und Hut und Stern. Bei Gott, es war der König.

Was tun? Ich dacht' an Umkehr; doch sein Auge,
Das *Fritzen*-Auge bannte mich zur Stelle;
So hielt ich denn und machte Front.
                      »Wie heißt Er?«
Ich stotterte was hin.
                »Und sein Metier?«
»Schriftsteller, Majestät. Ich mache Verse.«

Auf der Treppe von
Sanssouci
*(zu Adolph Menzels
70. Geburtstag, 1885)*

Am 8. Dezember ist
Menzels 70. Geburts-
tag, zu dessen Feier ich
das beigeklebte Ge-
dicht veröffentliche. Es
trägt mir ungewöhn-
lich viel Anerkennung
ein, leider gemischt mit
Ärger und Demüti-
gungen.
*(Tagebuch, 1885)*

173

Der König lächelte: »Nun hör' Er, Herr,
Ich will's Ihm glauben; keiner ist der Tor,
Sich dieses Zeichens ohne Not zu rühmen,
Dergleichen sagt nur, wer es sagen muß,
Der Spott ist sicher, zweifelhaft das andre.
Poëte allemand! Ja, ja, Berlin wird Weltstadt.
Nun aber sag' Er mir, ich les' da täglich
(Verzeih' Er, aber Federvieh und Borste
Wohnt auf demselben Hof und hält Gemeinschaft),
Ich les' da täglich jetzt in den Gazetten
Von Menzelfest und siebzigstem Geburtstag,
Ausstellung von Tableaux und von Peintüren
Und ähnlichem. Ein großer Lärm. Eh bien, Herr,
Was soll das? Kennt Er Menzel? Wer ist Menzel?«

Und dabei flog ein Zug um seinen Mund,
Als wiss' er selber Antwort auf die Frage.

*Adolph Menzel,*
*Friedrich der Große*
*(Holzzeichnung, 1850)*

»Zu Gnaden, Majestät«, begann ich zögernd,
»*Die* Frag' ist schwer, das ist ein Doktorthema;
Mein Wissen reicht bis Pierer nur und Brockhaus.
Ja, wer ist Menzel? Menzel ist sehr vieles,
Um nicht zu sagen alles; mind'stens ist er
Die ganze Arche Noäh, Tier und Menschen:
Putthühner, Gänse, Papagei'n und Enten,
Schwerin und Seydlitz, Leopold von Dessau,
Der alte Zieten, Ammen, Schlosserjungen,
Kathol'sche Kirchen, italien'sche Plätze,
Schuhschnallen, Bronzen, Walz- und Eisenwerke,
Stadträte mit und ohne goldne Kette,
Minister, mißgestimmt in Kaschmirhosen,
Straußfedern, Hofball, Hummer-Majonnaise,
Der Kaiser, Moltke, Gräfin Hacke, Bismarck...«
»Outrier' Er nicht.«
     »Ich spreche nur die Wahrheit.
Bescheidne Wahrheit nur. Er durchstudierte
Die groß' und kleine Welt; was kreucht und fleucht,
Er gibt es uns im Spiegelbilde wieder.
Am liebsten aber (und mir schwoll der Kamm,
Ich war im Gang, ›jetzt oder niemals‹ dacht' ich),
Am liebsten aber gibt *die* Welt er wieder,
Die *Fritzen*-Welt, auf der wir just hier stehn:
Im Rundsaal, vom Plafond her, strahlt der Lustre,
Siebartig golden blinkt der Stühle Flechtwerk,
Biche (›komm, mein Bichechen‹) streift die Tischtuch-Ecke,
Champagner perlt, und auf der Meißner Schale
Liegt, schon zerpflückt, die Pontac-Apfelsine...«

»Nun lass' Er nur. Ich weiß schon.«
       Und er lüpfte
Den Hut und ging. Doch sieh! nur wenig Schritte,
So hielt er wieder, wandte sich und winkte
Mich an die Seit' ihm. »Hör Er, Herr; ein Wort noch:
Er hat bestanden; so lala. Denn wiss' Er,
Ich kenne Menzel wie mich selbst und wär' ihm
Erkenntlich gern. Emaille-Uhr? Tabatière?
Vielleicht ein Solitaire? Was macht ihm Spaß wohl?«

»Ach, Majestät, was soll ihm Freude machen?
Er hat vollauf von Gütern dieser Erde,
Hat Ansehn, Ehre, Titel, Ordenskreuze

(Pour le mérite, natürlich Friedensklasse),
Hat Freunde, Mut und Glück, und was die Hauptsach':
Hat seine Kunst...«

»Und fehlt ihm nichts?«

»Rein gar nichts.«
»Na, das ist brav. Comme philosophe! Das lob' ich
Und will nicht stören. Aber *eines* sagt ihm:
Ich lüd' ihn ein (er mag die Zeit bestimmen,
Ein Jahrer zehne will ich gern noch warten),
Ich lüd' ihn ein nach Sanssouci; sie nennen's
*Elysium* droben, doch es ist dasselbe.
Dort findet er alte Freunde: Genral Stille,
Graf Rotenburg, die ganze Tafelrunde,
Nur Herr von Voltaire fehlt seit Anno 70;
Franzose, rapplig. *Dieser* Platz ist frei.
*Den* reservier' ich ihm. Bestell' Er's. Hört Er?
Ich bin Sein gnäd'ger König. Serviteur!«

*Adolph Menzel, Fried-
richs des Großen Tafel-
runde in Sanssouci
(Gemälde, 1850)*

Berlin 6. Januar 86.
Potsd. Str. 134.c.

*An Georg Friedländer*

[...]

Sie schreiben mir so Freundliches über das Menzel-Gedicht und ich stecke es diesmal ohne Verlegenheit ein, weil es, glaub ich, apart gelungen ist. Uebrigens müßt' es auch mit dem Deubel zugehen, denn ich habe runde 3 Wochen dran gearbeitet. Der Erfolg war glänzend, am entzücktesten der Kronprinz, der bei Menzel, jedem der es hören wollte, erzählte, daß er es seiner Frau 2 mal beim Frühstück vorgelesen und es dann (ganz charakteristisch) »ausgeschnitten« habe. Derlei Freundliches drang von vielen Seiten her an mich heran und doch bin ich, beinah 14 Tage lang, aus dem Aerger oder richtiger aus einem sehr schmerzlichen Gefühl nicht herausgekommen. Am 7. Abends ging ich noch 'mal auf die Zeitung, um die letzte Correctur zu besorgen und erfuhr hier vom Chefredakteur: »er habe eben mit Lessing gesprochen; nun ja, es sei hübsch, sogar recht hübsch, aber eigentlich sei es doch zu viel in ein und derselben Nummer erst einen langen Menzel-Artikel und dann auch noch ein langes Menzel-Gedicht zu bringen«, kurzum man ließ mich fühlen, daß man das Gedicht nur aus *Gefälligkeit* drucke und weil es doch nun mal da sei. Ich hatte geglaubt, man würde mich umarmen (und man hätt' es *gemußt*) und mir alle möglichen schönen Dinge sagen.

*Georg Friedländer (Zeichnung)*

Ja, ich mache Ihnen gern und offen das Bekenntniß, ich hatte geglaubt, man werde mir 12 Flaschen Champagner oder dergleichen ins Haus schicken. Denn Menzel war am 8. Dezember das große Tages-Ereigniß und wer das Glück hat, für ein Tagesereigniß das ausschlaggebende Wort zu finden, der muß schon vom *geschäftlichen* Zeitungsstandpunkt aus belohnt und gefeiert werden. Aber Kuchen! Dies alles war indessen blos Vorspiel. Menzel selbst gab kein Lebenszeichen und kam erst am 10. oder 11. Tage, um sich zu bedanken. Es kann Zufall gewesen sein, will sagen unbeabsichtigt, aber selbst *dann* ist es starker Taback. Wenn man jemanden *so* feiert, so muß der Gefeierte auf der Stelle Zeit zu einem Telegramm oder einer Rohrpostkarte finden und nicht zehn Tage vergehn lassen. Es wird aber wohl anders liegen und der Grund seiner Säumniß in einem gewissen Mißfallen zu suchen sein. Irgendein Wort hat ihm nicht zugesagt oder ihn geradezu verdrossen und er hat Zeit gebraucht, sich zu recolligiren*. Auch *das* läßt sich verzeihn, aber sehr angenehm ist es nicht für *den*, der auf seinen ehrlich verdienten Dank wartet. Die Welt ist wunderbar. [...]

*Menzel hatte Fontane die Lebensbegrenzung von 10 Jahren verübelt*

\* *sich sammeln*

Thomas Mann,
Noch einmal der
alte Fontane
(1958)

\* Theodor Fontane,
Briefe an Georg Fried-
länder. Hrsg. und er-
läutert von Kurt
Schreinert, Heidelberg
1954

Vor 44 Jahren schrieb ich in Hardens »Zukunft«: »Ein neuer Band von Theodor Fontanes Briefen ist erschienen – etwas ganz Entzük-kendes. Wir haben nun die beiden Bände der Familienbriefe und zwei mit Briefen an seine Freunde. Sind noch mehr da? Man soll sie herausgeben! Und zwar meine ich namentlich solche Äußerungen, die aus späten Tagen stammen, Briefe des alten Fontane ...« – Nun, das, wonach ich fragte und rief, war vorhanden: es waren die in diesem Bande\* versammelten, über die Jahre 1884 bis 1898, dem Todesjahr des Dichters, sich erstreckenden Dokumente von Fonta-nes bezaubernden »talent epistolaire«, und der Adressat selbst erwog schon damals ernstlich die Veröffentlichung. Aber Otto Pniower protestierte dagegen im Interesse seiner Ausgabe der »Freundesbriefe«, für die er mit Recht oder Unrecht eine beein-trächtigende Wirkung durch die Parallel-Publikation befürchtete, und auf den Verleger Friedrich Fontane wurde ein so starker Druck ausgeübt, daß er und Friedländer resignierten.

Es hat ein bißchen lange gedauert, bis das einst aus geschäftstakti-schen Gründen Zurückgehaltene nun mitgeteilt wird. Die politi-schen und persönlichen Rücksichten, die im Jahre 1910 allerdings zu einer verstümmelten Redaktion der Briefe gezwungen haben würden, müssen doch seit Jahrzehnten hinfällig gewesen sein? Wie dem sei: was nun vorliegt, ist ein der Fontane-Forschung höchst dienliches Werk, eine mustergültige Edition mit großem Erläute-rungsapparat, genauem Personen-Register und einer schönen Ein-leitung, die diese Briefe als das kennzeichnet, was sie sind: als persönliche und durchs Persönliche drastisch verschärfte, nicht selten lustig überpointierte Kommentare zur Gesellschaftskritik von Fontanes späten Romanen.

Auch über die Person des Empfängers, des Amtsrichters und späteren Amtsgerichtsrates Dr. Georg Friedländer aus dem schlesi-schen Schmiedeberg gibt die Einleitung erschöpfende Auskunft. Fontane machte seine Bekanntschaft im Sommer 1884 während eines Ferienaufenthaltes in Krummhübel am Fuß der Schneekoppe im Riesengebirge, und aus einer Plauderkameradschaft, bei der der um fast ein Vierteljahrhundert Jüngere sich als nahezu ebenbürtiger Partner in der berühmten Fontaneschen Kunst der Causerie erweist, entwickelt sich eine Freundschaft, die zu immer neuen Zusammen-künften, im Hirschbergertal, in Berlin, in Karlsbad und an anderen Orten drängt; die sich in schlimmen Zeiten, als der dreiundsiebzig-jährige Dichter von schwerem Leiden, einer Gehirnanämie, heim-gesucht wird, aufs menschlich Schönste bewährt, und deren literarischer Niederschlag ein dichter, alle Jahre bis zu Fontanes Tod füllender Briefwechsel ist. Von Friedländers Anteil daran ist nichts

erhalten; *aber Fontane bestätigt ihm ein übers andere Mal, welches Vergnügen und welche Anregung des Freundes Briefe ihm bringen, und daß sie* nicht nur die Tugend besäßen, interessant zu sein, sondern auch stofflich inhaltvoll. – Stoff-Fundgruben *nennt er sie, denn sie tragen ihm Kriminalistisches, Gesellschaftsskandalge-schichten, koloritvolle und komische Bilder des menschlichen Treibens zu – beschränkt dies alles* auf den örtlich und gesellschaft-lich engbegrenzten Umkreis seines Wirkungsfeldes, *aber, Fontane zufolge,* mit vollkommener Meisterschaft, *scharfsichtig, treffsicher und mit amüsanter Lebendigkeit behandelt. Man muß sich das alles hinzudenken, denn Fontane allein ist es, den man hört; aber daß man ihn hört, ist die Hauptsache, und mit Recht urteilt der Herausgeber, daß die chronique scandaleuse von Schmiedeberg und Umgegend erst durch die Einordnung ihrer Charaktere und Schicksale in die großen Zusammenhänge, die sie durch Fontanes Kommentare und Deutungen erfährt, höheren Reiz gewinnt.*
*Welche Wohltat ist es, dem vertrauten und liebenswerten Tonfall dieses Briefstils in seiner anmutvollen Saloppheit, aber auch in seiner erregten, gespannten und ins Schwarze treffenden Weltkritik wieder*

Thomas Mann

Fritz Werner, Theodor Fontane (Kreidezeichnung, 1890, mit dem Vermerk: Fontane war in seinem 70. Jahre, 1.83 groß. Orden: Hohenzollernscher Hausorden – 10. 12. 1888 –, Preuß. Kronenorden 4. Klasse – 18. 1. 1867 –, Großherzoglich Mecklenburgischer Orden zur wendischen Krone – Anfang April 1871)

zu lauschen – dieser Begleitmusik zu den großen Spätwerken, von denen leider allzu kärglich darin die Rede, und denen sie doch so nahe ist, daß man oft Dubslav von Stechlins und des alten Herrn von Briest eigene Stimme zu hören glaubt – zum Zeichen, wieviel ihr Autor diesen noblen alten Skeptikern von sich selbst gegeben hat. Es sind Briefe, wie heute kein Mensch sie mehr schreibt, gearbeitete Briefe, in ihrer Privatheit künstlerisch betreut. Man stelle sich vor: der Dichter, der in diesen Altersjahren, bei wankender Gesundheit, seine höchsten literarischen Leistungen vollbringt, Effi Briest *und* den Stechlin bewältigt, entwirft seine Briefe im Konzept, das dann eine eingehende Bearbeitung erfährt, damit das Einzelne sich unterhaltsamer, aparter, feiner zugespitzt präsentiere, wobei die Sorge ist, dem ersten Entwurf seine Frische und Unmittelbarkeit zu bewahren. Ein solches Brouillon, schon meisterlich vor der Politur, hat sich erhalten, »und es ist aufschlußreich«, sagt der Herausgeber, »die beiden Fassungen miteinander zu vergleichen und an den sehr eingreifenden Abweichungen festzustellen, was er übernommen, was er weggelassen, was er gewandelt hat und wie er einem konkreten Fall die Folie des Allgemeinen gibt; aber selbst diese Durchformung genügte ihm noch nicht, und so setzt er im Originalbrief nachträglich noch einige Lichter auf.«

Der Band ist mit einigen vorzüglichen Porträts geschmückt, darunter mit der Kreidezeichnung des Menzel-Schülers Fritz Werner, die den 75jährigen im Frack mit seinen drei kleinen Distinktionen zeigt, darunter den preußischen Kronenorden 4. Klasse. Menzel, seinerseits, ging im Mantel des Schwarzen Adlerordens zu Hofe.

Adolph Menzel
*in Maximilian Hardens Zeitschrift »Die Zukunft«, 1895)*

Am achten Dezember wird Adolf Menzel achtzig. Seit zwei Generationen lebt er in unserer Mitte, seit einem Menschenalter ist er unserer Stadt und unseres Landes Stolz. Die Grenzen ließen sich auch wohl noch weiter stecken.

Er war fünfzehn Jahre alt, als er von Breslau nach Berlin kam, achtzehn, als er mit seinem zyklischen Erstlingswerke »Künstlers Erdenwallen« vor das Publikum trat. Die Menge zu gewinnen, dazu waren diese lithographischen Federzeichnungen nach Form und Inhalt nicht angetan; nur einzelne, darunter der alte Gottfried Schadow, nahmen Ungewöhnliches darin wahr. Diese Zustimmung einzelner aber war, wie gewöhnlich, nicht gleichbedeutend mit Förderung oder auch nur Entlastung, und der Achtzehnjährige hatte durch schwere Schulen zu gehen. Das Leben war, von Anfang an, darauf aus, seinen Charakter zu bilden, diesen Urquell seines Könnens.

Menzel begann als Zeichner auf Stein und Holz, und erst auf der 1850er Ausstellung – nachdem allerdings einzelnes auf dem Gebiete der Ölmalerei vorausgegangen war – erschien er mit seinem jetzt der Nationalgalerie zugehörigen Sanssouci-Bilde (»Tafelrunde«), das den bis dahin nur in engerem Kreise Gewürdigten auf einen Schlag unter die Größen einreihte. Seitdem – seine friderizianischen Illustrationen zu dem Franz-Kuglerschen Geschichtswerke waren in den vierziger Jahren vorausgegangen – ist er in einer ununterbrochenen Aszendenz geblieben, wachsend im Wechsel seiner Aufgaben und Stoffe.

Zunächst freilich hielt er noch an der bis dahin von ihm gewählten Stoffwelt fest und ließ seinem ersten Friedrichs-Bilde verschiedene Darstellungen aus derselben Epoche folgen, unter ihnen, um nur die bekanntesten zu nennen, das »Abendkonzert Friedrichs des Großen« und »Friedrich der Große bei Hochkirch«, Bilder, die, wie die

vorgenannte Sanssouci-Tafelrunde, zum allgemeinen Bildungsstand des modernen norddeutschen Menschen gehören etwa wie die Kenntnis von »Wallenstein« oder »Egmont«. Nach der populären Abschätzung rangieren die drei genannten Bilder in der Reihenfolge, wie sie vor dem Publikum erschienen; einzelne Stimmen aber fühlen sich versucht, das Hochkirch-Bild am höchsten zu stellen, weil es, neben dem, was allen Menzel-Bildern eigen ist, auch noch ein Maß von Kraft und Leidenschaft zum Ausdruck bringt, das, über die bloß künstlerische Befriedigung hinaus, zugleich noch das Innerste, die Seele des Beschauers, mit fortreißt. Die aus der Tiefe heraufkletternden Vordergrundsgrenadiere mit ihrem schon an der Hand verwundeten alten Major an der Spitze (der Alte selbst ein pommerscher Schwerins-Kopf), die schräg durch das Bild hin im Schatten stehende Feuerlinie mit dem Sponton-Unteroffizier am linken Flügel, endlich der König selbst, wie ein Rasender aus der Dorfgasse herausjagend, ohne Hut, das Haar im Winde – welch ein Bild! Die meisten Schlachtenbilder, selbst die Versailler nicht ausgeschlossen, gähnen uns von den Wänden her an; aber auch unter denen, die, wenn's sein muß, ohne weiteres als Schmuck und Zierde gelten können, auch unter diesen ist vielleicht nur eines, das – im übrigen allem Menzelschen diametral entgegengesetzt – an poetisch innerlicher Gewalt mit diesem Hochkirch-Bilde wetteifern kann: die »Hunnenschlacht«.

Menzel ist der Maler der friderizianischen Epoche par excellence. Sein Ruhm auf diesem Gebiete hat, wie nur zu begreiflich, andere nicht ruhen lassen, und viele sind dem von ihm eingeschlagenen Wege gefolgt. Aber diese seine Gefolgschaft ist doch zugleich durch eine unüberbrückbare Kluft von ihm getrennt, und wenn die Menzelschen Friedrichs-Bilder, auch solche, die stofflich von Potsdam und seinen Schlössern weitab liegen, einer Sanssouci-Causerie des Königs mit Voltaire gleichen, so gleichen – ein paar Ausnahmen (vielleicht nur *eine*) zugegeben – die Bilder derer, die's Menzel nachtun wollen, einem Perückengespräch mit Ramler oder Vater Gleim.

Die Zeit, während der Menzels Friedrichs-Bilder und Friedrichs-Illustrationen entstanden, umfaßt die Jahre von 1840 bis 1860, und wenn man diesen Zeitraum als seine friderizianischen zwanzig Jahre bezeichnen darf, so die zwanzig folgenden als seine wilhelminischen. Dieser Epoche von 1860 bis 1880 gehören, neben zahlreichen, in Aquarell ausgeführten und zumeist unsere Tagesgeschichte verherrlichenden Gedenk- und Huldigungsblättern, in erster Reihe die »Krönung König Wilhelms in der Schloß-kirche zu Königsberg«, die »Abreise König Wilhelms zur Armee (1870)«, das »Ballsouper« und »Cercle beim Deutschen Kaiser« an, Bilder von gleicher Bedeutung wie die der voraufgegangenen Epoche, wenn auch nicht voll von gleicher Volkstümlichkeit. Worin dies begründet liegt, ist schwer zu mutmaßen, noch schwerer zu beweisen.

*Adolph Menzel in der Tracht des Hohen Ordens vom Schwarzen Adler*

Friderizianische Bilder, wilhelminische Bilder – und zwar durch
zweimal zwanzig Jahre hin! Und so haben wir uns denn daran
gewöhnt, Menzel, mehr oder weniger ausschließlich, als einen
Verherrlicher unserer preußischen Geschichte, der vergangenen wie
der gegenwärtigen, aufzufassen. Aber neben diesem Menzel der
gäng und geben Auffassung ist immer ein zweiter, in vielen Stücken
durchaus anderer Menzel einhergeschritten, der, einer von außen-
her als Wunsch, Auftrag, Forderung an ihn herantretenden
Stoffwelt durchaus abgewandt, in sich selbst gestellten, rein
künstlerischen Aufgaben, in der Erfindung immer neuer Techniken
und zugleich in der Lösung immer neuer Probleme sein Ideal fand.
Eine mit Vorliebe von ihm gepflegte Spezialität wurden die
Lichteffekte. Bald aber in der Beobachtung und Wiedergabe des
Kerzenlichtes kein Genüge mehr findend, ließ er sich's in einer sich
wie von selbst ergebenden Steigerung seiner nach dieser Seite hin
liegenden Aufgaben angelegen sein, sich an der malerischen
Wiedergabe von Rot- und Weißglühlicht zu versuchen. Aus einem
dieser Versuche heraus entstand eines seiner merkwürdigsten und
epochenmachendsten Bilder: »Moderne Zyklopen«, auch (und wie
mir scheinen will, richtiger) die »Schmiede« betitelt. Denn was in
dem hier in Rede stehenden Bilde gegeben ist und unser lebhaftestes
Interesse weckt, ist, weit über die Menschen als solche hinaus, das
Tun dieser Menschen und der Ort, an dem sie tätig sind.

Menzel beherrscht jeden Zweig seiner Kunst, aber freilich mehr noch beherrscht er sich selbst. Der Mensch in ihm wächst noch über den Künstler hinaus. Was dieser in seinem Hochmaß ist, ist er vor allem durch den Menschen, durch eine seltene Inkarnation von Fleiß, Pflicht und Mut. Dieser Mut ist seine vielleicht schönste und größte Seite. Nie schwankend, wo's gilt, nie bloßer Lebensklugheit nachgebend, ist ihm innerhalb der moralischen Welt alles Marchandieren* fremd. Und nun gar erst Fahnenflucht! Von Kopf zu Fuß loyal, allem Utopistischen abgeneigt, ist er doch zugleich durch und durch ein Mann der Freiheit und als solcher immer da zu finden, wo von alter Zeit her die richtigen Preußen, die Leute von festem Rückgrat, gestanden haben. Und diese haben – Gott sei Dank – vordem wie heute noch immer ihre Widersacher überdauert. Als der alte General v. d. Marwitz vor Friedrich Wilhelm dem Dritten stand, um sich, und zwar nach Verbüßung seiner Strafe, wegen einer Opposition, deren Heftigkeit ihn auf die Festung geführt hatte, respektvollst zu rechtfertigen, antwortete ihm sein gnädiger König: »Weiß schon, weiß schon, ... immer Überzeugungen gehabt haben«, und als unser Menzel, unser heut' achtzigjähriger Jubilar, eben seinen Namen unter eine gegen die geplante Umsturzvorlage sich richtende Petition gesetzt hatte, lud ihn, als Antwort darauf, sein junger Kaiser nach Sanssouci hinauf, um hier, bei einer in Klängen und Bildern veranstalteten Friedrichs-Festlichkeit, die große Zeit vor dem Auge dessen heraufsteigen zu lassen, der, mehr als irgendwer, zu des Königshauses und des preußischen Volkes Ruhm ebendiese Zeit darzustellen und zu verherrlichen gewußt hat.

* Zaudern

Adolph Menzel,
Das Eisenwalzwerk
(Gemälde, 1875)

Hochgeehrter Herr Doktor.

Empfangen Sie unsren herzlichsten Dank für Ihren liebenswürdigen Brief, der uns in seinem Inhalt und seinen Beilagen eine rechte Weihnachtsfreude war. Das Bild des verehrten Ehepaares ist vorzüglich und das der beiden Kinder einfach entzückend. Hirschberg, in seiner photographischen Kunst, rivalisirt siegreich mit Berlin, zum Mindesten ist es ebenbürtig. Ich hebe dies absichtlich hervor und füge aus voller Ueberzeugung die Worte hinzu: »wohl jedem, der in glücklicher unmittelbarer Umgebung in Schmiedeberg sitzt und statt auf den Berliner Kreuzberg auf das Riesengebirge blickt.« Bismarck, der so oft Recht hat, hat auch Recht in seiner Abneigung gegen die Millionen-Städte. Sie schreiben selbst »bei weniger ›Carrière‹ hätten wir mehr Wahrheit in der Welt.« Gewiß. Und nicht blos mehr Wahrheit, auch mehr Einfachheit und Natürlichkeit, mehr Ehre, mehr Menschenliebe, ja auch mehr Wissen, Gründlichkeit Tüchtigkeit überhaupt. Und was heißt Carrière machen anders, als in Berlin leben und was heißt in Berlin leben anders, als Carrière machen. Einige wenige Personen brauchen ihrem Berufe nach die große Stadt, das ist zuzugeben, aber sie sind *doch* verloren, speziell für ihren Beruf verloren, wenn sie nicht die schwere Kunst verstehn, in der großen Stadt zu leben und wiederum auch *nicht* zu leben. Ad. Menzel ist beispielsweis ein Meister in *dieser* wie in seiner eigentlichen Kunst. Gewiß war ihm Berlin eine Nothwendigkeit (Menzel 50 Jahre lang in Filehne wäre nicht Menzel mehr) aber wie hat er auch in Berlin gelebt? Von 9 bis 9 ein Einsiedler in seinem Atelier, und dann erst, wenn andre zu Bette gehn, geht er mit seinem Ordensband zu Hof oder mit seinem Klapphut zu *Huth*. Er war zeitlebens ein Meister in der Kunst der *Concentration* und hat deshalb eine Kunst-Carrière gemacht, ohne je ein Carrièremacher gewesen zu sein. Aber das alles ist Ausnahmefall. Als Regel steht es mir fest, die große Stadt macht quick, flink, gewandt, aber sie verflacht und nimmt jedem der nicht in Zurückgezogenheit in ihr lebt, jede höhere Produktionsfähigkeit. Schon vor 40 Jahren schrieb Macaulay: »fruchtbare Gedanken sind einem Londoner Parlamentsmitglied eine Unmöglichkeit; er geht unter im Lärm, im oberflächlichen Getreibe; der kleinste Krämer der kleinsten schottischen Stadt kann die Welt der Ideen eher bereichern, als ein Londoner der ein ›Londoner‹ ist.« Wie wahr! Die große Stadt hat nicht Zeit zum Denken, und was noch schlimmer ist, sie hat auch nicht Zeit zum Glück. Was sie hunderttausendfältig schafft, ist nur die »Jagd nach dem Glück«, die gleichbedeutend ist mit dem Unglück. Unter meinen nächsten Bekannten sind ein paar

solche Jäger, alte Herren, ihre Ehegesponse natürlich an der Spitze. Es ist ein Jammeranblick. Natürlich sind es Geheimeräthe, die nun also längst das sind, was sie werden konnten. Aber die Jagd geht *gewohnheitsmäßig* weiter; Titel und Orden können es nicht mehr sein, und so ist denn aus der Jagd eine ganz triviale »Rennerei« geworden, eine Rennerei nach Quartett-Concerten, nach Premiè-ren, nach Bazaren, wo die Kronprinzeß *vielleicht* erscheint, nach Prinzessinnen-Trousseau's, nach Cumberland, nach Stanley, nach einer *Koegel*schen Trauung. Alles zum lachen, wenn es nicht zum weinen wäre. Wenn ich dann zugleich an *Ihr* Haus denke, an Ihre Frau und Kinder, an gesunde Luft und Natur, so finde ich, Sie leben im Paradiese. Dies ist meine aufrichtigste Meinung. Und was ist denn der Einzelne hier, wenn er nicht zufällig Bismarck oder Bleichroeder heißt. Ein ander Mal mehr.
In vorzügl. Ergebenheit

Th. Fontane.


Berlin, 10. November 1885

[...]

Anbei nun der »Birnbaum« in bequem lesbarer Gestalt. Daß keine schöne, herzerquickliche Gestalt darin ist, wer dies auch gesagt haben mag, ist richtig und keine üble Bemerkung, das Schöne, Trostreiche, Erhebende schreitet aber gestaltlos durch die Ge-schichte hin und ist einfach das gepredigte Evangelium von der Gerechtigkeit Gottes, von der Ordnung in seiner Welt. Ja, das steht so fest, daß die Predigt sogar einen humoristischen Anstrich gewinnen konnte.

[...]


*Aus:*
*Wilhelm Lübke,*
*Altes und Neues*

Unterm Birnbaum, *eine Novelle mit idyllisch klingendem Titel – man denkt sich etwa den Birnbaum als Favoritplätzchen eines zärtlichen Paares – ist nichts weniger als ein Idyll, vielmehr eine Kriminalgeschichte, der wahrscheinlich ebenfalls eine Überliefe-rung zugrunde liegt. Im höchsten Grade spannend, zeichnet sich die Erzählung wieder durch die erstaunliche Wahrheit des Hintergrun-des aus, der diesmal auf den Boden einer kleinen märkischen Stadt verlegt ist. Aber auch die handelnden Gestalten bis in die unbedeutendsten Nebenfiguren sind mit großer Meisterschaft gezeichnet.*

Illustrirtes Familienblatt. — Begründet von Ernst Keil 1853.

## Unterm Birnbaum.
### Von Th. Fontane.

Vor dem in dem großen und reichen Oderbruchdorfe Tschechin um
Michaeli 1820 eröffneten *Gasthaus und Materialwarengeschäft von
Abel Hradscheck* (so stand auf einem über der Tür angebrachten
Schilde) wurden Säcke vom Hausflur her auf einen mit zwei
mageren Schimmeln bespannten Bauernwagen geladen. Einige von
den Säcken waren nicht gut gebunden oder hatten kleine Löcher
und Ritzen, und so sah man denn an dem, was herausfiel, daß es
Rapssäcke waren. Auf der Straße neben dem Wagen aber stand Abel
Hradscheck selbst und sagte zu dem eben vom Rad her auf die

*Aus:*
Unterm Birnbaum.
1. Kapitel
*(1885)*

187

Deichsel steigenden Knecht: »Und nun vorwärts, Jakob, und grüße mir Ölmüller Quaas. Und sag ihm, bis Ende der Woche müßte ich das Öl haben, Leist in Wrietzen warte schon. Und wenn Quaas nicht da ist, so bestelle der Frau meinen Gruß und sei hübsch manierlich. Du weißt ja Bescheid und weißt auch, Kätzchen hält auf Komplimente.«

Der als Jakob Angeredete nickte nur statt aller Antwort, setzte sich auf den vordersten Rapssack und trieb beide Schimmel mit einem schläfrigen »Hüh!« an, wenn überhaupt von Antreiben die Rede sein konnte. Und nun klapperte der Wagen nach rechts hin den Fahrweg hinunter, erst auf das Bauer Orthsche Gehöft samt seiner Windmühle (womit das Dorf nach der Frankfurter Seite hin abschloß) und dann auf die weiter draußen am Oderbruchdamm gelegene Ölmühle zu. Hradscheck sah dem Wagen nach, bis er verschwunden war, und trat nun erst in den Hausflur zurück. Dieser war breit und tief und teilte sich in zwei Hälften, die durch ein paar Holzsäulen und zwei dazwischen ausgespannte Hängematten voneinander getrennt waren. Nur in der Mitte hatte man einen Durchgang gelassen. An dem Vorflur lag nach rechts hin das Wohnzimmer, zu dem eine Stufe hinaufführte, nach links hin aber der Laden, in den man durch ein großes, fast die halbe Wand einnehmendes Schiebefenster hineinsehen konnte. Früher war hier die Verkaufsstelle gewesen, bis sich die zum Vornehmtun geneigte Frau Hradscheck das Herumtrampeln auf ihrem Flur verbeten und auf Durchbruch einer richtigen Ladentür, also von der Straße her, gedrungen hatte. Seitdem zeigte dieser Vorflur eine gewisse Herrschaftlichkeit, während der nach dem Garten hinausführende Hinterflur ganz dem Geschäft gehörte. Säcke, Zitronen- und Apfelsinenkisten standen hier an der einen Wand entlang, während an der andern übereinandergeschichtete Fässer lagen, Ölfässer, deren stattliche Reihe nur durch eine zum Keller hinunterführende Falltür unterbrochen war. Ein sorglich vorgelegter Keil hielt nach rechts und links hin die Fässer in Ordnung, so daß die untere Reihe durch den Druck der obenaufliegenden nicht ins Rollen kommen konnte.

So war der Flur. Hradscheck selbst aber, der eben die schmale, zwischen den Kisten und Ölfässern frei gelassene Gasse passierte, schloß, halb ärgerlich, halb lachend, die trotz seines Verbotes mal wieder offen stehende Falltür und sagte: »Dieser Junge, der Ede. Wann wird er seine fünf Sinne beisammen haben!«

Und damit trat er vom Flur her in den Garten.

Hier war es schon herbstlich; nur noch Astern und Reseda blühten zwischen den Buchsbaumrabatten, und eine Hummel umsummte den Stamm eines alten Birnbaums, der mitten im Garten hart neben dem breiten Mittelsteige stand. Ein paar Möhrenbeete, die sich samt einem schmalen mit Kartoffeln besetzten Ackerstreifen an ebendieser Stelle durch eine Spargelanlage hinzogen, waren schon wieder umgegraben; eine frische Luft ging, und eine schwarzgelbe, der nebenan wohnenden Witwe Jeschke zugehörige Katze schlich, mutmaßlich auf der Sperlingssuche, durch die schon hoch in Samen stehenden Spargelbeete.

Hradscheck aber hatte dessen nicht acht. Er ging vielmehr rechnend und wägend zwischen den Rabatten hin und kam erst zu Betrachtung und Bewußtsein, als er, am Ende des Gartens angekommen, sich umsah und nun die Rückseite seines Hauses vor sich hatte. Da lag es, sauber und freundlich, links die sich von der Straße her bis in den Garten hinziehende Kegelbahn, rechts der Hof samt dem Küchenhaus, das er erst neuerdings an den Laden angebaut hatte. Der kaum vom Winde bewegte Rauch stieg sonnenbeschienen auf und gab ein Bild von Glück und Frieden. Und das war alles sein! Aber wie lange noch? Er sann ängstlich nach und fuhr aus seinem Sinnen erst auf, als er, ein paar Schritte von sich entfernt, eine große, durch ihre Schwere und Reife sich von selbst ablösende Malvasierbirne mit eigentümlich dumpfem Ton aufklatschen hörte. Denn sie war nicht auf den harten Mittelsteig, sondern auf eins der umgegrabenen Möhrenbeete gefallen. Hradscheck ging darauf zu, bückte sich und hatte die Birne kaum aufgehoben, als er sich von der Seite her angerufen hörte:

»Dag, Hradscheck. Joa, et wahrd nu Tied. De Malvesieren kümmen all von sülwst.«

Er wandte sich bei diesem Anruf und sah, daß seine Nachbarin, die Jeschke, deren kleines, etwas zurückgebautes Haus den Blick auf seinen Garten hatte, von drüben her über den Himbeerzaun guckte.

»Ja, Mutter Jeschke, 's wird Zeit«, sagte Hradscheck. »Aber wer soll die Birnen abnehmen? Freilich wenn Ihre Line hier wäre, die könnte helfen. Aber man hat ja keinen Menschen und muß alles selbst machen.«

»Na, Se hebben joa doch den Jungen, den Ede.«

»Ja, den hab ich. Aber der pflückt bloß für sich.«

»Dat sall woll sien«, lachte die Alte. »Een in't Töppken, een in' Kröppken.«

Und damit humpelte sie wieder nach ihrem Hause zurück, während auch Hradscheck wieder vom Garten her in den Flur trat.

Hier sah er nachdenklich auf die Stelle, wo vor einer halben Stunde noch die Rapssäcke gestanden hatten, und in seinem Auge lag etwas, als wünsch' er, sie stünden noch am selben Fleck, oder es wären neue statt ihrer aus dem Boden gewachsen. Er zählte dann die Fässerreihe, rief im Vorübergehen einen kurzen Befehl in den Laden hinein und trat gleich danach in seine gegenüber gelegene Wohnstube.

Diese machte neben ihrem wohnlichen zugleich einen eigentümlichen Eindruck, und zwar, weil alles in ihr um vieles besser und eleganter war, als sich's für einen Krämer und Dorfmaterialisten schickte. Die zwei kleinen Sofas waren mit einem hellblauen Atlasstoff bezogen, und an dem Spiegelpfeiler stand ein schmaler Trumeau*, weiß lackiert und mit Goldleiste. Ja, das in einem Mahagonirahmen über dem kleinen Klavier hängende Bild (allem Anscheine nach ein Stich nach Claude Lorrain) war ein Sonnenuntergang mit Tempeltrümmern und antiker Staffage, so daß man sich füglich fragen durfte, wie das alles hierherkomme? Passend war eigentlich nur ein Stehpult mit einem Gitteraufsatz und einem Guckloch darüber, mit Hilfe dessen man über den Flur weg auf das große Schiebefenster sehen konnte.

Hradscheck legte die Birne vor sich hin und blätterte das Kontobuch durch, das aufgeschlagen auf dem Pulte lag. Um ihn her war alles still, und nur aus der halb offen stehenden Hinterstube vernahm er den Schlag einer Schwarzwälder Uhr.

Es war fast, als ob das Ticktack ihn störe, wenigstens ging er auf die Tür zu, anscheinend um sie zu schließen; als er indes hineinsah, nahm er überrascht wahr, daß seine Frau in der Hinterstube saß, wie gewöhnlich schwarz, aber sorglich gekleidet, ganz wie jemand, der sich auf Figurmachen und Toilettendinge versteht. Sie flocht eifrig an einem Kranz, während ein zweiter, schon fertiger, an einer Stuhllehne hing.

»Du hier, Ursel! Und Kränze! Wer hat denn Geburtstag?«

»Niemand. Es ist nicht Geburtstag. Es ist bloß Sterbetag, Sterbetag deiner Kinder. Aber du vergißt alles. Bloß dich nicht.«

»Ach, Ursel, laß doch. Ich habe meinen Kopf voll Wunder. Du mußt mir nicht Vorwürfe machen. Und dann die Kinder. Nun ja, sie sind tot, aber ich kann nicht trauern und klagen, daß sie's sind. Umgekehrt, es ist ein Glück.«

»Ich verstehe dich nicht.«

»Und ist nur zu gut zu verstehn. Ich weiß nicht aus noch ein und habe Sorgen über Sorgen.«

»Worüber? Weil du nichts Rechtes zu tun hast und nicht weißt, wie du den Tag hinbringen sollst. Hinbringen, sag ich, denn ich will dich nicht kränken und von Zeittotschlagen sprechen. Aber sage selbst, wenn drüben die Weinstube voll ist, dann fehlt dir nichts. Ach, das verdammte Spiel, das ewige Knöcheln und Tempeln. Und wenn du

* Fensterwandspiegel

noch glücklich spieltest! Ja, Hradscheck, das muß ich dir sagen, wenn du spielen willst, so spiele wenigstens glücklich. Aber ein Wirt, der *nicht* glücklich spielt, muß davon bleiben; sonst spielt er sich von Haus und Hof. Und dazu das Trinken, immer der schwere Ungar, bis in die Nacht hinein.«

Er antwortete nicht, und erst nach einer Weile nahm er den Kranz, der über der Stuhllehne hing und sagte: »Hübsch. Alles, was du machst, hat Schick. Ach, Ursel, ich wollte, du hättest bessere Tage.« Dabei trat er freundlich an sie heran und streichelte sie mit seiner weißen, fleischigen Hand.

Sie ließ ihn auch gewähren, und als sie, wie beschwichtigt durch seine Liebkosungen, von ihrer Arbeit aufsah, sah man, daß es ihrer Zeit eine sehr schöne Frau gewesen sein mußte; ja, sie war es beinah noch. Aber man sah auch, daß sie viel erlebt hatte. Glück und Unglück, Lieb' und Leid, und durch allerlei schwere Schulen gegangen war. Er und sie machten ein hübsches Paar und waren gleichaltrig, Anfang vierzig, und ihre Sprech- und Verkehrsweise ließ erkennen, daß es eine Neigung gewesen sein mußte, was sie vor länger oder kürzer zusammengeführt hatte.

Der herbe Zug, den sie bei Beginn des Gesprächs gezeigt, wich denn auch mehr und mehr, und endlich fragte sie: »Wo drückt es wieder? Eben hast du den Raps weggeschickt, und wenn Leist das Öl hat, hast du das Geld. Er ist prompt auf die Minute.«

»Ja, das ist er. Aber ich habe nichts davon, alles ist bloß Abschlag und Zins. Ich stecke tief drin und leider am tiefsten bei Leist selbst. Und dann kommt die Krakauer Geschichte, der Reisende von Olszewski-Goldschmidt und Sohn. Er kann jeden Tag da sein.« Hradscheck zählte noch anderes auf, aber ohne daß es einen tieferen Eindruck auf seine Frau gemacht hätte. Vielmehr sagte sie langsam und mit gedehnter Stimme: »Ja, Würfelspiel und Vogelstellen...«

»Ach, immer Spiel und wieder Spiel! Glaube mir, Ursel, es ist nicht so schlimm damit, und jedenfalls mach ich mir nichts draus. Und am wenigsten aus dem Lotto; 's ist alles Torheit und weggeworfen Geld, ich weiß es, und doch hab ich wieder ein Los genommen. Und warum? Weil ich heraus will, weil ich heraus *muß*, weil ich uns retten möchte.«

»So, so«, sagte sie, während sie mechanisch an dem Kranze weiterflocht und vor sich hinsah, als überlege sie, was wohl zu tun sei.

»Soll ich dich auf den Kirchhof begleiten«, fragte er, als ihn ihr Schweigen zu bedrücken anfing. »Ich tu's gern, Ursel.«

Sie schüttelte den Kopf.

»Warum nicht?«

»Weil, wer den Toten einen Kranz bringen will, wenigstens an sie gedacht haben muß.«

Und damit erhob sie sich und verließ das Haus, um nach dem Kirchhof zu gehen.

Hradscheck sah ihr nach, die Dorfstraße hinauf, auf deren roten Dächern die Herbstsonne flimmerte. Dann trat er wieder an sein Pult und blätterte.

[...]

<table>
<tr><td>19. Kapitel</td><td>

Ede war schon zu Bett geschickt, und in dem weiten Hause herrschte Todesstille. Hradscheck schritt auf und ab in seiner Stube, mußte sich aber setzen, denn der Aufregungen dieses Tages waren so viele gewesen, daß er sich, trotz fester Nerven, einer Ohnmacht nahe fühlte. Solang er drüben Geschichten erzählt hatte, munterer und heiterer, so wenigstens schien es, als je zuvor, war kein Tropfen Wein über seine Lippen gekommen, jetzt aber nahm er Kognak und Wasser und fühlte, wie Kraft und Entschlossenheit ihm rasch wiederkehrten. Er ging auf das Schubfach zu, drin er das Kapselchen versteckt hatte, zog gleich danach seine Schuh' aus und pulverte von dem Farnkrautsamen hinein.

</td></tr>
</table>

»So!«

Und nun stand er wieder in seinen Schuhen und lachte.

»Will doch mal die Probe machen! Wenn ich jetzt unsichtbar bin, muß ich mich auch selber nicht sehen können.«

Und das Licht zur Hand nehmend, trat er vor den schmalen Trumeau mit dem weißlackierten Rahmen und sah hinein und nickte seinem Spiegelbilde zu. »Guten Tag, Abel Hradscheck. Wahrhaftig, wenn alles so viel hilft wie der Farnkrautsamen, so werd ich nicht weit kommen und bloß noch das angenehme Gefühl haben, ein Narr gewesen zu sein und ein Dummkopf, den ein altes Weib genasführt hat. Die verdammte Hexe! Warum lebt sie? Wäre sie weg, so hätt ich längst Ruh' und brauchte diesen Unsinn nicht. Und brauchte nicht...« Ein Grusel überlief ihn, denn das Furchtbare, was er vorhatte, stand mit einem Male wieder vor seiner Seele. Rasch aber bezwang er sich. »Eins kommt aus dem anderen. Wer A sagt, muß B sagen.«

Und als er so gesprochen und sich wieder zurecht gerückt hatte, ging er auf einen kleinen Eckschrank zu und nahm ein Laternchen heraus, das er sich schon vorher durch Überkleben mit Papier in eine Art Blendlaterne umgewandelt hatte. Die Alte drüben sollte den Lichtschimmer nicht wieder sehen und ihn nicht zum wievielsten Male mit ihrem »ick weet nich, Hradscheck, wihr et in de Stuw or wihr et in'n Keller« in Wut und Verzweiflung bringen. Und nun zündete er das Licht an, knipste die Laternentür wieder zu und trat rasch entschlossen auf den Flur hinaus. Was er brauchte, darunter auch ein Stück alter Teppich, aus langen Tuchstreifen geflochten, lag längst unten in Bereitschaft.

»Vorwärts, Hradscheck!«

Und zwischen den großen Ölfässern hin ging er bis an den Kellereingang, hob die Falltür auf und stieg langsam und vorsichtig die Stufen hinunter. Als er aber unten war, sah er, daß die Laterne, trotz der angebrachten Verblendung, viel zu viel Licht gab und nach oben hin, wie aus einem Schlot, einen hellen Schein warf. Das durfte nicht sein, und so stieg er die Treppe wieder hinauf, blieb aber in halber Höhe stehen und griff bloß nach einem ihm in aller Bequemlichkeit zur Hand liegenden Brett, das hier an das nächstliegende Ölfaß herangeschoben war, um die ganze Reihe der Fässer am Rollen zu verhindern. Es war nur schmal, aber doch gerade breit genug, um unten das Kellerfenster zu schließen.

»Nun mag sie sich drüben die Augen ausgucken. Meinetwegen. Durch ein Brett wird sie ja wohl nicht sehen können. Ein Brett ist besser als Farnkrautsamen...«

Und damit schloß er die Falltür und stieg wieder die Stufen hinunter.

Ede war früh auf und bediente seine Kunden. Dann und wann sah er nach der kleinen, im Nebenzimmer hängenden Uhr, die schon auf ein Viertel nach acht zeigte.

»Wo der Alte nur bleibt?«

Ede durfte die Frage schon tun, denn für gewöhnlich erschien Hradscheck mit dem Glockenschlage sieben, wünschte guten Morgen und öffnete die nach der Küche führende kleine Tür, was für die Köchin allemal das Zeichen war, daß sie den Kaffee bringen solle. Heut aber ließ sich kein Hradscheck sehen, und als es nahe an neun heran war, steckte statt seiner nur Male den Kopf in den Laden hinein und sagte:

»Wo he man bliewt, Ede?«

»Weet nich.«

»Ick will geihn un en beten an sine Dhör bullern.«

»Joa, dat dhu man.«

Und wirklich, Male ging, um ihn zu wecken. Aber sie kam in großer Aufregung wieder. »He is nich doa, nich in de Vör- un ook nich in de Hinnerstuw. Allens open un keene Dhör to.«

»Un sien Bett?« fragte Ede.

»Allens glatt un ungeknüllt. He's goar nich in west.«

Ede kam auch in Unruhe. Was war zu tun? Er wie Male hatten ein unbestimmtes Gefühl, daß etwas ganz Absonderliches geschehen sein müsse, worin sie sich durch den schließlich ebenfalls erscheinenden Jakob nur noch bestärkt sahen. Nach einigem Beraten kam man überein, daß Jakob zu Kunicke hinübergehen und wegen des Abends vorher anfragen solle; Kunicke müss' es wissen, der sei immer der letzte. Male dagegen solle rasch nach dem Krug laufen, wo Gendarm Geelhaar um diese Stunde zu frühstücken und der alten Krügerschen, die manchen Sturm erlebt hatte, schöne Dinge zu sagen pflegte. Das geschah denn auch alles, und keine Viertelstunde, so sah man Gelhaar die Dorfstraße herunterkommen, mit ihm Schulze Woytasch, der sich, einer abzuhaltenden Versammlung halber, zufällig ebenfalls im Kruge befunden hatte. Vor Hradschecks Tür trafen beide mit Kunicke zusammen. Man begrüßte sich stumm und überschritt mit einer gewissen Feierlichkeit die Schwelle.

Drin im Hause hatte sich mittlerweile die Szene verändert.

Ede, der noch eine Zeitlang in allen Ecken und Winkeln umhergesucht hatte, stand jetzt, als die Gruppe sich näherte, mitten auf dem Flur und wies auf ein großes Ölfaß, das um ein Geringes vorgerollt war, nur zwei Fingerbreit, nur bis an den großen Eisenring, aber doch gerade weit genug, um die Falltür zu schließen.

»Doa sitt he in«, schrie der Junge.

»Schrei' nicht so!« fuhr ihn Schulze Woytasch an. Und Kunicke setzte mit mehr Derbheit, aber auch mit größerer Gemütlichkeit hinzu: »Halt's Maul, Junge.«

Dieser jedoch war nicht zur Ruh zu bringen, und sein bißchen Schläfenhaar immer mehr in die Höh' schiebend, fuhr er in demselben Weinertone fort: »Ick weet allens. Dat's de Spök. De Spök hett noah em grappscht. Un denn wull he rut un kunn nich.«

Um diese Zeit war auch Eccelius aus der Pfarre herübergekommen, leichenblaß und so von Ahnungen geängstigt, daß er, als man das Faß jetzt zurückgeschoben und die Falltür geöffnet hatte, nicht mit hinuntersteigen mochte, sondern erst in den Laden und gleich danach auf die Dorfgasse hinaus trat.

Geelhaar und Schulze Woytasch, schon von Amts wegen auf bessere Nerven gestellt, hatten inzwischen ihren Abstieg bewerkstelligt, während Kunicke, mit einem Licht in der Hand, von oben her in den Keller hineinleuchtete. Da nicht viele Stufen waren, so konnt er das Nächste bequem sehen: unten lag Hradscheck, allem Anscheine nach tot, ein Grabscheit in der Hand, die zerbrochene Laterne daneben. Unser alter Anno-Dreizehner sah sich bei diesem Anblick seiner gewöhnlichen Gleichgültigkeit entrissen, erholte sich aber und kroch, unten angekommen, in Gemeinschaft mit Geelhaar und Woytasch auf die Stelle zu, wo hinter einem Lattenverschlage der Weinkeller war. Die Tür stand auf, etwas Erde war aufgegraben, und man sah Arm und Hand eines hier Verscharrten. Alles andere war noch verdeckt. Aber freilich, was sichtbar war, war gerade genug, um alles Geschehene klarzulegen. Keiner sprach ein Wort, und mit einem scheuen Seitenblick auf den entseelt am Boden Liegenden stiegen alle drei die Treppe wieder hinauf.

Auch oben, wo sich Eccelius ihnen wieder gesellte, blieb es bei wenig Worten, was schließlich nicht wundernehmen konnte. Waren doch alle, mit alleiniger Ausnahme von Geelhaar, viel zu befreundet mit Hradscheck gewesen, als daß ein Gespräch über ihn anders als peinlich hätte verlaufen können. Peinlich und mit Vorwürfen gegen sich selbst gemischt. Warum hatte man bei der gerichtlichen Untersuchung nicht besser aufgepaßt, nicht schärfer gesehen? Warum hatte man sich hinters Licht führen lassen?

Nur das Nötigste wurde festgestellt. Dann verließ man das durch so viele Jahre hin mit Vorliebe besuchte Haus, das nun für jeden ein Haus des Schreckens geworden war, Kunicke schritt quer über den Damm auf seine Wohnung, Eccelius auf seine Pfarre zu. Woytasch war mit ihm.

»Das Küstriner Gericht«, hob Eccelius an, »wird nur wenig noch zu sagen haben. Alles ist klar und doch ist nichts bewiesen. Er steht vor einem höheren Richter.«

Woytasch nickte. »Höchstens noch, was aus der Erbschaft wird«, bemerkte dieser und sah vor sich hin. »Er hat keine Verwandte hier herum, und die Frau, so mir recht is, auch nich. Vielleicht, daß es der Polsche wiederkriegt. Aber das werden die Tschechiner nich wollen.«

Eccelius erwiderte: »Das alles macht mir keine Sorge. Was mir Sorge macht, ist bloß das: wie kriegen wir ihn unter die Erde und wo. Sollen wir ihn unter die guten Leute legen, das geht nicht, das leiden die Bauern nicht und machen uns eine Kirchhofsrevolte. Und was das Schlimmste ist, haben auch recht dabei. Und sein Feld wird auch keiner dazu hergeben wollen. Eine solche Stelle mag niemand auf seinem ehrlichen Acker haben.«

»Ich denke«, sagte der Schulze, »wir bringen ihn auf den Kirchhof. Bewiesen ist am Ende nichts. Im Garten liegt der Franzos, und im Keller liegt der Polsche. Wer will sagen, wer ihn dahingelegt hat? Keiner weiß es, nicht einmal die Jeschke. Schließlich ist alles bloß Verdacht. Auf den Kirchhof muß er also. Aber seitab, wie die Nesseln stehen und der Schutt liegt.«

»Und das Grab der Frau?« fragte Eccelius. »Was wird aus dem? Und aus dem Kreuz?«

»Das werden sie wohl umreißen, da kenn ich meine Tschechiner. Und dann müssen wir tun, Herr Pastor, als sähen wir's nicht. Kirchhofsordnung ist gut, aber der Mensch verlangt auch seine Ordnung.«

»Brav, Schulze Woytasch!« sagte Eccelius und gab ihm die Hand. »Immer 's Herz auf dem rechten Fleck!«

Geelhaar war im Hradscheckschen Hause zurückgeblieben. Er hatte den Polizei-Kehr-mich-nicht-dran und machte nicht viel von der Sache. Was war es denn auch groß? Ein Fall mehr. Darüber ging die Welt noch lange nicht aus den Fugen. Und so ging er denn in den Laden, legte die Hand auf Edes Kopf und sagte: »Hör, Ede, das war heut ein bißchen scharf. So zwei Dodige gleich morgens um neun! Na, schenk mal was ein. Was nehmen wir denn?«

»Na, 'nen Rum, Herr Geelhaar.«

»Nei, Rum is mir heute zu schwach. Gib erst 'nen Kognak. Und dann ein' Rum.«

Ede schenkte mit zitternder Hand ein. Geelhaars Hand aber war um so sicherer. Als er ein paar Gläser geleert hatte, ging er in den Garten und spazierte drin auf und ab, als ob nun alles sein wäre. Das ganze Grundstück erschien ihm wie herrenloser Besitz, drin man sich ungeniert ergehen könne.

Die Jeschke, wie sich denken läßt, ließ auch nicht lang auf sich warten. Sie wußte schon alles und sah mal wieder über den Zaun.

»Dag, Geelhaar.«

»Dag, Mutter Jeschke ... Nu, was macht Line?«

»De kümmt to Martini. Se brukt sich joa nu nich mihr to jrulen.«

»Vor Hradscheck?« lachte Geelhaar.

»Joa. Vor Hradscheck. Awers nu sitt he joa fast.«

»Das tut er. Und gefangen in seiner eigenen Falle.«

»Joa, joa. De olle Voß! Nu kümmt he nich wedder rut. Fien wihr he. Awers to fien, loat man sien!«

Was noch geschehen mußte, geschah still und rasch, und schon um die neunte Stunde des folgenden Tages trug Eccelius nachstehende Notiz in das Tschechiner Kirchenbuch ein:

»Heute, den 3. Oktober, früh vor Tagesanbruch, wurde der Kaufmann und Gasthofsbesitzer Abel Hradscheck ohne Sang und Klang in den hiesigen Kirchhofsacker gelegt. Nur Schulze Woytasch, Gendarm Geelhaar und Bauer Kunicke wohnten dem stillen Begräbnisakte bei. Der Tote, so nicht alle Zeichen trügen, wurde von der Hand Gottes getroffen, nachdem es ihm gelungen war, den schon früher gegen ihn wach gewordenen Verdacht durch eine besondere Klugheit wieder zu beschwichtigen. Er verfing sich aber schließlich in seiner List und grub sich, mit dem Grabscheit in der Hand, in demselben Augenblick sein Grab, in dem er hoffen durfte, sein Verbrechen für immer aus der Welt geschafft zu sehen. Und bezeugte dadurch aufs neue die Spruchweisheit: ›Es ist nichts so fein gesponnen, 's kommt doch alles an die Sonnen‹.«

*Jede tragische oder düster endende Erzählung läßt sich kurz und leicht damit abfertigen und charakterisieren: »eine Kriminalgeschichte!« Wenn die Leidenschaften des Hungers (Ehr- oder Geldgeizes) und der Liebe (inklusive des Hasses und der Eifersucht) den »Helden« respektive die »Heldin« dazu bewegen, ein Crimen zu begehen, eine »Schuld« auf sich zu laden, muß wenigstens im deutschen Roman und in der deutschen Novelle die poetische Gerechtigkeit ihres Amtes walten, den Verbrecher vor den irdischen oder himmlischen Richter schleppen, und der Dichter hat eine »Kriminalgeschichte« geschrieben. Fontanes köstliche kleine Erzählung* Unterm Birnbaum, *zuerst in der »Gartenlaube« abgedruckt, nun in einem eleganten Bändchen als Buch erschienen, hat dieselbe Bezeichnung und Aburteilung über sich ergehen lassen müssen. Es wird darin ein Mord an einem ahnungslos vertrauenden Gast durch seinen Wirt begangen, was bekanntlich auch im »Macbeth« geschieht. Diese Tat aber bleibt verborgen. Die findigen Juristen ebenso wie die verleumdungssüchtigen, neidischen, hämischen dörflichen Nachbarn und Nachbarinnen müssen zuletzt eingestehen, daß sie sich vom schlimmen Schein betrügen ließen, und dem Verdächtigen das vermeintliche Unrecht abbitten. Er lebt äußerlich in Ehren weiter und genießt die erhofften Früchte seiner Tat. Aber im Geheimen verdirbt ihm weniger das Gewissen als die stete Sorge, unvertilgte Spuren des begangenen Verbrechens könnten noch immer gegen ihn zeugen, die Freude an diesen Früchten und am Leben selbst. Schließlich endet er, da er mit den letzten verräterischen Zeugnissen des Mordes gründlich aufzuräumen unternimmt, »so wie die Schnepf', in eigener Schlinge erwürgt«, durch eine Unachtsamkeit, ein dummes Versehen in hinreichend grauenvoller Weise. Die nächtlichen Stunden im finstern Keller den halb ausgegrabenen Resten seines Opfers gegenüber, unentrinnbar mit ihnen zusammengesperrt, und der Tod unter diesen Umständen sind eine raffiniert grausame Strafe für den Mörder. Seit Eva die Menschheit um's Paradies gebracht hat, fragt man bekanntlich mit*

Ludwig Pietsch,
Unterm Birnbaum
*von Theodor
Fontane*
(»Vossische Zeitung«,
23. 12. 1885)

*Fug und Recht bei dem Forschen nach den Quellen und Wurzeln jedes Verbrechens. »Où est la femme?« Fontanes Novelle gibt eins der seltenen Beispiele einer verbrecherischen Handlung, deren Gedanke nur von dem Manne ausgeht. Erst durch seine Überredungskunst und die kluge Einwirkung auf die Schwächen der Frau gelingt es ihm, diese zur Teilnahme an dem schändlichen Werk zu bestimmen. Sie wird seine Tatgenossin, und ihr ferneres Dasein wird durch das Schuldbewußtsein noch viel tiefer und gründlicher verstört als das seine. Eins nur bleibt der Erzähler uns schuldig: Er überzeugt uns nicht völlig zum Glauben, daß diese Verführung Frau Ursulas zur Mitwirkung bei der Ausführung des grausigen Vorhabens ihrem dazu entschlossenen Manne, dem Krämer Hradscheck, wirklich gelungen sein könne. Da vermißt man die Einfügung eines Gliedes in der Kette eines noch fehlenden Motivs. Daß eine Frau wie diese, weil sie Angst vor dem Rückfallen in die einstige Armut hat, sich von ihrem Manne bestimmen lassen sollte, in einen Mord einzuwilligen und dabei Hilfe zu leisten, will uns schlechterdings nicht einleuchten. Vorher und nach dem Entschluß dagegen entwickelte sich streng folgerichtig und mit zwingender Notwendigkeit eins genau aus dem andern. Die Mord- und Kriminalgeschichte bildet den Kern der Erzählung. Aber es ist nicht nur das Unheimliche, das Grausen der Tat und das Interesse an dem ferneren Schicksal der Täter, was den Leser der Novelle so gefesselt und gebannt hält, daß er das Buch nicht aus der Hand zu legen vermag, bis er zur letzten Seite gelangt ist. Die bewundernswerte Kunst des Erzählens, aber nicht zum wenigsten auch die des Verschweigens, bildet wohl mehr noch die Ursache dieser Wirkung. Dazu kommt die unübertreffliche Zeichnung der märkisch-bäuerlichen Figuren, die echt oderbruch-dörfliche Lokalfarbe, die vollendete Malerei von Wetter-, Jahres- und Tageszeitbestimmungen, die plastische Klarheit und Anschaulichkeit in den Ortsschilderungen, Gestalten wie die alte Jeschke, der Gendarm Geelhaar, der Hausknecht Ede, der brave Prediger Eccelius, die Bauern und der Müller des Dorfes, der unglückliche Reisende für Olzewski und Goldschmidt in Warschau – das sind mit verhältnismäßig wenigen Meisterstrichen entworfene Menschenwesen von einer Lebensfülle, einer persönlichen Bestimmtheit und Überzeugungskraft, wie sie auch Menzel, Turgenjew und Fritz Reuter den von ihnen Gezeichneten nicht in höherem Maße verliehen haben. Um zur vollen Erkenntnis und Würdigung der Komposition dieser Erzählung zu gelangen, lese man sie sofort noch ein zweites Mal. Dann erst wird man sich der ganzen Feinheit der Motivierung, des Aufbaus der Handlung, der Schürzung aller Fäden bewußt und genießt erst ganz die Arbeit des Künstlers, den man beim ersten Lesen – gepackt und beherrscht von der Gewalt des stofflichen Interesses – über seiner Schöpfung fast vergaß.*

*Berlin 23. Dezb. 85.*
*Potsd. Str. 134.c.*

*An Ludwig Pietsch*

Theuerster Pietsch. Sie haben mir durch Ihre beschämend freundliche Besprechung meiner Novelle schon am Weihnachts-Vorabend eine Weihnachtsfreude gemacht. Daß sich etwas von Wehmuth mit in diese Freude hineinmischt, steigert sie nur. Sie sind ja jünger wie ich und stehen auch noch forsch und fest im Leben, aber auch Sie werden vielleicht empfinden, daß neue Menschen um uns her geboren wurden, die zu neuen Göttern und Götzen beten. Ich komme aus diesem Gefühl nicht mehr heraus und bin vereinsamt. Und es ist gerade an den *glücklichen* Tagen, wie heute, daß einem dies am lebhaftesten vor die Seele tritt. Mit einer Art Schauder denkt man an die Möglichkeit, daß man rankehaft alt werden und dann Mitleids-Obol einer von Pietät und ähnlichen Schnurrpfeifereien emancipirten Jugend verfallen könnte. Die paar Alten sollten deshalb, so weit es Charakter und Verhältnisse zulassen, zusammen halten. Ueber diese Allgemein-Betrachtungen vergess' ich aber die Hauptsache: die Besprechung. Alles Lob schmeckt und geht einem glatt 'runter, aber neben diesem süßen Alltags-Lob giebt es doch noch ein Festtags-Lob, das einen erquickt, stärkt, erhebt. Kein Zucker, sondern Wein. Sie haben Menzel und Turgenjew genannt, und zu Beiden blick ich als zu meinen Meistern und Vorbildern auf. Es ist die Schule, zu der, so weit meine Kenntniß reicht, nur noch *Rud. Lindau* gehört. Heyse (so groß sein Talent) *nicht*, weil er nicht richtig empfindet. Keller und Storm, beide von mir verehrt, sind Erscheinungen für sich. [...]

Aus:
*Wilhelm Lübke,*
*Altes und Neues*

*Fontane hat in mehreren seiner vorzüglichsten Erzählungen, wie* L'Adultera, Graf Petöfi, Cecile, *Probleme des ehelichen Lebens in den Kreisen der höheren adeligen und bürgerlichen Gesellschaft mit großer psychologischer Feinheit behandelt. In* Irrungen, Wirrungen *stieg er dann in die niederen Sphären herab und zeichnete uns in der Gestalt seiner Lene eines jener liebenswürdigen Naturkinder, wie sie jenseits des Zaunes gesellschaftlicher Etikette und konventioneller Unwahrheit aufwachsen und in schlichter Anmut jedermann erfreuen. Und diese Freude gewinnt in dem jungen Baron Botho den Ausdruck einer Herzensneigung, die uns der Dichter naiv und anziehend in ihrem Verlaufe schildert. Aber die äußeren Verhältnisse stellen sich der Verbindung der Liebenden feindlich entgegen; anstatt nun aber sich zu einer tragischen Katastrophe zuzuspitzen, findet auf beiden Seiten in ruhiger Resignation eine freundschaftliche Lösung statt, und jedes von beiden weiß sich zu bescheiden und in einer Vernunftehe leidlich zu landen; Lene um so gefaßter, als sie in ihrer klaren Anschauung sich niemals Illusionen gemacht und um so unbefangener das Glück der Liebe genossen hat, da sie keine weiteren Erwartungen daran knüpfte.*

Eine Berliner Alltagsgeschichte.
Geh nicht zu strenge
mit ihr zu Gerichte.
Denke, *berlinisch* sind
Botho und Lene.
Ubi patria, ibi bene.
Berlin 3. April 88.
*(Buchwidmung, wahrscheinlich an Paul Heyse)*

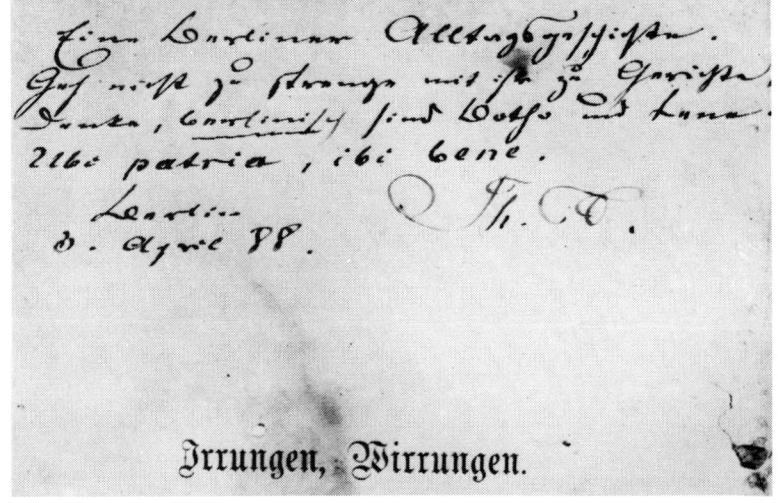

200

An dem Schnittpunkte von Kurfürstendamm und Kurfürstenstra-
ße, schräg gegenüber dem »Zoologischen«, befand sich in der Mitte
der siebziger Jahre noch eine große, feldeinwärts sich erstreckende
Gärtnerei, deren kleines, dreifenstriges, in einem Vorgärtchen um
etwa hundert Schritte zurückgelegenes Wohnhaus, trotz aller
Kleinheit und Zurückgezogenheit, von der vorübergehenden
Straße her sehr wohl erkannt werden konnte. Was aber sonst noch
zu dem Gesamtgewese der Gärtnerei gehörte, ja die recht eigentliche Hauptsache derselben ausmachte, war durch ebendies kleine
Wohnhaus wie durch eine Kulisse versteckt, und nur ein rot und
grün gestrichenes Holztürmchen mit einem halb weggebrochenen
Zifferblatt unter der Turmspitze (von Uhr selbst keine Rede) ließ
vermuten, daß hinter dieser Kulisse noch etwas anderes verborgen
sein müsse, welche Vermutung denn auch in einer von Zeit zu Zeit
aufsteigenden, das Türmchen umschwärmenden Taubenschar und
mehr noch in einem gelegentlichen Hundegeblaff ihre Bestätigung
fand. Wo dieser Hund eigentlich steckte, das entzog sich freilich der
Wahrnehmung, trotzdem die hart an der linken Ecke gelegene, von
früh bis spät aufstehende Haustür einen Blick auf ein Stückchen
Hofraum gestattete. Überhaupt schien sich nichts mit Absicht
verbergen zu wollen, und doch mußte jeder, der zu Beginn unserer
Erzählung des Weges kam, sich an dem Anblick des dreifenstrigen
Häuschens und einiger im Vorgarten stehenden Obstbäume genü-
gen lassen.

Es war die Woche nach Pfingsten, die Zeit der langen Tage, deren
blendendes Licht mitunter kein Ende nehmen wollte. Heut aber
stand die Sonne schon hinter dem Wilmersdorfer Kirchturm, und
statt der Strahlen, die sie den ganzen Tag über herabgeschickt hatte,
lagen bereits abendliche Schatten in dem Vorgarten, dessen halb-
märchenhafte Stille nur noch von der Stille des von der alten Frau
Nimptsch und ihrer Pflegetochter Lene mietweise bewohnten
Häuschens übertroffen wurde. Frau Nimptsch selbst aber saß wie
gewöhnlich an dem großen, kaum fußhohen Herd ihres die ganze
Hausfront einnehmenden Vorderzimmers und sah, hockend und
vorgebeugt, auf einen rußigen alten Teekessel, dessen Deckel,
trotzdem der Wrasen auch vorn aus der Türe quoll, beständig hin
und her klapperte. Dabei hielt die Alte beide Hände gegen die Glut
und war so versunken in ihre Betrachtungen und Träumereien, daß
sie nicht hörte, wie die nach dem Flur hinausführende Tür aufging
und eine robuste Frauensperson ziemlich geräuschvoll eintrat. Erst
als diese letztere sich geräuspert und ihre Freundin und Nachbarin,
eben unsere Frau Nimptsch, mit einer gewissen Herzlichkeit bei

*Aus:*
Irrungen, Wir-
rungen.
Erstes Kapitel
*(1888)*

Namen genannt hatte, wandte sich diese nach rückwärts und sagte nun auch ihrerseits freundlich und mit einem Anfluge von Schelmerei: »Na, das is recht, liebe Frau Dörr, daß Sie mal wieder rüberkommen. Und noch dazu vons ›Schloß‹. Denn ein Schloß is es und bleibt es. Hat ja 'nen Turm. Un nu setzen Sie sich... Ihren lieben Mann hab ich eben weggehen sehen. Und muß auch. Is ja heute sein Kegelabend.«

Die so freundlich als Frau Dörr Begrüßte war nicht bloß eine robuste, sondern vor allem auch eine sehr stattlich aussehende Frau, die, neben dem Eindruck des Gütigen und Zuverlässigen, zugleich den einer besonderen Beschränktheit machte. Die Nimptsch indessen nahm sichtlich keinen Anstoß daran und wiederholte nur: »Ja, sein Kegelabend. Aber, was ich sagen wollte, liebe Frau Dörr, mit Dörren seinen Hut, das geht nicht mehr. Der is ja schon fuchsblank und eigentlich schimpfierlich. Sie müssen ihn ihm wegnehmen und einen andern hinstellen. Vielleicht merkt er es nich... Und nu rücken Sie ran hier, liebe Frau Dörr, oder lieber da drüben auf die Hutsche... Lene, na Sie wissen ja, is ausgeflogen un hat mich mal wieder in Stich gelassen.«

»Er war woll hier?«

»Freilich war er. Und beide sind nu ein bißchen auf Wilmersdorf zu; den Fußweg lang, da kommt keiner. Aber jeden Augenblick können sie wieder hier sein.«

»Na, da will ich doch lieber gehn.«

»O nich doch, liebe Frau Dörr. Er bleibt ja nich. Und wenn er auch bliebe, Sie wissen ja, der is nicht so.«

»Weiß, weiß. Und wie steht es denn?«

»Ja, wie soll es stehn? Ich glaube, sie denkt so was, wenn sie's auch nich wahr haben will, und bildet sich was ein.«

»O du meine Güte«, sagte Frau Dörr, während sie, statt der ihr angebotenen Fußbank, einen etwas höheren Schemel heranschob. »O du meine Güte, denn is es schlimm. Immer wenn das Einbilden anfängt, fängt auch das Schlimme an. Das is wie Amen in der Kirche. Sehen Sie, liebe Frau Nimptsch, mit mir war es ja eigentlich ebenso; man bloß nichts von Einbildung. Und bloß darum war es auch wieder ganz anders.«

Frau Nimptsch verstand augenscheinlich nicht recht, was die Dörr meinte, weshalb diese fortfuhr: »Und weil ich mir nie was in'n Kopp setzte, darum ging es immer ganz glatt und gut, und ich habe nu Dörren. Na, viel is es nich, aber es is doch was Anständiges, und man kann sich überall sehen lassen. Und drum bin ich auch in die Kirche mit ihm gefahren und nich bloß Standesamt. Bei Standesamt reden sie immer noch.« Die Nimptsch nickte.

Frau Dörr aber wiederholte: »Ja, in die Kirche, in die Matthäikirche un bei Büchseln. Aber, was ich eigentlich sagen wollte, sehen Sie, liebe Frau Nimptsch, ich war ja woll eigentlich größer und anziehlicher als die Lene, un wenn ich auch nicht hübscher war (denn so was kann man nie recht wissen, un die Geschmäcker sind so verschieden), so war ich doch so mehr im Vollen, un das mögen manche. Ja, soviel is richtig. Aber wenn ich auch sozusagen fester war un mehr im Gewicht fiel un so was hatte, nu ja, ich hatte so was, so war ich doch immer man ganz einfach un beinah simpel; un was nu er war, mein Graf mit seine fuffzig auf'm Puckel, na, der war auch man ganz simpel und bloß immer kreuzfidel un unanständig. Und da reichen ja keine hundert Mal, daß ich ihm gesagt habe: ›Ne, ne, Graf, *das* geht nicht, *so* was verbitt ich mir...‹ Und immer die Alten sind so. Und ich sage bloß, liebe Frau Nimptsch, Sie können sich so was gar nich denken. Gräßlich war es. Und wenn ich mir nu der Lene ihren Baron ansehe, denn schämt es mir immer noch, wenn ich denke, wie meiner war. Und nu gar erst die Lene selber. Jott, ein Engel is sie woll grade auch nich, aber propper und fleißig un kann alles und is für Ordnung un fürs Reelle. Und sehen Sie, liebe Frau Nimptsch, das is grade das Traurige. Was da so rumfliegt, heute hier un morgen da, na, das kommt nicht um, das fällt wie die Katz immer wieder auf vier Beine; aber so'n gutes Kind, das alles ernsthaft nimmt und alles aus Liebe tut, ja, *das* ist schlimm... Oder vielleicht is es auch nich so schlimm; Sie haben sie ja bloß angenommen un is nich Ihr eigen Fleisch und Blut, un vielleicht is es eine Prinzessin oder so was.«

Frau Nimptsch schüttelte bei dieser Vermutung den Kopf und schien antworten zu wollen. Aber die Dörr war schon aufgestanden und sagte, während sie den Gartensteig hinuntersah: »Gott, da kommen sie. Und bloß in Zivil un Rock un Hose ganz egal. Aber man sieht es doch! Und nu sagt er ihr was ins Ohr, und sie lacht so vor sich hin. Aber ganz rot is sie geworden... Und nu geht er. Und nu ... wahrhaftig, ich glaube, er dreht noch mal um. Nei, nei, er grüßt bloß noch mal, und sie wirft ihm Kußfinger zu... Ja, das glaub ich; so was laß ich mir gefallen... Nei, so war meiner nich.«

Frau Dörr sprach noch weiter, bis Lene kam und die beiden Frauen begrüßte.

Eine rechte Heiterkeit hatte nach diesem Spaziergang trotz aller von Isabeau gemachten Anstrengungen nicht mehr aufkommen wollen, was aber, wenigstens für Botho und Lene, das Schlimmere war, war das, daß diese Heiterkeit auch ausblieb, als sich beide von den Kameraden mit ihren Damen verabschiedet und ganz allein, in

Vierzehntes Kapitel

einem nur von ihnen besetzten Coupé, die Rückfahrt angetreten
hatten. Eine Stunde später waren sie, ziemlich herabgestimmt, auf
dem trübselig erleuchteten Görlitzer Bahnhof eingetroffen, und
hier, beim Aussteigen, hatte Lene sofort und mit einer Art
Dringlichkeit gebeten, sie den Weg durch die Stadt hin allein
machen zu lassen: sie seien ermüdet und abgespannt, und das tue
nicht gut; Botho aber war von dem, was er als schuldige Rücksicht
und Kavalierspflicht ansah, nicht abzubringen gewesen, und so
hatten sie denn in einer klapprigen alten Droschke die lange, lange
Fahrt am Kanal hin gemeinschaftlich gemacht, immer bemüht, ein
Gespräch über die Partie und wie hübsch sie gewesen sei zustande
zu bringen – eine schreckliche Zwangsunterhaltung, bei der Botho
nur zu sehr gefühlt hatte, wie richtig Lenens Empfindung gewesen
war, als sie von dieser Begleitung in beinahe beschwörendem Tone
nichts hatte wissen wollen. Ja, der Ausflug nach »Hankels Ablage«,
von dem man sich so viel versprochen und der auch wirklich so
schön und glücklich begonnen hatte, war in seinem Ausgange nichts
als eine Mischung von Verstimmung, Müdigkeit und Abspannung
gewesen, und nur im letzten Augenblick, wo Botho liebevoll
freundlich und mit einem gewissen Schuldbewußtsein sein »Gute
Nacht, Lene« gesagt hatte, war diese noch einmal auf ihn zugeeilt
und hatte, seine Hand ergreifend, ihn mit beinah leidenschaftlichem
Ungestüm geküßt: »Ach, Botho, es war heute nicht so, wie's hätte
sein sollen, und doch war niemand schuld... Auch die andern
nicht.«
»Laß es, Lene!«
»Nein, nein. Es war niemand schuld; dabei bleibt es, daran ist nichts
zu ändern. Aber daß es so ist, das ist eben das Schlimme daran.
Wenn wer schuld hat, dann bittet man um Verzeihung, und dann ist
es wieder gut. Aber das nutzt uns nichts. Und es ist auch nichts zu
verzeihn.«
»Lene...«
»Du mußt noch einen Augenblick hören. Ach, mein einziger
Botho, du willst es mir verbergen, aber es geht zu End. Und rasch,
ich weiß es.«
»Wie du nur sprichst.«
»Ich hab es freilich nur geträumt«, fuhr Lene fort. »Aber warum
hab ich es geträumt? Weil es mir den ganzen Tag vor der Seele steht.
Mein Traum war nur, was mir mein Herz eingab. Und was ich dir
noch sagen wollte, Botho, und warum ich dir die paar Schritte nach-
gelaufen bin: es bleibt doch bei dem, was ich dir gestern abend sagte.
Daß ich diesen Sommer leben konnte, war mir ein Glück und bleibt
mir ein Glück, auch wenn ich von heut ab unglücklich werde.«

»Lene, Lene, sprich nicht so . . .«

»Du fühlst selbst, daß ich recht habe; dein gutes Herz sträubt sich nur, es zuzugestehen, und will es nicht wahrhaben. Aber ich weiß es: gestern, als wir über die Wiese gingen und plauderten und ich dir den Strauß pflückte, das war unser letztes Glück und unsere letzte schöne Stunde.«

Mit diesem Gespräche hatte der Tag geschlossen, und nun war der andre Morgen, und die Sommersonne schien hell in Bothos Zimmer. Beide Fenster standen auf, und in den Kastanien draußen quirilierten die Spatzen. Botho selbst, aus einem Meerschaum rauchend, lag zurückgelehnt in seinem Schaukelstuhl und schlug dann und wann mit einem neben ihm liegenden Taschentuche nach einem großen Brummer, der, wenn er zu dem einen Fenster hinaus war, sofort wieder an dem andern erschien, um Botho hartnäckig und unerbittlich zu umsummen.

»Daß ich diese Bestie doch los wäre! Quälen, martern möcht ich sie. Diese Brummer sind allemal Unglücksboten und so hämisch zudringlich, als freuten sie sich über den Ärger, dessen Herold und Verkündiger sie sind.« In diesem Augenblicke schlug er wieder danach. »Wieder fort. Es hilft nichts. Also Resignation. Ergebung ist überhaupt das Beste. Die Türken sind die klügsten Leute.«

Das Zuschlagen der kleinen Gittertür draußen ließ ihn während dieses Selbstgesprächs auf den Vorgarten blicken und dabei des eben eingetretenen Briefträgers gewahr werden, der ihm gleich danach unter leichtem militärischem Gruß und mit einem »Guten Morgen, Herr Baron« erst eine Zeitung und dann einen Brief in das nicht allzu hohe Parterrefenster hineinreichte. Botho warf die Zeitung beiseite, zugleich den Brief betrachtend, auf dem er die kleine, dichtstehende, trotzdem aber sehr deutliche Handschrift seiner Mutter unschwer erkannt hatte. »Dacht ichs doch . . . Ich weiß schon, eh ich gelesen. Arme Lene.«

Und nun brach er den Brief auf und las:

»*Schloß Zehden*. 29. Juni 1875. Mein lieber Botho! Was ich Dir als Befürchtung in meinem letzten Briefe mitteilte, das hat sich nun erfüllt: Rothmüller in Arnswalde hat sein Kapital zum 1. Oktober gekündigt und nur ›aus alter Freundschaft‹ hinzugefügt, daß er bis Neujahr warten wolle, wenn es mir eine Verlegenheit schaffe. Denn er wisse wohl, was er dem Andenken des seligen Herrn Barons schuldig sei. Diese Hinzufügung, so gut sie gemeint sein mag, ist doch doppelt empfindlich für mich; es mischt sich so viel prätentiöse Rücksichtnahme mit ein, die niemals angenehm berührt, am wenigsten von solcher Seite her. Du begreifst vielleicht die Verstimmung und Sorge, die mir diese Zeilen geschaffen haben.

Onkel Kurt Anton würde helfen wie schon bei frührer Gelegenheit; er liebt mich und vor allem *Dich,* aber seine Geneigtheit immer wieder in Anspruch zu nehmen, hat doch etwas Bedrückliches und hat es um so mehr, als er unsrer ganzen Familie, speziell aber uns beiden, die Schuld an unsren ewigen Verlegenheiten zuschiebt. *Ich* bin ihm, trotz meines redlichen Michkümmerns um die Wirtschaft, nicht wirtschaftlich und anspruchslos genug, worin er recht haben mag, und *Du* bist ihm nicht praktisch und lebensklug genug, worin er wohl ebenfalls das Richtige treffen wird. Ja, Botho, so liegt es. Mein Bruder ist ein Mann von einem sehr feinen Rechts- und Billigkeitsgefühl und von einer in Geldangelegenheiten geradezu hervorragenden Gentilezza, was man nur von wenigen unsrer Edelleute sagen kann. Denn unsre Mark Brandenburg ist die Sparsamkeits- und, wo geholfen werden soll, sogar die Ängstlich-keitsprovinz; aber so gentil er ist, er hat seine Launen und Eigenwilligkeiten, und sich in diesen beharrlich gekreuzt zu sehen, hat ihn seit einiger Zeit aufs ernsthafteste verstimmt. Er sagte mir, als ich letzthin Veranlassung nahm, der uns abermals drohenden Kapitalskündigung zu gedenken: ›Ich stehe gern zu Diensten, Schwester, wie du weißt, aber ich bekenne dir offen, immer da helfen zu sollen, wo man sich in jedem Augenblicke selber helfen könnte, wenn man nur etwas einsichtiger und etwas weniger eigensinnig wäre, das erhebt starke Zumutungen an *die* Seite meines Charakters, die nie meine hervorragendste war: an meine Nachgie-bigkeit...‹ Du weißt, Botho, worauf sich diese seine Worte beziehen, und ich lege sie heute *Dir* ans Herz, wie sie damals von Onkel Kurt Antons Seite *mir* ans Herz gelegt wurden. Es gibt nichts, was Du, Deinen Worten und Briefen nach zu schließen, mehr perhorreszierst* als Sentimentalitäten, und doch fürcht ich, steckst Du selber drin, und zwar tiefer, als Du zugeben willst oder vielleicht weißt. Ich sage nicht mehr.«

Rienäcker legte den Brief aus der Hand und schritt im Zimmer auf und ab, während er den Meerschaum halb mechanisch mit einer Zigarette vertauschte. Dann nahm er den Brief wieder und las weiter: »Ja, Botho, Du hast unser aller Zukunft in der Hand und hast zu bestimmen, ob dies Gefühl einer beständigen Abhängigkeit fortdauern oder aufhören soll. Du hast es in der Hand, sag ich, aber, wie ich freilich hinzufügen muß, nur kurze Zeit noch, jedenfalls nicht auf lange mehr. Auch darüber hat Onkel Kurt Anton mit mir gesprochen, namentlich im Hinblick auf die Sellenthiner Mama, die sich bei seiner letzten Anwesenheit in Rothenmoor in dieser sie lebhaft beschäftigenden Sache nicht nur mit großer Entschiedenheit, sondern auch mit einem Anflug von Gereiztheit ausgesprochen hat. Ob das Haus Rienäcker vielleicht glaube, daß ein immer kleiner werdender Besitz nach Art der Sibyllinischen Bücher (wo sie den Vergleich her hat, weiß ich nicht) immer wertvoller würde? Käthe werde nun zweiundzwanzig, habe den Ton der großen Welt und verfüge mit Hilfe der von ihrer Tante Kielmannsegge herstammenden Erbschaft über ein Vermögen, dessen Zinsbetrag hinter dem Kapitalbetrag der Rienäckerschen Heide samt Muränensee nicht sehr erheblich zurückbleiben werde. Solche junge Dame lasse man überhaupt nicht warten, am wenigsten aber mit so viel Beharrlichkeit und Seelenruhe. Wenn es Herrn von Rienäcker beliebe, das, was früher darüber von seiten der Familie geplant und besprochen sei, fallen zu lassen und stattgehabte Verabredungen als bloßes Kinderspiel anzusehn, so habe sie nichts dagegen. Herr von Rienäcker *sei* frei von dem Augenblick an, wo er frei sein wolle. Wenn er aber umgekehrt vorhabe, von dieser unbedingten Rückzugsfreiheit nicht Gebrauch machen zu wollen, so sei es an der Zeit, auch das zu zeigen. Sie wünsche nicht, daß ihre Tochter in das Gerede der Leute komme.

Du wirst dem Tone, der hieraus spricht, unschwer entnehmen, daß es durchaus nötig ist, Entschlüsse zu fassen und zu handeln. Was ich wünsche, weißt Du. Meine Wünsche sollen aber nicht verbindlich für Dich sein. Handle, wie Dir eigene Klugheit es eingibt; entscheide Dich so oder so, nur handle überhaupt! Ein Rückzug ist ehrenvoller als fernere Hinausschiebung. Säumst Du länger, so verlieren wir nicht nur die Braut, sondern das Sellenthiner Haus überhaupt und, was noch schlimmer, ja das Schlimmste ist, auch die freundlichen und immer hilfebereiten Gesinnungen des Onkels. Meine Gedanken begleiten Dich, möchten sie Dich auch leiten können. Ich wiederhole Dir, es wäre der Weg zu Deinem und unser aller Glück. Womit ich verbleibe Deine Dich liebende Mutter Josephine von R.«

Botho, als er gelesen, war in großer Erregung. Es war so, wie der Brief es aussprach, und ein Hinausschieben nicht länger möglich. Es stand nicht gut mit dem Rienäckerschen Vermögen, und Verlegenheiten waren da, die durch eigne Klugheit und Energie zu heben er durchaus nicht die Kraft in sich fühlte. »Wer bin ich? Durchschnittsmensch aus der sogenannten Obersphäre der Gesellschaft. Und was kann ich? Ich kann ein Pferd stallmeistern, einen Kapaun tranchieren und ein Jeu machen. Das ist alles, und so hab ich denn die Wahl zwischen Kunstreiter, Oberkellner und Croupier. Höchstens kommt noch der Troupier hinzu, wenn ich in eine Fremdenlegion eintreten will. Und Lene dann mit mir als Tochter des

Regiments. Ich sehe sie schon in kurzem Rock und Hackenstiefeln und ein Tönnchen auf dem Rücken.«

In diesem Tone sprach er weiter und gefiel sich darin, sich bittre Dinge zu sagen. Endlich aber zog er die Klingel und beorderte sein Pferd, weil er ausreiten wolle. Und nicht lange, so hielt eine prächtige Fuchsstute draußen, ein Geschenk des Onkels, zugleich der Neid der Kameraden. Er hob sich in den Sattel, gab dem Burschen einige Weisungen und ritt auf die Moabiter Brücke zu, nach deren Passierung er in einen breiten, über Fenn und Feld in die Jungfernheide hinüberführenden Weg einlenkte. Hier ließ er sein Pferd aus dem Trab in den Schritt fallen und nahm sich, während er bis dahin allerhand unklaren Gedanken nachgehangen hatte, mit jedem Augenblicke fester und schärfer ins Verhör. »Was ist es denn, was mich hindert, den Schritt zu tun, den alle Welt erwartet? Will ich Lene heiraten? Nein. Hab ichs ihr versprochen? Nein. Erwartet sie's? Nein. Oder wird uns die Trennung leichter, wenn ich sie hinausschiebe? Nein. Immer nein und wieder nein. Und doch säume und schwanke ich, *das* eine zu tun, was durchaus getan werden muß. Und weshalb säume ich? Woher diese Schwankungen und Vertagungen? Törichte Frage. Weil ich sie liebe.«

Kanonenschüsse, die vom Tegeler Schießplatz herüberklangen, unterbrachen hier sein Selbstgespräch, und erst als er das momentan unruhig gewordene Pferd wieder beruhigt hatte, nahm er den früheren Gedankengang wieder auf und wiederholte: »Weil ich sie liebe! Ja. Und warum soll ich mich dieser Neigung schämen? Das Gefühl ist souverän, und die Tatsache, daß man liebt, ist auch das Recht dazu, möge die Welt noch so sehr den Kopf darüber schütteln oder von Rätsel sprechen. Übrigens ist es kein Rätsel, und wenn doch, so kann ich es lösen. Jeder Mensch ist seiner Natur nach auf bestimmte, mitunter sehr, sehr kleine Dinge gestellt, Dinge, die, trotzdem sie klein sind, für ihn das Leben oder doch des Lebens Bestes bedeuten. Und dies Beste heißt mir Einfachheit, Wahrheit, Natürlichkeit. Das alles hat Lene; damit hat sie mirs angetan, da liegt der Zauber, aus dem mich zu lösen mir jetzt so schwerfällt.«

In diesem Augenblicke stutzte sein Pferd, und er wurde eines aus einem Wiesenstreifen aufgescheuchten Hasen gewahr, der dicht vor ihm auf die Jungfernheide zu jagte. Neugierig sah er ihm nach und nahm seine Betrachtungen erst wieder auf, als der Flüchtige zwischen den Stämmen der Heide verschwunden war. »Und war es denn«, fuhr er fort, »etwas so Törichtes und Unmögliches, was ich wollte? Nein. Es liegt nicht in mir, die Welt herauszufordern und ihr und ihren Vorurteilen öffentlich den Krieg zu erklären; ich bin durchaus gegen solche Donquichotterien. Alles, was ich wollte, war ein verschwiegenes Glück, ein Glück, für das ich früher oder später, um des ihr ersparten Affronts willen, die stille Gutheißung der Gesellschaft erwartete. So war mein Traum, so gingen meine Hoffnungen und Gedanken. Und nun soll ich heraus aus diesem Glück und soll ein andres eintauschen, das mir keins ist. Ich hab eine Gleichgültigkeit gegen den Salon und einen Widerwillen gegen alles Unwahre, Geschraubte, Zurechtgemachte, Chic, Tournure, Savoir-faire* – mir alles ebenso häßliche wie fremde Wörter.«

Hier bog das Pferd, das er schon seit einer Viertelstunde kaum noch im Zügel hatte, wie von selbst in einen Seitenweg ein, der zunächst auf ein Stück Ackerland und gleich dahinter auf einen von Unterholz und ein paar Eichen eingefaßten Grasplatz führte. Hier, im Schatten eines der älteren Bäume, stand ein kurzes, gedrungenes Steinkreuz, und als er näher heranritt, um zu sehen, was es mit diesem Kreuz eigentlich sei, las er: »*Ludwig v. Hinckeldey,* gest. 10. März 1856.« Wie das ihn traf! Er wußte, daß das Kreuz hier herum stehe, war aber nie bis an diese Stelle gekommen und sah es nun als ein Zeichen an, daß das seinem eigenen Willen überlassene Pferd ihn gerade hierher geführt hatte. Hinckeldey! Das war nun an die zwanzig Jahr, daß der damals Allmächtige zu Tode kam, und alles, was bei der Nachricht davon in seinem Elternhause gesprochen worden war, das stand jetzt wieder lebhaft vor seiner Seele. Vor allem *eine* Geschichte kam ihm wieder in Erinnerung. Einer der bürgerlichen, seinem Chef besonders vertrauten Räte hatte übrigens gewarnt und abgemahnt und das Duell überhaupt, und nun gar ein solches und unter solchen Umständen, als einen Unsinn und als ein Verbrechen bezeichnet. Aber der sich bei *dieser* Gelegenheit plötzlich auf den Edelmann hin ausspielende Vorgesetzte hatte brüsk und hochmütig geantwortet: »Nörner, davon verstehen Sie nichts.« Und eine Stunde später war er in den Tod gegangen. Und warum? Einer Adelsvorstellung, einer Standesmarotte zuliebe, die mächtiger war als alle Vernunft, auch mächtiger als das Gesetz, dessen Hüter und Schützer zu sein er recht eigentlich die Pflicht hatte. »Lehrreich. Und was habe ich speziell daraus zu lernen? Was predigt dies Denkmal *mir*? Jedenfalls das eine, daß das Herkommen unser Tun bestimmt. Wer ihm gehorcht, kann zugrunde gehn, aber er geht besser zugrunde als der, der ihm widerspricht.«

Während er noch so sann, warf er sein Pferd herum und ritt querfeldein auf ein großes Etablissement, ein Walzwerk oder eine Maschinenwerkstatt, zu, draus aus zahlreichen Essen Qualm und Feuersäulen in die Luft stiegen. Es war Mittag, und ein Teil der Arbeiter saß draußen im Schatten, um die Mahlzeit einzunehmen.

Die Frauen, die das Essen gebracht hatten, standen plaudernd daneben, einige mit einem Säugling auf dem Arm, und lachten sich untereinander an, wenn ein schelmisches oder anzügliches Wort gesprochen wurde. Rienäcker, der sich den Sinn für das Natürliche mit nur zu gutem Rechte zuschrieb, war entzückt von dem Bilde, das sich ihm bot, und mit einem Anfluge von Neid sah er auf die Gruppe glücklicher Menschen. »Arbeit und täglich Brot und Ordnung. Wenn unsre märkischen Leute sich verheiraten, so reden sie nicht von Leidenschaft und Liebe, sie sagen nur: ›Ich muß doch meine Ordnung haben‹, und das ist ein schöner Zug im Leben unsres Volks und nicht einmal prosaisch. Denn Ordnung ist viel und mitunter alles. Und nun frag ich mich: War *mein* Leben in der ›Ordnung‹? Nein. Ordnung ist Ehe.« So sprach er noch eine Weile vor sich hin, und dann sah er wieder Lene vor sich stehn, aber in ihrem Auge lag nichts von Vorwurf und Anklage, sondern es war umgekehrt, als ob sie freundlich zustimme.

»Ja, meine liebe Lene, du bist auch für Arbeit und Ordnung und siehst es ein und machst es mir nicht schwer ... aber schwer ist es doch ... für dich und mich.«

Er setzte sein Pferd wieder in Trab und hielt sich noch eine Strecke hart an der Spree hin. Dann aber bog er, an den in der Mittagsstille daliegenden Zelten vorüber, in einen Reitweg ein, der ihn bis an den Wrangel-Brunnen und gleich danach bis vor seine Tür führte.

Fünfzehntes Kapitel

Botho wollte sofort zu Lene hinaus, und als er fühlte, daß er dazu keine Kraft habe, wollt er wenigstens schreiben. Aber auch das ging nicht. »Ich kann es nicht, heute nicht.« Und so ließ er den Tag vergehen und wartete bis zum andern Morgen. Da schrieb er denn in aller Kürze.

»Liebe Lene! Nun kommt es doch so, wie Du mir vorgestern gesagt: Abschied. Und Abschied auf immer. Ich hatte Briefe von Haus, die mich zwingen; es muß sein, und weil es sein muß, so sei es schnell ... Ach, ich wollte, diese Tage lägen hinter uns. Ich sage Dir weiter nichts, auch nicht, wie mir ums Herz ist ... Es war eine kurze schöne Zeit, und ich werde nichts davon vergessen. Gegen neun bin ich bei Dir, nicht früher, denn es darf nicht lange dauern. Auf Wiedersehn, nur noch einmal auf Wiedersehn. Dein B. v. R.«

Und nun kam er. Lene stand am Gitter und empfing ihn wie sonst; nicht der kleinste Zug von Vorwurf oder auch nur von schmerzlicher Entsagung lag in ihrem Gesicht. Sie nahm seinen Arm, und so gingen sie den Vorgartensteig hinauf.

»Es ist recht, daß du kommst ... Ich freue mich, daß du da bist. Und du mußt dich auch freuen.«

Unter diesen Worten hatten sie das Haus erreicht, und Botho machte Miene, wie gewöhnlich vom Flur her in das große Vorderzimmer einzutreten. Aber Lene zog ihn weiter fort und sagte: »Nein, Frau Dörr ist drin...«

»Und ist uns noch bös?«

»Das nicht. Ich habe sie beruhigt. Aber, was sollen wir heut mit ihr? Komm, es ist ein so schöner Abend, und wir wollen allein sein.«

Er war einverstanden, und so gingen sie denn den Flur hinunter und über den Hof auf den Garten zu. Sultan regte sich nicht und blinzelte nur beiden nach, als sie den großen Mittelsteig hinauf und dann auf die zwischen den Himbeerbüschen stehende Bank zuschritten.

Als sie hier ankamen, setzten sie sich. Es war still; nur vom Felde her hörte man ein Gezirp, und der Mond stand über ihnen.

Sie lehnte sich an ihn und sagte ruhig und herzlich: »Und das ist nun also das letzte Mal, daß ich deine Hand in meiner halte?«

»Ja, Lene. Kannst du mir verzeihn?«

»Wie du nur immer fragst. Was soll ich dir verzeihn?«

»Daß ich deinem Herzen wehe tue.«

»Ja, weh tut es. Das ist wahr.«

Und nun schwieg sie wieder und sah hinauf auf die blaß am Himmel heraufziehenden Sterne.

»Woran denkst du, Lene?«

»Wie schön es wäre, dort oben zu sein.«

»Sprich nicht so. Du darfst dir das Leben nicht wegwünschen; von solchem Wunsche ist nur noch ein Schritt...«

Sie lächelte. »Nein, das nicht. Ich bin nicht wie das Mädchen, das an den Ziehbrunnen lief und sich hineinstürzte, weil ihr Liebhaber mit einer andern tanzte. Weißt du noch, wie du mir davon erzähltest?«

»Aber, was soll es dann? Du bist doch nicht so, daß du so was sagst, bloß um etwas zu sagen.«

»Nein, ich hab es auch ernsthaft gemeint. Und wirklich«, und sie wies hinauf, »ich wäre gerne da. Da hätt ich Ruh. Aber ich kann es abwarten... Und nun komm und laß uns ins Feld gehn. Ich habe kein Tuch mit herausgenommen und find es kalt hier im Stillsitzen.«

Und so gingen sie denn denselben Feldweg hinauf, der sie damals bis an die vorderste Häuserreihe von Wilmersdorf geführt hatte. Der Turm war deutlich sichtbar unter dem sternenklaren Himmel, und nur über den Wiesengrund zog ein dünner Nebelschleier.

»Weißt du noch«, sagte Botho, »wie wir mit Frau Dörr hier gingen?«

Sie nickte. »Deshalb hab ich dirs vorgeschlagen; mich fror gar nicht oder doch kaum. Ach, es war ein so schöner Tag damals, und so heiter und glücklich bin ich nie gewesen, nicht vorher und nicht nachher. Noch in diesem Augenblicke lacht mir das Herz, wenn ich daran zurückdenke, wie wir gingen und sangen: ›Denkst du daran.‹ Ja, Erinnerung ist viel, ist alles. Und die hab ich nun und bleibt mir und kann mir nicht mehr genommen werden. Und ich fühle ordentlich, wie mir dabei leicht zumute wird.«

Er umarmte sie. »Du bist so gut.«

Lene aber fuhr in ihrem ruhigen Tone fort: »Und daß mir so leicht ums Herz ist, das will ich nicht vorübergehn lassen und will dir alles sagen. Eigentlich ist es das alte, was ich dir immer schon gesagt habe, noch vorgestern, als wir draußen auf der halb gescheiterten Partie waren, und dann nachher, als wir uns trennten. Ich hab es so kommen sehn, von Anfang an, und es geschieht nur, was muß. Wenn man schön geträumt hat, so muß man Gott dafür danken und darf nicht klagen, daß der Traum aufhört und die Wirklichkeit wieder anfängt. Jetzt ist es schwer, aber es vergißt sich alles oder gewinnt wieder ein freundliches Gesicht. Und eines Tages bist du wieder glücklich und vielleicht ich auch.«

»Glaubst du's? Und wenn nicht, was dann?«

»Dann lebt man ohne Glück.«

»Ach, Lene, du sagst das so hin, als ob Glück nichts wäre. Aber es ist was, und das quält mich eben, und ist mir doch, als ob ich dir ein Unrecht getan hätte.«

Davon sprech ich dich frei. Du hast mir kein Unrecht getan, hast mich nicht auf Irrwege geführt und hast mir nichts versprochen. Alles war mein freier Entschluß. Ich habe dich von Herzen liebgehabt, das war mein Schicksal, und wenn es eine Schuld war, so war es *meine* Schuld. Und noch dazu eine Schuld, deren ich mich, ich muß es dir immer wieder sagen, von ganzer Seele freue, denn sie war mein Glück. Wenn ich nun dafür zahlen muß, so zahle ich gern. Du hast nicht gekränkt, nicht verletzt, nicht beleidigt oder doch höchstens das, was die Menschen Anstand nennen und gute Sitte. Soll ich mich darum grämen? Nein. Es rückt sich alles wieder zurecht, auch das. Und nun komm und laß uns umkehren. Sieh nur, wie die Nebel steigen; ich denke, Frau Dörr ist nun fort, und wir treffen die gute Alte allein. Sie weiß von allem und hat den ganzen Tag über immer nur ein und dasselbe gesagt.«

»Und was?«

»Daß es so gut sei.«

Frau Nimptsch war wirklich allein, als Botho und Lene bei ihr eintraten. Alles war still und dämmerig, und nur das Herdfeuer warf einen Lichtschein über die breiten Schatten, die sich schräg durch das Zimmer zogen. Der Stieglitz schlief schon lange in seinem Bauer, und man hörte nichts als dann und wann das Zischen des überkochenden Wassers.

»Guten Abend, Mutterchen!« sagte Botho.

Die Alte gab den Gruß zurück und wollte von ihrer Fußbank aufstehen, um den großen Lehnstuhl heranzurücken. Aber Botho litt es nicht und sagte: »Nein, Mutterchen, ich setze mich auf meinen alten Platz.«

Und dabei schob er den Schemel ans Feuer.

Eine kleine Pause trat ein; alsbald aber begann er wieder: »Ich komme heut, um Abschied zu nehmen und Ihnen für alles Liebe und Gute zu danken, das ich hier so lange gehabt habe. Ja, Mutterchen, so recht von Herzen. Ich bin hier so gern gewesen und so glücklich. Aber nun muß ich fort, und alles, was ich noch sagen kann, ist bloß das: es ist wohl das Beste so.«

Die Alte schwieg und nickte zustimmend. »Aber ich bin nicht aus der Welt«, fuhr Botho fort, »und ich werde Sie nicht vergessen, Mutterchen. Und nun geben Sie mir die Hand. So. Und nun gute Nacht!«

Hiernach stand er schnell auf und schritt auf die Tür zu, während Lene sich an ihn hing. So gingen sie bis an das Gartengitter, ohne daß weiter ein Wort gesprochen wäre. Dann aber sagte sie: »Nun kurz, Botho! Meine Kräfte reichen nicht mehr; es war doch zuviel, diese zwei Tage. Lebe wohl, mein Einziger, und sei so glücklich, wie du's verdienst, und so glücklich, wie du mich gemacht hast. Dann bist du glücklich. Und von dem andern rede nicht mehr, es ist der Rede nicht wert. So, so.«

Und sie gab ihm einen Kuß und noch einen und schloß dann das Gitter.

Als er an der andern Seite der Straße stand, schien er, als er Lenens ansichtig wurde, noch einmal umkehren und Wort und Kuß mit ihr tauschen zu wollen. Aber sie wehrte heftig mit der Hand. Und so ging er denn weiter die Straße hinab, während sie, den Kopf auf den Arm und den Arm auf den Gitterpfosten gestützt, ihm mit großem Auge nachsah.

So stand sie noch lange, bis sein Schritt in der nächtlichen Stille verhallt war.

Paul Schlenther,
Irrungen, Wirrun-
gen, *Roman von
Theodor Fontane*
(»Vossische Zeitung«,
1. 4. 1888)

Die innern persönlichen Bedingungen dazu, daß Botho und Lene
nicht bloß für einen kurzen Sommer, sondern für ein langes Leben
selbander glücklich werden, sind vorhanden. Was sie von der ersten
Begegnung ab zusammenhält, ist nicht Verliebtheit, sondern Liebe.
Sie erkennen und verstehen einander bis auf den Grund ihrer guten
Seelen. Dem natürlichen Gefühl des Mädchens bleibt nichts fremd,
was in allen Fragen der Empfindung, der Bildung, des Geschmacks
den Geliebten bewegt. Sie läßt sich von seinem bessern Wissen leiten,
ohne die Selbständigkeit ihres Wesens aufzuopfern, ein Opfer, das
Männer wie Botho nicht begehren, sondern verschmähen, da ihnen
das Wesen der Geliebten lieber sein muß als ihr eignes. Botho hat für
Lenes Wesen ein so inniges Verständnis, daß durch sie sich ihre ganze
Umgebung ihm verklärt. Er fühlt sich so wohl am Herdfeuer der
alten Mutter Nimptsch, und der plebejischen Gemütlichkeit der
Leute Dörr begegnet er mit belustigter Duldung. Frei und zart
bewegt sich der schöne Reiteroffizier in diesem Volkskreise, denn er
ist auch ein Aristokrat des Herzens. Aber wenn er mit seiner Lene
aus diesem Kreise herausträte und sie auf sein märkisches Land-
schloß führte, so würde auch sie sich zart und fein dort benehmen,
denn in diesem Volksmädchen steckt ein demokratisches Selbstgefühl, das sie still und bescheiden in sich birgt, aber das sich gebietend
aufrichten würde, wenn man unwürdige Ansprüche an ihre
Unterwürfigkeit stellte. Die beiden Naturen sind füreinander
geschaffen. Mit Leib und Seele gehören sie zusammen, und als sie
sich in klarer Erkenntnis der Sachlage aus freiem Entschluß für
immer trennen, gibt jedes dem andern ein Stück höchsten Lebens-
glücks auf Nimmerwiederkehr mit. Was aber führt sie zur Trennung? Warum können sie nicht glücklich bleiben? Den innern
persönlichen Bedingungen fehlt das notwendige Korrelat der äußern
sozialen Bedingungen. Für Lene wie für Botho! Botho hat
Verpflichtungen gegen seine Familie, gegen Vergangenheit und
Zukunft seines Hauses. Diese Verpflichtungen bedrängen und
beengen seine Herzenspassion, und nach schwerem Kampfe mit sich
selbst bringt er das Opfer als ein Ergebnis vernünftiger Erwägun-
gen. Und Lene darf nicht über Untreue klagen, sie hatte trotz aller
Liebe niemals ein Recht auf seinen Besitz; denn als sie sich ihm
hingab, konnte sie ihm nicht mehr ihre Unschuld geben. Vor diesem
Einziggeliebten war schon einer gewesen, den sie »gern gehabt
hatte«. Was für Botho noch Zweifel ist, steht für sie von vornherein
fest. Ihre Liebe kann und darf nur ein Sommerglück bleiben. Botho
muß erst durch Überlegung einsehen, Lene aber weiß es vom Gefühl
aus, daß die allgemeine bestehende Lebensordnung mit ihren
Standeseinteilungen, ihren sittlichen Satzungen, ihren Forderungen

an die Opferwilligkeit und Unterwerfung des einzelnen höher steht als das Innenleben des einzelnen. Das Wäschermädchen Lene Nimptsch denkt also durchaus verschieden von freien norwegischen Frauen, welche das Recht ihrer Persönlichkeit gegenüber der Macht der Verhältnisse als das Höhere und Adeligere behaupten. Lene denkt aber auch wesentlich anders als eine gewisse Frau Melanie Rubehn, geschiedene Kommerzienrätin van der Straaten, welche in dem Roman L'Adultera ihren Mann und zwei Kinder verläßt, um dem Geliebten anzugehören, ohne Rücksicht auf guten Ruf, Familie und Welt. Wenn man bedenkt, daß der Verfasser von Irrungen, Wirrungen zugleich Verfasser von L'Adultera ist, so bleibt man nicht geneigt, die Grundsätze, nach denen Lene und Botho verfahren, auf eine bestimmte und dauernde Lebensanschauung des Dichters zurückzuführen. Man ist Dichtern gegenüber, die das moderne Leben zeigen wollen, wie es ist – und nur solche Dichter haben in unserem Zeitalter ein Recht auf Leben und Dichten –, man ist diesen Dichtern gegenüber schnell fertig damit, ihr Denken und Fühlen mit dem ihrer Personen vorwurfsvoll zu identifizieren. Allerdings teilt gerade Fontane von seiner starken und festumgrenzten Persönlichkeit gar viel seinen Gestalten mit, und Botho Rienäcker ist gewiß weniger ein Gardeleutnant heutigen Datums als vielmehr einer jener liebenswürdigen Kameraden, mit denen Fontane, wie er selbst einmal erzählte, vor vierzig Jahren in der Kaserne Scherenbergsche Poesie gelesen hat, mit denen er die geistigen Ideale seiner Jugend teilte. Auch eine Frau Dörr und (wem hüpft nicht das Herz vor Vergnügen, wenn er ihrer gedenkt?) auch eine Königin Isabeau, auch diese Musterexemplare realistischer Darstellungskunst bringen einen Hauch Fontaneschen Geistes mit; es ist, als hätte sich wie weihend eine feine Poetenhand auf diese plumpen Köpfe gelegt, und davon blieb die freundliche Spur zurück. Für die künstlerische Möglichkeit, daß Typisches und Individuelles, Subjektivität des Autors und Objektivität sich unter Ausgleich aller Gegensätze zu einer Einheit verbinden, ist dieser Roman eines der schönsten Beispiele. Darum aber darf man nicht in der Identifizierung des Dichters mit seinem Werk zu weit gehen. Vielleicht ist der Dichter selbst erst nach Vollendung seines Werkes darüber klar geworden, wieweit er selbst im Werke steckt und wieweit er darüber erhaben steht. Das natürliche, gerade Empfinden teilt er mit all seinen Personen, seine Lene liebt er genauso innig, wie Botho sie liebt; und wenn er in eigner Person auf Hankels Ablage den Töchtern d'Arcs begegnete, so würde er unbeschadet ihrer unzweifelhaften Vergangenheiten und trotz dem großen Fettfleck auf dem Sonnenschirm in aller Herzlichkeit ein Glas Maibowle mit ihnen trinken. Darum komme niemand, der ihm einen Vorwurf daraus mache, daß er ein menschenfreundliches Verständnis auch für solche Gotteskreaturen hat, die er zugleich mit überlegener Laune und doch mit herzlicher Teilnahme sieht und wiedergibt. Was sollen überhaupt Vorwürfe solcher Art? Ist es nicht genug, wenn ein Stück vom Alltagsleben in reiner künstlerischer Form von bezaubernder Zartheit und vollkommener Harmonie so derb und tüchtig sich darstellt, als erlebten wir es? Ist es ein Frevel, anstelle von Romanschatten, wandelnder Probleme, psychologischer Rechenexempel leibhaftige Menschen zu gestalten, deren Herzschlag wir hören, wenn ihnen ein Schicksal auf die Brust fällt? Ist es brutal, wenn im Roman einfache Leute kein Schriftdeutsch, kein Briefdeutsch, sondern jeder mit der eigenen lebendigen Zunge reden? Unser Geschlecht wird aussterben, andere Verhältnisse, andere Naturen werden kommen; man wird fragen, wie lebten, sprachen und dachten die Berliner gegen Ende des 19. Jahrhunderts? Und dann wird ein glücklicher Finder (vielleicht ist er einer der vielgeschmähten »ausbuddelnden Literaturhistoriker«) unter einem erschrecklichen Wust leerer Worte und leerer Träume, unter senilen Verblassungen und puerilem Radau das Büchelchen Irrungen, Wirrungen hervorziehen, eine beliebige Seite aufschlagen und rufen: Hier leset, und dann wißt ihr, wie sich's damals lebte: Sie entsagten, weil sie mußten, aber sie gingen nicht in den Brunnen, sondern lebten weiter ihrer Pflicht, und wenn von Zeit zu Zeit beim Gedanken an das verlorene große Glück ein Schwert durch die Herzen fuhr, so wußten sie doch mit ihrem kleinen Rest von Glück gut und treu auszuhalten; und für die ganze Dauer des glückhaften Lebens nahmen sie mit ein paar seligen Stunden vorlieb; Botho, der Gemahl der netten, hübschen, lustigen Käthe, die sich herzlich liebhaben ließe, wenn man nicht an die einzige Lene dächte, und Lene, die Frau des braven, in seinem selbstgestalteten Gott vergnügten Meisters, bei dem es ein zufriedenes, sauberes Dasein gibt und dessen einziger Fehler ist, daß er so ganz anders als der einzige Botho. Auf das Glück verzichten zu können, um des Anspruchs willen, den das Allgemeine an das Besondere erheben muß, damit die bestehende Weltordnung im Gefüge bleibt – das ist die große ethische Tendenz, die aus den Vorgängen dieser Berliner »Alltagsgeschichte« und ihrer realistischen Symbolik hervorleuchtet. Alles erklärt sich aus einfachen und sinnlichen Verhältnissen. Jede Tat, jedes Gefühl des Paares wird beleuchtet durch einen Kontrast, aus diesen Kontrasten entstehen Gestalten, aus dieser Gestalten Fülle ein Kunstwerk, in dem das Echte durch den Gegensatz zum Unechten hervortritt und es keinen Sieg ohne

*Anfechtung gibt. Wäre Lene ohne Fehl und Botho ohne Schuld, so wäre ihre Entsagung unmenschlich, und nur das Menschliche ergreift.*

Krummhubel, 8. September 1887    *An den Sohn Theodor*

[...] In der Parallele, die Du zwischen »Irrungen, Wirrungen« und »Cécile« ziehst, stehe ich ganz auf Deiner Seite [...] Auch darin hast Du recht, daß nicht alle Welt, wenigstens nicht nach außen hin, ebenso nachsichtig über Lene denken wird wie ich, aber so gern ich dies zugebe, so gewiß ist es mir auch, daß in diesem offnen Bekennen einer bestimmten Stellung zu diesen Fragen ein Stückchen Wert und ein Stückchen Bedeutung des Buches liegt. Wir stecken ja bis über die Ohren in allerhand konventioneller Lüge und sollten uns schämen über die Heuchelei, die wir treiben, über das falsche Spiel, das wir spielen. Gibt es denn, außer ein paar Nachmittagspredigern, in deren Seelen ich auch nicht hineinkucken mag, gibt es denn außer ein paar solchen fragwürdigen Ausnahmen noch irgendeinen gebildeten und herzensanständigen Menschen, der sich über eine Schneidermamsell mit einem freien Liebesverhältnis *wirklich* moralisch entrüstet? *Ich* kenne keinen und setze hinzu, Gott sei Dank, daß ich keinen kenne. Jedenfalls würde ich ihm aus dem Wege gehn und mich vor ihm als vor einem gefährlichen Menschen hüten. »Du sollst nicht ehebrechen«, das ist nun bald 4 Jahrtausende alt und wird auch wohl noch älter werden und in Kraft und Ansehn bleiben. Es ist ein *Pakt*, den ich schließe und den ich schon um deshalb, aber auch noch aus andern Gründen ehrlich halten muß; tu ich's nicht, so tu ich ein Unrecht, wenn nicht ein »Abkommen« die Sache anderweitig regelt. Der freie Mensch aber, der sich nach *dieser* Seite hin zu nichts verpflichtet hat, kann tun, was er will, und muß nur die sogenannten »*natürlichen Konsequenzen*«, die mitunter sehr hart sind, entschlossen und tapfer auf sich nehmen. Aber diese »natürlichen Konsequenzen«, welcher Art sie sein mögen, haben mit der Moralfrage gar nichts zu schaffen. Im wesentlichen denkt und fühlt alle Welt so, und es wird nicht mehr lange dauern, daß diese Anschauung auch *gilt* und ein ehrlicheres Urteil herstellt. Wie haben sich die Dinge seit den »Einmauerungen« und »In-den-Sack-Stecken« geändert, und sie werden sich weiter ändern. Empörend ist die Haltung einiger Zeitungen, deren illegitimer Kinderbestand weit über ein Dutzend hinausgeht (der Chefredakteur immer mit dem Löwenanteil) und die sich nun darin gefallen, mir »gute Sitte« beizubringen. Arme Schächer! Aber es finden sich immer Geheimräte, sogar subalterne, die solcher Heuchelei zustimmen. [...]


*Berlin*, d. 17. Februar 1888.
[...] Es ist ein sonderbares Metier, die Schriftstellerei, und Du kannst mir danken, daß ich Dir zugerufen habe: bleibe davon! Nur die, die durchaus weiter nichts können und deutlich fühlen, daß sie, wohl oder übel, nun mal an diese Stelle gehören und nur an diese, nur die dürfen es wagen. Einfach, weil sie müssen und weil ein andres Leben sie erst recht nicht befriedigen würde. Wer aber fühlt, daß er auch Beine abschneiden oder Bahnhofswölbungen berechnen oder einen neuen Stern oder ein neues Alkaloid entdecken kann, der bleibe von den Künsten fern. Unter Tausenden ist nur immer ein *Julius Wolff*, den sich nicht die Muse, wohl aber das Glück auswählt, um Ruhm und Gold auf ihn zu häufen.
[...] Friedel arbeitet weiter an der Hebung des deutschen Buchhandels, was ja, nach Ansicht der Buchhändler, gleichbedeutend ist mit Hebung der deutschen Literatur. In Wahrheit wird es immer schofler. [...]

Ein noch größeres Interesse weckt das etwa tausend Schritt von Dreilinden, unmittelbar am kleinen Wannsee gelegene *Grab von Heinrich v. Kleist*. Erst der Prinz erwarb diesen Uferstreifen. Die Stätte selbst ist seit Eröffnung der in geringer Entfernung vorüberführenden Grunewaldbahn eine vielbesuchte Pilgerstätte geworden und in schöner Jahreszeit vergeht wohl kein Nachmittag, an dem nicht Sommervergnüglinge von Station Neu-Babelsberg her aufbrächen, um, am Wannsee hin ihren Weg nehmend, dem toten Dichter ihren Besuch zu machen.

*Aus:*
Fünf Schlösser
1. Kapitel. Kleists
Grab
*(1888)*

Der Weg von Dreilinden her aber ist ein *andrer* und mündet erst in verhältnismäßiger Nähe von »Kleists Grab« in einen sowohl dem Neu-Babelsberger wie dem Dreilindner Wege gemeinschaftlichen, von Werft und Weiden umstandenen Wiesenpfad ein, der auf die (wie schon hier bemerkt werden möge) sich dem Auge völlig entziehende Begräbnisstätte zuführt.

An eben erwähntem Einmündungspunkte gesellt' ich mich einer »Partie« zu: vier Personen und einem Pinscher, die, den Pinscher nicht ausgeschlossen, mit jener Heiterkeit, die, von alter Zeit her, allen Gräberbesuch auszeichnet, ihre Pilgerfahrt bewerkstelligten. Es waren kleine Leute, deren ausgesprochenster Vorstadts- und Bourgeoischarakter mir, in dem Gespräche, das sie führten, nicht lange zweifelhaft bleiben konnte.

Die Tochter ging ein paar Schritte vorauf. »Er soll ja so furchtbar arm gewesen sein«, sagte sie mit halber Wendung, während sie zugleich mit einem an einer Kette hängenden großen Medaillon spielte. »Solch berühmter Dichter! Ich kann es mir eigentlich jar nich denken.«

»Ja, das sagst du wohl, Anna«, sagte der Vater. »Aber das kann ich dir sagen, arm waren damals alle. Und der Adel natürlich am ärmsten. Und war auch schuld. Denn erstens diese Hochmütigkeit und dann dieser Kladderadatsch und diese Schlappe. Na, Gott sei Dank, so was kommt nich mehr vor. Davor haben wir jetzt Bismarcken.«

»Ach, Herrmann«, unterbrach ihn hier die Frau, »laß doch den. Hier sind wir ja doch bei Kleisten. Und arm? Ich hab es janz anders gehört; um eine kranke Frau war es. Und er soll ihr ja so furchtbar geliebt haben.«

»I, Gott bewahre«, sagte der Mann in einem Ton, als ob es sich um das denkbar unglaublichste gehandelt hätte.

Während dies Gespräch noch andauerte, hatten wir einen Punkt erreicht, wo der über die Wiese führende Weg ein Ende zu haben schien, bis wir zuletzt, bei schärfrem Hinsehn, eines Fußpfades gewahr wurden, der sich, zwischen allerlei Gestrüpp hin, in einer schmalen Schlängellinie fortsetzte. War das *unser* Weg? Ein Versuch schien wenigstens geboten, und siehe da, keine hundert Schritt und wir hatten es und standen an der Grabstelle, die, seitab und einsam im Schatten gelegen, denselben düstren Charakter zeigte, wie das Leben, das sich hier schloß. Auch eine pietätvolle Wiederherstellung der durch viele Jahre hin vernachlässigten Stelle, hat an diesem Eindruck nichts ändern können. Ein Eisengitter zwischen vier Steinpfeilern schließt das Grab ein, das *zwei* Grabsteine trägt: einen abgestumpften Obelisken aus älterer und einen pultartig zugeschrägten Marmor aus neurer Zeit. Auf dem abgestumpften Obelisken fanden wir ein Häuflein Erde, darin eine sinnige Hand, vielleicht keine Stunde vor uns, einen Strauß unterwegs gepflückter Feldblumen eingesetzt hatte. Zu Füßen des Obelisken aber, auf dem zugeschrägten Marmorsteine, stand das folgende:

*Heinrich von Kleist.*

Geb. 10. Oktober 1776,

gest. 21. September 1811.

Er lebte, sang und litt in trüber, schwerer Zeit,

Er suchte hier den Tod und fand *Unsterblichkeit.*

Die Tochter las die Verse laut und ob es nun die Nähe des Grabes oder vielleicht auch nur die Verlegenheit war, in die so viele Menschen geraten, wenn sie Verse hören (ein Rest von Respekt vor dem alten Propheten- und Bardentum), gleichviel, alles im Kreise wurde still und diese Stille wirkte wie Huldigung und Gebet.

Erst der Rattenpinscher, dem die Szene zu lange dauern mochte, gab uns durch einen dreimaligen Unmutsblaff unsren Augenaufschlag und gleich danach auch unsre Bewegung wieder und denselben Schlängelpfad entlang, auf dem wir gekommen waren, schritten wir nunmehr auf die draußenliegende Waldwiese zurück.

*Kleists Grab*

Neben der Tochter ging jetzt ein in dem doppelten Abhängigkeitsverhältnis von Geschäft und Liebe stehender junger Mann und versuchte das auf dem Hinweg unterbrochene literarische Gespräch wieder aufzunehmen. Er begann mit Heinrich von Kleists Käthchen, das alle sonderbarerweise kannten, und gebrauchte dabei den Ausdruck »holdseliges Geschöpf«.

Aber darin versah er es durchaus und Anna, die das Prinzip der »Erziehung von Anfang an« aller Wahrscheinlichkeit nach von der Mutter adoptiert hatte, replizierte scharf: »Ich weiß nicht, Herr Behm, was Sie so nennen. Ich find' es bloß unnatürlich, immer so nachlaufen und sich alles gefallen lassen. Und es verdirbt bloß die Männer, die schon nichts taugen.«

Er wollte mit Nachdruck und Wärme das Gegenteil versichern, aber die Mutter trat peremtorisch dazwischen und sagte: »Recht, mein Anneken... Ja, Herr Behm, Anna hat recht.«

Und nun waren wir wieder an der Stelle, wo der Weg sich teilte, weshalb ich meinen Hut zog und mich aufs *artigste* verabschiedete. Nichtsdestoweniger konnt' ich, rückblickend, an Blick und Gesten unschwer erkennen, daß die Meinungen über mich schwankend und nur die der Mutter zu meinen Gunsten waren. Was mich allerdings über den endlichen Ausgang der Sache beruhigte.

Bald danach, als ich einen höher gelegenen Punkt erreicht hatte, hielt ich noch einmal an und überschaute das vor mir ausgebreitete, landschaftliche Bild. Nach Westen hin lagen Fluß und Wald in einem goldenen Abendschimmer und Villentürme, Kiosks und Kuppeln wuchsen daraus empor. Alles was ich sah, war Leben, Reichtum, Glück. Und daneben gedacht' ich des Dichtergrabes, das einsam ist, trotz der Neugier, die jetzt tagtäglich nach ihm pilgert. Aber ich gedachte zugleich auch der unbekannten Hand, die vor wenig Stunden erst einen Feldblumenstrauß in jenes Häuflein Erde gepflanzt hatte und getröstete mich: »Eine Hand voll Liebe besiegt *jedes* Geschick.«

Die Intendanz der K. Schauspiele, den hundertjährigen Geburtstag Heinrichs v. Kleist zu feiern, hatte den Prinzen Friedrich von Homburg ausgewählt, das schönste und vollendetste Stück, das uns der unglückliche, an der Zeiten Mißgunst gescheiterte Dichter hinterlassen hat. Sein schönstes und vollendetstes Stück, vielleicht überhaupt ein vollendetes, wenn es statthaft ist, eine dramatische Arbeit ganz allein aus sich selbst heraus zu beurteilen und sich einfach die Frage vorzulegen: wurde die gestellte künstlerische Aufgabe seitens des Dichters gelöst. Diese Frage ist unbedingt mit einem Ja zu beantworten; selten in der dramatischen Kunst wird das in einem Einzelfall Gewollte in einem gleich vollkommenen Grade erreicht worden sein.

Die Anfechtungen, die das Stück erfahren hat, haben sich auch in der Tat immer nur darum gedreht, ob das Gewollte ein Wollenswertes, überhaupt ein Zulässiges war; mit anderen Worten, ob es sich gestattete, den Heldenprinzen, der am Tage von Fehrbellin bereits seit siebzehn Jahren ein silbernes Bein und seit vierzehn Jahren einen goldenen Trauring trug, nicht bloß, nach dem Vorbilde des Goetheschen Egmonts in einen jugendlichen Liebhaber, sondern die Metamorphose steigernd, sogar in einen romantischen jugendli-

Dienstag, den 10. Oktober, neueinstudiert: Prinz Friedrich von Homburg, Schauspiel in 5 Abteilungen von Heinrich von Kleist, in Scene gesetzt von Direktor Hein (»*Vossische Zeitung*«, 11. 10. 1876)

chen Liebhaber, wie er nur im Jahre 1810, in der Zeit von Tieck, Kleist und Novalis denkbar war, umzuwandeln? Gewiß liegt hier die angreifbare Seite des Stückes, um so angreifbarer, als nicht nur das schöne historische Gepräge, das ihm im übrigen eignet, benachteiligt, sondern auch, wenigstens momentan, nach der rein dichterischen und menschlichen Seite hin, das Interesse geschädigt wird, das wir dem Helden des Stücks entgegenbringen. Wir können ihm gleich in den ersten Szenen nicht folgen, weil wir ihn nicht verstehn; Nachtwandlerei, romantische Caprice und romantische Prätension entfremden ihn uns, noch ehe wir Zeit gehabt haben, ihn von seiner tieferen Seite kennen und lieben zu lernen, und so ziehen denn die ersten anderthalb Akte, die als Exposition gelten können, ebenso reich an Verstimmungen wie an wechselnden Bildern, an uns vorüber.

An dieser Tatsache ist nichts zu ändern. Auch die festesten Enthusiasten, die seit einer Reihe von Jahren beflissen gewesen sind, die alte Kleist-National-Schuld redlich abzuzahlen, haben unseres Wissens keinen Versuch gemacht, diese Einleitungsszenen oder die unmittelbare Wirkung, die sie hervorbringen, zu feiern oder zu rechtfertigen. Und in der Tat, es bedurfte eines solchen Versuches auch nicht. Das Stück selbst übernimmt es, alles wieder in Balance zu bringen. Es äußert eine von Akt zu Akt sich steigernde, rückwirkende Kraft, die so groß, so erobernd ist, daß wir des letzten Restes von Mißmutes, den die scheinbar romantisch-willkürliche Exposition in uns geweckt hatte, nicht nur quitt werden, sondern uns auch schließlich zu dem halb widerwillig, halb freudig gegebenen Geständnis bequemen: wenn wir das Stück in seiner Schönheit und Macht überhaupt wollen, so müssen wir auch das wollen, was uns an ihm verdroß. Ein Triumph der Kunst, der sich in allen Kleistschen Arbeiten ausspricht, in diesem »Prinzen von Homburg« aber vielleicht am meisten. Die Klarheit und Konsequenz des Gewollten, das uns überkommende Gefühl absoluter künstlerischer Notwendigkeit, entwaffnen zuletzt jeden Widerspruch und zwingen uns auch das uns Widerstrebende – das doch seinerseits erst das eine Vollkommenheit darstellende Ganze wieder zu dem macht, was es ist – an den Anerkenntnissen dieser Vollkommenheit teilnehmen zu lassen. Gewiß wäre eine andre Lösung der Aufgabe nicht nur denkbar, sondern in gewissem Sinne auch wünschenswert gewesen, aber keine würde vermocht haben, ein in sich geschlossenes, alle Disharmonien glänzender lösendes, dabei zugleich durch größere Kraft und Kühnheit ausgezeichnetes Kunstwerk herzustellen.

[...] Mit meiner Dichterei bin ich nun fast zu Ende (zweideutig); zu schreiben ist nichts mehr, nur hier und da noch zu korrigieren, aber auch das ist von keinem Belang und ich habe dann nur noch ein Dutzend Abschriften zu machen. Dann kann der Druck beginnen, vor dem ich mich fürchte. Nichts regt mich so auf wie ein Korrekturbogen; immer ist man in Angst, daß etwas ganz Furchtbares stehn bleibt, ein Unsinn oder eine Lächerlichkeit oder eine Unanständigkeit. Und all diese Angst um nichts. Die Gleichgültigkeit der Menschen gegen Poetereien übersteigt alles Maß, und es ist mir ein Beweis meines natürlichen Angewiesen- und Eingeschworenseins auf diese Dinge, daß ich, trotz der klaren und niederdrückenden Erkenntnis von dem Nichts dieser Beschäftigung, doch dabei ausharre, einfach weil ich nicht anders kann. Aber Bäcker Thier an der Ecke, mit seinen blonden Mamsells, die Mohn- und Quarkkuchen verkaufen, ist besser dran. Sonderbar, daß ich im Drauflosschreiben gerade Mohn und Quark rausgegriffen habe. Dazu bringt man's genau auch; bei den meisten Kollegen prävaliert Quark, bei mir Mohn. Aber es fragt sich, ob Mohn nicht das Schlimmere ist. Da habe ich neulich, auf redaktionelles Ansuchen, ein Dutzend kleinere und größere Sachen an Dominik und Dobert geschickt; wenn noch Gerechtigkeit in der Welt wäre, so müßten die Kerle Kopf stehen; denn es sind Sachen darunter, die nicht von schlechten Eltern sind, apart, lebendig und den preußisch-brandenburgischen Ton treffend, wie ich ihn kaum je zuvor getroffen habe. Und das liegt nun alles seit vier, fünf Wochen auf der Redaktion, kein Wort, kein Dank, am wenigsten aber Zusendung eines Abzuges, worauf ich warte. Und das passiert mir, von dem nun schon drei deutsche Kaiser gesagt haben, ich sei ihr Lieblingsdichter, mir, dem alle Jahre ein Buch gewidmet wird, auf dessen Widmungsblatt steht: »Dem Meister der Ballade«. Wenn man scharf zusieht, so sieht es freilich auf jedem Gebiete ähnlich aus. Was haben sich beispielsweise Männer wie v. Bergmann und seine verschiedenen Kollegen im vorigen Jahre alles sagen lassen müssen; und namentlich beim Militär hält jeder den andern für einen bis zum Staatsverbrecherischen gesteigerten Schafskopf. Aber das Traurigste, weil jeder von der Gleichgültigkeit der Sache durchdrungen ist, ist doch die Dichterei. Nun sei's! Keiner kann aus seiner Haut und man muß verbraucht werden, wie man ist.

[...]

Berlin, 24. Juni 1889

Hochgeehrter Herr und Freund.

Nur ein paar Worte, die bloß eine Meldung, aber keine Störung sind. Ich habe vorgestern an Lessing geschrieben und ihm mitgeteilt, daß ich mit dem Eintritt in mein 70. Lebensjahr meinen 19 Jahre lang innegehabten Parquetplatz No. 23 gern aufgebe, aber – wenn irgend möglich – in einer fixierten Stellung bei der Zeitung verbleiben möchte. Darauf hat er mir heute sehr gütig und liebenswürdig geantwortet, daß er letztres auch wünsche und, nach Beratung mit Ihnen, auch für durchführbar halte. Kommt es nun brieflich oder mündlich zu solcher Beratung, so bitte ich Sie freundlich, ein gutes Wort für mich haben zu wollen. Sehr leicht – wir haben schon darüber gesprochen – ist die Sache *nicht*, und sie wird nur leicht und namentlich auch am vorteilhaftesten für die Zeitung und für mich, wenn man über die ganze Sache lächelt und unter 4 Augen ausspricht: »Es ist eigentlich ganz egal, ob er für das Geld was tut oder nicht.« Greift diese leichte, noble, wohlwollende Anschauung Platz, so werde ich ganz gewiß was tun und in dem erquicklichen, die Brust nicht beengenden Gefühle, »es kommt gar nicht darauf an«, gelegentlich auch was *Gutes* tun. Ich habe nun mal zeitlebens keinen Druck ertragen können, geh aber bis diesen Tag noch immer mit Lust und Freude im Geschirr, wenn man bloß vom Bock her schnalzt und mit der Peitsche die Bremsen fortjagt. Wären nicht – ich habe einen ganz freien Sinn, bin aber freilich nicht »freisinnig« – die verdammten politischen Unterschiede, so wäre ich wundervoll als Leitartikelschreiber zu verwenden, was Sie vielleicht nicht glauben, was aber doch wahr ist. Denn eigentlich interessiert mich nur alles Historische und gibt mir die Kraft und Wärme der Darstellung.

*Friedrich Stephany*

Das Papier geht zu Ende. Von Ihren Fährlichkeiten, und daß es nahe daran war, Sie telegraphisch wieder heim berufen zu sehn, ähnlich wie im vorigen Jahr, davon habe ich gehört und in meiner Seele geschaudert. Denn es gibt keine erholungsbedürftigere Gruppe von Personen als die Chefredakteure. [...]

Berlin 14. Sept. 89. Potsd. Str. 134.c

Meine liebe Mete.

Schon gestern Abend wollte ich Dir einen kl. Brief stiften, kam aber nicht dazu, weil ich anderweitig eine große Correspondenz hatte, darunter ein Brief an einen Herrn Gerhart Hauptmann, der ein fabelhaftes Stück geschrieben hat: ›Vor Sonnenaufgang, soziales

Drama, 5 Akte‹. Ich war ganz benommen davon. Mama natürlich
wieder in Angst, ich ginge zu weit, ich engagirte mich ungebühr-
lich; Durchgänger, Hitzkopf, ›Jüngling‹; nachdem nun aber gestern
eine Karte von Brahm eingetroffen ist, der ganz meine Anschauungen theilt, hat sie sich einigermaßen beruhigt. Ich allein kann nie
Recht haben, es muß immer erst bestätigt werden, und wenn es
durch Müller oder Schultze wäre. Dieser Hauptmann, ein wirklicher Hauptmann der schwarzen Realisten-Bande, welche letztre
wirklich was von den Schillerschen Räubern hat und auch dafür
angesehen wird, ist ein völlig entphraster Ibsen, mit andern Worten
ist das *wirklich*, was Ibsen blos will, aber nicht kann, weil er in
seinen neben der realistischen Tendenz herlaufenden Nebentenden-
zen – die freilich in den letzten Stücken zur Haupttendenz
geworden sind – mehr oder weniger verrückt ist und in zugespitzter

Entwicklung dieser Verrücktheit ganz ins Phrasenhafte verfällt. Nicht in die Phrasenhaftigkeit des Worts, aber in die des Gefühls, der Anschauung. Von all diesem ist Hauptmann ganz frei; er giebt das Leben, wie es ist, in seinem vollen Graus; er thut nichts zu, aber er zieht auch nichts ab, und erreicht dadurch eine kolossale Wirkung. Dabei (und das ist der Hauptwitz und der Hauptgrund meiner Bewunderung) spricht sich in *dem*, was dem Laien einfach als abgeschriebenes Leben erscheint, ein Maß von Kunst aus, wie's nicht größer gedacht werden kann. Denn 5füßige Jamben, gerammt voll von Sentenzen, können zwar auch sehr schön sein, sind aber weitab davon, das Höchste in der Kunst zu repräsentiren. Im Gegentheil, es ist etwas verhältnismäßig Leichtes, und läßt sich *lernen*. Höheren Werth aber hat nur das, was man persönlich räthselhaft empfangen hat, und was kein andrer mit einem theilt. Betreffs Ibsens muß ich doch noch eine gute Bemerkung anfügen, die Emil Rittershaus (der mich gestern auf 2½ Stunde besuchte) über Ibsen machte. ›Haben Sie nicht bemerkt‹, sagte er, ›daß Ibsen ganz wie ein Apotheker wirkt; er ist den Apotheker nicht losgeworden und das spukt nun in seinen Stücken, seinen Problemen und Tendenzen, und auch in seiner Conversation. Er ist immer ein kleiner Apotheker, der abwartet und dribbelt und auf der Lauer liegt.‹ Es ist vollkommen richtig und ich mußte laut lachen, schon um hinter der großen Lache meine eigne Angst zu verbergen. [...]

*An Friedrich Stephany*                                        Berlin, 10. Oktober 1889

[...]

Und nun Gerhart Hauptmann, der neue Räuberhauptmann, neben dem Ibsen bloß ein Cadet. Ja, ich bin auch sehr von ihm eingenommen, werde mich aber sehr manierlich ausdrücken und allen Radau vermeiden, was ich auch kann, ja muß, weil ich durchaus nicht so stehe, daß ich wünschen könnte, die nächste Generation mit lauter Gerhart Hauptmannschen Schnapstragödien oder dem Ähnlichen beglückt zu sehn. Es steckt nur in all diesen neuen Stücken was drin, was die alten nicht haben und sie verhältnismäßig dürftig und oft tot erscheinen läßt. Der Realismus wird ganz falsch aufgefaßt, wenn man von ihm annimmt, er sei mit der Häßlichkeit ein für allemal vermählt; er wird erst ganz echt sein, wenn er sich umgekehrt mit der Schönheit vermählt und das nebenherlaufende Häßliche, das nun mal zum Leben gehört, verklärt hat. Wie und wodurch? das ist seine Sache zu finden; der beste Weg ist der des Humors. Übrigens haben wir in Shakespeare längst die Vollendung des Realismus. Er wird nur in seiner Größe nicht ausschließlich daraufhin angesehn.

Und nun möcht ich mir noch ein Wort erlauben. In 7 Wochen, wenn ich zurücktrete, heißt es »après moi le déluge«; mit mir ließ sich über diese Punkte doch noch reden. Sind Sie nun, was ich voll zu würdigen weiß, totaliter gegen die neue Richtung, die immer mehr aufkommt, und wissen Sie sich in dieser Abneigung mit Lessing einig, so würde ich doch sehn, irgendeinen famosen Kerl von der Gegenpartei zu fassen, irgendeinen Optimisten oder Idealisten, und in die Hände dieses Mannes würde ich dann die Schauspielhauskritik legen. Ich bin überzeugt, daß sich unter den Privatdozenten in Jena, Halle, Tübingen, vielleicht auch hier in Berlin, solche Leute finden lassen. Und gelänge es Ihnen, und hätten Sie das Glück, einen Mann ausfindig zu machen – die Geldfrage kann bei der Wichtigkeit der Sache gar keine Rolle spielen –, in dem sich Wissen, Mut, Darstellungskraft und Überzeugungstreue vereinigt finden, so könnte die Wirkung eines solchen Mannes, der dann mit Flammenzungen predigen müßte, eine geradezu sensationelle sein. Bleibt dieser Mann aber aus, so würde ich die Geschichte ruhig laufen lassen und warten, bis der Sturm sich bricht. In Ergebenheit

Th. F.

*Gerhart Hauptmann*
*(1901)*

Berlin, 15. September 1889   *An die Tochter Mete*

[...] Nicht als ob ich in der Erwartung großer Feierlichkeiten lebte. Ganz im Gegenteil, es wird sich alles im »kleinen Stil« halten, wie eben alles in meinem Leben; aber auch schon das Landläufige, das bei jedem alten Bäckermeister oder Rechnungsrat sich Wiederholende, bedrückt mich und geht über meine Kräfte, speziell auch über meine Begabung hinaus. Ich habe deshalb auch schon den Entschluß der Passivität gefaßt; ich werde alles ruhig und freundlich lächelnd über mich ergehn lassen und einige Dankesworte, die jede Rednerei vermeiden, vor mich hinbrammeln. Man wird dann das wahrscheinlich etwas wenig finden und von langweilig und unbedeutend sprechen, aber es ist immer noch besser als Feierlichkeit und Steckenbleiben, und jedenfalls ist nach drei Tagen alles vergessen.

[...]

Die Zwanglosen
(oben l.: Hertz,
r.: Mauthner,
unten l.: Schlenther,
r.: Brahm; Radierung
von Karl Stauffer-Bern,
1866)

Aus:
Erinnerungen an
Theodor Fontane
1819–1898. Aus
dem Nachlaß seines
Freundes und Te-
stamentvollstrek-
kers Justizrat Paul
Meyer
(1936)

Zum 70. Geburtstage des Dichters planten die »Zwanglosen«, ein im Jahre 1884 gegründeter Freundeskreis, eine besondere Ehrung des Dichters. Er hielt etwas auf sie; gehörten ihnen doch seine Söhne George und Theo, Fritz Mauthner, Paul Schlenther, Carl Posner, Otto Brahm, Otto Pniower, Siegfried Ochs und Richard Sternfeld an. Die blaue Kasse, unsere Schatzbewahrerin, enthielt genügenden Mammon, um ein würdiges Geschenk beschaffen zu können. So einigten wir uns auf eine Spende von Rheinwein als eine einem deutschen Dichter ziemende Gabe. Einer bekannten Weinbauge-sellschaft am Rheine nahestehend, besorgte ich zwei Dutzend Flaschen der besten Sorten Rheingauer Weines. Es stimmt mich heut noch melancholisch, wenn ich dein gedenke, du 68er Rüdesheimer

Berg, Orleans-Trockenbeer-Auslese, desgleichen kaum mehr in der Welt existiert.

Ich machte mir nun eine schwere, schwere Arbeit und las die meisten Werke Fontanes hintereinander durch. Aber nicht, um sie zu genießen, sondern bis zum Stumpfsinn, um goldene Worte von ihm zu suchen. Denn außer dem üblichen Etikett mit der Weinsorte sollte jede Flasche ein zweites mit einem passenden Zitat des Dichters erhalten. Soweit ich mich noch erinnere, stand auf der zweitbesten Flasche, einer herrlichen alten Rauenthaler Auslese: »Mach Dich vertraut mit dem Gedanken, daß doch das Letzte kommen muß.« (Gedichte: Memento.) Die Rüdesheimer Orleans-Auslese aber bekam die Aufschrift: »Das aber sei Dein Heiligtum!« (Sprüche Nr. 4.) Hans Hertz, jüngerer Mitinhaber der Besserschen Buchhandlung, und ich, jeder einen Korb mit zwölf Flaschen am Arm, folgten Schlenther, der, einen gefüllten Pokal in der Hand, das Geburtstagskind also ansprach:

> Auch Fontanes Herz erfreut der Wein,
> So sprachen Hertz und Meyer.
> Drum holen wir ihm den vom Rhein;
> Du Schlenther, schlägst die Leier.
> Nun hat mein Lied vom »Lafontaine«
> Schon Tante Voß geleiert,
> Und ich steh hier in Dichterwehn,
> Beherzt nicht, nein, bemeiert.
> Was tu ich nun? Wie fang' ich's an?
> Nur zwanglos üb' ich Tugend:
> Drum trink mit uns, du junger Mann!
> Es kommt vom Bund der Jugend.

Unser Erfolg war groß, besonders bei den Alten, so vor allem bei Adolf Menzel und Knaus. Und Ludwig Pietsch konnte sich nicht versagen, unseren Aufzug in der Vossischen Zeitung zu rühmen. Die Belohnung, besonders für mich, blieb dann auch nicht aus. Mit dem Dankschreiben sandte er mir seine Photographie. Auf die Rückseite hatte er geschrieben:

> Au brave des braves.
> Dem Einzigen, der so tapfer gewesen,
> Meine opera omnia durchzulesen.

*Au Brave des Braves.*

Dem Einzigen, der so tapfer zu machen
Meine opera omnia durchlesen
in Deutschland und Daheim
huldigt
Th. Fontane.

Berlin
7. Oktbr. 90.

Wenn auch die öffentliche Feier des siebzigsten Geburtstags Theodor Fontanes erst an diesem Sonnabend stattfinden soll, so war doch bereits gestern, während dieses ganzen Tages selbst, die Wohnung in der Potsdamer Straße 134c der Schauplatz sich ununterbrochen folgender festlicher Kundgebungen von seiten der ungezählten Freunde und Verehrer des Mannes und Dichters. Die Post- und Telegraphenboten des Viertels hatten einen heißen Tag. Zuschriften und Depeschen häuften sich in ungeheurer Menge auf den Tischen des Gefeierten, soweit sie darauf zwischen der Masse der Festgaben von allen Gattungen Platz zu finden vermochten. Die Herren Eigentümer der »Voss. Zts.« stifteten dem verehrten Mitarbeiter derselben, dessen kritische, schildernde und poetisch-erzählende Beiträge ihr seit so manchen Jahren zum schönsten Schmuck gereicht haben, eine prächtige Kaminuhr mit reicher Bronzemontierung im Barockstil; die Mitglieder der Redaktion eine stattliche Anzahl mit der süßen, würzigen »Milch der Alten«, edlem, goldigem Wein gefüllter Flaschen. Eine köstliche Gabe hatten die Genossen jenes »Rütlibundes« (Künstler, Gelehrte, Schriftsteller - die hier ansässigen wie die auswärtigen), welchem Fontane seit dessen Begründung vor bald 40 Jahren angehört, dargebracht: ein Album in kunstvoll gepreßtem Lederumschlag, das die photographischen Bildnisse aller

Ludwig Pietsch, Ein siebzigster Geburtstag (»Vossische Zeitung«, 31. 12. 1889)

Adolph Menzel, Der Kuß der Muse (Glückwunsch zu Fontanes 70. Geburtstag mit der Aufschrift: »Auch'n Kuß unterm Mistelzweig – wie Er stattgehabt zweifelsohne heut vor 70 Jahren.« Bleistiftzeichnung, 1889)

Mitglieder und noch manches außerdem enthält. Adolf Menzel, das älteste derselben, hatte eine Titelzeichnung beigefügt – eine der sinnigsten und schönsten, die je von ihm entworfen wurden. Unter dem weihnachtlichen Mistelzweige, welcher den oberen Raum des Blattes einnimmt, sieht man die anmutige, lorbeergekrönte Muse der Dichtung, die Lyra in der Linken, das Haupt lächelnd hinabgeneigt zu dem rundlichen Köpfchen des lieblichsten kleinen Knaben, der ihr Gesicht und Händchen entgegenhebt. Der Storch, der ihn eben gebracht hat, schwebt schweren Fluges vondannen. »Auch ein Kuß unter dem Mistelzweig« liest man als Umschrift zu beiden Seiten dieser in Bleistift mit größter Delikatesse und Zartheit gezeichneten Gruppe. Paul Heyse, gleichfalls ein Rütligenosse, gab dem Bildnis seines noch immer jugendschönen Kopfes handschriftliche humoristische Verse bei, die ganz im Sinn und Stil jener wundervollen Dichtung zu Fontanes siebzigstem Geburtstage gehalten sind, welche in der jüngst erschienenen No. 13 der F. Mauthnerschen Wochenschrift »Deutschland« veröffentlicht waren. Sie lauten also:

> Die Sonne bringt's wohl an den Tag,
> Was in ein alternd Menschengesicht
> Die Zeit für Runen schreiben mag.
> Das leiden die Photographen nicht,
> Wollen mit fleißigem Retuschieren
> Der lieben Eitelkeit flattieren,
> Und endlich steht ein Großpapa
> Als primo amoroso da.
> So ist's nun leider auch mir geschehen;
> Doch ficht's mich heut nur wenig an.
> Sooft wir zwei uns wiedersehen,
> Werd' ich ein muntrer junger Mann.
> Die hellen alten Zeiten erwachen,
> Wieder erklingt Dein junges Lachen
> Der Rauhreif, der uns angefrostet,
> Wir schütteln ihn aus Herz und Haar;
> Der beste Retuscheur fürwahr
> Ist alte Liebe, die nicht rostet.

Bei Otto Roquettes Bildnis lag ein Blättchen mit diesen Verszeilen:

> Und ob ihr Jahre zählt und wägt –
> Was wollen Jahre sagen,
> Solang das Herz noch liebend schlägt,
> Wofür es einst geschlagen.

Blumensendungen von jeder Art in Töpfen, Vasen und Körben (einer der letzteren hatte die Gestalt eines lebensgroßen silbernen Schwans), in Lyra-, in Kranz-, in Straußform, mit Schleifen und Bändern verziert; Knospen- und Blütenzweige, Palmen (eine von einer der talentvollsten, anmutigsten und liebenswürdigsten Bühnenkünstlerinnen Berlins dargebracht) in einem Topf, den ein feines, farbig gestreiftes orientalisches Gewebe umhüllte, Lorbeerkronen mit grünen, mit goldenen und silbernen Blättern, Decken, Pokale, Schreibemappen, gesammelte Stiche und Radierungen, Landkarten, Prachtwerke – alles das, und viel anderes noch, häufte sich auf allen Möbeln jener von P. Heyse so hübsch charakterisierten »trauten Zimmer, so prunklos bürgerlich noch heut, fast wie zur 48er Zeit«. Zimmer, von deren Wänden herab die photographischen und Reliefbildnisse der alten noch lebenden und bereits vor ihm dahingegangenen Jugendfreunde, unter diesen auch das festlich umkränzte Porträtrelief seines getreuen ritterlichen dichterischen Reisegenossen auf einer seiner etlichen Wanderungen, des unvergeßlichen edeln B. v. Lepel, auf ihren »Lafontaine« blicken.

Von dem Gefeierten, seiner Gattin, der geliebten, treu ausharrenden Gefährtin und klugen Beraterin in seinen jungen und alten, bösen und guten Tagen, dem jüngsten Sohne, des Vaters Ebenbilde, der liebenswürdigen Tochter und Schwiegertochter mit unwiderstehlicher Freundlichkeit dazu genötigt, ließ sich jeder neue Gast für kurze Zeit an der reich besetzten Frühstückstafel nieder, um ein Glas auf des Geburtstagskindes Wohl und noch langes schaffenskräftiges Leben zu leeren. Aber wieder neu eintretende Besucher und Besucherinnen – Exzellenzen wie General v. Strubbelg, Offiziere, literarische Kollegen und ihre Damen, Maler, Beamte, Bühnenkünstler und -künstlerinnen, Berliner und Provinzbewohner, alte und junge Freunde des Mannes, dankbare Bewunderer des Dichters, denen er so oft die Seele erquickt und erfrischt hat – ließen die Fabelnden bald wieder ihre Plätze räumen, um Zeugen der neuen Begrüßungen und Ansprachen zu sein. Unser werter Kollege Dr. Paul Schlenther hielt eine solche – einen mit goldenem Wein gefüllten mächtigen Römer in der Rechten – als Sprecher einer aus ihm und den Herren O. Brahm, Fulda, Hertz und Meyer bestehenden Deputation des »Vereins der Zwanglosen« oder, wie er sie in der Schlußzeile seiner graziösen geist- und sinnreichen Verse nannte, des »Bundes der Jugend«. Die Festgabe desselben, welche diese Herren dem Gefeierten darboten, bildeten zwei offene viereckige, flache Körbe, die von Weinlaub und Blumen umwundene, dicht nebeneinander in Moos aufrecht eingebettete Flaschen Rheinweins enthielten. Jede dieser Flaschen aber war mit einem um

ihren Hals geklebten Zettelstreifen geziert, auf welchem ein auf
ihren Inhalt, das Trinken oder des Weines Tugend bezüglicher
Sinnspruch in Prosa oder eine Verszeile gedruckt stand, jeder und
jede einem Gedicht oder einem Prosawerk Fontanes entlehnt. Alle
Achtung vor der Findigkeit dessen, der sie auszuwählen vermochte!
Der so begrüßte und beschenkte Freund der Zwanglosen nahm innig
erfreut den Pokal aus des Sprechers Hand und kostete, dessen
Aufforderung gemäß, von dem goldnen Trank der Labe, der dann
die Runde im Bunde der Jugend machte. Als ich aus dem Kreise der
um Fontane Versammelten schied, war ein Ende der Besuche und
der Huldigungen noch nicht abzusehen. Vor der Haustür traf ich den

* Ernst von Wilden-
bruch

Dichter* der »Quitzows« und des »Unerlaubten Generalfeldoberst«;
längst ausgesöhnt mit unserm Th. F., mochte auch er an diesem Tage
dem Hause seines einst von ihm wohl zuweilen gelinde verwünsch-
ten Kritikers nicht fernbleiben. Letzteren selbst aber hatte ich in
diesen Stunden dem immer erneuten Ansturm der Beglückwün-
schenden so tapfer aufrecht und lächelnd die Stirn bieten und
standhalten, »sein apollinisch' Lockenhaupt« noch immer so hoch
tragen gesehen, daß ich die tröstliche Gewißheit mit heimnehmen zu
können glaubte, noch manches gute Jahr wird es währen, bis »der
Wirt zur ›stillen Einkehr‹ ihm den Wanderstab abnimmt«, und
keine Last der Jahre und des Schicksals wird dies edle Haupt und
diesen frohen stolzen Mut zu beugen vermögen.

Ludwig Pietsch,
Die Fontane-Feier
(»Vossische Zeitung«,
7. 1. 1890)

Die in Umlauf gesetzt gewesenen bänglichen Gerüchte über den
Gesundheitszustand Theodor Fontanes, von dem Unwohlsein, das
ihn infolge der Aufregungen und Anstrengungen an seinem
70. Geburtstage befallen haben sollte, sind zum Glück grundlos
gewesen. Am Abend des 4. Januar, wenig nach 9 Uhr, trat der
verehrte Mann in frischestem Aussehen, von seinen nächsten
Angehörigen begleitet, in die Räume des englischen Hauses ein, wo
ihn eine Gesellschaft von ungefähr 300 Personen, Damen und
Herren, gleichsam der Extrakt des literarischen und zur Literatur in
nahen Beziehungen stehenden Berlin, erwartete. Wenige von den
Trägern berühmter und bekannter Schriftsteller-, Dichter- und
Journalisten-Namen fehlten in dieser festlich geschmückten Menge.
Keiner dieser Herren hatte seine weiblichen Angehörigen zu Hause
gelassen, falls es nicht durch Influenza oder andere verhindernde
Umstände geboten war. Die bildende und die Bühnenkunst waren
ebensowenig unvertreten. Manche der ersten und gefeiertsten
Meister und Meisterinnen beider waren denen von der Feder gesellt;

auch zahlreiche Freunde des Jubilars aus anderen, nicht künstlerischen und nicht literarischen, Berufskreisen. Der Minister der geistlichen, Unterrichts- und Medizinalangelegenheiten Herr von Goßler war in Person erschienen, um das Fest, den Dichter und in ihm unser ganzes Schrifttum zu ehren. Durch ihn, den Minister, wurde der freudig überraschte Jubilar bei seinem Eintritt in den dicht gefüllten Vordersaal begrüßt. Da Fontanes Poetenaugen nicht geringeres Wohlgefallen am Anblick schöner und anmutiger Weiblichkeit als die Augen jedes begeisterten Malers an derselben haben, so muß der Anblick, der sich ihm in diesem Saale bot, ihn mit innigem Behagen erfüllt haben. Ich verzichte notgedrungen auf jede, ob auch noch so knappe und flüchtige Skizzierung einzelner Erscheinung zur Begründung dieser Überzeugung. Ließe mir jeder derartige Versuch doch weder Raum noch Zeit für den eigentlichen Gegenstand meines Berichtes. Ohne alle Tannhäuser- oder Sommernachtstraum-Hochzeitsmarsch-Musikbegleitung begab sich sehr bald nach der Ankunft Fontanes die vollständig versammelte Gesellschaft in den großen Speisesaal. In liebenswürdig zuvorkommender Weise war die städtische Gartendeputation der Bitte nachgekommen, den verdienten Sänger der Mark durch die gärtnerische Ausschmückung des Festsaales zu ehren. In geschmackvollster Weise waren die Festtafeln durch den städtischen Gartendirektor Mächtig reich mit herrlichem Blumenschmuck geziert worden. Die Orchesternische blieb diesmal von tafelmusikerzeugenden Männern frei. Dafür war sie in einen durch rot gefärbtes Licht mysteriös erhellten Lorbeerhain verwandelt, in dessen Mitte Theodor Fontanes Gipsbüste, samt und rosig erglüht, wie die schöne Galathea, als sie zu leben begann, von ihrem Postament leuchtete. Gegenüber, an der quergestellten Ehrentafel unter den Kaiserbildnissen, nahmen der Minister, Frau Fontane und ihr Gatte, Spielhagen, K. Frenzel, Landgerichtsdirektor Lessing, Kammergerichtsrat Wichert als Vorsitzender des Vereins »Berliner Presse«, der Chefredakteur der »Vossischen Zeitung«, Julius Wolff, u. a. ihre Plätze. An sieben rechtwinklig gegen diese Tafel gerichteten langen Tischen verteilte sich die übrige Gesellschaft. Neben jedem Gedeck lag die von dem alten Freunde, Rütli- und Ellora-Genossen Fontanes, A. v. Heyden, mit der Feder gezeichnete Festkarte, welche nur die Außenseite der inneren zweiseitigen Speisen- und Weinkarte bildete. Auch diese innern beiden Blattseiten und ebenso die äußere Rückseite hatte derselbe künstlerisch in sehr anmutiger sinnreicher Weise illustriert. Mannigfache Hindeutungen ebenso auf Fontanes Dichtungen wie auf Lebensepisoden desselben waren in die große Titelzeichnung hineingeheimst und gaben den Beschauern ebenso

[...] Wie lieb und gut war das alles, wie schön, wie dichterisch, wie maßvoll in der Beurteilung entgegenstehender Richtungen, und wie glücklich vorgetragen unter sehr schwierigen Verhältnissen. Denn nächst den letzten Rednern, die dem »Radau« verfallen, hat der erste den schwersten Stand. [...] Sie hatten den ganzen Abend über nur einen Konkurrenten, das war Goßler. Ich stehe nicht an – und hoffentlich stimmen wir darin überein – diese kleine Stegreifrede für »epochemachend« in unserem preußischen literarischen Leben anzusehn. Schon sein [des Ministers] schlichtes, natürliches, völlig unprätensiöses Benehmen gewann ihm die Herzen und nun gar erst diese Rede voll Mut, Freiheit, Hoffnungsblick und Humor, und dabei doch reserviert und diskret, freilich nur, um auch diese Beamtentugenden wieder mit leiser Ironie zu behandeln. *(an Karl Frenzel, 5. 1. 1890)*

*viele Rätsel zu lösen, was ohne Mühe den meisten wohl nur in bezug auf die beiden trefflich gezeichneten Gestalten des Archibald Douglas im Pilgerkleide und der »alten Dörr« aus Irrungen, Wirrungen gelingen mochte. Die Rand- und Kopfzeichnungen auf den andern Seiten erklärten sich desto leichter aus sich selbst. Beseelte und beflügelte vegetabilische und animalische Mahlzeitbestandteile, Weinflaschen, Kater und graziöse Amouretten bedürfen keines Kommentars.*

*Wie ein viel früher als erwartet losgehender Kanonenschuß überraschte die Versammlung die erste kurze Begrüßungsrede und der feurig schwungvolle Kaisertoast Fr. Spielhagens, des Vorsitzenden des Festkomitees, als noch nicht einmal alle ihre Plätze gefunden hatten, der Wein kaum bestellt, nur der kleinste Teil der aufgestellten Flaschen erst entkorkt war. – Dann bestieg K. Frentzel einen Stuhl und sprach in schlicht natürlicher Weise einen poetischen Gruß an Fontane, in dem des Mannes und Dichters eigenste Art und Bedeutung unübertrefflich abgeschildert war. Dem langanhaltenden begeisterten Beifall hörte man es an, daß er der wahren, innigen Ergriffenheit und Freude Ausdruck gab. Fontanes Antwort war kurz: er könne und wolle nicht reden, sondern Frentzel und allen Anwesenden nur schlicht sagen: Ich danke Ihnen.*

*Zum dritten Toast erhob sich Kammergerichtsrat Wichert. Er feierte in seiner Eigenschaft als Vorsitzender des Vereins Berliner Presse den Jubilar als deren Mitglied, wenn es ihm, dem Redner, auch sehr gleichgültig sei, ob jener viel und was er für den Verein getan habe. Schon daß er seinen Namen der Liste der Mitglieder eingezeichnet, den Namen eines Mannes, dessen tiefstes aufrichtiges Herzensbekenntnis in jenen Versen von ihm ausgesprochen ist:*

Es kann die Ehre dieser Welt
Dir keine Ehre geben,
Was Dich in Wahrheit hebt und hält,
Muß in Dir selber leben.
Wenn's Deinem Innersten gebricht
An echten Stolzes Stütze
Ob dann die Welt Dir Beifall spricht
Ist all Dir wenig nütze.
Das flüchtge Lob, des Tages Ruhm
Magst Du dem Eitlen gönnen.
Das aber sei Dein Heiligtum:
Vor *Dir* bestehen können –

*schon das ist für die Vereinsgenossen eine Ehre. Doppelt gehört Fontane der Presse an, als Dichter und als Journalist, der in sich den* besten Beweis gegeben hat, daß beide sehr wohl nebeneinander bestehen können. Und so sei der Gefeierte zugleich stets ein durchaus freisinniger Schriftsteller und ein guter Preuße und Patriot gewesen. Nie hat er eine Zeile geschrieben, um den Lohn äußerer Anerkennung zu ernten. Um so erhebender würde es ihm heute sein, den hochverehrten Mann hier neben sich zu sehen, dem es gelungen ist, sein hohes Staatsamt auf eine höhere Warte als auf die Zinne der Partei zu stellen. (Lautes Bravo.) Wir erkennen in seinem, des Ministers, Erscheinen bei diesem Fest eine hohe Anerkennung nicht nur für den Jubilar, sondern für den gesamten Stand der Schriftsteller, und dieser hegt zu dem verehrten Gast das Zutrauen, daß er die Bedeutung des deutschen Schrifttums für Deutschland sehr wohl zu würdigen wisse. Dem Minister Dr. v. Goßler brachte er ein Hoch aus. Dieser erhob sich sofort zu einer Antwortrede, die zum Bedeutsamsten, Feinsten und Vollendetsten unter den zahlreichen Meisterleistungen der Beredsamkeiten gehört, die wir bei den verschiedensten Anlässen von Herrn v. Goßler vernommen haben.

Kultusminister von Goßler (Zeichnung von Anton von Werner)

Wir wollen uns dieses »wahren Ereignisses« aufrichtig freuen, daß ein preußischer Minister so von der deutschen Literatur seiner Zeit und von den Pflichten des Staates gegen sie öffentlich gesprochen hat. Man rühme es den Ostpreußen nach, so begann er, daß sie immer bereit seien, sich »gegenseitig herauszuhauen«. Der geehrte Vorredner, sein ostpreußischer Landsmann, habe ihn nun im Gegenteil in eine Lage gebracht, die ihn nötige, sich allein heraus zu helfen. Dankbar sei er für das Glück, an diesem Ehrentage Theodor Fontanes teilzunehmen. Für ihn, den Redner, habe letzterer, haben jene Namen der verschiedenen Jugendbünde, in denen dessen Dichterkraft sich zuerst entfaltet, der Tunnel, das Rütli, die Ellora, noch eine ganz andere Bedeutung als für viele andere. Sie sind auch für ihn keine leeren Namen, sondern vertraute liebe Erinnerungen. Das alles ist ihm ein Stück eigenen Lebens geworden. Wenn er der Gelegenheit dankbar sei, das hier heute in diesem Kreise auszusprechen, so fühle er andererseits wohl die Schwierigkeit, hier in frei improvisierter Rede seinen Meinungen über das Verhältnis des Staates zur Literatur den rechten Ausdruck zu geben. Er wisse wohl, daß manche Änderung in diesem bis jetzt bestehenden Verhältnis zu wünschen sei. Die Herren möchten überzeugt sein, daß er volles Mitempfinden und Verständnis für die Bestrebungen der modernen Literatur habe; daß er es als eine edle Aufgabe des Staates ansehe, der Literatur die Hand zu reichen, auch wenn derselbe diese Strebungen nicht immer teilen, mit ihren Zielen nicht immer einverstanden sein könne. Denken wir diese 70 Jahre, die seit der Geburt unseres Dichters verflossen sind, zurück, und lassen wir die langen der ernsten und glänzenden Bilder der vaterländischen Geschichte während dieses bedeutsamen Zeitraumes an unserem Geist vorüberziehen, so werden wir uns erst wahrhaft bewußt des gewaltigen Anteils, welchen die deutsche Literatur an der Zusammenfassung unseres Vaterlandes zu der ersehnten Einheit gehabt hat. (Hier erscholl lautes Beifallklatschen und Bravorufen, und der Minister fuhr lächelnd fort.) Er wisse wohl, daß ein solcher Beifall meistens ausdrücken wolle, man verlange dringend den Schluß der Rede. Er schließe daher mit dem Wunsch und Ruf: Es gedeihe die Berliner Presse zum Ruhme der deutschen Literatur und des Vaterlandes! – Der Chefredakteur der »Vossischen Zeitung« ergriff zunächst nach Herrn v. Goßler das Wort, um zum Preise des Jubilars als Mitarbeiter der »Voss. Ztg.« in längerer launiger Rede zu sprechen, die durch mehrere höchst ergötzlich wirkende Mitteilungen gewürzt wurde. Es sei Fontane in fast zwanzigjähriger Tätigkeit an unserer Zeitung nicht einmal als Theaterreferent gelungen, sich Feinde zu machen. Sein Tadel, der immer nur die Leistung, nicht die Person getroffen habe, konnte diese daher auch nicht verletzen und kränken. Wenn das Sprichwort sage: »Viel Feind' viel Ehr'«, so müsse umgekehrt für Fontane heißen: »Viel Ehr' und nur Freunde.« Wir alle können von ihm, der fortan aus dem Verbande der Zeitung zu scheiden leider entschlossen ist, sagen: »Wir hatten einen Kameraden, einen bessern finden wir nicht.« Immer wird er uns doch als mitten unter uns fortlebend dünken. Damit soll jedoch nicht gesagt sein, daß Fontanes Leistungen im Publikum immer ohne Widerspruch geblieben seien. Besonders Fontanes vielgepriesenes Meisterwerk – Irrungen, Wirrungen – habe bei seinem ersten Abdruck in der »Voss. Ztg.« fast verblüffend auf den Leser derselben gewirkt. Zu den darüber Entrüsteten gehörte u. a. jene Dame, welche den Dichter bald danach mit ihrem Besuch und durch die Mitteilung überrascht habe: die Lene aus dem Roman sei sie selbst, und sie fände es gar nicht schön von dem Dichter, daß er ihre Irrungen und Wirrungen und Herzensgeheimnisse öffentlich ausgeplaudert und sie damit so bloßgestellt habe. Und nun habe sich in jüngster Zeit auch noch eine andere Gestalt dieses Romans, die alte Mutter Dörr, gemeldet, die sich darüber beschwerte, daß sie nicht auch eingeladen, da sie gewissermaßen auch mit dem Dichter verwandt sei. Freilich – nur brieflich und bei der Redaktion. Nach Verlesung dieses mit lebhaften Ausbrüchen der Heiterkeit und des Beifalls aufgenommenen Briefes ließ der Redner noch einige Worte über jenen Verein künstlerischer und literarischer Stürmer und Dränger folgen, welchen Fontane vor 40 Jahren sich angeschlossen hatte, und brachte ein Hoch auf diesen Bund, das Rütli, aus.

In schon ziemlich vorgerückter Stunde, als der Wein bereits die Köpfe erhitzt hatte, die Stimmung übermütig, die Zungen geläufiger und das Geräusch der Unterhaltung brausend wie Wogen des empörten Meeres gemacht hatte, ersuchte A. v. Heyden die Versammlung um einige Stille und Aufmerksamkeit für die Erklärung seiner Titelzeichnung der Tischkarte. Es gelang seiner Stimme leider nur, sich im näheren Umkreise seines Platzes völlig vernehmlich zu machen, so daß vieles von den feinen, geistvoll humoristischen Gedanken und Einfällen in seiner Kommentierung des eigenen Werkes der Mehrzahl der Hörer verlorengehen mußte. Diese vermehrten ihre Einbuße noch durch die wenig rücksichtsvolle Fortsetzung lauter Gespräche, durch welche des Redners Worte erst völlig übertönt wurden. Jene »Blüte edelsten Gemütes«, die Rücksicht, wächst nicht in vielen Berliner Gärten.

Bei unseres trefflichen Krolop Gesang des sicher erwarteten Archibald Douglas, d. h. der Löweschen Komposition der wundervollen Ballade, schwieg freilich sofort jedes andere Geräusch, und alle lauschten in Andacht den wohlbekannten und nie zuviel gehörten Strophen und ihrer prächtigen Weise. Der Dichter, tief ergriffen, schlug ein Hoch auf den toten Komponisten vor, der, wenn nicht alles trügt, auch ohne unseren Toast unter uns unsterblich im Gesang wird leben.

Herr Kainz betrat das Podium der zum Lorbeerhain umgewandelten kleinen Nische und trug zwei neuere Gedichte Fontanes in bühnenkünstlerischer Weise vor. Warum aber gerade zwei im Stoff so unsäglich traurige wählen wie Letzte Fahrt und Letzte Begegnung Kaiser Friedrichs III.?

Noch zwei Sprecher trotzten dem immer lauteren Stimmengebrause und erreichten es wirklich, die Aufmerksamkeit der in ihren Ordnungen bereits völlig aufgelösten Versammlung noch für einige Minuten zu fesseln. Das waren Herr v. Wolzogen, der Dichter, der im Namen der jungen Genossen dem Altmeister, dem jung gebliebenen und »ein arger Moderner« gewordenen in feurig dahinrollenden markigen Knüttelversen den Ausdruck der Begeisterung und der Dankbarkeit der Jugend, der »Grünen« im deutschen Dichterwalde, darbrachte. Da hieß es unter anderem:

> Du bist's, der Recke von hoher Gestalt,
> Darüber die Siebzig keine Gewalt,
> Du mit dem leuchtenden Augenpaar,
> Der den Rauhreif schüttelt vom Lockenhaar,
> Du warmes Blut, Du blankes Eisen –
> Du bist es, den wir Jungen preisen! –

Das unpassende Benehmen eines Bruchteils der einen Tafel hat mir freilich wie wohl auch vielen andern den Schluß des Festes verleidet und war, wie das Sprichwort sagt, der Hühnerdreck, der mir auf meinen Freudenteller fiel. . . . Und ich, als der, der das Fest verschuldet hat, komme mir vor wie ein Mitschuldiger. Warum wird man 70?
*(an August von Heyden, 5. 1. 1890)*

*Du hast nicht olympisch das Haupt geschüttelt,*
*Als die Grünen am Tor des Parnaß gerüttelt;*
*Du hast Dich zu ihnen hinabbegeben*
*Und noch einmal hinein in das brausende Leben,*
*Weil Du schauen wolltest mit eigenen Augen,*
*Was all der Spektakel wohl möchte taugen.*
*Und Du hast geprüft und still überlegt,*
*Wie der ältere Freund, der weisere pflegt.*
*Dann hast Du gedichtet – und eh man's gedacht,*
*Hast Du es einfach – besser gemacht!*

*Bist aber drum nicht verdächtiger Horden,*
*Gleich Götz, ein Räuberhauptmann geworden.*
*Wenn die Tollsten Überrumpelung planten,*
*Bedächtige Freunde zum Rückzug mahnten –*
*Du hast zwischen Jüngsten und ängstlichen Alten*
*Lächelnd die freie Bahn gehalten,*
*Kampfglühende Wangen freundlich gestreichelt,*
*Manch allzu keck Schwert in die Scheide geschmeichelt. –*

Der zweite Sprecher war Intendanturrat Fontane, der zweite Sohn
des Jubilars. Im Namen der ganzen Familie sagte er aus bewegtem
Herzen heraus der Gesellschaft den Dank für alle dem Vater heute
erwiesenen Ehren.
Man erhob sich von den Tafeln, bot einander das unvermeidliche
»Gesegnete Mahlzeit« und begab sich in die vorderen Räume zum
Kaffee, zum Auf- und Abwandeln, zum gegenseitigen Aussprechen
über die empfangenen Eindrücke.
[…]

9. März 1890

*An Paul Heyse*

[…] Blicke ich auf meine »großen Tage« zurück und vergegenwärtige mir dabei, was ich während derselben und vorher und nachher
gehört und gesehn habe, so gewahre ich nur zahllose Kränkungen,
die dem Opfertier (dem Gefeierten) doch insoweit mitangerechnet
werden, als die Tatsache seiner Existenz, wenn er persönlich auch
unschuldig befunden werden sollte, die Schuld an dem allen trägt.
[…]

Fünfzig Jahre werden es ehstens sein,
Da trat ich in meinen ersten »Verein«.
Natürlich Dichter. Blutjunge Ware:
Studenten. Leutnants, Refrendare.
Rang gab's nicht, *den* verlieh das »Gedicht«,
Und *ich* war ein kleines Kirchenlicht.

So stand es, als Anno 40 wir schrieben;
Aber ach, wo bist du Sonne geblieben?
Ich bin noch immer, was damals ich war,
Ein Lichtlein auf demselben Altar,
Aus den Leutnants aber und Studenten
Wurden Genräle und Chefpräsidenten.

Und mitunter, auf stillem Tiergartenpfade,
Bei »Kön'gin Luise« trifft man sich grade.

»Nun, lieber F., noch immer bei Wege?«
»Gott sei Dank, Exzellenz... Trotz Nackenschläge...«

»Kenn' ich, kenn' ich. Das Leben ist flau...
Grüßen Sie Ihre liebe Frau.«

Lebenswege
(1888)

Wenn andre Fortunens Schiff gekapert,
Mit *meinen* Versuchen hat's immer gehapert,
Auf halbem Weg', auf der Enterbrücke,
Glitt immer ich aus. War's Schicksalstücke?
War's irgendein großes Unterlassen?
Ein falsches die Sach'-am-Schopfe-Fassen?
War's Schwachsinn in den vier Elementen,
In Wissen, Ordnung, Fleiß und Talenten?
Oder war's – ach, suche nicht zu weit,
Was mir fehlte, war: Sinn für *Feierlichkeit*.

Ich blicke zurück. Gott sei gesegnet,
Wem bin ich nicht alles im Leben begegnet!
Machthabern aller Arten und Grade,
Vom Hof, von der Börse, von der Parade,
»Damens« mit und ohne Schnitzer,
Portiers, Hauswirte, Hausbesitzer,
Ich konnte mich allen bequem bequemen,
Aber feierlich konnt' ich sie nicht nehmen.

Das rächt sich schließlich bei den Leuten,
Ein jeder möchte was Rechts bedeuten,

Was mir fehlte
(1889)

Und steht mal was in Sicht oder Frage,
So sagt ein Reskript am nächsten Tage:
»Nach bestem Wissen und Gewissen,
Er läßt doch den rechten Ernst vermissen,
Alle Dinge sind ihm immer nur Schein,
Er ist ein Fremdling, er paßt nicht hinein,
Und ob das Feierlichste gescheh',
Er sagt von jedem nur: Fa il Re*.«

* *Das soll der König tun*

Suche nicht weiter. Man bringt es nicht weit
Bei fehlendem Sinn für Feierlichkeit.


## Publikum
(1888)

Das Publikum ist eine einfache Frau,
Bourgeoishaft, eitel und wichtig,
Und folgt man, wenn sie spricht, genau,
So spricht sie nicht mal richtig.

Eine einfache Frau, doch rosig und frisch,
Und ihre Juwelen blitzen,
Und sie lacht und führt einen guten Tisch,
Und es möchte sie jeder besitzen.


## Fester Befehl
(1888)

In Arkadien wurd' auch *ich* geboren.
Auch *ich* habe mal auf Freiheit geschworen.

Ich haßte Schranzen und Fürstenschmeichler,
Glaubte beinah an Held und Eichler,
Und Herwegh, Karl Beck und Dingelsteten
Erhob ich zu meinen Leibpoeten.

»... Auf dem offnen Meere der Freiheit schwimmen...
Ein Volk muß immer sich selbst bestimmen,
Ein Volk geht immer die rechten Wege,
Nieder die Polizeigehege,
Nieder die possidentes beati —«
So dacht' auch ich. Oh, tempi passati!

Freiheit freilich. Aber zum Schlimmen
Führt der Masse sich selbst Bestimmen,
Und das Klügste, das Beste, Bequemste,
Das auch *freien* Seelen weitaus Genehmste
Heißt doch schließlich, ich hab's nicht Hehl:
Festes Gesetz und fester Befehl.

Berlin, 21. November 1888    *An Julius Rodenberg*
                                     * Unwiederbringlich

[...] Den Stoff der Novelle* gebe ich Ihnen in der Beilage.
[...]

Vor drei, vier Jahren schrieb mir Frau Geh. R. Brunnemann, geb. v. Meyerinck (Schwester der mal so schönen Geh. R. Böhm, die Ihnen gewiß bekannt ist), einen langen Brief aus Italien und darin – angeregt durch eine Novelle von mir – folgende Familiengeschichte.

Baron Plessen-Ivenack, auf Schloß Ivenack in Strelitz, Kavalier comme il faut, Ehrenmann, lebte seit 18 Jahren in einer glücklichen Ehe. Die Frau 37, noch schön, etwas fromm (die Strelitzer tun es nicht anders). Er Kammerherr. Als solcher wird er zu vorübergehender Dienstleistung an den Strelitzer Hof berufen. Hier macht er die Bekanntschaft eines jungen pommerschen Fräuleins, v. Dewitz, eines Ausbundes nicht von Schönheit, aber von Piquanterie. Den Rest brauche ich Ihnen nicht zu erzählen. Er ist behext, kehrt nach Ivenack zurück und sagt seiner Frau: sie müßten sich trennen, so und so. Die Frau, tödlich getroffen, willigt in alles und geht. Die Scheidung wird gerichtlich ausgesprochen. Und nun kehrt der Baron nach Strelitz zurück und wirbt in aller Form um die Dewitz. Die lacht ihn aus. Sie steht eben auf dem Punkte, sich mit einem ebenso reichen, aber unverheirateten Herrn aus der Strelitzer Gesellschaft zu verloben. Der arme Kerl, er hat die Taube auf dem Dach gewollt und hat nun weder Taube noch Sperling. Alles weg. Er geht ins Ausland, ist ein unglücklicher, blamierter und halb dem Ridikül verfallener Mann. Inzwischen aber ist die älteste Tochter, die beide Eltern gleich schwärmerisch liebt, herangewachsen, es spielen allerhand Szenen in der Verwandtschaft, Versöhnungsversuche drängen sich, und das Ende vom Liede ist: es soll alles vergessen sein. Zwei Jahre sind vergangen. Die Frau willigt ein, und unter nie dagewesener Pracht, darin sich der Jubel des ganzen Landes Strelitz mischt, wird das geschiedne Paar *zum zweiten Male getraut*. Alles steht Kopf, der Hof nimmt teil, Telegramme von Gott weiß woher, Musik und Toaste. Plötzlich aber ist die wieder Getraute, die wieder Strahlende, die wieder scheinbar Glückliche von der Seite ihres Mannes verschwunden, und als man nach ihr sucht, findet man sie tot am Teich. Und auf ihrem Zimmer einen Brief, der nichts enthält als das Wort: *Unwiederbringlich*.

Dies ungefähr das, was mir Frau Brunnemann in Damenstil und Damenhandschrift schrieb. »Ich könne damit machen, was ich wolle – ich hätte es zu freier Verfügung.« (Sie ist eine Cousine des Hauses.) Ich bin aber doch kluger Feldherr gewesen, was ihr nachträglich *sehr* lieb zu sein scheint, und habe die Geschichte nach

*Julius Rodenberg, 1831–1914, Publizist, Romanautor, gründete 1874 die Monatsschrift »Deutsche Rundschau«*

Schleswig-Holstein und Kopenhagen hin transponiert, so daß sie jetzt zu kleinerem Teil auf einem Schloß in der Nähe von Glücksburg, zu größrem in Kopenhagen und auf der Insel Seeland spielt. Solche Transponierung ist nicht leicht. Ich ging sämtliche deutsche Höfe durch, nichts paßte mir, als ich aber Nordschleswig und Kopenhagen gefunden hatte, »war ich raus«. Nur Strelitz selbst wäre vielleicht doch noch besser gewesen und hätte meiner Geschichte den Ton des politisch Satirischen gegeben; nun klingt nordisch Romantisches mit durch. Geschrieben habe ich die Geschichte jetzt vorm Jahr, in den Wochen und Monaten, die dem Todes meines Sohnes folgten. Ich habe mich unter der Arbeit bei Trost und Frische gehalten. Natürlich ist nichts fertig, aber die Geschichte ist doch da, und was fehlt, ist nur Korrektur. Freilich immer das Mühsamste und Zeitraubendste. [ . . . ]

*Aus:*
Unwiederbring-
lich.
Erstes Kapitel
*(1891)*

Eine Meile südlich von Glücksburg, auf einer dicht an die See herantretenden Düne, lag das von der gräflich Holkschen Familie bewohnte Schloß Holkenäs, eine Sehenswürdigkeit für die vereinzelten Fremden, die von Zeit zu Zeit in diese wenigstens damals noch vom Weltverkehr abgelegene Gegend kamen. Es war ein nach italienischen Mustern aufgeführter Bau, mit gerade so viel Anklängen ans Griechisch-Klassische, daß der Schwager des gräflichen Hauses, der Baron Arne auf Arnewiek, von einem nachgeborenen »Tempel zu Pästum« sprechen durfte. Natürlich alles ironisch. Und doch auch wieder mit einer gewissen Berechtigung. Denn was man von der See her sah, war wirklich ein aus Säulen zusammengestelltes Oblong, hinter dem sich der Unterteil des eigentlichen Baues mit seinen Wohn- und Repräsentationsräumen versteckte, während das anscheinend stark zurücktretende Obergeschoß wenig über mannshoch über die nach allen vier Seiten hin eine Vorhalle bildende Säuleneinfassung hinauswuchs. Diese Säuleneinfassung war es denn auch, die dem Ganzen wirklich etwas Südliches gab; teppichbedeckte Steinbänke standen überall die Halle entlang, unter der man beinahe tagaus, tagein die Sommermonate zu verbringen pflegte, wenn man es nicht vorzog, auf das Flachdach hinaufzusteigen, das freilich weniger ein eigentliches Dach, als ein ziemlich breiter, sich um das Obergeschoß herumziehender Gang war. Auf diesem breiten, flachdachartigen Gange, den die Säulen des Erdgeschosses trugen, standen Kaktus- und Aloëkübel, und man genoß hier, auch an heißesten Tagen, einer vergleichsweise frischen Luft. Kam dann gar vom Meer her eine Brise, so setzte sie sich in das an einer

Maststange schlaff herabhängende Flaggentuch, das dann mit einem schweren Klappton hin und her schlug und die schwache Luftbewegung um ein geringes steigerte.

Schloß Holkenäs hatte nicht immer auf dieser Düne gestanden, und noch der gegenwärtige Graf, als er sich, siebzehn Jahre zurück, mit der schönen Baronesse Christine Arne, jüngsten Schwester seines Gutsnachbarn Arne, vermählte, war damals in die bescheidenen Räume des alten und eigentlichen Schlosses Holkenäs eingezogen, das mehr landeinwärts in dem großen Dorfe Holkeby lag, gerade der Holkebyer Feldsteinkirche gegenüber, die weder Chor noch Turm hatte. Das alte Schloß, ebenso wie die Kirche, ging bis ins vierzehnte Jahrhundert zurück, und ein Neubau war schon unter des Grafen Großvater geplant worden. Aber erst der gegenwärtige Graf, der neben anderen kleinen Passionen auch die Baupassion hatte, hatte den Plan wieder aufgenommen und bald danach das viel beredete und bespöttelte, aber freilich auch viel bewunderte Schloß auf der Düne entstehen lassen, in dem sichs nicht bloß schöner, sondern vor allem auch bequemer wohnte. Trotzdem war der Gräfin eine nicht zu bannende Vorliebe für das alte, mittlerweile zum Inspektorhause degradierte Schloß geblieben, eine Vorliebe, so groß, daß sie nie daran vorüberging, ohne der darin verbrachten Tage mit einem Anfluge von Wehmut zu gedenken. Denn es war ihre glücklichste Zeit gewesen, Jahre, während welcher man sich immer nur zur Liebe gelebt und noch keine Meinungsverschiedenheiten gekannt hatte. Hier, in dem alten Schlosse, gegenüber der Kirche, waren ihnen ihre drei Kinder geboren worden, und der Tod des jüngsten Kindes, eines Knaben, den man Estrid getauft hatte, hatte das schöne und jugendliche Paar einander nur noch näher geführt und das Gefühl ihrer Zusammengehörigkeit gesteigert.

All das war seit der Übersiedlung in das neue Schloß nicht ganz so geblieben, von welchem Wandel der Dinge die bei den Herrnhutern erzogene, zudem von Natur schon gefühlvoll gestimmte Gräfin eine starke Vorahnung gehabt hatte, so stark, daß ihr ein bloßer Um- und Ausbau des alten Schlosses und somit ein Verbleiben an alter Stelle das weitaus Liebere gewesen wäre. Der Graf aber trug sich enthusiastisch und eigensinnig mit einem »Schloß am Meer« und deklamierte gleich bei dem ersten Gespräch, das er mit der Gräfin in dieser Angelegenheit hatte:

> »Hast du das Schloß gesehen?
> Das hohe Schloß am Meer?
> Golden und rosig wehen
> Die Wolken drüber her –«

ein Zitat, das freilich bei derjenigen, die dadurch günstig gestimmt und für den Plan gewonnen werden sollte, nur den entgegengesetzten Eindruck und nebenher eine halb spöttische Verwunderung hervorgerufen hatte. Denn Holk war ziemlich unliterarisch, was niemand besser wußte als die Gräfin.

»Wo hast du das her, Helmuth?«

»Natürlich aus Arnewiek. Bei deinem Bruder drüben hängt ein Kupferstich, und da stand es drunter. Und ich muß dir sagen, Christine, es gefiel mir ganz ungemein. Ein Schloß am Meer! Ich denke es mir herrlich, und ein Glück für dich und mich.«

»Wenn man glücklich ist, soll man nicht noch glücklicher sein wollen. Und dann, Helmuth, daß du gerade *das* zitieren mußtest. Du kennst, wie ich glaube, nur den Anfang dieses Uhlandschen Liedes … es ist nämlich von Uhland, verzeih … aber es verläuft nicht so, wie's beginnt, und am Schluß kommt noch viel Trauriges:

> ›Die Winde, die Wogen alle
> Lagen in tiefer Ruh,
> Einem Klagelied aus der Halle
> Hört ich mit Tränen zu …‹

Ja, Helmuth, so schließt es.«

»Vorzüglich, Christine. Gefällt mir auch«, lachte Holk. »Und von Uhland, sagst du. Allen Respekt davor. Aber du wirst doch nicht verlangen, daß ich mein ›Schloß am Meer‹ nicht bauen solle, bloß weil aus einem erdichteten Schloß am Meer, auch wenn von Uhland erdichtet, ein Klagelied aus der Halle klang?«

»Nein, Helmuth, das verlang ich nicht. Aber ich bekenne dir offen, ich bliebe lieber hier unten in dem alten Steinhause mit seinen Unbequemlichkeiten und seinem Spuk. Der Spuk bedeutet mir nichts, aber an Ahnungen glaub ich, wiewohl die Herrnhuter auch davon nichts wissen wollen, und werden wohl auch recht damit haben. Trotzdem, man steckt nun mal in seiner menschlichen Schwachheit, und so bleibt einem manches im Gemüt, was man mit dem besten Spruche nicht loswerden kann.«

So war damals das Gespräch gegangen, auf das man nicht wieder zurückkam, ein einziges Mal ausgenommen, wo beide (die Sonne war schon unter) die Düne hinaufstiegen, um nach dem Neubau, der inzwischen begonnen hatte, zu sehen. Und als sie oben waren, lächelte Holk und wies auf die Wolken, die gerade »golden und rosig« über ihnen standen.

»Ich weiß, was du meinst«, sagte die Gräfin.

»Und …«

»Ich habe mich inzwischen meiner widerstreitenden Wünsche begeben. Damals, als du zuerst von dem Neubau sprachst, war ich trüben Gemüts; du weißt, weshalb. Ich konnte das Kind nicht vergessen und wollte der Stelle nahe sein, wo es liegt.«
Er küßte ihr die Hand und gestand ihr dann, daß ihre Worte während ihres damaligen Gesprächs doch einen Eindruck auf ihn gemacht hätten. »Und nun bist du so gut. Und wie schön du dastehst in dem goldenen Abendrot. Ich denke, Christine, wir wollen hier glücklich sein. Willst du?«
Und sie hing sich zärtlich an seinen Arm. Aber sie schwieg.

Das war das Jahr vor Abschluß des Baues gewesen, und bald danach, weils in dem alten Schloß unten immer unwohnlicher wurde, war Holk mit seinem Schwager übereingekommen, Christine und die Kinder nach Arnewiek zu schicken und sie daselbst bis nächste Pfingsten, um welche Zeit alles fertig sein sollte, zu belassen.
Und das war denn auch geschehen.
Und nun kam Pfingsten heran, und der Tag zur Beziehung des neuen Schlosses war da. Der Garten am Rückabhange der Düne zeigte sich freilich nur halb bepflanzt, und überhaupt war vieles erst im Werden. Aber eines war doch fertig geworden: die schmale, säulenumstellte Front nach dem Meere zu. Hier waren schon Bosketts und Blumenrondells, und weiter hin, wo sich die Düne nach vorn zu senken begann, stieg eine Treppenterrasse zum Strande hinunter und setzte sich unten in einer Stegbrücke fort, die, weit ins Meer hinaus gebaut, zugleich als Anlegestelle für die zwischen Glücksburg und Kopenhagen fahrenden Dampfer dienen sollte.

Christine war voller Bewunderung und Freude, weit über ihr eigenes Erwarten hinaus, und als sie, nach einem Umgang um das Haus, das Flachdach erstiegen hatte, vergaß sie angesichts des sich vor ihr ausbreitenden herrlichen Panoramas alles, was sich auch nach der vorjährigen Aussöhnung mit dem Neubau noch immer wieder von Sorgen und Ahnungen in ihrer Seele geregt hatte; ja, sie rief die Kinder, die noch unten an der Terrasse standen, herbei, daß sie teilnehmen möchten an ihrer Freude. Holk sah ihre tiefe Bewegung und wollte sprechen und ihr danken. Sie kam ihm aber zuvor und sagte:
»Bald ist es ein Jahr nun, Helmuth, daß wir zuletzt hier auf der Düne standen und du mich fragtest, ob ich hier glücklich sein wolle. Ich schwieg damals ...«

»Und heute?«
»Heute sag ich ja.«

Vierunddreißigstes
Kapitel
Eine Woche war vorüber seitdem.

Es war eine milde Luft, und wäre nicht der wilde Wein gewesen, der
sich mit seinen schon herbstlich roten Blättern um einzelne Säulen
von Schloß Holkenäs emporrankte, so hätte man glauben können,
es sei wieder Johannistag und das schöne Fest, das ein Vierteljahr
vorher ganz Angeln mit begangen hatte, werde noch einmal
gefeiert. Denn nicht nur lag es hell und beinahe sommerlich, wie
damals bei der Wiedertrauung des gräflichen Paares, über Schloß
und Park, auch die lange festliche Wagenreihe, die heute, genau wie
am Tage der erneuten Trauung, zahlreiche Gäste gebracht hatte, war
wieder da. Dazu klangen auch die Glocken wieder weit ins Land
hinein, und die Mädchen von Holkeby standen, wie damals beim
Erscheinen des hochzeitlichen Zuges, das Dorf entlang und streuten
ihre Blumen. Aber heute waren es weiße Astern, die sie streuten,
und die, die vom Schlosse her des Weges kam, war eine Tote; vorauf
Musik, hinter dem Sarge Holk und die Kinder und dann in langem
Zuge die Verwandten und Freunde. Petersen stand am Kirchhofs-
eingang, und dem Zuge vorauf schritt er jetzt auf das Grab zu, das
neben der baufälligen alten Gruft bereitet war. Hier angekommen,
schwieg der Choral, alle Häupter entblößten sich, und dann senkten
sie den Sarg hernieder, und die Erde schloß sich über Christine
Holk. Ein Herz, das sich nach Ruhe sehnte, hatte Ruhe gefunden.

Julie von Dobschütz<br>an Generalsuperintendent Schwarzkoppen

»Schloß Holkenäs, den 14. Oktober 1861.
Ew. Hochwürden wollen von unserer Freundin hören, deren Tod
das erste war, was Sie, nach Ihrem Amtsantritt in Ihrer alten
Heimat, von hier aus erfuhren. Ich komme Ihrem Wunsche freudig
nach, denn neben allem Schmerzlichen ist es mir immer wieder ein
Trost und eine Erhebung, von der teuren Toten sprechen zu dürfen.
An dem Tage, wo Sie sie zuletzt sahen, reifte wohl ein Gedanke in
ihr, den sie lange mit sich umhertragen mochte. Vielleicht entsinnen
Sie sich des elegischen, beinahe schwermütigen Volksliedes, das
Elisabeth Petersen an jenem Abende vortrug – Christine verließ
gleich danach das Zimmer, und ich glaube, daß es von dem
Augenblicke an in ihr feststand. Ich fand sie tief erschüttert und
bekenne, daß bange Ahnungen sofort mein Herz erfüllten, Ahnungen, die niederzukämpfen mir nur dadurch gelang, daß ich mir den
christlichen Sinn und die ganze Glaubensfestigkeit der teuren

Entschlafenen vergegenwärtigte, den christlichen Sinn, der das Leben trägt, solange Gott es will.

Der nächste Tag schien mir auch ein Recht zu diesem meinem Vertrauen geben zu sollen. Christine hatte sich, wie sie mir sagte, spät erst zur Ruhe begeben, aber ihr Aussehen zeigte nichts von Überwachtsein, im Gegenteil, eine Frische gab sich zu erkennen, wie ich sie, seit dem Tage ihrer Wiedervereinigung, nicht mehr an ihr wahrgenommen hatte. Sie war, als sie zum Frühstück kam, entgegenkommender und freundlicher als gewöhnlich, schlug einen beinah herzlichen Ton an und redete Holk zu, sich an einer für den zweitnächsten Tag festgesetzten Jagdpartie zu beteiligen, zu der er eben eine Einladung von Graf Baudissin erhalten hatte. Dann besprachen sie sonderbarerweise Toilettenangelegenheiten, sogar ganz ausführlich, aber freilich nur mit Rücksicht auf Asta, die nun über siebzehn sei und in die Gesellschaft eingeführt werden müsse, bei welchem Worte sich ihr Auge mit Tränen füllte.

So verging der Tag, und die Sonne stand schon tief, als sie mich aufforderte, mit ihr an den Strand zu gehen. ›Aber‹, setzte sie hinzu, ›wir müssen uns eilen und unten sein, ehe es dunkel wird.‹

Und gleich danach stiegen wir die Terrasse hinab. Unten angekommen, war ihr der Weg am Strande hin nicht recht, der Sand sei so feucht und ihr Schuhzeug so leicht, und so gingen wir denn auf den Steg hinauf, in einem Gespräch, in dem die Gräfin absichtlich jedes ernstere Thema zu vermeiden schien. Als wir endlich bis an die Plattform und die kleine Treppe gekommen waren, an der die Dampfschiffe anlegten, setzten wir uns auf eine Holzbank, die Holk seit kurzem erst an dieser Stelle hat aufstellen lassen, und sahen in die Sonne, deren Widerschein auf dem nur wenig bewegten Meere fast noch schöner war als ihre Farbenpracht in dem Gewölk· darüber. ›Wie schön‹, sagte Christine. ›Laß uns den Untergang hier abwarten. Freilich es wird schon kalt, und du könntest uns wohl unsere Mäntel holen. Aber bitte, spare dir die Stufen und ruf es bloß die Terrasse hinauf. Asta wird es schon hören.‹

Sie sprach das alles mit einem Anflug von Verlegenheit, denn etwas Unwahres sagen widerstrebte ihrer Natur; aber wenn diese Verlegenheit auch gefehlt hätte, so wäre mir das Ganze doch aufgefallen, weil ihre fast zu weit gehende Zartheit und Güte gegen mich es immer ängstlich vermied, irgendeinen Dienst von mir zu fordern. Sie sah auch, welche Richtung meine Gedanken nahmen, aber ich durfte sie's doch nicht klar und unumwunden wissen lassen, was an Besorgnis in meiner Seele vorging, und so ging ich denn den Steg wieder zurück und die Terrasse hinauf, denn das mit dem ›Hinaufrufen, bis Asta es höre‹, war nur so hingesagt worden.

Als ich wieder am Ausgang des Steges ankam, fand ich die Gräfin nicht mehr und wußte nun, was geschehen. Ich eilte zurück, um Hilfe zu holen, trotzdem ich sicher war, daß alles nutzlos sein würde. Holk war wie betäubt und wußte sich nicht Rat. Endlich aber wurde das Dorf alarmiert, und bis in die Nacht hinein suchte man an Steg und Strand. Auch Boote wurden abgelassen und fuhren ins Meer hinein, auf eine nur von wenig Wasser überspülte Sandbank zu, die dem Stege quer vorliegt. Aber durch Stunden hin ohne jeden Erfolg, und erst am andern Morgen kamen Holkebyer Fischer aufs Schloß und meldeten, daß sie die Gräfin gefunden hätten. Wir gingen nun alle hinunter. Der Ausdruck stillen Leidens, den ihr Gesicht so lange getragen hatte, war dem einer beinah heiteren Verklärung gewichen, so sehr bedürftig war ihr Herz der Ruhe gewesen. Und auf einer Bahre, die man aus der Kirche herbeigeschafft hatte, trug man sie nun, weil man die Steigung der Terrasse vermeiden wollte, durch die Düne bis ins Dorf und dann den mäßig ansteigenden Parkweg hinauf. Alles drängte herzu, und die armen Leute, für die sie gesorgt, wehklagten, und bittere Worte wurden laut, die der Graf, so hoffe ich, nicht hörte.

Wie das Begräbnis war und wie Petersen sprach, der an diesem Tage, das muß ich bezeugen, auch das rechtgläubigste Herz zufriedenstellen konnte, das haben Sie gelesen in dem ›Arnewieker Boten‹, den Ihnen Baron Arne geschickt hat und vielleicht auch in den ›Flensburger Nachrichten‹.

Ich habe nur noch hinzuzufügen, was vielleicht angetan ist, uns über den Seelenzustand der Gräfin und über das, was sie den letzten Schritt tun ließ, ins klare zu bringen. In derselben Stunde noch, als wir sie vom Strand heraufgebracht hatten, gingen wir auf ihr Zimmer und suchten, ob sich nicht ein Abschiedswort fände. Wir fanden auch wirklich mehrere Briefbogen, deren Anredeworte zeigten, daß sie den Willen gehabt hatte, von den ihr Zunächststehenden, von Holk, von Arne und auch von mir, Abschied zu nehmen. Den Überschriften an Arne und mich waren ein paar Worte wie ›Habe dank‹ und ›wenn Du diese Zeilen liest‹ hinzugefügt, aber alles war wieder durchstrichen, und dem Bogen mit der Anrede ›Lieber Holk‹ fehlte auch *das*. Dafür war dem für Holk bestimmten Bogen ein zerknittertes und dann wieder sorgsam glattgestrichenes Blatt eingelegt, darauf das Lied stand, das Elisabeth Petersen, unmittelbar vor Holks Abreise nach Kopenhagen, gesungen und dessen Vortrag damals, ähnlich wie jetzt das vorerwähnte Volkslied aus dem Englischen, einen so tiefen Eindruck auf Christine gemacht hatte. Dieses jüngst gehörten Volksliedes werden sich Ew. Hochwürden sicherlich noch erinnern, aber das früher gehörte wird Ihrem Gedächtnis entschwunden sein, weshalb es mir gestattet sein mag, der ersten Strophe desselben hier eine Stelle zu geben. Diese Strophe lautete:

> Die Ruh ist wohl das Beste
> Von allem Glück der Welt;
> Was bleibt vom Erdenfeste,
> Was bleibt uns unvergällt?
> Die Rose welkt in Schauern,
> Die uns der Frühling gibt;
> Wer haßt, ist zu bedauern,
> Und mehr noch fast, wer liebt.

Die letzte Zeile war leis und kaum sichtbar unterstrichen. Eine ganze Geschichte lag in diesen verschämten Strichelchen.
Ihnen wird Ihr Amt und Ihr Glaube die Kraft geben, den Tod der Freundin zu verwinden; aus meinem Leben aber ist das Liebste dahin, und was mir bleibt, ist arm und schal. Asta bittet, sich Ihnen empfehlen zu dürfen, ebenso Elisabeth Petersen.

Ew. Hochwürden ergebenste
Julie von Dobschütz.«

*Unwiederbringlich bleibt das makelloseste Kunstwerk Fontanes: ohne Schlacke und Sentimentalität, kühl, gefaßt, kontrolliert; ein Buch ganz aus Elfenbein; der einzige Roman der Epoche, der den Wettstreit selbst mit Turgenjew oder Trollope und William Dean Howells nicht zu scheuen hat*
aus: Peter Demetz, Formen des Realismus, 1964)

*Fontane hat von sich selber einmal gesagt, mit einer eigenwilligen Wortbildung, wie er sie liebt: sein Talent sei ein balladeskes; und sooft ich eine neue Erzählung des schaffensfrohen Mannes zur Hand nehme, der den Ruhesitz der feierlich überschrittenen Siebzig so gar nicht in Gebrauch zu nehmen denkt, so oft erinnere ich mich jenes Wortes. Ein balladeskes Talent: lange, bevor er selber den Begriff geprägt, hat er unter dem Vorurteil leiden müssen, das ein früherworbener Ruhm seinem Träger zu bereiten pflegt. Fontanes Balladen, diese prächtigen Bilder aus Schottland und Altbrandenburg, von Douglas und von Zieten, waren allen vertraut, wir lernten sie in der Schule, wir hörten sie deklamieren und singen – aber als nun der Poet auch als Prosaiker auftrat, als Erzähler, stand dem, was er erstrebte, im Wege, was er schon erreicht hatte: er war ja ein Balladendichter, also kein Novellist. Nach Fächern einzuteilen bleibt nun dem lieben Publikum einmal das Bequemste: du bist ein Dramatiker! sagt es und du ein Erzähler! also nun gefälligst keine Konfusion gestiftet: Schuster, an eure Leisten!
Aber Fontane hat es uns ja selber gesagt: er ist ein balladeskes Talent; und meine Aufgabe wäre nun, wollt ich dieses Wort ganz und gar ergründen, dem Begriff: Ballade sorgsam untersuchend*

Otto Brahm
(in »Freie Bühne für modernes Leben«, 2. 12. 1891)

nachzugehen. Was die Ballade »soll«, hätt ich festzustellen, sie abzugrenzen gegen die Romanze – eine Grenze, so strittig wie jene andere zwischen Roman und Novelle – und was denn der ästhetischen Haarspaltereien mehr sind. Da wir aber der Spielerei mit Begriffen einmal satt sind, da wir nicht mehr vorgeben, zu wissen, was die Kunst soll, sondern bescheiden erforschen möchten, was die Kunst will und der Künstler, so sage ich nur ganz harmlos empirisch, was mir als balladesk in Fontanes Erzählungen immer wieder entgegentritt: nicht allein die Poesie der Stimmung, das Verdämmernde und Ahnungsvolle, sondern vor allem die Neigung zum Erratenlassen, zum Abbrechen an entscheidenden Punkten, zum Überspringen und Wiedereinsetzen nach scheinbarer Willkür. Nicht lückenlos erzählt der Dichter, nicht in einer Folge, welche die Geschehnisse im Zusammenhang aufrollt und anschauen läßt als ein Ganzes, sondern bald hier zufassend und bald dort, malt er lieber das Kleine und Zufällige aus, das charakteristische Detail und läßt das Große und Schicksalsvolle oft nur anklingen und sich andeuten in unbestimmten Zügen, welche die Phantasie des Lesers dann ins Konkrete selbständig führen mag. Das ist die Art der kunstmäßigen Ballade freilich nicht, wie sie Schiller und Goethe an den Stoffen der Antike und der katholischen Glaubenswelt ausgebildet haben; aber die Art der volkstümlichen Ballade ist es: und wie auf den Vorbildern, welchen Fontanes Jugend folgte, so liegt auch auf diesen Erzählungen noch, auch wenn sie moderne Irrungen, Wirrungen schildern, ein geheimnisvoller Hauch und Duft, ein ungewisses Etwas, wie Nebel der schottischen Heide.

Otto Brahm, 1865–1912, Schriftsteller, Kritiker und Theaterleiter, Gründer der »Freien Bühne« (1891)

> Hast du das Schloß gesehen,
> das hohe Schloß am Meer?
> Golden und rosig wehen
> die Wolken drüber her –

so wird gleich im Beginn des Romans Unwiederbringlich die Uhlandsche Ballade zitiert, aber dem Grafen Holk, der sich in seiner literarischen Unschuld nur an dem irgendwo aufgelesenen Anfangsvers zu erbauen weiß, nennt Christine, seine schwerlebige Gattin, das ahnungsvolle Ende:

> Die Winde, die Wogen alle
> lagen in tiefer Ruh,
> einem Klagelied aus der Halle
> hört ich mit Tränen zu.

Und wie hier die deutsche Ballade Stimmung und Vorbedeutung gibt für die Novelle selbst, so ist in ihre rechte Mitte eine dänische

*Ballade gestellt, von mittelalterlichen Helden und von Minne ausklingend, auch sie ein melancholisches Klagelied und Sterben:*

> *Und in die Herlufsholmer Gruft*
> *senken wir Herluf Trolle.*

*Von diesem Herlufslied meint Graf Holk, es habe eigentlich keinen rechten Inhalt und sei bloß eine Situation; allein das bedeute nichts: »Es hat den Ton; und wie das Kolorit das Bild macht, so macht der Ton das Gedicht.« Das ist ganz Fontanisch gedacht und ganz modern zugleich; und gerade hier ist der Punkt, wo die Individualität des Balladendichters und die Anschauung der Realisten aufeinandertreffen können. Wie unsere Maler mehr und mehr die Zeichnung als akademische Härte erkannten, von der die Natur nichts weiß, wie sie nur fließende Impressionen erhalten von der licht- und luftumschlossenen Rundheit der Dinge, so sucht auch der moderne Poet die kunstlosen Töne der Natur, nicht die kunstmäßig komponierte Handlung, er sucht lieber die Stimmung als den spannenden Inhalt, und was man einst die Lust zu fabulieren nannte, weicht der Neigung, schlicht zu protokollieren: was ist. Auf ein Gebiet gerät er so, das – wie eben die Ballade – zwischen alter Epik und Lyrik mitten inne liegt, und wenn er den Menschen nicht mehr auf den Isolierschemel eines freien Willens stellt, sondern ihn abhängig zeigt von der Umwelt, so kommt ihm auch darin der Balladendichter nahe, der das Lokale eifrig auffaßt, Kolorit der Landschaft und der Zeitsitte.*

*Und so steht denn Fontane, der jugendliche Alte, auch als Dichter in zwei Epochen zugleich: ein romantisches Element klingt noch in ihm nach, in welchem sein aufwachendes Talent einst heimisch ward, und das moderne klingt kräftig in ihm mit. Poesie, mit den Händen eines Glückskindes, greift er hier und greift er dort; und wie den besten Männern der älteren Generation gerade diese Mischung der Töne ihr Eigenstes gibt, wie sich in Keller Realistik und Phantastik einen, wie in Ibsen und Zola das Symbolische die Wirklichkeit beschattet und vertieft, so trifft bei Fontane Altes und Neues zusammen, Balladeskes und Impressionistisches.*

*Nicht die Geschichte also, die spannend vorgetragene Folge der Ereignisse macht den Reiz auch in Fontanes Roman Unwiederbringlich aus, sondern – das viel mißbrauchte Wort will einem kaum noch aus der Feder fließen – das Milieu. Zwei Welten stellt der Dichter nebeneinander anschaulich bis ins Kleinste: und aus ihrem Gegensatz ergibt sich der Konflikt dann von selbst, es braucht weiter nicht poetischer Maschinerien, nur Ton braucht es, nicht Inhalt. Auf der einen Seite des Meeres, nahe bei Glücksburg, steht Schloß*

*Holkenäs in protestantischem Frieden: Gräfin Christine, Schülerin der Herrnhuter von Gnadenfrei, herrscht darin, und zwischen dem ehrwürdigen Pfarrer zur Rechten und dem erprobten Pädagogen und Seminardirektor zur Linken wandelt sie, ernst und fromm und vorzüglich, und sinnt auf Grabkapellen und die rechte Erziehung. Graf Holk liebte sie, als er sie heimführte, und noch steht er bewundernd vor ihrer sicheren Selbstgerechtigkeit; allein er ist nicht nur Schloßherr auf Holkenäs, er ist auch dänischer Kammerherr, am Hofe der Prinzessin; und eine Welt, völlig anders geartet in ihrer naiven Frivolität, tut sich ihm auf, wenn er an die andere Seite der Ostsee nun gelangt, ins nordische Paris, wo Könige kleine Putzmacherinnen in die Nähe des Thrones heben und wo sich der Fremde dem Geiste des »Tivoli« näher fühlt als sonst. Eine alte und eine junge Kapitänsfrau (Hansen zubenannt, wie selbstverständlich) geben im Hause dem Grafen Kopenhagener Lebensart zu schmekken; und wenn den Heimkommenden die schöne Witwe mit nächtlicher Leuchte empfängt, und wie von ungefähr unter dem weiten Ärmel der blendende Teint sichtbar wird, so bedroht diese »merkwürdige Mischung von Froufrou und Lady Macbeth« den armen Holk mit einer unruhigen Nacht wohl und mancherlei Träumen. Aber gefährlicher, als die Witwe Hansen daheim, wird ihm eine kecke Hofdame, ein merkwürdiges Mischblut auch sie, aus jüdischer und schwedischer Rasse von Filehne und Stockholm, und ihre kleine Geschichte haben beide: ein märchenhafter Kaiser von Siam hat, mit einem leider verlorengegangenen Perlenhalsband, Madame Hansen ausgezeichnet, ein mehr realer schwedischer Prinz das Fräulein Ebba Rosenberg. In dieser Atmosphäre voller Liebesabenteuer, wo selbst dem Herrn Pastor, anders als seinem Amtsbruder drüben in Holstein, Geschichten von Prinzessinnenneigung nacherzählt werden, muß freilich der Graf, in seiner Reise- und Ferienlaune, straucheln; wo immer er sie trifft, die Ebba, welche sich freut, eigentlich Eva zu heißen – drin in der Stadt oder draußen in Klampenborg und Frederiksborg, auf dem Parkett des Hofes oder auf dem Eise im Schlittschuhlauf –, überall faßt ihn die pikante Zauberin, die auch das Gewagteste noch mit anmutiger Frivolität heraussagt, und nicht daß er erliegt, wie er erliegt, wird sein Schicksal: wo nur Spiel war, glaubt seine deutsche Gründlichkeit Ernst; das halb zerborstene Glück von Holkenäs bricht er nun ganz und unwiederbringlich, und in der Ostsee, die zwischen ihrer Welt schäumt und der seinen, findet Christinens Schwermut den frühen Tod. Holk aber steht allein da, wurzellos: in keiner Welt heimisch, jeder entfremdet. Nachdenklich, wie sie begonnen hat, endet so die Geschichte; und ohne daß der Dichter eine greifbare Lehre gezogen hätte, mit voller Gerechtigkeit gegen das Drüben und das Hüben am Meer, gegen die Frommen und die Weltkinder, die Schwerblütigen wie die Leichtblütigen, läßt er ein Schicksal sich erfüllen in sittlicher und natürlicher Notwendigkeit zugleich, nach alter und neuer Moral.*

Der neue Roman, ich hab' ihn fertig,
Wenn auch nicht in allen Stucken,
Er ist noch deiner Abschrift gewärtig, –
Dann kann ihn Kröner drucken.

»Unwiederbringlich« sein Titel ist,
Unwiederbringlich ist vieles,
Doch lassen wir das zum Heiligen Christ
Und gedenken wir - *unsres* Zieles.

Zum 24. Dezember 1887
*(an Emilie Fontane)*

*Sehr interessiert es mich, Fontanes Roman quasi vor meinen Augen entstehen zu sehen. Man sieht ihn bauen.* Unwiederbringlich *ist wohl das Vorzüglichste, was die Rundschau in der reinen Kunstform des Romans je gebracht hat. Feine Psychologie, feste Umrisse, höchst lebenswahre Charaktere und über alles doch ein gewisser poetischer Hauch – aber selbst von den geschicktesten Händen geschrieben, was für eine schwere Maschine ein Roman! Und wie unser guter seliger Gottfried\* an seinem Salander gestoßen haben mag.*

*Conrad Ferdinand Meyer
an J. Rodenberg, in dessen Zeitschrift
»Deutsche Rundschau«*
Unwiederbringlich *veröffentlicht wurde. Rodenberg übermittelte Fontane die Beurteilung*

*\* Gottfried Keller*

Berlin, 14. April 1891
Potsdamer Straße 134c

*An Julius Rodenberg*

Hochgeehrter Herr.
Ein süßerer Happen, Biskuit mit Schweizerhonig, ist mir noch nicht in den Mund gesteckt worden. Den edlen Gebern sei Dank dafür. Ich stand heute recht elend auf, fühle mich aber nach Ihrem Briefe wohler, was Sie glauben werden. Zu allem wandelt mich freilich auch eine Sentimentalität an, und eine gewisse Rührung ist das prädominierende Gefühl. Ein lebelang, oder doch jedenfalls seit 1876, wo ich meine Akademie-Stellung aufgab, habe ich einer Anerkennung wie dieser zugestrebt, und es wollte nicht kommen – die Widerhaarigkeit der Freunde, namentlich dieser, war zu groß.

Nun, im Erfüllungsmomente »muß wohl ein armer Teufel sterben«. Aber die Ohren steif halten! Ein Baurat, Freund meines Freundes Lucae, empfing, auf dem Sterbebett, den Roten Adlerorden, und sein letztes Wort, den Orden in der Hand, war: »Ich habe nicht umsonst gelebt.« Da ist meine Situation doch besser. Nochmals *sehr* herzlichen Dank.

In vorzüglicher Ergebenheit

Th. Fontane

Wie recht hat C. F. Meyer mit seinem Wort von der »schweren Maschine«. Mitunter, zwischen Berlin und Hannover, geht es glatt, aber dann keucht die Lokomotive wieder den Brenner hinauf, Abgründe links und rechts.

*An den Sohn Theodor*                                         Berlin, 9. Mai 1888

Mein lieber alter Theo.

Schon längst hätte ich Dir mal wieder geschrieben, wenn ich nicht, und zwar mit immer steigendem Eifer, mit der Zuendeführung meines neuen Romans beschäftigt gewesen wäre. Nun ist er, im Brouillon fertig, vorläufig beiseite geschoben. Titel: »Frau Kommerzienrätin oder Wo sich Herz zum Herzen findt«. Dies ist die Schlußzeile eines sentimentalen Lieblingsliedes, das die 50jährige Kommerzienrätin im engeren Zirkel beständig singt und sich dadurch Anspruch auf das »Höhere« erwirbt, während ihr in Wahrheit nur das Kommerzienrätliche, will sagen viel Geld, das »Höhere« bedeutet. Zweck der Geschichte: das Hohle, Phrasenhafte, Lügnerische, Hochmütige, Hartherzige des Bourgeoisstandpunkts zu zeigen, der von Schiller spricht und Gerson meint. Ich schließe mit dieser Geschichte den Zyklus meiner Berliner Romane ab, es sind 6 im ganzen, und habe vor, wenn mir noch ein paar Jahre vergönnt sind, mit einem ganz balladesken historischen Roman, der um 1400 spielt, abzuschließen. Die Leute mögen dann sehn, daß ich auf Zoologischen Garten und Hankels Ablage nicht eingeschworen bin und daß ich imstande bin, meine Personen ebensogut eine Simplizitätssprache wie die Bummel- oder Geistreichigkeitssprache des Berliner Salons sprechen zu lassen. Ich sage: »Die Leute mögen dann sehn«, ja, »sie mögen«, aber sie werden nicht, denn das Quantum von Gleichgültigkeit, das die Menschen allem entgegentragen, was nicht Modesache ist, ist kolossal. [...]

An einem der letzten Maitage, das Wetter war schon sommerlich, bog ein zurückgeschlagener Landauer vom Spittelmarkt her in die Kur- und dann in die Adlerstraße ein und hielt gleich danach vor einem, trotz seiner Front von nur fünf Fenstern, ziemlich ansehnlichen, im übrigen aber altmodischen Hause, dem ein neuer, gelbbrauner Ölfarbenanstrich wohl etwas mehr Sauberkeit, aber keine Spur von gesteigerter Schönheit gegeben hatte, beinahe das Gegenteil. Im Fond des Wagens saßen zwei Damen mit einem Bologneserhündchen, das sich der hell und warm scheinenden Sonne zu freuen schien. Die links sitzende Dame von etwa dreißig, augenscheinlich eine Erzieherin oder Gesellschafterin, öffnete von ihrem Platz aus zunächst den Wagenschlag und war dann der anderen, mit Geschmack und Sorglichkeit gekleideten und trotz ihrer hohen Fünfzig noch sehr gut aussehenden Dame beim Aussteigen behilflich. Gleich danach aber nahm die Gesellschafterin ihren Platz wieder ein, während die ältere Dame auf eine Vortreppe zuschritt und nach Passierung derselben in den Hausflur eintrat. Von diesem aus stieg sie, so schnell ihre Korpulenz es zuließ, eine Holzstiege mit abgelaufenen Stufen hinauf, unten von sehr wenig Licht, weiter oben aber von einer schweren Luft umgeben, die man füglich als eine Doppelluft bezeichnen konnte. Gerade der Stelle gegenüber, wo die Treppe mündete, befand sich eine Entreetür mit Guckloch, und neben diesem ein grünes, knittriges Blechschild, darauf »Professor Wilibald Schmidt« ziemlich undeutlich zu lesen war. Die ein wenig asthmatische Dame fühlte zunächst das Bedürfnis, sich auszuruhen, und musterte bei der Gelegenheit den ihr übrigens von langer Zeit her bekannten Vorflur, der vier gelbgestrichene Wände mit etlichen Haken und Riegeln und dazwischen einen hölzernen Halbmond zum Bürsten und Ausklopfen der Röcke zeigte. Dazu wehte, der ganzen Atmosphäre auch hier den Charakter gebend, von einem nach hinten zu führenden Korridor her ein sonderbarer Küchengeruch heran, der, wenn nicht alles täuschte, nur auf Rührkartoffeln und Karbonade gedeutet werden konnte, beides mit Seifenwrasen untermischt. »Also kleine Wäsche«, sagte die von dem allen wieder ganz eigentümlich berührte stattliche Dame still vor sich hin, während sie zugleich weit zurückliegender Tage gedachte, wo sie selbst hier, in ebendieser Adlerstraße, gewohnt und in dem gerade gegenübergelegenen Materialwarenladen ihres Vaters mit im Geschäft geholfen und auf einem über zwei Kaffeesäcke gelegten Brett kleine und große Tüten geklebt hatte, was ihr jedesmal mit »zwei Pfennig fürs Hundert« gutgetan worden war. »Eigentlich viel zuviel, Jenny«, pflegte dann der Alte zu sagen, »aber du sollst mit Geld umgehen

Aus:
Frau Jenny Treibel oder »Wo sich Herz zum Herzen findt'«.
Roman.
Erstes Kapitel
(1892)

lernen.« Ach, waren das Zeiten gewesen! Mittags Schlag zwölf, wenn man zu Tisch ging, saß sie zwischen dem Kommis Herrn Mielke und dem Lehrling Louis, die beide, so verschieden sie sonst waren, dieselbe hochstehende Kammtolle und dieselben erfrorenen Hände hatten. Und Louis schielte bewundernd nach ihr hinüber, aber wurde jedesmal verlegen, wenn er sich auf seinen Blicken ertappt sah. Denn er war zu niedrigen Standes, aus einem Obstkeller in der Spreegasse. Ja, das alles stand jetzt wieder vor ihrer Seele, während sie sich auf dem Flur umsah und endlich die Klingel neben der Tür zog. Der überall verbogene Draht raschelte denn auch, aber kein Anschlag ließ sich hören, und so faßte sie schließlich den Klingelgriff noch einmal und zog stärker. Jetzt klang auch ein Bimmelton von der Küche her bis auf den Flur herüber, und ein paar Augenblicke später ließ sich erkennen, daß eine hinter dem Guckloch befindliche kleine Holzklappe beiseite geschoben wurde. Sehr wahrscheinlich war es des Professors Wirtschafterin, die jetzt, von ihrem Beobachtungsposten aus, nach Freund oder Feind aussah, und als diese Beobachtung ergeben hatte, daß es »gut Freund« sei, wurde der Türriegel ziemlich

* untersetzte

geräuschvoll zurückgeschoben, und eine ramassierte* Frau von ausgangs Vierzig, mit einem ansehnlichen Haubenbau auf ihrem vom Herdfeuer geröteten Gesicht, stand vor ihr.
»Ach, Frau Treibel . . . Frau Kommerzienrätin . . . Welche Ehre . . .«
»Guten Tag, liebe Frau Schmolke. Was macht der Professor? Und was macht Fräulein Corinna? Ist das Fräulein zu Hause?«
»Ja, Frau Kommerzienrätin. Eben wieder nach Hause gekommen aus der Philharmonie. Wie wird sie sich freuen.«
Und dabei trat Frau Schmolke zur Seite, um den Weg nach dem einfenstrigen, zwischen den zwei Vorderstuben gelegenen und mit einem schmalen Leinwandläufer belegten Entree freizugeben. Aber ehe die Kommerzienrätin noch eintreten konnte, kam ihr Fräulein Corinna schon entgegen und führte die »mütterliche Freundin«, wie sich die Rätin gern selber nannte, nach rechts hin in das eine Vorderzimmer.
Dies war ein hübscher, hoher Raum, die Jalousien herabgelassen, die Fenster nach innen auf, vor deren einem eine Blumenestrade mit Goldlack und Hyazinthen stand. Auf dem Sofatische präsentierte sich gleichzeitig eine Glasschale mit Apfelsinen, und die Porträts der Eltern des Professors, des Rechnungsrats Schmidt aus der Heroldskammer und seiner Frau, geb. Schwerin, sahen auf die Glasschale hernieder – der alte Rechnungsrat in Frack und rotem Adlerorden, die geborene Schwerin mit starken Backenknochen und Stubsnase, was, trotz einer ausgesprochenen Bürgerlichkeit,

immer noch mehr auf die pommersch-uckermärkischen Träger des berühmten Namens als auf die spätere oder, wenn man will, auch *viel* frühere posensche Linie hindeutete.

»Liebe Corinna, wie nett du dies alles zu machen verstehst und wie hübsch es doch bei euch ist, so kühl und so frisch - und die schönen Hyazinthen. Mit den Apfelsinen verträgt es sich freilich nicht recht, aber das tut nichts, es sieht so gut aus ... Und nun legst du mir in deiner Sorglichkeit auch noch das Sofakissen zurecht! Aber verzeih, ich sitze nicht gern auf dem Sofa; das ist immer so weich, und man sinkt dabei so tief ein. Ich setze mich lieber hier in den Lehnstuhl und sehe zu den alten, lieben Gesichtern da hinauf. Ach, war das ein Mann; gerade wie dein Vater. Aber der alte Rechnungsrat war beinah noch verbindlicher, und einige sagten auch immer, er sei so gut wie von der Kolonie. Was auch stimmte. Denn seine Großmutter, wie du freilich besser weißt als ich, war ja eine Charpentier, Stralauer Straße.«

Unter diesen Worten hatte die Kommerzienrätin in einem hohen Lehnstuhle Platz genommen und sah mit dem Lorgnon nach den »lieben Gesichtern« hinauf, deren sie sich eben so huldvoll erinnert hatte, während Corinna fragte, ob sie nicht etwas Mosel und Selterwasser bringen dürfe, es sei so heiß.

»Nein, Corinna, ich komme eben vom Lunch, und Selterwasser steigt mir immer so zu Kopf. Sonderbar, ich kann Sherry vertragen und auch Port, wenn er lange gelagert hat, aber Mosel und Selterwasser, das benimmt mich ... Ja, sieh, Kind, dies Zimmer hier, das kenne ich nun schon vierzig Jahre und darüber, noch aus Zeiten her, wo ich ein halbwachsen Ding war, mit kastanienbraunen Locken, die meine Mutter, so viel sie sonst zu tun hatte, doch immer mit rührender Sorgfalt wickelte. Denn damals, meine liebe Corinna, war das Rotblonde noch nicht so Mode wie jetzt, aber kastanienbraun galt schon, besonders wenn es Locken waren, und die Leute sahen mich auch immer darauf an. Und dein Vater auch. Er war damals ein Student und dichtete. Du wirst es kaum glauben, wie reizend und wie rührend das alles war, denn die Kinder wollen es immer nicht wahrhaben, daß die Eltern auch einmal jung waren und gut aussahen und ihre Talente hatten. Und ein paar Gedichte waren an mich gerichtet, die hab ich mir aufgehoben bis diesen Tag, und wenn mir schwer ums Herz ist, dann nehme ich das kleine Buch, das ursprünglich einen blauen Deckel hatte (jetzt aber hab ich es in grünen Maroquin binden lassen), und setze mich ans Fenster und sehe auf unsern Garten und weine mich still aus, ganz still, daß es niemand sieht, am wenigsten Treibel oder die Kinder. Ach Jugend! Meine liebe Corinna, du weißt gar nicht, welch ein Schatz die

Jugend ist und wie die reinen Gefühle, die noch kein rauher Hauch getrübt hat, doch unser Bestes sind und bleiben.«

»Ja«, lachte Corinna, »die Jugend ist gut. Aber ›Kommerzienrätin‹ ist auch gut und eigentlich noch besser. Ich bin für einen Landauer und einen Garten um die Villa herum. Und wenn Ostern ist und Gäste kommen, natürlich recht viele, so werden Ostereier in dem Garten versteckt, und jedes Ei ist eine Attrappe voll Konfitüren von Hövell oder Kranzler, oder auch ein kleines Necessaire ist drin. Und wenn dann all die Gäste die Eier gefunden haben, dann nimmt jeder Herr seine Dame, und man geht zu Tisch. Ich bin durchaus für Jugend, aber für Jugend mit Wohlleben und hübschen Gesellschaften.«

»Das höre ich gern, Corinna, wenigstens gerade jetzt; denn ich bin hier, um dich einzuladen, und zwar auf morgen schon; es hat sich so rasch gemacht. Ein junger Mr. Nelson ist nämlich bei Otto Treibels angekommen (das heißt aber, er wohnt nicht bei ihnen), ein Sohn von Nelson & Co. aus Liverpool, mit denen mein Sohn Otto seine Hauptgeschäftsverbindung hat. Und Helene kennt ihn auch. Das ist so hamburgisch, die kennen alle Engländer, und wenn sie sie nicht kennen, so tun sie wenigstens so. Mir unbegreiflich. Also Mr. Nelson, der übermorgen schon wieder abreist, um den handelt es sich; ein lieber Geschäftsfreund, den Ottos durchaus einladen mußten. Das verbot sich aber leider, weil Helene mal wieder Plätt-tag hat, was nach ihrer Meinung allem anderen vorgeht, sogar im Geschäft. Da haben *wirs* denn übernommen, offen gestanden nicht allzu gern, aber doch auch nicht geradezu ungern. Otto war nämlich, während seiner englischen Reise, wochenlang in dem Nelsonschen Hause zu Gast. Du siehst daraus, wie's steht und wie sehr mir an deinem Kommen liegen muß; du sprichst Englisch und hast alles gelesen und hast vorigen Winter auch Mr. Booth als Hamlet gesehen. Ich weiß noch recht gut, wie du davon schwärm-test. Und englische Politik und Geschichte wirst du natürlich auch wissen, dafür bist du ja deines Vaters Tochter.«

»Nicht viel weiß ich davon, nur ein bißchen. Ein bißchen lernt man ja.«

»Ja, jetzt, liebe Corinna. Du hast es gut gehabt, und alle haben es jetzt gut. Aber zu meiner Zeit, da war es anders, und wenn mir nicht der Himmel, dem ich dafür danke, das Herz für das Poetische gegeben hätte, was, wenn es mal in einem lebt, nicht wieder auszurotten ist, so hätte ich nichts gelernt und wüßte nichts. Aber, Gott sei Dank, ich habe mich an Gedichten herangebildet, und wenn man viele davon auswendig weiß, so weiß man doch manches. Und daß es so ist, sieh, das verdanke ich nächst Gott, der es in meine

Seele pflanzte, deinem Vater. Der hat das Blümlein großgezogen, das sonst drüben in dem Ladengeschäft unter all den prosaischen Menschen – und du glaubst gar nicht, wie prosaische Menschen es gibt – verkümmert wäre... Wie geht es denn mit deinem Vater? Es muß ein Vierteljahr sein oder länger, daß ich ihn nicht gesehen habe, den 14. Februar, an Ottos Geburtstag. Aber er ging so früh, weil so viel gesungen wurde.«

»Ja, das liebt er nicht. Wenigstens dann nicht, wenn er damit überrascht wird. Es ist eine Schwäche von ihm, und manche nennen es eine Unart.«

»Oh, nicht doch, Corinna, das darfst du nicht sagen. Dein Vater ist bloß ein origineller Mann. Ich bin unglücklich, daß man seiner so selten habhaft werden kann. Ich hätt ihn auch zu morgen gerne mit eingeladen, aber ich bezweifle, daß Mr. Nelson ihn interessiert, und von den andern ist nun schon gar nicht zu sprechen; unser Freund Krola wird morgen wohl wieder singen und Assessor Goldammer seine Polizeigeschichten erzählen und sein Kunststück mit dem Hut und den zwei Talern machen.«

»Oh, da freu ich mich. Aber freilich, Papa tut sich nicht gerne Zwang an, und seine Bequemlichkeit und seine Pfeife sind ihm lieber als ein junger Engländer, der vielleicht dreimal um die Welt gefahren ist. Papa ist gut, aber einseitig und eigensinnig.«

»Das kann ich nicht zugeben, Corinna. Dein Papa ist ein Juwel, das weiß ich am besten.«

»Er unterschätzt alles Äußerliche, Besitz und Geld, und überhaupt alles, was schmückt und schön macht.«

»Nein, Corinna, sage das nicht. Er sieht das Leben von der richtigen Seite an; er weiß, daß Geld eine Last ist und daß das Glück ganz woanders liegt.« Sie schwieg bei diesen Worten und seufzte nur leise. Dann aber fuhr sie fort: »Ach, meine liebe Corinna, glaube mir, kleine Verhältnisse, das ist *das*, was allein glücklich macht.«

Corinna lächelte. »Das sagen alle die, die drüber stehen und die kleinen Verhältnisse nicht kennen.«

»Ich kenne sie, Corinna.«

»Ja, von früher her. Aber das liegt nun zurück und ist vergessen oder wohl gar verklärt. Eigentlich liegt es doch so: alles möchte reich sein, und ich verdenke es keinem. Papa freilich, der schwört noch auf die Geschichte von dem Kamel und dem Nadelöhr. Aber die junge Welt...«

»...Ist leider anders. Nur zu wahr. Aber so gewiß das ist, so ist es doch nicht so schlimm damit, wie du dirs denkst. Es wäre auch zu traurig, wenn der Sinn für das Ideale verlorenginge, vor allem in der

Jugend. Und in der Jugend lebt er auch noch. Da ist zum Beispiel dein Vetter Marcell, den du beiläufig morgen auch treffen wirst (er hat schon zugesagt) und an dem ich wirklich nichts weiter zu tadeln wüßte, als daß er Wedderkopp heißt. Wie kann ein so feiner Mann einen so störrischen Namen führen! Aber wie dem auch sein möge, wenn ich ihn bei Ottos treffe, so spreche ich immer so gern mit ihm. Und warum? Bloß weil er die Richtung hat, die man haben soll. Selbst unser guter Krola sagte mir erst neulich, Marcell sei eine von Grund aus ethische Natur, was er noch höher stelle als das Moralische; worin ich ihm, nach einigen Aufklärungen von seiner Seite, beistimmen mußte. Nein, Corinna, gib den Sinn, der sich nach oben richtet, nicht auf, jenen Sinn, der von dorther allein das Heil erwartet. Ich habe nur meine beiden Söhne, Geschäftsleute, die den Weg ihres Vaters gehen, und ich muß es geschehen lassen; aber wenn mich Gott durch eine Tochter gesegnet hätte, *die* wäre *mein* gewesen, auch im Geist, und wenn sich ihr Herz einem armen, aber edlen Manne, sagen wir einem Manne wie Marcell Wedderkopp, zugeneigt hätte...«

»...So wäre das ein Paar geworden«, lachte Corinna. »Der arme Marcell! Da hätt er nun sein Glück machen können, und muß gerade die Tochter fehlen.«

Die Kommerzienrätin nickte.

»Überhaupt ist es schade, daß es so selten klappt und paßt«, fuhr Corinna fort. »Aber Gott sei Dank, gnädigste Frau haben ja noch den Leopold, jung und unverheiratet, und da Sie solche Macht über ihn haben – so wenigstens sagt er selbst, und sein Bruder Otto sagt es auch, und alle Welt sagt es –, so könnt er Ihnen, da der ideale Schwiegersohn nun mal eine Unmöglichkeit ist, wenigstens eine ideale Schwiegertochter ins Haus führen, eine reizende, junge Person, vielleicht eine Schauspielerin...«

»Ich bin nicht für Schauspielerinnen...«

»Oder eine Malerin, oder eine Pastors- oder eine Professorentochter...«

Die Kommerzienrätin stutzte bei diesem letzten Worte und streifte Corinna stark, wenn auch flüchtig. Indessen wahrnehmend, daß diese heiter und unbefangen blieb, schwand ihre Furchtanwandlung ebenso schnell, wie sie gekommen war. »Ja, Leopold«, sagte sie, »den hab ich noch. Aber Leopold ist ein Kind. Und seine Verheiratung steht jedenfalls noch in weiter Ferne. Wenn er aber käme...« Und die Kommerzienrätin schien sich allen Ernstes – vielleicht weil es sich um etwas noch »in so weiter Ferne« Liegendes handelte – der Vision einer idealen Schwiegertochter hingeben zu wollen, kam aber nicht dazu, weil in ebendiesem

Augenblicke der aus seiner Obersekunda kommende Professor eintrat und seine Freundin, die Rätin, mit vieler Artigkeit begrüßte. »Stör ich?«

»In Ihrem eigenen Hause? Nein, lieber Professor; Sie können überhaupt nie stören. Mit Ihnen kommt immer das Licht. Und wie Sie waren, so sind Sie geblieben. Aber mit Corinna bin ich nicht zufrieden. Sie spricht so modern und verleugnet ihren Vater, der immer nur in einer schönen Gedankenwelt lebte ...«

»Nun ja, ja«, sagte der Professor. »Man kann es so nennen. Aber ich denke, sie wird sich noch wieder zurückfinden. Freilich, einen Stich ins Moderne wird sie wohl behalten. Schade. Das war anders, als wir jung waren, da lebte man noch in Phantasie und Dichtung ...«

Er sagte das so hin, mit einem gewissen Pathos, als ob er seinen Sekundanern eine besondere Schönheit aus dem Horaz oder aus dem Parzival (denn er war Klassiker und Romantiker zugleich) zu demonstrieren hätte. Sein Pathos war aber doch etwas theatralisch gehalten und mit einer feinen Ironie gemischt, die die Kommerzienrätin auch klug genug war herauszuhören. Sie hielt es indessen trotzdem für angezeigt, einen guten Glauben zu zeigen, nickte deshalb nur und sagte: »Ja, schöne Tage, die nie wiederkehren.«

»Nein«, sagte der in seiner Rolle mit dem Ernst eines Großinquisitors fortfahrende Wilibald. »Es ist vorbei damit; aber man muß eben weiterleben.«

Eine halbverlegene Stille trat ein, während welcher man, von der Straße her, einen scharfen Peitschenknips hörte.

»Das ist ein Mahnzeichen«, warf jetzt die Kommerzienrätin ein, eigentlich froh der Unterbrechung. »Johann unten wird ungeduldig. Und wer hätte den Mut, es mit einem solchen Machthaber zu verderben.«

»Niemand«, erwiderte Schmidt. »An der guten Laune unserer Umgebung hängt unser Lebensglück; ein Minister bedeutet mir wenig, aber die Schmolke ...«

»Sie treffen es wie immer, lieber Freund.«

Und unter diesen Worten erhob sich die Kommerzienrätin und gab Corinna einen Kuß auf die Stirn, während sie Wilibald die Hand reichte. »Mit uns, lieber Professor, bleibt es beim alten, unentwegt.« Und damit verließ sie das Zimmer, von Corinna bis auf den Flur und die Straße begleitet.

»Unentwegt«, wiederholte Wilibald, als er allein war. »Herrliches Modewort, und nun auch schon bis in die Villa Treibel gedrungen ... Eigentlich ist meine Freundin Jenny noch geradeso wie vor vierzig Jahren, wo sie die kastanienbraunen Locken schüttelte. Das Sentimentale liebte sie schon damals, aber doch immer unter

Bevorzugung von Courmachen und Schlagsahne. Jetzt ist sie nun rundlich geworden und beinah gebildet, oder doch, was man so gebildet zu nennen pflegt, und Adolar Krola trägt ihr Arien aus Lohengrin und Tannhäuser vor. Denn ich denke mir, daß das ihre Lieblingsopern sind. Ach, ihre Mutter, die gute Frau Bürstenbinder, die das Puppchen drüben im Apfelsinenladen immer so hübsch herauszuputzen wußte, sie hat in ihrer Weiberklugheit damals ganz richtig gerechnet. Nun ist das Püppchen eine Kommerzienrätin und kann sich alles gönnen, auch das Ideale, und sogar ›unentwegt‹. Ein Musterstück von einer Bourgeoise.«

Und dabei trat er ans Fenster, hob die Jalousien ein wenig und sah, wie Corinna, nachdem die Kommerzienrätin ihren Sitz wieder eingenommen hatte, den Wagenschlag ins Schloß warf. Noch ein gegenseitiger Gruß, an dem die Gesellschaftsdame mit sauersüßer Miene teilnahm, und die Pferde zogen an und trabten langsam auf die nach der Spree hin gelegene Ausfahrt zu, weil es schwer war, in der engen Adlerstraße zu wenden.

Als Corinna wieder oben war, sagte sie: »Du hast doch nichts dagegen, Papa? Ich bin morgen bei Treibels zu Tisch geladen. Marcell ist auch da, und ein junger Engländer, der sogar Nelson heißt.«

»Ich was dagegen? Gott bewahre. Wie könnt ich was dagegen haben, wenn ein Mensch sich amüsieren will. Ich nehme an, du amüsierst dich.«

»Gewiß amüsier ich mich. Es ist doch mal was anderes. Was Distelkamp sagt und Rindfleisch und der kleine Friedeberg, das weiß ich ja schon alles auswendig. Aber was Nelson sagen wird, denk dir, Nelson, das weiß ich nicht.«

»Viel Gescheites wird es wohl nicht sein.«

»Das tut nichts. Ich sehne mich manchmal nach Ungescheitheiten.«

»Da hast du recht, Corinna.«


Jan Bart
(1889)

Jan Bart geht über den Vlissinger Damm.
»Hür', Katrin, wi trecken tosamm;
En Huus, en Boot, 'ne Zieg' un 'ne Kuh,
Wat mienst, Katrin? sy miene Fru.«

Katrin an ihrem Friesrock zog:
»Ne, Jan, bist mi nich Mynherr 'noog.«
Der nickt und lacht: »Na, denn Adje.«
Und nach Frankreich geht er und sticht in See.

Matrose, Maat, so fängt er an,
Auf der zweiten Reise: Steuermann,
Auf der dritten: Leutnant unter Du Quesne,
Auf der vierten: Flottenkapitän.

Und als es mit England kommt zum Krieg,
Wo Jan Bart erscheint, erscheint der Sieg;
Wie stolz das britische Banner auch weh',
Jan Bart ist Herr und fegt die See.

Heut aber tritt er vor seinen Herrn,
Vor Louis quatorze. Der sieht ihn gern.
»Willkommen, Jan Bart, in diesem Saal,
Ich ernenn' Euch zu meinem Groß-Admiral.«

Jan Bart verneigt sich: »Majestät,
Was klug und recht ist, kommt nie zu spät.«
Alles starrt auf den König, der aber lacht –
Jan Bart hat sich wieder heim gemacht.

Und am Vlissinger Damm, an alter Stell',
Sitzt wieder Katrin auf ihrer Schwell',
Ihren Ältsten hält sie bei der Hand,
Der Jüngste liegt und spielt im Sand.

Er grüßt sie lachend und noch einmal:
»Katrin, ich bin nu Groß-Admiral,
Katrin, w'rüm biste nich mit mi goahn?«
»Joa, wenn ick't wußt hätt', hätt' ick't doahn.«


»Immer eigensinniger und verstockter
Wirst du, … so frage doch den Dokter!
Solange man lebt, muß man doch leben,
Du hustest – es muß doch am Ende was geben:
Ein Brunnen, ein Bad, eine Medizin,
Sulfonal oder Antipyrin,
Massage, Kneipp-Kaltwasserkur,
Schweninger, Schreber, versuch etwas doch nur,
Davos oder Nizza,
Oder Tarasp oder Sylt oder Föhr,
Oder auch bloß Mampes Magenlikör!«

So stürmt es zu Zeiten auf mich ein,
Ich nehm' es hin, ich steck' es ein,

Immer eigen-
sinniger …
(1889)

Ich denke der Szene, die jahrauf, jahrab
Ich halbjährlich mit meinem Schuhmacher hab'.
Ich zeig' ihm dann ein Stiefelpaar,
Das in Ehren gedient seit manchem Jahr,
Und will ihn, während Zigarren glimmen,
Zu 'nem Riester für den Stiefel bestimmen.
Er aber dreht ihn bloß hin und her
Und lächelt: »Ne, Herr, es lohnt nicht mehr!«

*Herrenhaus von*
*Ribbeck*

*Herr von Ribbeck*
*auf Ribbeck im*
*Havelland*
*(1889)*

Herr von Ribbeck auf Ribbeck im Havelland,
Ein Birnbaum in seinem Garten stand,
Und kam die goldene Herbsteszeit
Und die Birnen leuchteten weit und breit,
Da stopfte, wenn's Mittag vom Turme scholl,
Der von Ribbeck sich beide Taschen voll,
Und kam in Pantinen ein Junge daher,
So rief er: »Junge, wiste 'ne Beer?«
Und kam ein Mädel, so rief er: »Lütt Dirn,
Kumm man röwer, ick hebb 'ne Birn.«

So ging es viel Jahre, bis lobesam
Der von Ribbeck auf Ribbeck zu sterben kam.
Er fühlte sein Ende. 's war Herbsteszeit,
Wieder lachten die Birnen weit und breit;

Da sagte von Ribbeck: »Ich scheide nun ab.
Legt mir eine Birne mit ins Grab.«
Und drei Tage drauf, aus dem Doppeldachhaus,
Trugen von Ribbeck sie hinaus,
Alle Bauern und Büdner mit Feiergesicht
Sangen »Jesus meine Zuversicht«,
Und die Kinder klagten, das Herze schwer:
»He is dod nu. Wer giwt uns nu 'ne Beer?«

So klagten die Kinder. Das war nicht recht –
Ach, sie kannten den alten Ribbeck schlecht;
Der *neue* freilich, der knausert und spart,
Hält Park und Birnbaum strenge verwahrt.
Aber der *alte,* vorahnend schon
Und voll Mißtraun gegen den eigenen Sohn,
Der wußte genau, was damals er tat,
Als um eine Birn' ins Grab er bat,
Und im dritten Jahr aus dem stillen Haus
Ein Birnbaumsprößling sproßt heraus.

Und die Jahre gehen wohl auf und ab,
Längst wölbt sich ein Birnbaum über dem Grab,
Und in der goldenen Herbsteszeit
Leuchtet's wieder weit und breit.
Und kommt ein Jung' übern Kirchhof her,
So flüstert's im Baume: »Wiste 'ne Beer?«
Und kommt ein Mädel, so flüstert's: »Lütt Dirn,
Kumm man röwer, ich gew di 'ne Birn.«

So spendet Segen noch immer die Hand
Des von Ribbeck auf Ribbeck im Havelland.

[...] Ende April erfahre ich, daß ich den »Schillerpreis« erhalten habe, was mich natürlich sehr erfreut, vielleicht am meisten wegen der 3000 Mark. Denn mit der Ehre ist es so; im Publikum sind einige (auch nicht viele), die's mir gönnen, unter den Kollegen eigentlich keiner; jeder betrachtet es als eine Auszeichnung, die meinen Anspruch darauf übersteigt. Wenn man sich auch noch so niedrig taxiert, macht man immer wieder die Wahrnehmung, daß es doch noch zu hoch war, und daß man in der allgemeinen Schätzung noch niedriger steht. Nun, auch gut. Alles ist nicht Schwindel, aber doch das Meiste. – Am 1. Mai wird die »Internationale Kunstausstellung« eröffnet; wir sind zur Eröffnungsfeier geladen und nehmen daran

Tagebuch
*(1891)*

teil, ich auch an dem Diner, das folgt. Die Ausstellung selbst ist sehr interessant und zeigt den Berlinern, wie weit sie – die bekannten paar Ausnahmen abgerechnet – noch zurück sind. So liegt es auf *jedem* Gebiet. Eh' der Dünkel nicht schwindet, daß hier alles herrlich sei, kann's nicht besser werden. [...]

*An Emilie Fontane*

Wyk, Sonntag, d. 23. August 1891.

[...] Ich beschäftige mich damit, mein Leben zu überblicken, allerdings in etwas kindischer oder doch mindestens in nicht sehr erhabener Weise. Bei den ernsten Dingen verweile ich fast gar nicht; ich sehe sie kaum und lasse Spielereien, Einbildungen und allerhand Fraglichkeiten an mir vorüberziehn. Das Endresultat ist immer eine Art dankbares Staunen darüber, daß man von so schwachen wirtschaftlichen Fundamenten aus überhaupt hat leben, vier Kinder groß ziehen, in der Welt umherkutschieren und stellenweise (z. B. in England) eine kleine Rolle hat spielen können. Alles auf nichts andres hin, als auf die Fähigkeit, ein mittleres lyrisches Gedicht und eine etwas bessere Ballade schreiben zu können. Es ist alles leidlich geglückt, und man hat ein mehr als nach einer Seite hin bevorzugtes und, namentlich im kleinen, künstlerisch abgerundetes Leben geführt. Aber, zurückblickend, komme ich mir doch vor wie der »Reiter über den Bodensee« in dem gleichnamigen Schwabschen Gedicht, und ein leises Grauen packt einen noch nachträglich. Personen von solcher Ausrüstung wie die meine war: kein Vermögen, kein Wissen, keine Stellung, keine starken Nerven, das Leben zu zwingen – solche Menschen sind überhaupt keine richtigen Menschen, und wenn sie mit ihrem Talent und ihrem eingewickelten Fünfzigpfennigstück ihres Weges ziehen wollen (und das muß man ihnen schließlich gestatten), so sollen sie sich wenigstens nicht verheiraten. Sie ziehen dadurch Unschuldige in ihr eigenes fragwürdiges Dasein hinein, und ich kann alle Deine Verwandten, darunter namentlich meine noch immer von mir geliebte Klara Below, nicht genug bewundern, daß sie mich von Anfang an mit Vertrauen, Herzlichkeit und beinahe Liebe behandelt haben. *Ich* wäre gegen mich selber viel flauer gewesen; denn ein Apotheker, der anstatt von einer Apotheke von der Dichtkunst leben will, ist so ziemlich das Tollste, was es gibt. [...]

*Tagebuch*
*(1892)*

1892 war ein recht bitteres Jahr für mich. Wie die ersten Wintermonate vergingen, habe ich vergessen. In der »Rundschau« (so nehme ich an, bestimmt weiß ich es nicht mehr) erschien wahrscheinlich mein Roman »Jenny Treibel«. Ich begann an meinem Roman »Effi Briest« zu korrigieren, kam aber nicht weit damit; am 14. März erkrankte Emilie und ich gleichzeitig an der Influenza. Emilie hatte die Krankheit stärker als ich, sie genas aber bald, während ich ganz elend blieb und schreckliche Zustände durchmachen mußte. Mitte September kehrten wir von »Villa Gottschalk« nach Berlin zurück. Es ging alles besser als ich erwartet hatte. Mein Zustand war zunächst noch recht schlecht, weil ich, infolge von Blutleere im Gehirn, in einem Schwindelzustand blieb, auch der Schlaf wollte sich nicht recht finden, aber allmählich begann ich mich zu erholen und war Anfang November so weit wiederhergestellt, daß ich mit dem Niederschreiben einer »Biographie« von mir, oder doch eines Bruchstückes, beginnen konnte. Ich wählte »meine Kinderjahre« (bis 1832) und darf sagen, mich an diesem Buch wieder gesund geschrieben zu haben. Ob es den Leuten gefallen wird, muß ich abwarten, mir selbst habe ich damit einen großen Dienst getan. Die Tage bis zum neuen Jahr verliefen ziemlich ruhig, nur gelegentlich durch Gesellschaften bei alten Freunden unterbrochen. [...]

Berlin 7. Novb. 92.  *An Georg Friedländer*
Potsd. Str. 134.c.

Hochgeehrter Herr u. Freund.

Nun endlich! Ich habe die großen Conceptpapierbogen zurückgeschoben und nehme die kleinen Briefbogen zur Hand. Zunächst greife ich auf Ihren lieben Brief vom 17. Oktober zurück, der nun schon volle drei Wochen in meinen Händen ist. Es heißt darin, es würde Personen wie Ihnen, und wohl auch mir, so vieles als »Laune« angerechnet. Gewiß ist es so und es kann auch sein, daß in dem, was man uns vorwirft, »Laune« mit drunter läuft, wenn ich aber speziell auf meine diesjährigen Erlebnisse zurückblicke, auf die, die seit Monaten und dann auf die, die seit Kurzem zurückliegen, so liegt, ich will nicht sagen die Laune, aber doch das Anfechtbare überhaupt, ganz wo anders, nämlich auf der Seite der Ankläger. Ich werde jetzt seit drei, vier Wochen mit derselben Liebe und Zärtlichkeit behandelt wie in alten Tagen, was mir natürlich sehr lieb ist, aber mitten in meinem Glück mich doch auch schmerzlich berührt. Was *mich* angeht, so besteht die ganze Differenz darin, daß ich im Sommer viele viele Male nicht *eine* Stunde geschlafen hatte und daß ich jetzt in der angenehmen Lage bin wieder 8 Stunden oder in besonders glücklichen Nächten auch noch eine mehr schlafen zu können. So habe ich denn auch wieder die Kraft heiter zu sein und mich der Heiterkeit andrer freuen zu können. Nichts hat sich geändert, mit Ausnahme des Kraftmaßes mit dem ich so zu sagen frühmorgens ins Feld rücke. Mein Charakter ist unverändert geblieben, ich bin, wenn Egoist, noch gerade so egoistisch wie früher, bin auch nicht heldenmäßiger geworden, ich kann nur wieder schlafen und konnte es im Sommer nicht. Meine Widerstandskraft war hin, das war mein ganzes Verbrechen, *darum* Räuber und Mörder. Ich habe mich wohl gehütet, mich in diesem Sinne hier zu Hause zu äußern, aber es ist genau so wie ich's hier schildre und als Resultat steht für mich fest, daß auch die liebsten und besten Menschen Fatalitäten nicht gut ertragen können und den, der ihnen diese Fatalitäten unschuldig auferlegt, für eben dieselben verantwortlich machen. Wenn Sie diese Stelle Ihren Damen, die ich so sehr liebe und verehre, vorlesen, so bitte ich zunächst um nachsichtige Beurtheilung und dann um nochmalige gewissenhafte Prüfung der Rechts- und Sachlage hüben und drüben. Es giebt Menschen, die eine große Kraft über sich haben und es giebt andre, die diese Kraft *nicht* haben. Sie haben dafür was andres. Jeder muß aus sich heraus beurtheilt werden; überschreitet die Eigenart ein gewisses Maß, so haben die darunter Leidenden ein gutes Recht sich dagegen zu wehren, aber wo fängt die Ueberschreitung des noch zulässigen Maßes an? Alle Frauen machen sich die Beantwortung dieser Frage etwas zu leicht. Sie nehmen die Norm aus sich und es ist zuzugestehn, daß die guten Frauen normaler, will sagen gesünder, natürlicher und pflichtmäßiger fühlen, als die dem Bequemen und Egoistischen zuneigenden Männer. Darauf beruht auch der große Einfluß der Frauen, die Männer, im Gefühl ihrer Mängel, ordnen sich freiwillig unter. Aber mehr können sie auch nicht thun, sie können sich nicht »umkrempeln« und – und dies ist die Hauptsache – brauchen es auch nicht. Bin ich von etwas Fehlerhaftem in mir *absolut* durchdrungen, so habe ich die Pflicht, diesen Fehler abzulegen oder wenigstens beständig dagegen anzukämpfen. Aber solcher Art sind die Fehler nicht immer, die man hat; wie's bei den Katholiken »läßliche Sünden« giebt, so giebt es »läßliche Fehler«; wer sie nicht hat, wird der korrektere sein, er wird öfter als Musterknabe dastehn, aber viele von den Gaben, Vorzügen und selbst Tugenden des Andern wird er *nicht* haben. Dies fordert dazu auf, mit dem Ausmerzen und Correktmachen nicht zu energisch vorzugehn. Temperament und Geschmack spielen in diesen Dingen eine große Rolle und wenn ich nach Temperament und Geschmack so geartet bin, daß ich mir unsympathische Personen, darunter auch Schwiegermütter, Schwäger, Vettern und Muhmen, lieber gehen als kommen sehe, so bin ich damit im Recht, ja *mehr* im Recht als diejenigen, die, voll feinen und vornehmen Sinnes, dem Familiencultus und schöner Gastlichkeit huldigen und jedem Gaste der kommt nicht blos ein Lamm schlachten, sondern auch gleich noch den Mann dazu. Oder ihn bei lebendigem Leibe 3 Tage am Feuer rösten. Es giebt einen Egoismus, der die vollkommenste Berechtigung hat, weil er nur Abwehr, Selbstvertheidigung ist. Das »Ich« zu opfern ist etwas Großes, aber es ist eine Spezialbeschäftigung, Vorstufe zur Heiligkeit oder schon die Heiligkeit selbst, ein Etwas, das man bewundert, danach man aber unter gewöhnlichen Verhältnissen nicht leben kann. Dazu giebt es besondere Anstalten: Klöster, Wüstenhöhlen, Lazarethe, Hospize.

Mittwoch 9. November.

Das Vorstehende habe ich gestern und vorgestern geschrieben, ich war angegriffen und so ist es etwas lang und breit gerathen; wenn man frisch ist, läßt sich alles kürzer sagen. Ich finde in Ihren Briefen vom 17. v. M. noch 2 andere Punkte: die Judenfeindschaft in Hirschberg und Frl. Lemke als bezähmte Widerspänstige oder als Nachgiebige. Die Judenfeindschaft ist, von allem Moralischen abgesehn, ein Unsinn, sie ist einfach undurchführbar; alle Menschen die ich hier kenne, ganz besonders auch Militär und Adel, sind in eminentem Grade von den Juden abhängig und werden es mit jedem Tage mehr. Ich halte es für ganz unmöglich, diesen Zustand zu ändern. 61 Prozent aller Berliner Häuser sind in Judenhänden und in zehn oder zwanzig Jahren werden es wohl 80 Prozent sein; wie will man da heraus? Es giebt kein andres Mittel als Stillhalten und sich mit der allmäligen Christianisirung zufrieden zu geben. Es ist uns gleichgültig ob der Ahnherr des alten Blücher ein Wendenfürst war und so kann es uns auch gleichgültig sein, ob die zukünftigen Schlachten an der Katzbach von einem Abkömmling Mosse's oder seines Chefredakteurs Loewisohn geschlagen werden. [...]

Berlin 3. Okt. 93.<br>Potsd. Str. 134.c.

Hochgeehrter Herr.

Ihre Güte hängt Gewicht an Gewicht; erst eine Karte vom »goldnen Frieden« aus, dann ein Brief aus dem Heim mit dem Adoranten und der um eine Nummer verringerten Apostelkrugsammlung und zuletzt ein Doppelschuß aus dem Gebirge, der letzte, dreifach zersplitterte, schon mehr Granatschuß. Nehmen Sie's mit diesem Briefanfang nicht zu genau; ich, der ich immer auf falsche Bilder fahnde, hätte mich besser ausdrücken müssen; es klappt und paßt nicht recht und doch wollte ich mir den 3gesplitterten Granatschuß nicht entgehen lassen. Die falsche Bildersprache ist mir gerade heute um so fataler, als ich weiterhin, *ad vocem V. M.* über dünnen Stil und unausreichendes Darstellungsvermögen noch Einiges zu sagen haben werde.

Ich freue mich außerordentlich, daß Sie diese Partieen ins Gebirge machen und in so sympathischer Gesellschaft, was immer die Hauptsache bleibt. Wenn man sich mit seiner Frau gezankt hat, berührt einen die »blaue Grotte« wie ein Gefängnißloch, drin man sie einsperren möchte. Der Mensch bleibt die Hauptsache, aber hat man *den,* so ist das, was Ihnen die Nähe des Gebirges bietet, eine nicht zu überschätzende Zugabe. Solche Partie wie die jetzt von Ihnen und Ihrem liebenswürdigen »Protokollführer« (dem ich mich zu empfehlen bitte) nach dem Krokonosch *etc.* gemachte, können Sie hier nicht machen, auch wenn Sie dieselbe Reisebegleiterschaft haben. Die Natur ist das Zweite; aber ist das Erste da, so folgt sie diesem Ersten sehr dicht auf dem Fuß. Bei sonst gleichen Verhältnissen, kann ich in Grünau oder Schmöckwitz nicht in derselben gehobenen Verfassung sein, wie wenn ich von der Rennerbaude aus nach Sankt Peter und Spindelmühl hinuntersteige. In Schmöckwitz ist auch der schönste Apfel vom Berliner Wurm angestochen.

In Ihrem Briefe hat mich die Schilderung einer bestimmten Situation, in der Sie sich mitunter (und in längren oder kürzeren Pausen wiederkehrend) befinden, sehr beschäftigt. Ich kann nicht sagen, »sehr erheitert«, – dazu ist die Sache zu ernst. Ich empfinde genau so wie Sie, kann also sehr gut folgen, aber ich bin sanguinischer und dadurch in meinem Gemüthe glücklicher beanlagt und mit Hülfe dieser glücklichen Beanlagung bin ich verhältnißmäßig leicht über unausgesetzte Kränkungen fortgekommen. Ohne Vermögen, ohne Familienanhang, ohne Schulung und Wissen, ohne robuste Gesundheit, bin ich ins Leben getreten, mit nichts ausgerüstet als einem poetischen Talent und einer schlecht sitzenden Hose. (Auf dem Knie immer Beutel). Und nun malen Sie sich aus, wie mir's dabei mit einer gewissen Naturnothwendigkeit ergangen sein muß. Ich könnte hinzusetzen mit einer gewissen preußischen Nothwendigkeit, die viel schlimmer ist als die Naturnothwendigkeit. Es gab natürlich auch gute Momente, Momente des Trostes, der Hoffnung und eines sich immer stärker regenden Selbstbewußtseins, aber im Ganzen genommen darf ich sagen, daß ich nur Zurücksetzungen, Zweifeln, Achselzucken und Lächeln ausgesetzt gewesen bin. Immer, auch als ich schon etwas war, ja, auf einem ganz bestimmten Gebiete (Ballade) an der Tête marschierte, sah ich mich beargwohnt und andre, oft wahre Jammerlappen, bevorzugt. Daß ich das alles gleichgültig hingenommen hätte, kann ich nicht sagen, ich habe darunter gelitten, aber andrerseits darf ich doch auch hinzusetzen: ich habe nicht *sehr* darunter gelitten. Und das hing, und hängt noch, damit zusammen, daß ich immer einen ganz ausgebildeten Sinn für *Thatsächlichkeiten* gehabt habe. Ich habe das Leben immer genommen, wie ich's fand und mich ihm unterworfen. Das heißt, nach außen hin; in meinem Gemüthe nicht. Sie wissen so gut wie ich oder besser als ich, daß es in unsrem guten Lande Preußen (wie übrigens in jedem andren Lande auch) etablirte Mächte giebt, denen man sich unterwirft. Diese Mächte sind verschieden: Geld, Adel, Offizier, Assessor, Professor. Selbst Lyrik (allerdings als eine Art Vaduz und Liechtenstein) kann als Macht auftreten. Von dem *Kugler*'schen Hause wurde vor 40 Jahren gesagt: »dort gilt nur, wer einen Band lyrischer Gedichte herausgegeben hat.« Es kommt nun darauf an, daß einen das Leben, in Gemäßheit der von einem vertretenen Spezialität, richtig einrangirt. So kam es, daß ich, trotz meiner jämmerlichen Lebensgesammtstellung, doch jeden Sonntag Nachmittag von 4 bis 6 richtig untergebracht war, nämlich im Tunnel. Dort machte man einen kleinen Gott aus mir. Und das hielt mich. Ist man aber aus seiner richtigen Rubrik 'raus, so ist das Elend da. Banquiersöhne (z. B. der junge Bleichröder) sind in Offiziers- und Professorenkreisen der größten Nichtachtung ausgesetzt, Offiziere werden in Banquierkreisen wie Hungerleider behandelt, Professor Oppert, linguistische Größe ersten Ranges, der aber, wie Ahlwardt, immer vergißt, daß Beinkleider auch Knöpfe haben, würde in Adels- und Offizierskreisen wie Gundling oder Morgenstern behandelt werden, Humboldt, als er zu ausschließlich vom Popokatepetl sprach, mußte erleben, daß Louis Schneider ihm vorgezogen wurde. Jede Gesellschaftsklasse, jeder Hausstand, hat ein bestimmtes Idol. Im Ganzen aber darf man sagen, es giebt in Preußen nur 6 Idole und das Haupt-Idol, der Vitzliputzli des preußischen Cultus, ist der Leutnant, der Reserve-Offizier. Da haben Sie den Salat. Hätten Sie – seien Sie übrigens froh, daß es nicht der Fall war – in eine bocksteife Professoren- oder vor Hochmuth platzende Künstlerfamilie hineingeheirathet, so würden Sie der Leutnants- und Reserve-Offizier-Bewunderung glücklich entgangen sein, aber es hätten sich Uebelstände herausgestellt, die gleich bedrücklich wären. Man muß sich darin finden, daß immer wer da ist, der einem vorgezogen wird. Vielfach – namentlich in der Jugend und ehe man sich etablirt hat – ist dies kränkend; in spätren Lebensjahren aber hört es auf kränkend zu sein, weil man sich überzeugt, daß niemand, auch der Größte nicht, von dieser Kränkung ausgeschlossen bleibt. Es läuft darauf hinaus, daß immer »das Andre« besser ist. Eine Frau, die einen Schöngeist hat, sehnt sich nach einem Kürassieroffizier, und eine Frau, die einen Kürassieroffizier hat, sehnt sich nach einem Schöngeist. Ist man klug, so kommt es auf Stattlichkeit und ist man stattlich, so kommt es auf Klugheit an. Dem Loyalitätsfatzke steht der Freiheitsapostel und dem Freiheitsfatzke der Loyalitätsapostel gegenüber. Wie man's auch einrichten mag, zur *Hälfte* kommt man immer schlecht weg. Hat man sich damit durchdrungen, daß es nicht anders sein kann, so fällt zwar nicht der momentane Aerger fort, aber man verheirathet sich nicht mit ihm. Eins der schönsten Lutherworte ist das folgende: »ja, die bösen Gedanken! Wir können nicht hindern, daß die Vögel über uns hin fliegen, aber wir können hindern, daß sie auf unsren Köpfen Nester baun.« Dies ist ein *gutes* Bild. Dafür ist es aber auch von Luther.

[...]

*An K. E. O. Fritsch, den späteren Schwiegersohn*

* *Trauerspiel von Gotthold Ephraim Lessing*

Berlin, 26. März 1894

Hochgeehrter Herr. Daß ich jemals mit Ihnen – und noch dazu in einer literarischen Frage – so verschiedener Meinung sein könnte, hätte ich bis vor acht Tagen, wo mir meine Frau den »Philotas«* vorlas, nicht für möglich gehalten, und daß ich Adler zustimmen würde, womöglich noch für unmöglicher.

Und doch liegt es so. Sie kennen mich zu gut, als daß Sie nicht wissen sollten, daß der ganze streitsuchende Krimskrams von Klassizität und Romantik, von Idealismus und Realismus, beinahe möchte ich auch sagen, von Tendenz und Nichttendenz – denn einige der allergrößten Sachen sind doch Tendenzdichtungen – weit hinter mir liegt. Alles ist gut, wenn es gut ist.

Ich bin also auch für einen Heldenjüngling, der unter Umständen à tout prix fürs Vaterland sterben und sich dadurch unter die Unsterblichen einreihen will.

Aber für diesen Philotas bin ich nicht.

Der Schauspieler Grube hat mir vor einigen Monaten eine Döring-Geschichte erzählt. Döring stand ganz gut mit Kahle, hielt ihn aber von Anfang an für einen schwachen Schauspieler.

»Lieber Kahle, Sie sind kein Schauspieler, Sie sind ein Rhetor.«

»... Aber lieber Herr Döring!«

»Sie sind ein Rhetor.«

»Aber ich habe doch auch meine Erfolge...«

»Täuschung, lieber Kahle. Machen Sie den Versuch, gehen Sie von hier direkt 'rüber zu Lutter und Wegener und bestellen Sie sich bei dem Küfer Wilhelm, einem Freunde von mir, eine halbe Flasche St. Julien.«

»Nun?...«

»Er bringt sie Ihnen nicht.«

»Aber warum denn nicht, lieber Herr Döring?«

»Er glaubt es Ihnen nicht.«

So wirkt Philotas. Ich bin ganz der Küfer Wilhelm und glaube ihm seine halbe Flasche St. Julien nicht. Wenn ich jemals das Wort »akademisch« passend gefunden habe, so hier. Es ist nicht Aktzeichnen, was ja auch tot genug ausfallen kann; es ist Zeichnen nach dem weißesten Gips. Totgeborner Seifensieder, wie er im Buche steht. Es hat auf mich gar keinen Eindruck gemacht, und wenn einen, so einen wenig angenehmen. Ein patenter, gebildeter Renommierbruder.

Ich habe das volle Vertrauen, daß Sie mir diese völlig abweichende Meinung zugute halten werden.

[...]

Berlin, 9. November 1893     *An Julius Rodenberg*

Mitte Februar, oder auch noch eine Woche früher, schicke ich Ihnen das M.S. Es ist dann so weit fertig, daß Sie sich mühelos darin zurechtfinden und Ihre Entschlüsse fassen können. Akzeptieren Sie's, so bleibt das Fertige (mutmaßlich ²/₃) in Ihren Händen, und ich erhalte den Rest zur Fertigmachung zurück. Titel: »Effi Briest«, für mein Gefühl sehr hübsch, weil viel e und i darin ist; das sind die beiden feinen Vokale.

[...]

Berlin, 2. März 1895     *An Hans Hertz, Sohn des Verlegers W. Hertz*

[...]

Ja, die arme Effi! Vielleicht ist es mir so gelungen, weil ich das Ganze träumerisch und fast wie mit einem Psychographen geschrieben habe. Sonst kann ich mich immer der Arbeit, ihrer Mühe, Sorgen und Etappen, erinnern – in *diesem* Falle gar nicht. Es ist so wie von selbst gekommen, ohne rechte Überlegung und ohne alle Kritik. Meine Gönnerin Lessing (von der Vossin) erzählte mir auf meine Frage: »Was macht denn *der*?« (ein Offizier, der früher viel bei Lessings verkehrte und den ich nachher in Instetten transponiert habe), die ganze Effi-Briest-Geschichte, und als die Stelle kam, 2. Kapitel, wo die spielenden Mädchen durchs Weinlaub in den Saal hineinrufen: »Effi komm«, stand mir fest: *Das* mußt du schreiben.« Auch die äußere Erscheinung Effis wurde mir durch einen glücklichen Zufall an die Hand gegeben; ich saß im Zehnpfund-

Hotel in Thale, auf dem oft beschriebenen großen Balkon, Sonnenuntergang, und sah nach der Roßtrappe hinauf, als ein englisches Geschwisterpaar, er 20, sie 15, auf den Balkon hinaustrat und 3 Schritt vor mir sich an die Brüstung lehnte, heiter plaudernd und doch ernst. Es waren ganz ersichtlich Dissenterkinder, Methodisten. Das Mädchen war genau so gekleidet, wie ich Effi in den allerersten und dann auch wieder in den allerletzten Kapiteln geschildert habe: Hänger, blau und weiß gestreifter Kattun, Ledergürtel und Matrosenkragen. Ich glaube, daß ich für meine Heldin keine bessere Erscheinung und Einkleidung finden konnte, und wenn es nicht anmaßend wäre, das Schicksal als etwas einem für jeden Kleinkram zu Diensten stehendes Etwas anzusehen, so möchte ich beinah sagen: das Schicksal schickte mir die kl. Methodistin. [...]

*Else Baronin von Ardenne, geb. von Plotho*

Illustrationen von Max Liebermann
(Lithographien, 1926)

In Front des schon seit Kurfürst Georg Wilhelm von der Familie von Briest bewohnten Herrenhauses zu Hohen-Cremmen fiel heller Sonnenschein auf die mittagsstille Dorfstraße, während nach der Park- und Gartenseite hin ein rechtwinklig angebauter Seitenflügel einen breiten Schatten erst auf einen weiß und grün quadrierten Fliesengang und dann über diesen hinaus auf ein großes, in seiner Mitte mit einer Sonnenuhr und an seinem Rande mit Canna indica und Rhabarberstauden besetztes Rondell warf. Einige zwanzig Schritte weiter, in Richtung und Lage genau dem Seitenflügel entsprechend, lief eine ganz in kleinblättrigem Efeu stehende, nur an einer Stelle von einer kleinen weißgestrichenen Eisentür unterbrochene Kirchhofsmauer, hinter der der Hohen-Cremmener Schindelturm mit seinem blitzenden, weil neuerdings erst wieder vergoldeten Wetterhahn aufragte. Fronthaus, Seitenflügel und Kirchhofsmauer bildeten ein einen kleinen Ziergarten umschließendes Hufeisen, an dessen offener Seite man eines Teiches mit Wassersteg und angekettelltem Boot und dicht daneben einer Schaukel gewahr wurde, deren horizontal gelegtes Brett zu Häupten und Füßen an je zwei Stricken hing – die Pfosten der Balkenlage schon etwas schief stehend. Zwischen Teich und Rondell aber und die Schaukel halb versteckend standen ein paar mächtige alte Platanen.

Auch die Front des Herrenhauses – eine mit Aloekübeln und ein paar Gartenstühlen besetzte Rampe – gewährte bei bewölktem Himmel einen angenehmen und zugleich allerlei Zerstreuung bietenden Aufenthalt; an Tagen aber, wo die Sonne niederbrannte, wurde die Gartenseite ganz entschieden bevorzugt, besonders von Frau und Tochter des Hauses, die denn auch heute wieder auf dem im vollen Schatten liegenden Fliesengange saßen, in ihrem Rücken ein paar offene, von wildem Wein umrankte Fenster, neben sich eine vorspringende kleine Treppe, deren vier Steinstufen vom Garten aus

Aus:
Effi Briest.
Roman.
Erstes Kapitel
(1895)

277

in das Hochparterre des Seitenflügels hinaufführten. Beide, Mutter und Tochter, waren fleißig bei der Arbeit, die der Herstellung eines aus Einzelquadraten zusammenzusetzenden Altarteppichs galt; ungezählte Wollsträhnen und Seidendocken lagen auf einem großen, runden Tisch bunt durcheinander, dazwischen, noch vom Lunch her, ein paar Dessertteller und eine mit großen, schönen Stachelbeeren gefüllte Majolikaschale. Rasch und sicher ging die Wollnadel der Damen hin und her, aber während die Mutter kein Auge von der Arbeit ließ, legte die Tochter, die den Rufnamen Effi führte, von Zeit zu Zeit die Nadel nieder und erhob sich, um unter allerlei kunstgerechten Beugungen und Streckungen den ganzen Kursus der Heil- und Zimmergymnastik durchzumachen. Es war ersichtlich, daß sie sich diesen absichtlich ein wenig ins Komische gezogenen Übungen mit ganz besonderer Liebe hingab, und wenn sie dann so dastand und, langsam die Arme hebend, die Handflächen hoch über dem Kopf zusammenlegte, so sah auch wohl die Mama von ihrer Handarbeit auf, aber immer nur flüchtig und verstohlen, weil sie nicht zeigen wollte, wie entzückend sie ihr eigenes Kind finde, zu welcher Regung mütterlichen Stolzes sie voll berechtigt war. Effi* trug ein blau und weiß gestreiftes, halb kittelartiges Leinwandkleid, dem erst ein fest zusammengezogener, bronzefarbener Ledergürtel die Taille gab; der Hals war frei, und über Schulter und Nacken fiel ein breiter Matrosenkragen. In allem, was sie tat, paarte sich Übermut und Grazie, während ihre lachenden braunen Augen eine große, natürliche Klugheit und viel Lebenslust und Herzensgüte verrieten. Man nannte sie die »Kleine«, was sie sich nur gefallen lassen mußte, weil die schöne, schlanke Mama noch um eine Handbreit höher war.

Eben hatte sich Effi wieder erhoben, um abwechselnd nach links und rechts ihre turnerischen Drehungen zu machen, als die von ihrer Stickerei gerade wieder aufblickende Mama ihr zurief: »Effi, eigentlich hättest du doch wohl Kunstreiterin werden müssen. Immer am Trapez, immer Tochter der Luft. Ich glaube beinah, daß du so was möchtest.«

»Vielleicht, Mama. Aber wenn es so wäre, wer wäre schuld? Von wem hab ich es? Doch nur von dir. Oder meinst du, von Papa? Da mußt du nun selber lachen. Und dann, warum steckst du mich in diesen Hänger, in diesen Jungenskittel? Mitunter denk ich, ich komme noch wieder in kurze Kleider. Und wenn ich die erst wieder habe, dann knicks ich auch wieder wie ein Backfisch, und wenn dann die Rathenower herüberkommen, setze ich mich auf Oberst Goetzes Schoß und reite hopp, hopp. Warum auch nicht? Drei Viertel ist er Onkel und nur ein Viertel Courmacher. Du bist

schuld. Warum kriege ich keine Staatskleider? Warum machst du keine Dame aus mir?«

»Möchtest du's?«

»Nein.« Und dabei lief sie auf die Mama zu und umarmte sie stürmisch und küßte sie.

»Nicht so wild, Effi, nicht so leidenschaftlich. Ich beunruhige mich immer, wenn ich dich so sehe...« Und die Mama schien ernstlich willens, in Äußerung ihrer Sorgen und Ängste fortzufahren. Aber sie kam nicht weit damit, weil in ebendiesem Augenblicke drei junge Mädchen aus der kleinen, in der Kirchhofsmauer angebrachten Eisentür in den Garten eintraten und einen Kiesweg entlang auf das Rondell und die Sonnenuhr zuschritten. Alle drei grüßten mit ihren Sonnenschirmen zu Effi herüber und eilten dann auf Frau von Briest zu, um dieser die Hand zu küssen. Diese tat rasch ein paar Fragen und lud dann die Mädchen ein, ihnen oder doch wenigstens Effi auf eine halbe Stunde Gesellschaft zu leisten. »Ich habe ohnehin noch zu tun, und junges Volk ist am liebsten unter sich. Gehabt euch wohl.« Und dabei stieg sie die vom Garten in den Seitenflügel führende Steintreppe hinauf.

Und da war nun die Jugend wirklich allein.

Zwei der jungen Mädchen – kleine, rundliche Persönchen, zu deren krausem, rotblondem Haar ihre Sommersprossen und ihre gute Laune ganz vorzüglich paßten – waren Töchter des auf Hansa, Skandinavien und Fritz Reuter eingeschworenen Kantors Jahnke, der denn auch, unter Anlehnung an seinen mecklenburgischen Landsmann und Lieblingsdichter und nach dem Vorbilde von Mining und Lining, seinen eigenen Zwillingen die Namen Bertha und Hertha gegeben hatte. Die dritte junge Dame war Hulda Niemeyer, Pastor Niemeyers einziges Kind; sie war damenhafter als die beiden anderen, dafür aber langweilig und eingebildet, eine lymphatische Blondine, mit etwas vorspringenden, blöden Augen, die trotzdem beständig nach was zu suchen schienen, weshalb denn auch Klitzing von den Husaren gesagt hatte: »Sieht sie nicht aus, als erwarte sie jeden Augenblick den Engel Gabriel?« Effi fand, daß der etwas kritische Klitzing nur zu sehr recht habe, vermied es aber trotzdem, einen Unterschied zwischen den drei Freundinnen zu machen. Am wenigsten war ihr in diesem Augenblicke danach zu Sinn, und während sie die Arme auf den Tisch stemmte, sagte sie: »Diese langweilige Stickerei. Gott sei Dank, daß ihr da seid.«
»Aber deine Mama haben wir vertrieben«, sagte Hulda.
»Nicht doch. Wie sie euch schon sagte, sie wäre doch gegangen; sie erwartet nämlich Besuch, einen alten Freund aus ihren Mädchentagen her, von dem ich euch nachher erzählen muß, eine Liebesgeschichte mit Held und Heldin, und zuletzt mit Entsagung. Ihr werdet Augen machen und euch wundern. Übrigens habe ich Mamas alten Freund schon drüben in Schwantikow gesehen; er ist Landrat, gute Figur und sehr männlich.«
»Das ist die Hauptsache«, sagte Hertha.
»Freilich ist das die Hauptsache, ›Weiber weiblich, Männer männlich‹ – das ist, wie ihr wißt, einer von Papas Lieblingssätzen. Und nun helft mir erst Ordnung schaffen auf dem Tisch hier, sonst gibt es wieder eine Strafpredigt.«
Im Nu waren die Docken in den Korb gepackt, und als alle wieder saßen, sagte Hulda: »Nun aber, Effi, nun ist es Zeit, nun die Liebesgeschichte mit Entsagung. Oder ist es nicht so schlimm?«
»Eine Geschichte mit Entsagung ist nie schlimm. Aber ehe Hertha nicht von den Stachelbeeren genommen, eh kann ich nicht anfangen – sie läßt ja kein Auge davon. Übrigens nimm, soviel du willst, wir können ja hinterher neue pflücken; nur wirf die Schalen weit weg oder noch besser, lege sie hier auf die Zeitungsbeilage, wir machen dann eine Tüte daraus und schaffen alles beiseite. Mama kann es nicht leiden, wenn die Schlusen so überall umherliegen, und sagt immer, man könne dabei ausgleiten und ein Bein brechen.«

»Glaub ich nicht«, sagte Hertha, während sie den Stachelbeeren fleißig zusprach.

»Ich auch nicht«, bestätigte Effi. »Denkt doch mal nach, ich falle jeden Tag wenigstens zwei-, dreimal, und noch ist mir nichts gebrochen. Was ein richtiges Bein ist, das bricht nicht so leicht, meines gewiß nicht und deines auch nicht, Hertha. Was meinst du, Hulda?«

»Man soll sein Schicksal nicht versuchen; Hochmut kommt vor dem Fall.«

»Immer Gouvernante; du bist doch die geborene alte Jungfer.«

»Und hoffe mich doch noch zu verheiraten. Und vielleicht eher als du.«

»Meinetwegen. Denkst du, daß ich darauf warte? Das fehlte noch. Übrigens, ich kriege schon einen, und vielleicht bald. Da ist mir nicht bange. Neulich erst hat mir der kleine Ventivegni von drüben gesagt: ›Fräulein Effi, was gilt die Wette, wir sind hier noch in diesem Jahre zu Polterabend und Hochzeit.‹«

»Und was sagtest du da?«

»›Wohl möglich‹, sagt ich, ›wohl möglich; Hulda ist die älteste und kann sich jeden Tag verheiraten.‹ Aber er wollte davon nichts wissen und sagte: ›Nein, bei einer anderen jungen Dame, die gerade so brünett ist, wie Fräulein Hulda blond ist.‹ Und dabei sah er mich ganz ernsthaft an... Aber ich komme vom Hundertsten aufs Tausendste und vergesse die Geschichte.«

»Ja, du brichst immer wieder ab; am Ende willst du nicht.«

»O, ich will schon, aber freilich, ich breche immer wieder ab, weil es alles ein bißchen sonderbar ist, ja, beinah romantisch.«

»Aber du sagtest doch, er sei Landrat.«

»Allerdings, Landrat. Und er heißt Geert von Innstetten, Baron von Innstetten.«

Alle drei lachten.

»Warum lacht ihr?« sagte Effi pikiert. »Was soll das heißen?«

»Ach, Effi, wir wollen dich ja nicht beleidigen, und auch den Baron nicht. Innstetten sagtest du? Und Geert? So heißt doch hier kein Mensch. Freilich, die adeligen Namen haben oft so was Komisches.«

»Ja, meine Liebe, das haben sie. Dafür sind es eben Adelige. Die dürfen sich das gönnen, und je weiter zurück, ich meine der Zeit nach, desto mehr dürfen sie sichs gönnen. Aber davon versteht ihr nichts, was ihr mir nicht übelnehmen dürft. Wir bleiben doch gute Freunde. Geert von Innstetten also und Baron. Er ist gerade so alt wie Mama, auf den Tag.«

»Und wie alt ist denn eigentlich deine Mama?«

»Achtunddreißig.«

»Ein schönes Alter.«

»Ist es auch, namentlich wenn man noch so aussieht wie die Mama.
Sie ist doch eigentlich eine schöne Frau, findet ihr nicht auch? Und
wie sie alles so weg hat, immer so sicher und dabei so fein und nie
unpassend wie Papa. Wenn ich ein junger Leutnant wäre, so würd
ich mich in die Mama verlieben.«

»Aber Effi, wie kannst du nur so was sagen«, sagte Hulda. »Das ist
ja gegen das vierte Gebot.«

»Unsinn. Wie kann das gegen das vierte Gebot sein? Ich glaube,
Mama würde sich freuen, wenn sie wüßte, daß ich so was gesagt
habe.«

»Kann schon sein«, unterbrach hierauf Hertha. »Aber nun endlich
die Geschichte.«

»Nun, gib dich zufrieden, ich fange schon an... Also Baron
Innstetten! Als er noch keine Zwanzig war, stand er drüben bei den
Rathenowern und verkehrte viel auf den Gütern hier herum, und
am liebsten war er in Schwantikow drüben bei meinem Großvater
Belling. Natürlich war es nicht des Großvaters wegen, daß er so oft
drüben war, und wenn die Mama davon erzählt, so kann jeder leicht
sehen, um wen es eigentlich war. Und ich glaube, es war auch
gegenseitig.«

»Und wie kam es nachher?«

»Nun, es kam, wie's kommen mußte, wie's immer kommt. Er war ja
noch viel zu jung, und als mein Papa sich einfand, der schon
Ritterschaftsrat war und Hohen-Cremmen hatte, da war kein
langes Besinnen mehr, und sie nahm ihn und wurde Frau von
Briest... Und das andere, was sonst noch kam, nun, das wißt ihr...
das andere bin ich.«

»Ja, das andere bist du, Effi«, sagte Bertha. »Gott sei Dank; wir
hätten dich nicht, wenn es anders gekommen wäre. Und nun sage,
was tat Innstetten, was wurde aus ihm? Das Leben hat er sich nicht
genommen, sonst könntet ihr ihn heute nicht erwarten.«

»Nein, das Leben hat er sich nicht genommen. Aber ein bißchen
war es doch so was.«

»Hat er einen Versuch gemacht?«

»Auch das nicht. Aber er mochte doch nicht länger hier in der Nähe
bleiben, und das ganze Soldatenleben überhaupt muß ihm damals
wie verleidet gewesen sein. Es war ja auch Friedenszeit. Kurz und
gut, er nahm den Abschied und fing an, Juristerei zu studieren, wie
Papa sagt, mit einem ›wahren Biereifer‹; nur als der Siebziger Krieg
kam, trat er wieder ein, aber bei den Perlebergern statt bei seinem
alten Regiment, und hat auch das Kreuz. Natürlich, denn er ist sehr

schneidig. Und gleich nach dem Kriege saß er wieder bei seinen Akten, und es heißt, Bismarck halte große Stücke von ihm und auch der Kaiser, und so kam es denn, daß er Landrat wurde, Landrat im Kessiner Kreise.«

»Was ist Kessin? Ich kenne hier kein Kessin.«

»Nein, hier in unserer Gegend liegt es nicht; es liegt eine hübsche Strecke von hier fort in Pommern, in Hinterpommern sogar, was aber nichts sagen will, weil es ein Badeort ist (alles da herum ist Badeort), und die Ferienreise, die Baron Innstetten jetzt macht, ist eigentlich eine Vetternreise oder doch etwas Ähnliches. Er will hier alte Freundschaft und Verwandtschaft wiedersehen.«

»Hat er denn hier Verwandte?«

»Ja und nein, wie mans nehmen will. Innstettens gibt es hier nicht, gibt es, glaub ich, überhaupt nicht mehr. Aber er hat hier entfernte Vettern von der Mutter Seite her, und vor allem hat er wohl Schwantikow und das Bellingsche Haus wiedersehen wollen, an das ihn so viele Erinnerungen knüpfen. Da war er denn vorgestern drüben, und heute will er hier in Hohen-Cremmen sein.«

»Und was sagt dein Vater dazu?«

»Gar nichts. Der ist nicht so. Und dann kennt er ja doch die Mama. Er neckt sie bloß.«

In diesem Augenblick schlug es Mittag, und ehe es noch ausgeschlagen, erschien Wilke, das alte Briestsche Haus- und Familienfaktotum, um an Fräulein Effi zu bestellen: Die gnädige Frau ließe bitten, daß das gnädige Fräulein zu rechter Zeit auch Toilette mache; gleich nach eins würde der Herr Baron wohl vorfahren. Und während Wilke dies noch vermeldete, begann er auch schon auf dem Arbeitstisch der Damen abzuräumen und griff dabei zunächst nach dem Zeitungsblatt, auf dem die Stachelbeerschalen lagen.

»Nein, Wilke, nicht so; das mit den Schlusen, das ist unsere Sache... Hertha, du mußt nun die Tüte machen und einen Stein hineintun, daß alles besser versinken kann. Und dann wollen wir in einem langen Trauerzug aufbrechen und die Tüte auf offener See begraben.«

Wilke schmunzelte. Is doch ein Daus, unser Fräulein, so etwa gingen seine Gedanken. Effi aber, während sie die Tüte mitten auf die rasch zusammengeraffte Tischdecke legte, sagte: »Nun fassen wir alle vier an, jeder an einem Zipfel, und singen was Trauriges.«

»Ja, das sagst du wohl, Effi. Aber was sollen wir denn singen?«

»Irgendwas; es ist ganz gleich, es muß nur einen Reim auf ›u‹ haben; ›u‹ ist immer Trauervokal. Also singen wir:

Flut, Flut,
Mach alles wieder gut...«

und während Effi diese Litanei feierlich anstimmte, setzten sich alle vier auf den Steg hin in Bewegung, stiegen in das dort angekettelte Boot und ließen von diesem aus die mit einem Kiesel beschwerte Tüte langsam in den Teich niedergleiten.

»Hertha, nun ist deine Schuld versenkt«, sagte Effi, »wobei mir übrigens einfällt, so vom Boot aus sollen früher auch arme unglückliche Frauen versenkt worden sein, natürlich wegen Untreue.«

»Aber doch nicht hier.«

»Nein, nicht hier«, lachte Effi, »hier kommt so was nicht vor. Aber in Konstantinopel, und du mußt ja, wie mir eben einfällt, auch davon wissen, so gut wie ich, du bist ja mit dabei gewesen, als uns Kandidat Holzapfel in der Geographiestunde davon erzählte.«

»Ja«, sagte Hulda, »der erzählte immer so was. Aber so was vergißt man doch wieder.«

»Ich nicht. Ich behalte so was.«

Zweites Kapitel

Sie sprachen noch eine Weile so weiter, wobei sie sich ihrer gemeinschaftlichen Schulstunden und einer ganzen Reihe Holzapfelscher Unpassendheiten mit Empörung und Behagen erinnerten. Ja, man konnte sich nicht genug tun damit, bis Hulda mit einem Male sagte: »Nun aber ist es höchste Zeit, Effi; du siehst ja aus, ja, wie sag' ich nur, du siehst ja aus, wie wenn du vom Kirschenpflücken kämst, alles zerknittert und zerknautscht; das Leinenzeug macht immer so viele Falten, und der große, weiße Klappkragen . . ., ja, wahrhaftig, jetzt hab' ich es, du siehst aus wie ein Schiffsjunge.«

»Midshipman, wenn ich bitten darf. Etwas muß ich doch von meinem Adel haben. Übrigens Midshipman oder Schiffsjunge, Papa hat mir erst neulich wieder einen Mastbaum versprochen, hier dicht neben der Schaukel, mit Raaen und einer Strickleiter. Wahrhaftig, das sollte mir gefallen, und den Wimpel oben selbst anzumachen, das ließ' ich mir nicht nehmen. Und du, Hulda, du kämst dann von der anderen Seite her herauf, und oben in der Luft wollen wir Hurra rufen und uns einen Kuß geben. Alle Wetter, das sollte schmecken.«

»›Alle Wetter . . .‹, wie das nun wieder klingt . . . Du sprichst wirklich wie ein Midshipman. Ich werde mich aber hüten, dir nachzuklettern, ich bin nicht so waghalsig. Jahnke hat ganz recht, wenn er immer sagt, du hättest zuviel von dem Bellingschen in dir, von deiner Mama her. Ich bin bloß ein Pastorskind.«

»Ach, geh mir. Stille Wasser sind tief. Weißt du noch, wie du damals, als Vetter Briest als Kadett hier war, aber doch schon groß genug, wie du damals auf dem Scheunendach entlang rutschtest. Und warum? Nun, ich will es nicht verraten. Aber kommt, wir wollen uns schaukeln, auf jeder Seite zwei; reißen wird es ja wohl nicht, oder wenn ihr nicht Lust habt, denn ihr macht wieder lange Gesichter, dann wollen wir Anschlag spielen. Eine Viertelstunde hab' ich noch. Ich mag noch nicht hineingehen, und alles bloß, um einem Landrat guten Tag zu sagen, noch dazu einem Landrat aus Hinterpommern. Ältlich ist er auch, er könnte ja beinah mein Vater sein, und wenn er wirklich in einer Seestadt wohnt, Kessin soll ja so was sein, nun, da muß ich ihm in diesem Matrosenkostüm eigentlich am besten gefallen und muß ihm beinah wie eine große Aufmerksamkeit vorkommen. Fürsten, wenn sie wen empfangen, soviel weiß ich von meinem Papa her, legen auch immer die Uniform aus der Gegend des anderen an. Also nur nicht ängstlich, ... rasch, rasch, ich fliege aus, und neben der Bank hier ist frei.«

Hulda wollte noch ein paar Einschränkungen machen, aber Effi war schon den nächsten Kiesweg hinauf, links hin, rechts hin, bis sie mit einem Male verschwunden war. »Effi, das gilt nicht; wo bist du? Wir spielen nicht Versteck, wir spielen Anschlag«, und unter diesen und ähnlichen Vorwürfen eilten die Freundinnen ihr nach, weit hinter das Rondell und die beiden seitwärts stehenden Platanen hinaus, bis die Verschwundene mit einem Male aus ihrem Verstecke hervorbrach und mühelos, weil sie schon im Rücken ihrer Verfolger war, mit »eins, zwei drei« den Freiplatz neben der Bank erreichte.

»Wo warst du?«

»Hinter den Rhabarberstauden; die haben so große Blätter, noch größer als ein Feigenblatt...«

»Pfui...«

»Nein, pfui für euch, weil ihr verspielt habt. Hulda, mit ihren großen Augen, sah wieder nichts, immer ungeschickt.« Und dabei flog Effi von neuem über das Rondell hin, auf den Teich zu, vielleicht weil sie vorhatte, sich erst hinter einer dort aufwachsenden dichten Haselnußhecke zu verstecken, um dann, von dieser aus, mit einem weiten Umweg um Kirchhof und Fronthaus, wieder bis an den Seitenflügel und seinen Freiplatz zu kommen. Alles war gut berechnet; aber freilich, ehe sie noch halb um den Teich herum war, hörte sie schon vom Hause her ihren Namen rufen und sah, während sie sich umwandte, die Mama, die, von der Steintreppe her, mit ihrem Taschentuche winkte. Noch einen Augenblick, und Effi stand vor ihr.

»Nun bist du doch noch in deinem Kittel, und der Besuch ist da. Nie hältst du Zeit.«

»*Ich* halte schon Zeit, aber der Besuch hat nicht Zeit gehalten. Es ist noch nicht eins; noch lange nicht«, und sich nach den Zwillingen hin umwendend (Hulda war noch weiter zurück), rief sie diesen zu: »Spielt nur weiter; ich bin gleich wieder da.«

Schon im nächsten Augenblick trat Effi mit der Mama in den großen Gartensaal, der fast den ganzen Raum des Seitenflügels füllte.

»Mama, du darfst mich nicht schelten. Es ist wirklich erst halb. Warum kommt er so früh? Kavaliere kommen nicht zu spät, aber noch weniger zu früh.«

Frau von Briest war in sichtlicher Verlegenheit; Effi aber schmiegte sich liebkosend an sie und sagte: »Verzeih, ich will mich nun eilen; du weißt, ich kann auch rasch sein, und in fünf Minuten ist Aschenpuddel in eine Prinzessin verwandelt. So lange kann er warten oder mit dem Papa plaudern.«

Und der Mama zunickend, wollte sie leichten Fußes eine kleine eiserne Stiege hinauf, die aus dem Saal in den Oberstock hinaufführte. Frau von Briest aber, die unter Umständen auch unkonventionell sein konnte, hielt plötzlich die schon forteilende Effi zurück, warf einen Blick auf das jugendlich reizende Geschöpf, das, noch erhitzt von der Aufregung des Spiels, wie ein Bild frischesten Lebens vor ihr stand, und sagte beinahe vertraulich: »Es ist am Ende das beste, du bleibst wie du bist. Ja, bleibe so. Du siehst gerade sehr gut aus. Und wenn es auch nicht wäre, du siehst so unvorbereitet aus, so gar nicht zurechtgemacht, und darauf kommt es in diesem Augenblicke an. Ich muß dir nämlich sagen, meine süße Effi...«, und sie nahm ihres Kindes beide Hände, »...ich muß dir nämlich sagen...«

»Aber Mama, was hast du nur? Mir wird ja ganz angst und bange.«

»...Ich muß dir nämlich sagen, Effi, daß Baron Innstetten eben um deine Hand angehalten hat.«

»Um meine Hand angehalten? Und im Ernst?«

»Es ist keine Sache, um einen Scherz daraus zu machen. Du hast ihn vorgestern gesehen, und ich glaube, er hat dir auch gut gefallen. Er ist freilich älter als du, was alles in allem ein Glück ist, dazu ein Mann von Charakter, von Stellung und guten Sitten, und wenn du nicht nein sagst, was ich von meiner klugen Effi kaum denken kann, so stehst du mit zwanzig Jahren da, wo andere mit vierzig stehen. Du wirst deine Mama weit überholen.«

Effi schwieg und suchte nach einer Antwort. Aber ehe sie diese finden konnte, hörte sie schon des Vaters Stimme von dem angrenzenden, noch im Fronthause gelegenen Hinterzimmer her, und gleich danach überschritt Ritterschaftsrat von Briest, ein wohlkonservierter Fünfziger von ausgesprochener Bonhomie, die Gartensalonschwelle, – mit ihm Baron Innstetten, schlank, brünett und von militärischer Haltung.

Effi, als sie seiner ansichtig wurde, kam in ein nervöses Zittern; aber nicht auf lange, denn im selben Augenblicke fast, wo sich Innstetten unter freundlicher Verneigung ihr näherte, wurden an dem mittleren der weit offenstehenden und von wildem Wein halb überwachsenen Fenster die rotblonden Köpfe der Zwillinge sichtbar, und Hertha, die ausgelassenste, rief in den Saal hinein: »Effi, komm.«

Dann duckte sie sich, und beide Schwestern sprangen von der Banklehne, darauf sie gestanden, wieder in den Garten hinab, und man hörte nur noch ihr leises Kichern und Lachen.

Effi war unzufrieden mit sich und freute sich, daß es nunmehr feststand, diese gemeinschaftlichen Ausflüge für die ganze Winterdauer auf sich beruhen zu lassen. Überlegte sie, was während all dieser Wochen und Tage gesprochen, berührt und angedeutet war, so fand sie nichts, um dessentwillen sie sich direkte Vorwürfe zu machen gehabt hätte. Crampas war ein kluger Mann, welterfahren, humoristisch, frei, frei auch im Guten, und es wäre kleinlich und kümmerlich gewesen, wenn sie sich ihm gegenüber aufgesteift und jeden Augenblick die Regeln strengen Anstandes befolgt hätte. Nein, sie konnte sich nicht tadeln, auf seinen Ton eingegangen zu sein, und doch hatte sie ganz leise das Gefühl einer überstandenen

Achtzehntes
Kapitel

Gefahr und beglückwünschte sich, daß das alles nun mutmaßlich hinter ihr läge. Denn an ein häufigeres Sichsehen en famille war nicht wohl zu denken, das war durch die Crampasschen Hauszustände so gut wie ausgeschlossen, und Begegnungen bei den benachbarten adligen Familien, die freilich für den Winter in Sicht standen, konnten immer nur sehr vereinzelt und sehr flüchtige sein. Effi rechnete sich dies alles mit wachsender Befriedigung heraus und fand schließlich, daß ihr der Verzicht auf das, was sie dem Verkehr mit dem Major verdankte, nicht allzu schwer ankommen würde. Dazu kam noch, daß Innstetten ihr mitteilte, seine Fahrten nach Varzin würden in diesem Jahre fortfallen: der Fürst gehe nach Friedrichsruh, das ihm immer lieber zu werden scheine; nach der einen Seite hin bedauere er das, nach der anderen sei es ihm lieb – er könne sich nun ganz seinem Hause widmen, und wenn es ihr recht wäre, so wollten sie die italienische Reise, an der Hand seiner Aufzeichnungen, noch einmal durchmachen. Eine solche Rekapitulation sei eigentlich die Hauptsache, dadurch mache man sich alles erst dauernd zu eigen, und selbst Dinge, die man nur flüchtig gesehen und von denen man kaum wisse, daß man sie in seiner Seele beherberge, kämen einem durch solche nachträglichen Studien erst voll zu Bewußtsein und Besitz. Er führte das noch weiter aus und fügte hinzu, daß ihn Gieshübler, der den ganzen »italienischen Stiefel« bis Palermo kenne, gebeten habe, mit dabei sein zu dürfen. Effi, der ein ganz gewöhnlicher Plauderabend ohne den »italienischen Stiefel« (es sollten sogar Photographien herumgereicht werden) viel, viel lieber gewesen wäre, antwortete mit einer gewissen Gezwungenheit; Innstetten indessen, ganz erfüllt von seinem Plane, merkte nichts und fuhr fort: »Natürlich ist nicht bloß Gieshübler zugegen, auch Roswitha und Annie müssen dabei sein, und wenn ich mir dann denke, daß wir den Canal grande hinauffahren und hören dabei ganz in der Ferne die Gondoliere singen, während drei Schritte von uns Roswitha sich über Annie beugt und ›Buhküken von Halberstadt‹ oder so was Ähnliches zum besten gibt, so können das schöne Winterabende werden, und du sitzest dabei und strickst mir eine große Winterkappe. Was meinst du dazu, Effi?«

Solche Abende wurden nicht bloß geplant, sie nahmen auch ihren Anfang, und sie würden sich, aller Wahrscheinlichkeit nach, über viele Wochen hin ausgedehnt haben, wenn nicht der unschuldige, harmlose Gieshübler trotz größter Abgeneigtheit gegen zweideutiges Handeln, dennoch im Dienste zweier Herren gestanden hätte. Der eine, dem er diente, war Innstetten, der andere war Crampas, und wenn er der Innstettenschen Aufforderung zu den italienischen

Abenden, schon um Effis willen, auch mit aufrichtigster Freude Folge leistete, so war die Freude, mit der er Crampas gehorchte, doch noch eine größere. Nach einem Crampasschen Plane nämlich sollte noch vor Weihnachten »Ein Schritt vom Wege« aufgeführt werden, und als man vor dem dritten italienischen Abend stand, nahm Gieshübler die Gelegenheit wahr, mit Effi, die die Rolle der Ella spielen sollte, darüber zu sprechen.

Effi war wie elektrisiert; was wollten Padua, Vicenza daneben bedeuten! Effi war nicht für Aufgewärmtheiten; Frisches war es, wonach sie sich sehnte, Wechsel der Dinge. Aber als ob eine Stimme ihr zugerufen hätte: »Sieh dich vor!« so fragte sie doch, inmitten ihrer freudigen Erregung: »Ist es der Major, der den Plan aufgebracht hat?«

»Ja. Sie wissen, gnädigste Frau, daß er einstimmig in das Vergnügungskomitee gewählt wurde. Wir dürfen uns endlich einen hübschen Winter in der Ressource versprechen. Er ist ja wie geschaffen dazu.«

»Und wird er auch mitspielen?«

»Nein, das hat er abgelehnt. Ich muß sagen, leider. Denn er kann ja alles und würde den Arthur von Schmettwitz ganz vorzüglich geben. Er hat nur die Regie übernommen.«

»Desto schlimmer.«

»Desto schlimmer?« wiederholte Gieshübler.

»O, Sie dürfen das nicht so feierlich nehmen; das ist nur so eine Redensart, die eigentlich das Gegenteil bedeutet. Auf der anderen Seite freilich, der Major hat so was Gewaltsames, er nimmt einem die Dinge gern über den Kopf fort. Und man muß dann spielen, wie er will, und nicht wie man selber will.«

Sie sprach noch weiter und verwickelte sich immer mehr in Widersprüche.

*Aus dem Film »Ein Schritt vom Wege« (Regie: Gustaf Gründgens; Effi: Marianne Hoppe; Briest: Paul Hartmann, Innstetten: Carl Ludwig Diehl)*

20 Pfennig.  12 Kr. ö. W.

# Universal-Bibliothek

## 730

der Band ist für 20 Pfennig einzeln käuflich

# Ein Schritt vom Wege.

Lustspiel in 4 Aufzügen

von

# Ernst Wichert.

Leipzig.
Verlag von Philipp Reclam jun.

Vollständige Verzeichnisse der Universal-Bibliothek sind jede Buchhandlung stets gratis zu beziehen.

## Personen

zu

„Ein Schritt vom Wege."

Arthur von Schmettwitz, Gutsbesitzer.
Ella, seine Frau.
Kurt von Hageln, deren Bruder.
Egon, ein Reisender.
Dr. Rathgeber, Badearzt.
Busch, Badecommissarius und Polizeiverwalter in Kieferthal.
Schnepf, Geheimer Registrator
Clotilde, seine Frau                    } Badegäste
Bertha, seine Tochter                      in
Blanknagel, Kaufmann                      Kieferthal.
Rosette Hasenklein, Vorsteherin eines Damenpensionats
Peter Schnips, Kellner im Gasthause „zum goldenen Tannzapfen".
Ein Führer.
Ein Hirte.

Ein Polizeidiener.  Ein Postbote.  Ein Blumenmädchen.  Badegäste.

Ort der Handlung:
Bad Kieferthal im Fürstenthum Sulzingen und Umgegend.

Ein altes Thema, aber gefällig variiert. Seinem eigentlichsten Wesen nach gehört das gestern aufgeführte Stück in das viel behandelte Genre der Badesaison- und Incognito-Komödie (etwas »Geheimer Agent«, etwas »Bürgerlich und romantisch«), ist aber so glücklich in der Erfindung neuer Situationen und in pikanter Behandlung des Dialogs, daß man über die Frische der Details das Oftdagewesene der Fabel gern vergißt. Vielleicht ist überhaupt nicht mehr zu leisten und eine heitere, den Tagesfragen angepaßte Modernisierung des Alten das einzige, was noch gefordert werden kann. Dieser »Schritt vom Wege« erinnert an die G. v. Mosersche Manier, die, wenn wir richtig beobachtet haben, im Kombinieren, in der geschickten Verschlingung unserer längst bewährten Stoffe ihre Eigentümlichkeit hat. Eine Weise, deren Handhabung schwerer ist, als sie manchem erscheinen möchte.

Erbprinz Egon, eh' er die Herrschaft über das ihm zugefallene Fürstentum Sulzingen antritt, gedenkt incognito seine Territorien zu bereisen. Er kann dies um so eher, als sich niemand in seinem Ländchen entsinnt, ihn je gesehen zu haben, ihn den die Zerstreuungen und Abenteuer einer großen nachbarlichen Residenz bisher von Sulzingen fern hielten. Auch jetzt flüstert man sich gerüchtweise zu: er mache die Incognito-Reise mit einer Opernsängerin.

Gleichzeitig mit dem Erbprinzen, nunmehrigen Fürsten Egon, treffen – übrigens ohne alle Beziehungen zu diesem letzteren, wenigstens zunächst – auch Arthur und Ella von Schmettwitz in Sulzingen respektive in dem neu kreierten klimatischen Kurort des Fürstentums, in Bad Kieferthal ein. Ella, voll aristokratischer Abneigung gegen die große Heerstraße, zugleich voll poetisch-abenteuerlichem Verlangen nach einem »Schritt vom Wege«, sieht sich alsbald in Situationen eingeführt, die an Romantizismus nichts zu wünschen übrig lassen. Arthur, ihr Gemahl, verliert Notizbuch und Reisebarschaft, die Wirtin im goldenen Tannenzapfen besteht auf Zahlung für ein verabreichtes Champagner-Dejeuner, der erwartete Bruder, respektive Schwager des jungen Paares bleibt aus, mit ihm die letzten Ressourcen, so bleibt nichts anderes übrig, als Ella, die glückliche Besitzerin einer Pensions-Gnaden-Arie, zweier Schubertschen und eines Mendelssohnschen Liedes, zur »Signora Carlina«, einer berühmten aus Mailand eingetroffenen »Cantatrice« avancieren zu lassen, um mit Hülfe eines Vokal-Konzerts die Wirtshausansprüche des goldenen Tannenzapfens befriedigen zu können.

Der Zufall will es, daß, während diese Dinge erst zwischen dem jungen Paare, dann unter Heranziehung Dritter und Vierter verhandelt werden, ein Zeitungsblatt, das bald von Hand zu Hand

Mittwoch, den 30. Oktober. Zum ersten Male: Ein Schritt vom Wege, Lustspiel in 4 Akten von Ernst Wichert
(»Vossische Zeitung«, 1872)

geht, die Bestätigung der bis dahin nur als Gerücht kursierenden Nachricht bringt: Fürst Egon reise incognito mit einer Dame der großen Oper im Sulzingenschen umher. Lange Gesichter und kurze Diskussionen. Jeder Zweifel ist gelöst: Die Signora Cantatrice, die eben ihr Konzert angekündigt, bald darauf auch unter Beifall beendet hat, ist die verführerische Opernsängerin aus der Residenz und ihr Begleiter – der Fürst. Hieraus ergeben sich eine Menge ergötzlicher Szenen: Diensteifrige Huldigungen gegen Arthur von Schmettwitz als supponierten Incognito-Fürsten, charaktervolle Ansprachen im Dienste guter Sitte und allgemeiner Landeswohl- fahrt, moralische Verschwörungen gegen Signora Carlina, die, wie wir wissen, keine Signora, sondern Ella v. Schmettwitz ist, endlich sogar Verhaftung des *wirklichen* Fürsten unter Verdacht des Straßenraubs, bis der schnell hereinbrechende Schluß alle Verwick- lungen löst, und die vermeintliche Cantatrice in ihre bürgerlichen und ehelichen Rechte, den regelrechten Fürsten Egon aber in die Herzen seiner treuen Sulzinger einsetzt.

Diese unsere Inhaltsangabe gibt nur einen Schimmer von dem lachenden Glanze des Ganzen. Nicht die Verhältnisse des Fürsten und des Schmettwitzschen Ehepaars zu und mit einander (wiewohl auch hier Graziös-Humoristisches sich zu erkennen gibt), sondern die Beziehungen, in welche die Kieferthaler Badegäste zu diesen drei Hauptfiguren treten, bilden den Reiz, die Frische und innerhalb der eingangs angedeuteten Grenzen, die Originalität des Stücks. An den Gestalten des Badearztes und Badekommissarius, der Rosette Hasenklein, Vorsteherin eines Damenpensionats und des geheimen Registrators Schnepf hing Leben und Sterben, hing der Ausgang des Abends.

Die letztgenannten beiden Rollen wurden durch Frau Frieb und Hrn. Döring mit jener Meisterschaft gegeben, die nur *eine* trübe Betrachtung aufkommen läßt, den Gedanken an Tage, wo dies Zwiegestirn an unserem Theaterhimmel nicht mehr leuchten wird. – Ihnen zunächst standen Herr Liedtcke und Fräulein Keßler als Arthur und Ella von Schmettwitz. Fräulein Keßler ist in solchen Rollen unbestritten sehr anmutig; sie gibt das Leben wie es ist, indem sie sich selber gibt. Die *Kunst* erheischt freilich noch ein weniges mehr, nicht Kopie, sondern Spiegelbild, nicht Abschrei- bung, sondern Vertiefung oder Verschönung des Daseins. Doch sei es drum! [...]

Fräulein *Schratt* (Bertha) führte uns aufs neue den Beweis, mit wie wenig Kunst man das Richtige treffen, oder, wenn dies zuviel gesagt ist, wenigstens Herz und Sinne angenehm berühren kann. Irgend ein Innerliches, das man als Naivetät oder Idealität bezeichnen mag, befangene Unbefangenheit, scheue Keckheit, sie üben einen Reiz, der uns höher steht als der bloße Realismus und unter Umständen selbst als ein mühevoll erzieltes Gebilde wirklicher Kunst.

Der »Schritt vom Wege« kam wirklich zustande, und gerade weil man nur noch gute vierzehn Tage hatte (die letzte Woche vor Weihnachten war ausgeschlossen), so strengte sich alles an, und es ging vorzüglich; die Mitspielenden, vor allem Effi, ernteten reichen Beifall. Crampas hatte sich wirklich mit der Regie begnügt, und so streng er gegen alle anderen war, so wenig hatte er auf den Proben in Effis Spiel hineingeredet. Entweder waren ihm von seiten Gieshüblers Mitteilungen über das mit Effi gehabte Gespräch gemacht worden, oder er hatte es auch aus sich selber bemerkt, daß Effi beflissen war, sich von ihm zurückzuziehen. Und er war klug und Frauenkenner genug, um den natürlichen Entwicklungsgang, den er nach seinen Erfahrungen nur zu gut kannte, nicht zu stören.
Am Theaterabend in der Ressource trennte man sich spät, und Mitternacht war vorüber, als Innstetten und Effi wieder zu Hause bei sich eintrafen. Johanna war noch auf, um behilflich zu sein, und Innstetten, der auf seine junge Frau nicht wenig eitel war, erzählte Johanna, wie reizend die gnädige Frau ausgesehen und wie gut sie gespielt habe. Schade, daß er nicht vorher daran gedacht, Christel und sie selber und auch die alte Unke, die Kruse, hätten von der Musikgalerie her sehr gut zusehen können; es seien viele dagewesen. Dann ging Johanna, und Effi, die müde war, legte sich nieder. Innstetten aber, der noch plaudern wollte, schob einen Stuhl heran und setzte sich an das Bett seiner Frau, diese freundlich ansehend und ihre Hand in der seinen haltend.
»Ja, Effi, das war ein hübscher Abend. Ich habe mich amüsiert über das hübsche Stück. Und denke dir, der Dichter ist ein Kammergerichtsrat, eigentlich kaum zu glauben. Und noch dazu aus Königsberg. Aber worüber ich mich am meisten gefreut, das war doch meine entzückende kleine Frau, die allen die Köpfe verdreht hat.«
»Ach, Geert, sprich nicht so. Ich bin schon gerade eitel genug.«
»Eitel genug, das wird wohl richtig sein. Aber doch lange nicht so eitel wie die anderen. Und das ist zu deinen sieben Schönheiten ...«
»Sieben Schönheiten haben alle.«
»... Ich habe mich auch bloß versprochen; du kannst die Zahl gut mit sich selbst multiplizieren.«

Aus:
Effi Briest.
Achtzehntes
Kapitel

»Wie galant du bist, Geert. Wenn ich dich nicht kennte, könnt' ich mich fürchten. Oder lauert wirklich was dahinter?«

»Hast du ein schlechtes Gewissen? Selber hinter der Tür gestanden?«

»Ach, Geert, ich ängstige mich wirklich.« Und sie richtete sich im Bett in die Höh' und sah ihn starr an. »Soll ich noch nach Johanna klingeln, daß sie uns Tee bringt? Du hast es so gern vor dem Schlafengehen.«

Er küßte ihr die Hand. »Nein, Effi. Nach Mitternacht kann auch der Kaiser keine Tasse Tee mehr verlangen, und du weißt, ich mag die Leute nicht mehr in Anspruch nehmen als nötig. Nein, ich will nichts, als dich ansehen und mich freuen, daß ich dich habe. So manchmal empfindet man's doch stärker, welchen Schatz man hat. Du könntest ja auch so sein wie die arme Frau Crampas; das ist eine schreckliche Frau, gegen keinen freundlich, und dich hätte sie vom Erdboden vertilgen mögen.«

»Ach, ich bitte dich, Geert, das bildest du dir wieder ein. Die arme Frau! Mir ist nichts aufgefallen.«

»Weil du für derlei keine Augen hast. Aber es war so, wie ich dir sage, und der arme Crampas war wie befangen dadurch und mied dich immer und sah dich kaum an. Was doch ganz unnatürlich ist; denn erstens ist er überhaupt ein Damenmann, und nun gar Damen wie du, das ist seine besondere Passion. Und ich wette auch, daß es keiner besser weiß als meine kleine Frau selber. Wenn ich daran denke, wie, Pardon, das Geschnatter hin und her ging, wenn er morgens in die Veranda kam, oder wenn wir am Strande ritten oder auf der Mole spazierengingen. Es ist, wie ich dir sage, er traute sich heute nicht, er fürchtete sich vor seiner Frau. Und ich kann es ihm nicht verdenken. Die Majorin ist so etwas wie unsere Frau Kruse, und wenn ich zwischen beiden wählen müßte, ich wüßte nicht wen.«

»Ich wüßt' es schon; es ist doch ein Unterschied zwischen den beiden. Die arme Majorin ist unglücklich, die Kruse ist unheimlich.«

»Und da bist du doch mehr für das Unglückliche?«

»Ganz entschieden.«

»Nun höre, das ist Geschmacksache. Man merkt, daß du noch nicht unglücklich warst. Übrigens hat Crampas ein Talent, die arme Frau zu eskamotieren*. Er erfindet immer etwas, sie zu Hause zu lassen.«

»Aber heute war sie doch da.«

»Ja, heute. Da ging es nicht anders. Aber ich habe mit ihm eine Partie zu Oberförster Ring verabredet, er, Gieshübler und der Pastor, auf den dritten Feiertag, und da hättest du sehen sollen, mit

welcher Geschicklichkeit er bewies, daß sie, die Frau, zu Hause
bleiben müsse.«

»Sind es denn nur Herren?«

»O bewahre. Da würd' ich mich auch bedanken. Du bist mit dabei
und noch zwei, drei andere Damen, die von den Gütern ungerechnet.«

»Aber dann ist es doch auch häßlich von ihm, ich meine von
Crampas, und so was bestraft sich immer.«

»Ja, mal kommt es. Aber ich glaube, unser Freund hält zu denen, die
sich über das, was kommt, keine grauen Haare wachsen lassen.«

»Hältst du ihn für schlecht?«

»Nein, für schlecht nicht. Beinah im Gegenteil, jedenfalls hat er gute
Seiten. Aber er ist so'n halber Pole, kein rechter Verlaß, eigentlich in
nichts, am wenigsten mit Frauen. Eine Spielernatur. Er spielt nicht
am Spieltisch, aber er hasardiert im Leben in einem fort, und man
muß ihm auf die Finger sehen.«

»Es ist mir doch lieb, daß du mir das sagst. Ich werde mich vorsehen
mit ihm.«

»Das tu. Aber nicht zu sehr; dann hilft es nichts. Unbefangenheit ist
immer das beste, und natürlich das allerbeste ist Charakter und
Festigkeit und, wenn ich solch steifleinenes Wort brauchen darf,
eine reine Seele.«

Sie sah ihn groß an. Dann sagte sie: »Ja, gewiß. Aber nun sprich
nicht mehr, und noch dazu lauter Dinge, die mich nicht recht
frohmachen können. Weißt du, mir ist, als hörte ich oben das
Tanzen. Sonderbar, daß es immer wieder kommt. Ich dachte, du
hättest mit dem allen nur so gespaßt.«

»Das will ich doch nicht sagen, Effi. Aber so oder so, man muß nur
in Ordnung sein und sich nicht zu fürchten brauchen.«

Effi nickte und dachte mit einem Male wieder an die Worte, die ihr
Crampas über ihren Mann als »Erzieher« gesagt hatte.

[...]

Innstetten war ernsthaft gewillt, auf das stille Leben, das er in seiner
landrätlichen Stellung geführt, ein gesellschaftlich angeregteres
folgen zu lassen, um seinet- und noch mehr um Effis willen; es ließ
sich aber anfangs nur schwach und vereinzelt damit an, die rechte
Zeit war noch nicht gekommen, und das Beste, was man zunächst
von dem neuen Leben hatte, war genau so wie während des
zurückliegenden Halbjahres, ein Leben im Hause. Wüllersdorf kam
oft, auch Vetter Briest, und waren die da, so schickte man zu
Gizickis hinauf, einem jungen Ehepaare, das über ihnen wohnte.
Gizicki selbst war Landgerichtsrat, seine kluge, aufgeweckte Frau

Fünfundzwanzig-
stes Kapitel

ein Fräulein von Schmettau. Mitunter wurde musiziert, kurze Zeit sogar ein Whist versucht; man gab es aber wieder auf, weil man fand, daß eine Plauderei gemütlicher wäre. Gizickis hatten bis vor kurzem in einer kleinen oberschlesischen Stadt gelebt, und Wüllersdorf war sogar, freilich vor einer Reihe von Jahren schon, in den verschiedensten kleinen Nestern der Provinz Posen gewesen, weshalb er denn auch den bekannten Spottvers:

Schrimm / Ist schlimm, / Rogasen / Zum Rasen, /
Aber weh dir nach Samter / Verdammter –

mit ebensoviel Emphase wie Vorliebe zu zitieren pflegte. Niemand erheiterte sich dabei mehr als Effi, was dann meistens Veranlassung wurde, kleinstädtische Geschichten in Hülle und Fülle folgen zu lassen. Auch Kessin mit Gieshübler und der Trippelli, mit Oberförster Ring und Sidonie Grasenabb kam dann wohl an die Reihe, wobei sich Innstetten, wenn er guter Laune war, nicht leicht genug tun konnte. »Ja«, so hieß es dann wohl, »unser gutes Kessin! Das muß ich zugeben, es war eigentlich reich an Figuren, obenan Crampas, Major Crampas, ganz Beau und halber Barbarossa, den meine Frau, ich weiß nicht, soll ich sagen unbegreiflicher- oder begreiflicherweise, stark in Affektion genommen hatte...« – »Sagen wir begreiflicherweise«, warf Wüllersdorf ein, »denn ich nehme an, daß er Ressourcenvorstand war und Komödie spielte, Liebhaber oder Bonvivants. Und vielleicht noch mehr, vielleicht war er auch ein Tenor.« Innstetten bestätigte das eine wie das andere, und Effi suchte lachend darauf einzugehen, aber es gelang ihr nur mit Anstrengung, und wenn dann die Gäste gingen und Innstetten sich in sein Zimmer zurückzog, um noch einen Stoß Akten abzuarbeiten, so fühlte sie sich immer aufs neue von den alten Vorstellungen gequält, und es war ihr zu Sinn, als ob ihr ein Schatten nachginge. Solche Beängstigungen blieben ihr auch. Aber sie kamen doch seltener und schwächer, was bei der Art, wie sich ihr Leben gestaltete, nicht wundernehmen konnte. Die Liebe, mit der ihr nicht nur Innstetten, sondern auch fernerstehende Personen begegneten, und nicht zum wenigsten die beinah zärtliche Freundschaft, die die Ministerin, eine selbst noch junge Frau, für sie an den Tag legte – all das ließ die Sorgen und Ängste zurückliegender Tage sich wenigstens mindern, und als ein zweites Jahr ins Land gegangen war und die Kaiserin, bei Gelegenheit einer neuen Stiftung, die »Frau Geheimrätin« mit ausgewählt und in die Zahl der Ehrendamen eingereiht, der alte Kaiser Wilhelm aber auf dem Hofball gnädige, huldvolle Worte an die schöne junge Frau, »von der er schon gehört habe«, gerichtet hatte, da fiel es allmählich von ihr ab. Es war einmal gewesen, aber weit, weit weg, wie auf einem andern Stern, und alles löste sich wie ein Nebelbild und wurde Traum.

[...]

[...] Die Sonne war schon unter, und nur ein toter Widerschein lag noch über den Dächern drüben, als Innstetten wieder zurückkam. Er gab Annie die Hand, fragte, wie's ihr gehe, und ordnete dann an, daß ihm Johanna die Lampe in sein Zimmer bringe. Die Lampe kam auch. In dem grünen Schirm befanden sich halb durchsichtige Ovale mit Photographien, allerlei Bildnisse seiner Frau, die noch in Kessin, damals, als man den Wichertschen »Schritt vom Wege«

Siebenundzwanzig-
stes Kapitel

aufgeführt hatte, für die verschiedenen Mitspielenden angefertigt waren. Innstetten drehte den Schirm langsam von links nach rechts und musterte jedes einzelne Bildnis. Dann ließ er davon ab, öffnete, weil er es schwül fand, die Balkontür und nahm schließlich das Briefpaket wieder zur Hand. Es schien, daß er gleich beim ersten Durchsehen ein paar davon ausgewählt und obenauf gelegt hatte. Diese las er jetzt noch einmal mit halblauter Stimme.

»Sei heute nachmittag wieder in den Dünen, hinter der Mühle. Bei der alten Adermann können wir uns ruhig sprechen, das Haus ist abgelegen genug. Du mußt Dich nicht um alles so bangen. Wir haben *auch* ein Recht. Und wenn Du Dir das eindringlich sagst, wird, denk' ich, alle Furcht von Dir abfallen. Das Leben wäre nicht des Lebens wert, wenn das alles gelten sollte, was zufällig gilt. Alles Beste liegt jenseits davon. Lerne Dich daran freuen.«

». . . Fort, so schreibst Du, Flucht. Unmöglich. Ich kann meine Frau nicht im Stich lassen, zu allem andern auch noch in Not. Es geht nicht, und wir müssen es leicht nehmen, sonst sind wir arm und verloren. Leichtsinn ist das Beste, was wir haben. Alles ist Schicksal. Es hat so sein sollen. Und möchtest Du, daß es anders wäre, daß wir uns nie gesehen hätten?«

Dann kam der dritte Brief.

». . . Sei heute noch einmal an der alten Stelle. Wie sollen meine Tage hier verlaufen ohne Dich! In diesem öden Nest. Ich bin außer mir, und nur darin hast Du recht: es ist die Rettung, und wir müssen schließlich doch die Hand segnen, die diese Trennung über uns verhängt.«

Innstetten hatte die Briefe kaum wieder beiseite geschoben, als draußen die Klingel ging. Gleich danach meldete Johanna: »Geheimrat Wüllersdorf.«

Wüllersdorf trat ein und sah auf den ersten Blick, daß etwas vorgefallen sein müsse.

»Pardon, Wüllersdorf«, empfing ihn Innstetten, »daß ich Sie gebeten habe, noch gleich heute bei mir vorzusprechen. Ich störe niemand gern in seiner Abendruhe, am wenigsten einen geplagten Ministerialrat. Es ging aber nicht anders. Ich bitte Sie, machen Sie sich's bequem. Und hier eine Zigarre.«

Wüllersdorf setzte sich. Innstetten ging wieder auf und ab und wäre bei der ihn verzehrenden Unruhe gern in Bewegung geblieben, sah aber, daß das nicht gehe. So nahm er denn auch seinerseits eine Zigarre, setzte sich Wüllersdorf gegenüber und versuchte ruhig zu sein. »Es ist«, begann er, »um zweier Dinge willen, daß ich Sie habe bitten lassen: erst um eine Forderung zu überbringen und zweitens um hinterher, in der Sache selbst, mein Sekundant zu sein; das eine ist nicht angenehm und das andere noch weniger. Und nun Ihre Antwort.«

»Sie wissen, Innstetten, Sie haben über mich zu verfügen. Aber eh ich die Sache kenne, verzeihen Sie mir die naive Vorfrage: muß es sein? Wir sind doch über die Jahre weg, *Sie*, um die Pistole in die Hand zu nehmen, und *ich*, um dabei mitzumachen. Indessen mißverstehen Sie mich nicht, alles dies soll kein Nein sein. Wie könnte ich Ihnen etwas abschlagen. Aber nun sagen Sie, was ist es?«

»Es handelt sich um einen Galan meiner Frau, der zugleich mein Freund war oder doch beinah.«

Wüllersdorf sah Innstetten an. »Innstetten, das ist nicht möglich.«

»Es ist mehr als möglich, es ist gewiß. Lesen Sie.«

Wüllersdorf flog drüber hin. »Die sind an Ihre Frau gerichtet?«

»Ja. Ich fand sie heut' in ihrem Nähtisch.«

»Und wer hat sie geschrieben?«

»Major Crampas.«

»Also Dinge, die sich abgespielt, als Sie noch in Kessin waren?«

Innstetten nickte.

»Liegt also sechs Jahre zurück oder noch ein halb Jahr länger.«

»Ja.«

Wüllersdorf schwieg. Nach einer Weile sagte Innstetten: »Es sieht fast so aus, Wüllersdorf, als ob die sechs oder sieben Jahre einen Eindruck auf Sie machten. Es gibt eine Verjährungstheorie, natürlich, aber ich weiß doch nicht, ob wir hier einen Fall haben, diese Theorie gelten zu lassen.«

»Ich weiß es auch nicht«, sagte Wüllersdorf. »Und ich bekenne Ihnen offen, um diese Frage scheint sich hier alles zu drehen.«

Innstetten sah ihn groß an. »Sie sagen das in vollem Ernst?«

»In vollem Ernst. Es ist keine Sache, sich in jeu d'esprit oder in dialektischen Spitzfindigkeiten zu versuchen.«

»Ich bin neugierig, wie Sie das meinen. Sagen Sie mir offen, wie stehen Sie dazu?«

»Innstetten, Ihre Lage ist furchtbar, und Ihr Lebensglück ist hin. Aber wenn Sie den Liebhaber totschießen, ist Ihr Lebensglück sozusagen doppelt hin, und zu dem Schmerz über empfangenes Leid kommt noch der Schmerz über getanes Leid. Alles dreht sich um die Frage, müssen Sie's durchaus tun? Fühlen Sie sich so verletzt, beleidigt, empört, daß einer weg muß, er oder Sie? Steht es so?«

»Ich weiß es nicht.«

»Sie müssen es wissen.«

Innstetten war aufgesprungen, trat ans Fenster und tippte voll nervöser Erregung an die Scheiben. Dann wandte er sich rasch wieder, ging auf Wüllersdorf zu und sagte: »Nein, so steht es nicht.«

»Wie steht es denn?«

»Es steht so, daß ich unendlich unglücklich bin; ich bin gekränkt, schändlich hintergangen, aber trotzdem, ich bin ohne jedes Gefühl von Haß oder gar von Durst nach Rache. Und wenn ich mich frage, warum nicht? so kann ich zunächst nichts anderes finden als die Jahre. Man spricht immer von unsühnbarer Schuld; vor Gott ist es gewiß falsch, aber vor den Menschen auch. Ich hätte nie geglaubt, daß die *Zeit*, rein als Zeit, so wirken könne. Und dann als zweites: ich liebe meine Frau, ja, seltsam zu sagen, ich liebe sie noch, und so furchtbar ich alles finde, was geschehen, ich bin so sehr im Bann ihrer Liebenswürdigkeit, eines ihr eignen heiteren Charmes, daß ich mich, mir selbst zum Trotz, in meinem letzten Herzenswinkel zum Verzeihen geneigt fühle.«

Wüllersdorf nickte. »Kann ganz folgen, Innstetten, würde mir vielleicht ebenso gehen. Aber wenn Sie so zu der Sache stehen und mir sagen: ›Ich liebe diese Frau so sehr, daß ich ihr alles verzeihen kann‹, und wenn wir dann das andere hinzunehmen, daß alles weit, weit zurückliegt, wie ein Geschehnis auf einem andern Stern, ja, wenn es so liegt, Innstetten, so frage ich, wozu die ganze Geschichte?«

»Weil es trotzdem sein muß. Ich habe mir's hin und her überlegt. Man ist nicht bloß ein einzelner Mensch, man gehört einem Ganzen an, und auf das Ganze haben wir beständig Rücksicht zu nehmen, wir sind durchaus abhängig von ihm. Ging es, in Einsamkeit zu leben, so könnt' ich es gehen lassen; ich trüge dann die mir aufgepackte Last, das rechte Glück wäre hin, aber es müssen so viele leben ohne dies ›rechte Glück‹, und ich würde es auch müssen und – auch können. Man braucht nicht glücklich zu sein, am allerwenigsten hat man einen Anspruch darauf, und den, der einem das Glück genommen, den braucht man nicht notwendig aus der Welt zu schaffen. Man kann ihn, wenn man weltabgewandt weiterexistieren will, auch laufen lassen. Aber im Zusammemleben mit den Menschen hat sich ein Etwas ausgebildet, das nun mal da ist und nach dessen Paragraphen wir uns gewöhnt haben, alles zu beurteilen, die andern und uns selbst. Und dagegen zu verstoßen geht nicht; die Gesellschaft verachtet uns, und zuletzt tun wir es selbst und können es nicht aushalten und jagen uns die Kugel durch den Kopf. Verzeihen Sie, daß ich Ihnen solche Vorlesung halte, die schließlich doch nur sagt, was sich jeder selber hundertmal gesagt hat. Aber freilich, wer kann was Neues sagen! Also noch einmal, nichts von Haß oder dergleichen, und um eines Glückes willen, das mir genommen wurde, mag ich nicht Blut an den Händen haben; aber jenes, wenn Sie wollen, uns tyrannisierende Gesellschafts-Etwas, das fragt nicht nach Charme und nicht nach Liebe und nicht nach Verjährung. Ich habe keine Wahl. Ich muß.«

»Ich weiß doch nicht, Innstetten . . .«

Innstetten lächelte. »Sie sollen selbst entscheiden, Wüllersdorf. Es ist jetzt zehn Uhr. Vor sechs Stunden, diese Konzession will ich Ihnen vorweg machen, hatt' ich das Spiel noch in der Hand, konnt' ich noch das eine und noch das andere, da war noch ein Ausweg. Jetzt nicht mehr, jetzt stecke ich in einer Sackgasse. Wenn Sie wollen, so bin ich selber schuld daran; ich hätte mich besser beherrschen und bewachen, alles in mir verbergen, alles im eignen Herzen auskämpfen sollen. Aber es kam mir zu plötzlich, zu stark, und so kann ich mir kaum einen Vorwurf machen, meine Nerven nicht geschickter in Ordnung gehalten zu haben. Ich ging zu Ihnen und schrieb Ihnen einen Zettel, und damit war das Spiel aus meiner Hand. Von dem Augenblicke an hatte mein Unglück und, was schwerer wiegt, der Fleck auf meiner Ehre einen halben Mitwisser, und nach den ersten Worten, die wir hier gewechselt, hat es einen ganzen. Und weil dieser Mitwisser da ist, kann ich nicht mehr zurück.«

»Ich weiß doch nicht«, wiederholte Wüllersdorf. »Ich mag nicht gerne zu der alten abgestandenen Phrase greifen, aber doch läßt sich's nicht besser sagen: Innstetten, es ruht alles in mir wie in einem Grabe.«

»Ja, Wüllersdorf, so heißt es immer. Aber es gibt keine Verschwiegenheit. Und wenn Sie's wahr machen und gegen andere die Verschwiegenheit selber sind, so wissen *Sie* es, und es rettet mich nicht vor Ihnen, daß Sie mir eben Ihre Zustimmung ausgedrückt und mir sogar gesagt haben: ich kann Ihnen in allem folgen. Ich bin, und dabei bleibt es, von diesem Augenblicke an ein Gegenstand Ihrer Teilnahme (schon nicht etwas sehr Angenehmes), und jedes Wort, das Sie mich mit meiner Frau wechseln hören, unterliegt Ihrer Kontrolle, Sie mögen wollen oder nicht, und wenn meine Frau von Treue spricht oder, wie Frauen tun, über eine andere zu Gericht sitzt, so weiß ich nicht, wo ich mit meinen Blicken hin soll. Und ereignet sich's gar, daß ich in irgendeiner ganz alltäglichen Beleidigungssache zum Guten rede, ›weil ja der dolus* fehle‹ oder so was Ähnliches, so geht ein Lächeln über Ihr Gesicht, oder es zuckt wenigstens darin, und in Ihrer Seele klingt es: ›der gute Innstetten, er hat doch eine wahre Passion, alle Beleidigungen auf ihren Beleidigungsgehalt chemisch zu untersuchen, und das richtige Quantum Stickstoff findet er nie. Er ist noch nie an einer Sache erstickt‹ . . . Habe ich recht, Wüllersdorf, oder nicht?«

* *Absicht, jemand zu schaden*

Wüllersdorf war aufgestanden. »Ich finde es furchtbar, daß Sie recht haben, aber Sie *haben* recht. Ich quäle Sie nicht länger mit meinem ›Muß es sein?‹ Die Welt ist einmal wie sie ist, und die Dinge verlaufen nicht, wie wir wollen, sondern wie die *andern* wollen. Das mit dem ›Gottesgericht‹, wie manche hochtrabend versichern, ist freilich ein Unsinn, nichts davon, umgekehrt, unser Ehrenkultus ist ein Götzendienst, aber wir müssen uns ihm unterwerfen, solange der Götze gilt.«

Innstetten nickte.

Sie blieben noch eine Viertelstunde miteinander, und es wurde festgestellt, Wüllersdorf solle noch denselben Abend abreisen. Ein Nachtzug ging um zwölf.

Dann trennten sie sich mit einem kurzen: »Auf Wiedersehen in Kessin.«

Achtundzwanzigstes Kapitel

Am andern Abend, wie verabredet, reiste Innstetten. Er benutzte denselben Zug, den am Tage vorher Wüllersdorf benutzt hatte und war bald nach fünf Uhr früh auf der Bahnstation, von wo der Weg nach Kessin links abzweigte. Wie immer, so lange die Saison dauerte, ging auch heute, gleich nach Eintreffen des Zuges das mehrerwähnte Dampfschiff, dessen erstes Läuten Innstetten schon hörte, als er die letzten Stufen der vom Bahndamm hinabführenden Treppe erreicht hatte. Der Weg bis zur Anlegestelle war keine drei Minuten; er schritt darauf zu und begrüßte den Kapitän, der etwas verlegen war, also im Laufe des gestrigen Tages von der ganzen Sache schon gehört haben mußte, und nahm dann seinen Platz in der Nähe des Steuers. Gleich danach löste sich das Schiff vom Brückensteg los; das Wetter war herrlich, helle Morgensonne, nur wenig Passagiere an Bord. Innstetten gedachte des Tages, als er, mit Effi von der Hochzeitsreise zurückkehrend, hier am Ufer der Kessine hin in offenem Wagen gefahren war, – ein grauer Novembertag damals, aber er selber froh im Herzen; nun hatte sich's verkehrt: das Licht lag draußen, und der Novembertag war in ihm. Viele, viele Male war er dann des Weges hier gekommen, und der Frieden, der sich über die Felder breitete, das Zuchtvieh in den Koppeln, das aufhorchte, wenn er vorüberfuhr, die Leute bei der Arbeit, die Fruchtbarkeit der Äcker, das alles hatte seinem Sinne wohlgetan, und jetzt, in hartem Gegensatz dazu, war er froh, als etwas Gewölk heranzog und den lachenden blauen Himmel leise zu trüben begann. So fuhren sie den Fluß hinab, und bald nachdem sie die prächtige Wasserfläche des »Breitling« passiert, kam der Kessiner Kirchturm in Sicht und gleich danach auch das Bollwerk und die lange Häuserreihe mit Schiffen und Booten davor. Und nun waren sie heran. Innstetten verabschiedete sich von dem Kapitän und schritt auf den Steg zu, den man, bequemeren Aussteigens halber, herangerollt hatte. Wüllersdorf war schon da. Beide begrüßten sich, ohne zunächst ein Wort zu sprechen, und gingen dann, quer über den Damm, auf den Hoppensackschen Gasthof zu, wo sie unter einem Zeltdach Platz nahmen.

»Ich habe mich gestern früh hier einquartiert«, sagte Wüllersdorf, der nicht gleich mit den Sachlichkeiten beginnen wollte. »Wenn man bedenkt, daß Kessin ein Nest ist, ist es erstaunlich, ein so gutes Hotel hier zu finden. Ich bezweifle nicht, daß mein Freund, der Oberkellner, drei Sprachen spricht; seinem Scheitel und seiner ausgeschnittnen Weste nach können wir dreist auf vier rechnen... Jean, bitte, wollen Sie uns Kaffee und Cognak bringen.«

Innstetten begriff vollkommen, warum Wüllersdorf diesen Ton anschlug, war auch damit einverstanden, konnte aber seiner Unruhe nicht ganz Herr werden und zog unwillkürlich die Uhr.

»Wir haben Zeit«, sagte Wüllersdorf. »Noch anderthalb Stunden oder doch beinah. Ich habe den Wagen auf acht ein viertel bestellt; wir fahren nicht länger als zehn Minuten.«

»Und wo?«

»Crampas schlug erst ein Waldeck vor, gleich hinter dem Kirchhof. Aber dann unterbrach er sich und sagte: ›Nein, da nicht.‹ Und dann haben wir uns über eine Stelle zwischen den Dünen geeinigt. Hart am Strand; die vorderste Düne hat einen Einschnitt, und man sieht aufs Meer.«

Innstetten lächelte. »Crampas scheint sich einen Schönheitspunkt ausgesucht zu haben. Er hatte immer die Allüren dazu. Wie benahm er sich?«

»Wundervoll.«

»Übermütig? frivol?«

»Nicht das eine und nicht das andere. Ich bekenne Ihnen offen, Innstetten, daß es mich erschütterte. Als ich Ihren Namen nannte, wurde er totenblaß und rang nach Fassung, und um seine Mundwinkel sah ich ein Zittern. Aber all das dauerte nur einen Augenblick, dann hatte er sich wieder gefaßt, und von da ab war alles an ihm wehmütige Resignation. Es ist mir ganz sicher, er hat das Gefühl, aus der Sache nicht heil herauszukommen, und will auch nicht. Wenn ich ihn richtig beurteile, er lebt gern und ist zugleich gleichgültig gegen das Leben. Er nimmt alles mit und weiß doch, daß es nicht viel damit ist.«

»Wer wird ihm sekundieren? Oder sag' ich lieber, wen wird er mitbringen?«

»Das war, als er sich wieder gefunden hatte, seine Hauptsorge. Er nannte zwei, drei Adlige aus der Nähe, ließ sie dann aber wieder fallen, sie seien zu alt und zu fromm, er werde nach Treptow hin telegraphieren an seinen Freund Buddenbrook. Und der ist auch gekommen, famoser Mann, schneidig und doch zugleich wie ein Kind. Er konnte sich nicht beruhigen und ging in größter Erregung auf und ab. Aber als ich ihm alles gesagt hatte, sagte er gerade so wie wir: ›Sie haben recht, es muß sein!‹«

Der Kaffee kam. Man nahm eine Zigarre, und Wüllersdorf war wieder darauf aus, das Gespräch auf mehr gleichgültige Dinge zu lenken.

»Ich wundere mich, daß keiner von den Kessinern sich einfindet, Sie zu begrüßen. Ich weiß doch, daß Sie sehr beliebt gewesen sind. Und nun gar Ihr Freund Gieshübler . . .«

Innstetten lächelte. »Da verkennen Sie die Leute hier an der Küste; halb sind es Philister und halb Pfiffici, nicht sehr nach meinem Geschmack; aber eine Tugend haben sie, sie sind alle sehr manierlich. Und nun gar mein alter Gieshübler. Natürlich weiß jeder, um was sich's handelt; aber eben deshalb hütet man sich, den Neugierigen zu spielen.«

In diesem Augenblicke wurde von links her ein zurückgeschlagener Chaisewagen sichtbar, der, weil es noch vor der bestimmten Zeit war, langsam herankam.

»Ist das unsrer?« fragte Innstetten.

»Mutmaßlich.«

Und gleich danach hielt der Wagen vor dem Hotel, und Innstetten und Wüllersdorf erhoben sich.

Wüllersdorf trat an den Kutscher heran und sagte: »Nach der Mole.«

Die Mole lag nach der entgegengesetzten Strandseite, rechts statt links, und die falsche Weisung wurde nur gegeben, um etwaigen Zwischenfällen, die doch immerhin möglich waren, vorzubeugen. Im übrigen, ob man sich nun weiter draußen nach rechts oder links zu halten vorhatte, durch die Plantage mußte man jedenfalls, und so führte denn der Weg unvermeidlich an Innstettens alter Wohnung vorüber. Das Haus lag noch stiller da als früher; ziemlich vernachlässigt sah's in den Parterreräumen aus; wie mocht' es erst da oben sein! Und das Gefühl des Unheimlichen, das Innstetten an Effi so oft bekämpft oder auch wohl belächelt hatte, jetzt überkam es ihn selbst, und er war froh, als sie dran vorüber waren.

»Da hab' ich gewohnt«, sagte er zu Wüllersdorf.

»Es sieht sonderbar aus, etwas öd und verlassen.«

»Mag auch wohl. In der Stadt galt es als ein Spukhaus, und wie's heute daliegt, kann ich den Leuten nicht unrecht geben.«

»Was war es denn damit?«

»Ach, dummes Zeug: alter Schiffskapitän mit Enkelin oder Nichte, die eines schönen Tages verschwand, und dann ein Chinese, der vielleicht ein Liebhaber war, und auf dem Flur ein kleiner Haifisch und ein Krokodil, beides an Strippen und immer in Bewegung. Wundervoll zu erzählen, aber nicht jetzt. Es spukt einem doch allerhand anderes im Kopf.«

»Sie vergessen, es kann auch alles glatt ablaufen.«

»Darf nicht. Und vorhin, Wüllersdorf, als Sie von Crampas sprachen, sprachen Sie selber anders davon.«

Bald danach hatte man die Plantage passiert, und der Kutscher wollte jetzt rechts einbiegen auf die Mole zu. »Fahren Sie lieber links. Das mit der Mole kann nachher kommen.«

Und der Kutscher bog links in eine breite Fahrstraße ein, die hinter dem Herrenbade gerad auf den Wald zulief. Als sie bis auf dreihundert Schritt an diesen heran waren, ließ Wüllersdorf den Wagen halten, und beide gingen nun, immer durch mahlenden Sand hin, eine ziemlich breite Fahrstraße hinunter, die die hier dreifache Dünenreihe senkrecht durchschnitt. Überall zur Seite standen dichte Büschel von Strandhafer, um diesen herum aber Immortellen und ein paar blutrote Nelken. Innstetten bückte sich und steckte sich eine der Nelken ins Knopfloch »Die Immortellen nachher.«

So gingen sie fünf Minuten. Als sie bis an die ziemlich tiefe Senkung gekommen waren, die zwischen den beiden vordersten Dünenreihen hinlief, sahen sie, nach links hin, schon die Gegenpartei: Crampas und Buddenbrook und mit ihnen den guten Doktor Hannemann, der seinen Hut in der Hand hielt, so daß das weiße Haar im Winde flatterte.

Innstetten und Wüllersdorf gingen die Sandschlucht hinauf, Buddenbrook kam ihnen entgegen. Man begrüßte sich, worauf beide Sekundanten beiseite traten, um noch ein kurzes sachliches Gespräch zu führen. Es lief darauf hinaus, daß man a tempo avancieren und auf zehn Schritt Distance feuern solle. Dann kehrte Buddenbrook an seinen Platz zurück; alles erledigte sich rasch; und die Schüsse fielen. Crampas stürzte.

Innstetten, einige Schritt zurücktretend, wandte sich ab von der Szene. Wüllersdorf aber war auf Buddenbrook zugeschritten, und beide warteten jetzt auf den Ausspruch des Doktors, der die Achseln zuckte. Zugleich deutete Crampas durch eine Handbewegung an, daß er etwas sagen wollte. Wüllersdorf beugte sich zu ihm nieder, nickte zustimmend zu den paar Worten, die kaum hörbar von des Sterbenden Lippen kamen, und ging dann auf Innstetten zu.

»Crampas will Sie noch sprechen, Innstetten. Sie müssen ihm zu Willen sein. Er hat keine drei Minuten Leben mehr.«

Innstetten trat an Crampas heran.

»Wollen Sie . . .« das waren seine letzten Worte.

Noch ein schmerzlicher und doch beinah freundlicher Schimmer in seinem Antlitz, und dann war es vorbei.

Dreißigstes Kapitel    Effi und die Geheimrätin Zwicker waren seit fast drei Wochen in Ems und bewohnten daselbst das Erdgeschoß einer reizenden kleinen Villa. In ihrem zwischen ihren zwei Wohnzimmern gelegenen gemeinschaftlichen Salon mit Blick auf den Garten stand ein Palisanderflügel, auf dem Effi dann und wann eine Sonate, die Zwicker dann und wann einen Walzer spielte; sie war ganz unmusikalisch und beschränkte sich im wesentlichen darauf, für Niemann als Tannhäuser zu schwärmen.

Es war ein herrlicher Morgen; in dem kleinen Garten zwitscherten die Vögel, und aus dem angrenzenden Hause, drin sich ein »Lokal« befand, hörte man, trotz der frühen Stunde, bereits das Zusammenschlagen der Billardbälle. Beide Damen hatten ihr Frühstück nicht im Salon selbst, sondern auf einem ein paar Fuß hoch aufgemauerten und mit Kies bestreuten Vorplatz eingenommen, von dem aus drei Stufen nach dem Garten hinunterführten; die Marquise, ihnen zu Häupten, war aufgezogen, um den Genuß der frischen Luft in nichts zu beschränken, und sowohl Effi wie die Geheimrätin waren ziemlich emsig bei ihrer Handarbeit. Nur dann und wann wurden ein paar Worte gewechselt.

»Ich begreife nicht«, sagte Effi, »daß ich schon seit vier Tagen keinen Brief habe; er schreibt sonst täglich. Ob Annie krank ist? Oder er selbst?«

Die Zwicker lächelte: »Sie werden erfahren, liebe Freundin, daß er gesund ist, ganz gesund.«

Effi fühlte sich durch den Ton, in dem dies gesagt wurde, wenig angenehm berührt und schien antworten zu wollen, aber in ebendiesem Augenblicke trat das aus der Umgegend von Bonn stammende Hausmädchen, das sich von Jugend an daran gewöhnt hatte, die mannigfachsten Erscheinungen des Lebens an Bonner Studenten und Bonner Husaren zu messen, vom Salon her auf den Vorplatz hinaus, um hier den Frühstückstisch abzuräumen. Sie hieß Afra.

»Afra«, sagte Effi, »es muß doch schon neun sein; war der Postbote noch nicht da?«

»Nein, noch nicht, gnäd'ge Frau.«

»Woran liegt es?«

»Natürlich an dem Postboten; er ist aus dem Siegenschen und hat keinen Schneid. Ich hab's ihm auch schon gesagt, das sei die ›reine Lodderei‹. Und wie ihm das Haar sitzt; ich glaube, er weiß gar nicht, was ein Scheitel ist.«

»Afra, Sie sind mal wieder zu streng. Denken Sie doch: Postbote, und so tagaus, tagein bei der ewigen Hitze...«

»Ist schon recht, gnäd'ge Frau. Aber es gibt doch andere, die zwingen's; wo's drin steckt, da geht es auch.« Und während sie noch so sprach, nahm sie das Tablett geschickt auf ihre fünf Fingerspitzen und stieg die Stufen hinunter, um durch den Garten hin den näheren Weg in die Küche zu nehmen.

»Eine hübsche Person«, sagte die Zwicker. »Und so quick und kasch, und ich möchte fast sagen von einer natürlichen Anmut. Wissen Sie, liebe Baronin, daß mich diese Afra ... übrigens ein wundervoller Name, und es soll sogar eine heilige Afra gegeben haben, aber ich glaube nicht, daß unsere davon abstammt...«

»Und nun, liebe Geheimrätin, vertiefen Sie sich wieder in Ihr Nebenthema, das diesmal Afra heißt, und vergessen darüber ganz, was Sie eigentlich sagen wollten...«

»Doch nicht, liebe Freundin, oder ich finde mich wenigstens wieder zurück. Ich wollte sagen, daß mich diese Afra ganz ungemein an die stattliche Person erinnert, die ich in Ihrem Hause...«

»Ja, Sie haben recht. Es ist eine Ähnlichkeit da. Nur unser Berliner Hausmädchen ist doch erheblich hübscher und namentlich ihr Haar viel schöner und voller. Ich habe so schönes flachsenes Haar, wie unsere Johanna hat, überhaupt noch nicht gesehen. Ein bißchen davon sieht man ja wohl, aber solche Fülle...«

Die Zwicker lächelte. »Das ist wirklich selten, daß man eine junge Frau mit solcher Begeisterung von dem flachsenen Haar ihres

Hausmädchens sprechen hört. Und nun auch noch von der Fülle!
Wissen Sie, daß ich das rührend finde? Denn eigentlich ist man doch
bei der Wahl der Mädchen in einer beständigen Verlegenheit.
Hübsch sollen sie sein, weil es jeden Besucher, wenigstens die
Männer, stört, eine lange Stakete mit griesem Teint und schwarzen
Rändern in der Türöffnung erscheinen zu sehen, und ein wahres
Glück, daß die Korridore meistens so dunkel sind. Aber nimmt man
wieder zuviel Rücksicht auf solche Hausrepräsentation und den
sogenannten ersten Eindruck und schenkt man wohl gar noch einer
solchen hübschen Person eine weiße Tändelschürze nach der
andern, so hat man eigentlich keine ruhige Stunde mehr und fragt
sich, wenn man nicht *zu* eitel ist und nicht *zu* viel Vertrauen zu sich
selber hat, ob da nicht Remedur* geschaffen werden müsse.
Remedur war nämlich ein Lieblingswort von Zwicker, womit er
mich oft gelangweilt hat; aber freilich, alle Geheimräte haben solche
Lieblingsworte.«

Effi hörte mit sehr geteilten Empfindungen zu. Wenn die Geheimrätin nur ein bißchen anders gewesen wäre, so hätte dies alles
reizend sein können, aber da sie nun mal war wie sie war, so fühlte
sich Effi wenig angenehm von dem berührt, was sie sonst vielleicht
einfach erheitert hätte.

»Das ist schon recht, liebe Freundin, was Sie da von den
Geheimräten sagen. Innstetten hat sich auch dergleichen ange-
wöhnt, lacht aber immer, wenn ich ihn daraufhin ansehe und
entschuldigt sich hinterher wegen der Aktenausdrücke. Ihr Herr
Gemahl war freilich schon länger im Dienst und überhaupt wohl
älter...«

»Um ein geringes«, sagte die Geheimrätin spitz und ablehnend.

»Und alles in allem kann ich mich in Befürchtungen, wie Sie sie
aussprechen, nicht recht zurechtfinden. Das, was man gute Sitte
nennt, ist doch immer noch eine Macht...«

»Meinen Sie?«

»... Und ich kann mir namentlich nicht denken, daß es gerade
Ihnen, liebe Freundin, beschieden gewesen sein sollte, solche
Sorgen und Befürchtungen durchzumachen. Sie haben, Verzeihung,
daß ich diesen Punkt hier so offen berühre, gerade das, was die
Männer einen ›Charme‹ nennen, Sie sind heiter, fesselnd, anregend
und, wenn es nicht indiskret ist, so möcht' ich angesichts dieser
Ihrer Vorzüge wohl fragen dürfen, stützt sich das, was Sie da sagen,
auf allerlei Schmerzliches, das Sie persönlich erlebt haben?«

»Schmerzliches?« sagte die Zwicker. »Ach, meine liebe, gnädigste
Frau, Schmerzliches, das ist ein zu großes Wort, auch dann noch,
wenn man vielleicht wirklich manches erlebt hat. Schmerzlich ist

einfach zuviel, viel zuviel. Und dann hat man doch schließlich auch seine Hilfsmittel und Gegenkräfte. Sie dürfen dergleichen nicht zu tragisch nehmen.«

»Ich kann mir keine rechte Vorstellung von dem machen, was Sie anzudeuten belieben. Nicht, als ob ich nicht wüßte, was Sünde sei, das weiß ich auch; aber es ist doch ein Unterschied, ob man so hineingerät in allerlei schlechte Gedanken oder ob einem derlei Dinge zur halben oder auch wohl zur ganzen Lebensgewohnheit werden. Und nun gar im eigenen Hause ...«

»Davon will ich nicht sprechen, das will ich nicht so direkt gesagt haben, obwohl ich, offen gestanden, auch nach dieser Seite hin voller Mißtrauen bin, oder, wie ich jetzt sagen muß, war; denn es liegt ja alles zurück. Aber da gibt es Außengebiete. Haben Sie von Landpartien gehört?«

»Gewiß. Und ich wollte wohl, Innstetten hätte mehr Sinn dafür ...«

»Überlegen Sie sich das, liebe Freundin. Zwicker saß immer in Saatwinkel. Ich kann Ihnen nur sagen, wenn ich das Wort höre, gibt es mir noch jetzt einen Stich ins Herz. Überhaupt diese Vergnügungsörter in der Umgegend unseres lieben, alten Berlin! Denn ich liebe Berlin trotz alledem. Aber schon die bloßen Namen der dabei in Frage kommenden Ortschaften umschließen eine Welt von Angst und Sorge. Sie lächeln. Und doch, sagen Sie selbst, liebe Freundin, was können Sie von einer großen Stadt und ihren Sittlichkeitszuständen erwarten, wenn Sie beinah unmittelbar vor den Toren derselben (denn zwischen Charlottenburg und Berlin ist kein rechter Unterschied mehr), auf kaum tausend Schritte zusammengedrängt, einem Pichelsberg, einem Pichelsdorf und einem Pichelswerder begegnen. Dreimal Pichel ist zuviel. Sie können die ganze Welt absuchen, das finden Sie nicht wieder.«

Effi nickte.

»Und das alles«, fuhr die Zwicker fort, »geschieht am grünen Holze der Havelseite. Das alles liegt nach Westen zu, da haben Sie Kultur und höhere Gesittung. Aber nun gehen Sie, meine Gnädigste, nach der andern Seite hin, die Spree hinauf. Ich spreche nicht von Treptow und Stralau, das sind Bagatellen, Harmlosigkeiten, aber wenn Sie die Spezialkarte zur Hand nehmen wollen, da begegnen Sie neben mindestens sonderbaren Namen wie Kiekebusch, wie Wuhlheide ... Sie hätten hören sollen, wie Zwicker das Wort aussprach ... Namen von geradezu brutalem Charakter, mit denen ich Ihr Ohr nicht verletzen will. Aber natürlich sind das gerade die Plätze, die bevorzugt werden. Ich hasse diese Landpartien, die sich das Volksgemüt als eine Kremserpartie mit ›Ich bin ein Preuße‹ vorstellt, in Wahrheit aber schlummern hier die Keime einer sozialen Revolution. Wenn ich sage ›soziale Revolution‹, so meine ich natürlich moralische Revolution, alles andere ist bereits wieder überholt, und schon Zwicker sagte mir noch in seinen letzten Tagen: ›Glaube mir, Sophie, Saturn frißt seine Kinder.‹ Und Zwicker, welche Mängel und Gebrechen er haben mochte, das bin ich ihm schuldig, er war ein philosophischer Kopf und hatte ein natürliches Gefühl für historische Entwicklung... Aber ich sehe, meine liebe Frau von Innstetten, so artig sie sonst ist, hört nur noch mit halbem Ohr zu; natürlich, der Postbote hat sich drüben blicken lassen, und da fliegt denn das Herz hinüber und nimmt die Liebesworte vorweg aus dem Briefe heraus... Nun, Böselager, was bringen Sie?«

Der Angeredete war mittlerweile bis an den Tisch herangetreten und packte aus: mehrere Zeitungen, zwei Friseuranzeigen und zuletzt auch einen großen, eingeschriebenen Brief an Frau Baronin von Innstetten, geb. von Briest.

Die Empfängerin unterschrieb, und nun ging der Postbote wieder. Die Zwicker aber überflog die Friseuranzeigen und lachte über die Preisermäßigung von Shampooing.

Effi hörte nicht hin; sie drehte den ihrerseits empfangenen Brief zwischen den Fingern und hatte eine ihr unerklärliche Scheu, ihn zu öffnen. Eingeschrieben und mit zwei großen Siegeln gesiegelt und ein dickes Kuvert. Was bedeutete das? Poststempel: »Hohen-Cremmen«, und die Adresse von der Handschrift der Mutter. Von Innstetten, es war der fünfte Tag, keine Zeile.

Sie nahm eine Stickschere mit Perlmuttergriff und schnitt die Längsseite des Briefes langsam auf. Und nun harrte ihrer eine neue Überraschung. Der Briefbogen, ja das waren eng geschriebene Zeilen von der Mama, darin eingelegt aber waren Geldscheine mit einem breiten Papierstreifen drum herum, auf dem mit Rotstift, und zwar von des Vaters Hand, der Betrag der eingelegten Summe verzeichnet war. Sie schob das Konvolut zurück und begann zu lesen, während sie sich in den Schaukelstuhl zurücklehnte. Aber sie kam nicht weit, die Zeilen entfielen ihr, und aus ihrem Gesicht war alles Blut fort. Dann bückte sie sich und nahm den Brief wieder auf.

»Was ist Ihnen, liebe Freundin? Schlechte Nachrichten?«

Effi nickte, gab aber weiter keine Antwort und bat nur, ihr ein Glas Wasser reichen zu wollen. Als sie getrunken, sagte sie: »Es wird vorübergehen, liebe Geheimrätin, aber ich möchte mich doch einen Augenblick zurückziehen... Wenn Sie mir Afra schicken könnten.«

Und nun erhob sie sich und trat in den Salon zurück, wo sie sichtlich froh war, einen Halt gewinnen und sich an dem Palisanderflügel entlang fühlen zu können. So kam sie bis an ihr nach rechts hin gelegenes Zimmer, und als sie hier, tappend und suchend, die Tür geöffnet und das Bett an der Wand gegenüber erreicht hatte, brach sie ohnmächtig zusammen.

Minuten vergingen. Als Effi sich wieder erholt hatte, setzte sie sich auf einen am Fenster stehenden Stuhl und sah auf die stille Straße hinaus. Wenn da doch Lärm und Streit gewesen wäre; aber nur der Sonnenschein lag auf dem chaussierten Wege und dazwischen die Schatten, die das Gitter und die Bäume warfen. Das Gefühl des Alleinseins in der Welt überkam sie mit seiner ganzen Schwere. Vor einer Stunde noch eine glückliche Frau, Liebling aller, die sie kannten, und nun ausgestoßen. Sie hatte nur erst den Anfang des Briefes gelesen, aber genug, um ihre Lage klar vor Augen zu haben. Wohin? Sie hatte keine Antwort darauf, und doch war sie voll tiefer Sehnsucht, aus dem herauszukommen, was sie hier umgab, also fort von dieser Geheimrätin, der das alles bloß ein »interessanter Fall« war, und deren Teilnahme, wenn etwas davon existierte, sicher an das Maß ihrer Neugier nicht heranreichte.

»Wohin?«

Auf dem Tische vor ihr lag der Brief; aber ihr fehlte der Mut, weiterzulesen. Endlich sagte sie: »Wovor bange ich mich noch? Was kann noch gesagt werden, das ich mir nicht schon selber sagte? Der, um den all dies kam, ist tot, eine Rückkehr in mein Haus gibt es nicht, in ein paar Wochen wird die Scheidung ausgesprochen sein, und das Kind wird man dem Vater lassen. Natürlich. Ich bin schuldig, und eine Schuldige kann ihr Kind nicht erziehen. Und wovon auch? Mich selbst werde ich wohl durchbringen. Ich will sehen, was die Mama darüber schreibt, wie sie sich mein Leben denkt.«

Und unter diesen Worten nahm sie den Brief wieder, um auch den Schluß zu lesen.

»...Und nun Deine Zukunft, meine liebe Effi. Du wirst Dich auf Dich selbst stellen müssen und darfst dabei, soweit äußere Mittel mitsprechen, unserer Unterstützung sicher sein. Du wirst am besten in Berlin leben (in einer großen Stadt vertut sich dergleichen am besten) und wirst da zu den vielen gehören, die sich um freie Luft und lichte Sonne gebracht haben. Du wirst einsam leben, und wenn Du das nicht willst, wahrscheinlich aus Deiner Sphäre herabsteigen müssen. Die Welt, in der Du gelebt hast, wird Dir verschlossen sein. Und was das Traurigste für uns und für Dich ist (auch für Dich, wie wir Dich zu kennen vermeinen) – auch das elterliche Haus wird Dir verschlossen sein; wir können Dir keinen stillen Platz in Hohen-Cremmen anbieten, keine Zuflucht in unserem Hause, denn es hieße das, dies Haus von aller Welt abschließen, und das zu tun sind wir entschieden nicht geneigt. Nicht weil wir zu sehr an der Welt hingen und ein Abschiednehmen von dem, was sich ›Gesellschaft‹ nennt, uns als etwas unbedingt Unerträgliches erschiene; nein, *nicht* deshalb, sondern einfach, weil wir Farbe bekennen und vor aller Welt, ich kann Dir das Wort nicht ersparen, unsere Verurteilung Deines Tuns, des Tuns unseres einzigen und von uns so sehr geliebten Kindes, aussprechen wollen...«

Effi konnte nicht weiterlesen; ihre Augen füllten sich mit Tränen, und nachdem sie vergeblich dagegen angekämpft hatte, brach sie zuletzt in ein heftiges Schluchzen und Weinen aus, darin sich ihr Herz erleichterte.

| Zweiunddreißig-stes Kapitel | [...] |

Damit brach das Gespräch ab und wurde auch nicht wieder aufgenommen. Aber Effi, wenn sie's auch vermied, gerade über Annie mit Roswitha zu sprechen, konnte die Begegnung in ihrem Herzen doch nicht verwinden und litt unter der Vorstellung, vor ihrem eigenen Kinde geflohen zu sein. Es quälte sie bis zur Beschämung, und das Verlangen nach einer Begegnung mit Annie steigerte sich bis zum Krankhaften. An Innstetten schreiben und ihn darum bitten, das war nicht möglich. Ihrer Schuld war sie sich wohl bewußt, ja, sie nährte das Gefühl davon mit einer halb leidenschaftlichen Geflissentlichkeit; aber inmitten ihres Schuldbewußtseins fühlte sie sich andererseits auch von einer gewissen Auflehnung gegen Innstetten erfüllt. Sie sagte sich: er hatte recht und noch einmal und noch einmal, und zuletzt hatte er doch unrecht. Alles Geschehene lag so weit zurück, ein neues Leben hatte begonnen, – er hätte es können verbluten lassen, statt dessen verblutete der arme Crampas.

Nein, an Innstetten schreiben, das ging nicht; aber Annie wollte sie sehen und sprechen und an ihr Herz drücken, und nachdem sie's tagelang überlegt hatte, stand ihr fest, wie's am besten zu machen sei.

Gleich am andern Vormittage kleidete sie sich sorgfältig in ein dezentes Schwarz und ging auf die Linden zu, sich hier bei der Ministerin melden zu lassen. Sie schickte ihre Karte hinein, auf der nur stand: Effi von Innstetten geb. von Briest. Alles andere war fortgelassen, auch die Baronin. »Exzellenz lassen bitten«, und Effi folgte dem Diener bis in ein Vorzimmer, wo sie sich niederließ und trotz der Erregung, in der sie sich befand, den Bilderschmuck an den Wänden musterte. Da war zunächst Guido Renis Aurora, gegenüber aber hingen englische Kupferstiche, Stiche nach Benjamin West, in der bekannten Aquatinta-Manier von viel Licht und Schatten. Eines der Bilder war König Lear im Unwetter auf der Heide.

Effi hatte ihre Musterung kaum beendet, als die Tür des angrenzenden Zimmers sich öffnete und eine große, schlanke Dame von einem sofort für sie einnehmenden Ausdruck auf die Bittstellerin zutrat und ihr die Hand reichte. »Meine liebe, gnädigste Frau«, sagte sie, »welche Freude für mich, Sie wiederzusehen . . .«

Und während sie das sagte, schritt sie auf das Sofa zu und zog Effi, während sie selber Platz nahm, zu sich nieder.

Effi war bewegt durch die sich in allem aussprechende Herzensgüte. Keine Spur von Überheblichkeit oder Vorwurf, nur menschlich schöne Teilnahme. »Womit kann ich Ihnen dienen?« nahm die Ministerin noch einmal das Wort.

Um Effis Mund zuckte es. Endlich sagte sie: »Was mich herführt, ist eine Bitte, deren Erfüllung Exzellenz vielleicht möglich machen. Ich habe eine zehnjährige Tochter, die ich seit drei Jahren nicht gesehen habe und gern wiedersehen möchte.«

Die Ministerin nahm Effis Hand und sah sie freundlich an.

»Wenn ich sage, in drei Jahren nicht gesehen, so ist das nicht ganz richtig. Vor drei Tagen habe ich sie wiedergesehen.« Und nun schilderte Effi mit großer Lebendigkeit die Begegnung, die sie mit Annie gehabt hatte. »Vor meinem eigenen Kinde auf der Flucht. Ich weiß wohl, man liegt, wie man sich bettet, und ich will nichts ändern in meinem Leben. Wie es ist, so ist es recht; ich habe es nicht anders gewollt. Aber das mit dem Kinde, das ist doch zu hart, und so habe ich denn den Wunsch, es dann und wann sehen zu dürfen, nicht heimlich und verstohlen, sondern mit Wissen und Zustimmung aller Beteiligten.«

»Unter Wissen und Zustimmung aller Beteiligten«, wiederholte die Ministerin Effis Worte. »Das heißt also unter Zustimmung Ihres Herrn Gemahls. Ich sehe, daß seine Erziehung dahin geht, das Kind von der Mutter fernzuhalten, ein Verfahren, über das ich mir kein Urteil erlaube. Vielleicht, daß er recht hat; verzeihen Sie mir diese Bemerkung, gnädige Frau.«

Effi nickte.

»Sie finden sich selbst in der Haltung Ihres Herrn Gemahls zurecht und verlangen nur, daß einem natürlichen Gefühle, wohl dem schönsten unserer Gefühle (wenigstens wir Frauen werden uns darin finden), sein Recht werde. Treff' ich es darin?«

»In allem.«

»Und so soll ich denn die Erlaubnis zu gelegentlichen Begegnungen erwirken, in Ihrem Hause, wo Sie versuchen können, sich das Herz Ihres Kindes zurückzuerobern.«

Effi drückte noch einmal ihre Zustimmung aus, während die Ministerin fortfuhr: »Ich werde also tun, meine gnädigste Frau, was ich tun kann. Aber wir werden es nicht eben leicht haben. Ihr Herr Gemahl, verzeihen Sie, daß ich ihn nach wie vor so nenne, ist ein Mann, der nicht nach Stimmungen und Laune, sondern nach Grundsätzen handelt und diese fallen zu lassen oder auch nur momentan aufzugeben, wird ihm hart ankommen. Läg' es nicht so, so wäre seine Handlungs- und Erziehungsweise längst eine andere gewesen. Das, was hart für Ihr Herz ist, hält er für richtig.«

»So meinen Exzellenz vielleicht, es wäre besser, meine Bitte zurückzunehmen?«

»Doch nicht. Ich wollte nur das Tun Ihres Herrn Gemahls erklären, um nicht zu sagen rechtfertigen, und wollte zugleich die Schwierigkeiten andeuten, auf die wir aller Wahrscheinlichkeit nach stoßen werden. Aber ich denke, wir zwingen es trotzdem. Denn wir Frauen, wenn wir's klug einleiten und den Bogen nicht überspannen, wissen mancherlei durchzusetzen. Zudem gehört Ihr Herr Gemahl zu meinen besonderen Verehrern, und er wird mir eine Bitte, die ich an ihn richte, nicht wohl abschlagen. Wir haben morgen einen kleinen Zirkel, auf dem ich ihn sehe, und übermorgen früh haben Sie ein paar Zeilen von mir, die Ihnen sagen werden, ob ich's klug, das heißt glücklich eingeleitet oder nicht. Ich denke, wir siegen in der Sache, und Sie werden Ihr Kind wiedersehen und sich seiner freuen. Es soll ein sehr schönes Mädchen sein. Nicht zu verwundern.«

**Dreiunddreißigstes Kapitel**

Am zweitfolgenden Tage trafen, wie versprochen, einige Zeilen ein und Effi las: »Es freut mich, liebe gnädige Frau, Ihnen gute Nachricht geben zu können. Alles ging nach Wunsch; Ihr Herr Gemahl ist zu sehr Mann von Welt, um einer Dame eine von ihr vorgetragene Bitte abschlagen zu können; zugleich aber – auch *das* darf ich Ihnen nicht verschweigen –, ich sah deutlich, daß sein ›Ja‹ nicht dem entsprach, was er für klug und recht hält. Aber kritteln wir nicht, wo wir uns freuen sollen. Ihre Annie, so haben wir es verabredet, wird über Mittag kommen, und ein guter Stern stehe über Ihrem Wiedersehen.«

Es war mit der zweiten Post, daß Effi diese Zeilen empfing, und bis zu Annies Erscheinen waren mutmaßlich keine zwei Stunden mehr. Eine kurze Zeit, aber immer noch zu lang, und Effi schritt in Unruhe durch beide Zimmer und dann wieder in die Küche, wo sie mit Roswitha von allem möglichen sprach: von dem Efeu drüben an der Christuskirche, nächstes Jahr würden die Fenster wohl ganz zugewachsen sein, von dem Portier, der den Gashahn wieder so schlecht zugeschraubt habe (sie würden doch noch nächstens in die Luft fliegen), und daß sie das Petroleum doch lieber wieder aus der großen Lampenhandlung Unter den Linden als aus der Anhaltstraße holen solle – von allem möglichen sprach sie, nur von Annie nicht, weil sie die Furcht nicht aufkommen lassen wollte, die trotz der Zeilen der Ministerin, oder vielleicht auch um dieser Zeilen willen, in ihr lebte.

Nun war Mittag. Endlich wurde geklingelt, schüchtern, und Roswitha ging, um durch das Guckloch zu sehen. Richtig, es war Annie. Roswitha gab dem Kinde einen Kuß, sprach aber sonst kein Wort, und ganz leise, wie wenn ein Kranker im Hause wäre, führte sie das Kind vom Korridor her erst in die Hinterstube und dann bis an die nach vorn führende Tür.

»Da geh hinein, Annie.« Und unter diesen Worten, sie wollte nicht stören, ließ sie das Kind allein und ging wieder auf die Küche zu. Effi stand am anderen Ende des Zimmers, den Rücken gegen den Spiegelpfeiler, als das Kind eintrat. »Annie!« Aber Annie blieb an der nur angelehnten Tür stehen, halb verlegen, aber halb auch mit Vorbedacht, und so eilte denn Effi auf das Kind zu, hob es in die Höhe und küßte es.

»Annie, mein süßes Kind, wie freue ich mich. Komm, erzähle mir«, und dabei nahm sie Annie bei der Hand und ging auf das Sofa zu, um sich da zu setzen. Annie stand aufrecht und griff, während sie die Mutter immer noch scheu ansah, mit der Linken nach dem Zipfel der herabhängenden Tischdecke. »Weißt du wohl, Annie, daß ich dich einmal gesehen habe?«

»Ja, mir war es auch so.«

»Und nun erzähle mir recht viel. Wie groß du geworden bist! Und das ist die Narbe da; Roswitha hat mir davon erzählt. Du warst immer so wild und ausgelassen beim Spielen. Das hast du von deiner Mama, die war auch so. Und in der Schule? ich denke mir, du bist immer die Erste, du siehst mir so aus, als müßtest du eine Musterschülerin sein und immer die besten Zensuren nach Hause bringen. Ich habe auch gehört, daß dich das Fräulein von Wedelstädt so gelobt haben soll. Das ist recht; ich war auch so ehrgeizig, aber ich hatte nicht solche gute Schule. Mythologie war immer mein Bestes. Worin bist du denn am besten?«

»Ich weiß es nicht.«

»Oh, du wirst es schon wissen. Das weiß man. Worin hast du denn die beste Zensur?«

»In der Religion.«

»Nun, siehst du, da weiß ich es doch. Ja, das ist sehr schön; ich war nicht so gut darin, aber es wird wohl auch an dem Unterricht gelegen haben. Wir hatten bloß einen Kandidaten.«

»Wir hatten auch einen Kandidaten.«

»Und der ist fort?«

Annie nickte.

»Warum ist er fort?«

»Ich weiß es nicht. Wir haben nun wieder den Prediger.«

»Den ihr alle sehr liebt.«

»Ja; zwei aus der ersten Klasse wollen auch übertreten.«

»Ah, ich verstehe; das ist schön. Und was macht Johanna?«

»Johanna hat mich bis vor das Haus begleitet...«

»Und warum hast du sie nicht mit heraufgebracht?«

»Sie sagte, sie wolle lieber unten bleiben und an der Kirche drüben warten.«

»Und da sollst du sie wohl abholen?«

»Ja.«

»Nun, sie wird da hoffentlich nicht ungeduldig werden. Es ist ein kleiner Vorgarten da, und die Fenster sind schon halb von Efeu überwachsen, als ob es eine alte Kirche wäre.«

»Ich möchte sie aber doch nicht gerne warten lassen.«

»Ach, ich sehe, du bist sehr rücksichtsvoll, und darüber werde ich mich wohl freuen müssen. Man muß es nur richtig einteilen ... Und nun sage mir noch, was macht Rollo?«

»Rollo ist sehr gut. Aber Papa sagt, er würde so faul; er liegt immer in der Sonne.«

»Das glaub' ich. So war er schon, als du noch ganz klein warst ... Und nun sage mir Annie – denn heute haben wir uns ja bloß so mal wiedergesehen –, wirst du mich öfter besuchen?«

»O gewiß, wenn ich darf.«

»Wir können dann in dem Prinz Albrechtschen Garten spazieren-gehen.«

»O gewiß, wenn ich darf.«

»Oder wir gehen zu Schilling und essen Eis, Ananas oder Vanilleeis, das aß ich immer am liebsten.«

»O gewiß, wenn ich darf.«

Und bei diesem dritten »wenn ich darf« war das Maß voll; Effi sprang auf, und ein Blick, in dem es wie Empörung aufflammte, traf das Kind. »Ich glaube, es ist die höchste Zeit, Annie; Johanna wird sonst ungeduldig.« Und sie zog die Klingel. Roswitha, die schon im Nebenzimmer war, trat gleich ein. »Roswitha, gib Annie das Geleit bis drüben zur Kirche. Johanna wartet da. Hoffentlich hat sie sich nicht erkältet. Es sollte mir leid tun. Grüße Johanna.«

Und nun gingen beide.

Kaum aber, daß Roswitha draußen die Tür ins Schloß gezogen hatte, so riß Effi, weil sie zu ersticken drohte, ihr Kleid auf und verfiel in ein krampfhaftes Lachen. »So also sieht ein Wiedersehen aus«, und dabei stürzte sie nach vorn, öffnete die Fensterflügel und suchte nach etwas, das ihr beistehe. Und sie fand auch was in der Not ihres Herzens. Da neben dem Fenster war ein Bücherbrett, ein paar Bände von Schiller und Körner darauf, und auf den Gedicht-büchern, die alle gleiche Höhe hatten, lag eine Bibel und ein Gesangbuch. Sie griff danach, weil sie was haben mußte, vor dem sie knien und beten konnte, und legte Bibel und Gesangbuch auf den Tischrand, gerade da, wo Annie gestanden hatte, und mit einem heftigen Ruck warf sie sich davor nieder und sprach halblaut vor sich hin: »Oh, du Gott im Himmel, vergib mir, was ich getan; ich war ein Kind ... Aber nein, nein, ich war kein Kind, ich war alt genug, um zu wissen, was ich tat. Ich *hab'* es auch gewußt, und ich will meine Schuld nicht kleiner machen, ... aber *das* ist zuviel. Denn das hier, mit dem Kind, das bist nicht *du*, Gott, der mich strafen will, das ist *er,* bloß er! Ich habe geglaubt, daß er ein edles Herz habe und habe mich immer klein neben ihm gefühlt; aber jetzt weiß ich, das *er* es ist, er ist klein. Und weil er klein ist, ist er grausam. Alles, was klein ist, ist grausam. Das hat *er* dem Kinde beigebracht, ein Schulmeister war er immer, Crampas hat ihn so genannt, spöttisch damals, aber er hat recht gehabt. ›O gewiß, wenn ich darf.‹ Du *brauchst* nicht zu dürfen; ich will euch nicht mehr, ich hass' euch, auch mein eigen Kind. Was zuviel ist, ist zuviel. Ein Streber war er, weiter nichts. – Ehre, Ehre, Ehre . . . und dann hat er den armen Kerl totgeschossen, den ich nicht einmal liebte und den ich vergessen hatte, weil ich ihn nicht liebte. Dummheit war alles, und nun Blut und Mord. Und ich schuld. Und nun schickt er mir das Kind, weil er einer Ministerin nichts abschlagen kann, und ehe er das Kind schickt, richtet er's ab wie einen Papagei und bringt ihm die Phrase bei ›wenn ich darf‹. Mich ekelt, was ich getan; aber was mich noch mehr ekelt, das ist eure Tugend. Weg mit euch. Ich muß leben, aber ewig wird es ja wohl nicht dauern.«

Als Roswitha wiederkam, lag Effi am Boden, das Gesicht abgewandt, wie leblos.

<table>
<tr><td>Fünfunddreißigstes Kapitel</td><td>[. . .] Es war drei, vier Tage nach diesem Gespräch zwischen Effi und Roswitha, daß Innstetten um eine Stunde früher in sein Arbeitszimmer trat als gewöhnlich. Die Morgensonne, die sehr hell schien, hatte ihn geweckt, und weil er fühlen mochte, daß er nicht wieder einschlafen würde, war er aufgestanden, um sich an eine Arbeit zu machen, die schon seit geraumer Zeit der Erledigung harrte.</td></tr>
</table>

Nun war es eine Viertelstunde nach acht, und er klingelte. Johanna brachte das Frühstückstablett, auf dem neben der Kreuzzeitung und der Norddeutschen Allgemeinen auch noch zwei Briefe lagen. Er überflog die Adressen und erkannte an der Handschrift, daß der eine vom Minister war. Aber der andere? Der Poststempel war nicht deutlich zu lesen, und das »Sr. Wohlgeboren Herrn Baron von

Innstetten« bezeugte eine glückliche Unvertrautheit mit den landesüblichen Titulaturen. Dem entsprachen auch die Schriftzüge von sehr primitivem Charakter. Aber die Wohnungsangabe war wieder merkwürdig genau: W. Keithstraße 1c, zwei Treppen hoch. Innstetten war Beamter genug, um den Brief von »Exzellenz« zuerst zu erbrechen. »Mein lieber Innstetten! Ich freue mich, Ihnen mitteilen zu können, daß Seine Majestät Ihre Ernennung zu unterzeichnen geruht haben, und gratuliere Ihnen aufrichtig dazu.« Innstetten war erfreut über die liebenswürdigen Zeilen des Ministers, fast mehr als über die Ernennung selbst. Denn was das Höherhinaufklimmen auf der Leiter anging, so war er seit dem Morgen in Kessin, wo Crampas mit einem Blick, den er immer vor Augen hatte, Abschied von ihm genommen, etwas kritisch gegen derlei Dinge geworden. Er maß seitdem mit anderem Maße, sah alles anders an. Auszeichnung, was war es am Ende? Mehr als einmal hatte er während der ihm immer freudloser dahinfließenden Tage einer halbvergessenen Ministerialanekdote aus den Zeiten des älteren Ladenberg her gedenken müssen, der, als er nach langem Warten den Roten Adlerorden empfing, ihn wütend und mit dem Ausrufe beiseite warf: »Da liege, bis du *schwarz* wirst.« Wahrscheinlich war er dann hinterher auch »schwarz« geworden, aber um viele Tage zu spät und sicherlich ohne rechte Befriedigung für den Empfänger. Alles, was uns Freude machen soll, ist an Zeit und Umstände gebunden, und was uns heute noch beglückt, ist morgen wertlos. Innstetten empfand das tief, und so gewiß ihm an Ehren und Gunstbezeugungen von oberster Stelle her lag, wenigstens gelegen *hatte,* so gewiß stand ihm jetzt fest, es käme bei dem glänzenden Schein der Dinge nicht viel heraus, und das, was man »das Glück« nenne, wenn's überhaupt existiere, sei was anderes als dieser Schein. »Das Glück, wenn mir recht ist, liegt in zweierlei: darin, daß man ganz da steht, wo man hingehört (aber welcher Beamte kann das von sich sagen), und zum zweiten und besten in einem behaglichen Abwickeln des ganz Alltäglichen, also darin, daß man ausgeschlafen hat und daß einen die neuen Stiefel nicht drücken. Wenn einem die 720 Minuten eines zwölfstündigen Tages ohne besonderen Ärger vergehen, so läßt sich von einem glücklichen Tage sprechen.« In einer Stimmung, die derlei schmerzlichen Betrachtungen nachhing, war Innstetten auch heute wieder. Er nahm nun den zweiten Brief. Als er ihn gelesen, fuhr er über seine Stirn und empfand schmerzlich, *daß* es ein Glück gebe, daß er es gehabt, aber daß er es nicht mehr habe und nicht mehr haben könne. Johanna trat ein und meldete: »Geheimrat Wüllersdorf.« Dieser stand schon auf der Türschwelle. »Gratuliere, Innstetten.«

»Ihnen glaub ich's; die anderen werden sich ärgern. Im übrigen...«
»Im übrigen. Sie werden doch in diesem Augenblicke nicht krittteln wollen.«
»Nein. Die Gnade Seiner Majestät beschämt mich, und die wohlwollende Gesinnung des Ministers, dem ich das alles verdanke, fast noch mehr.«
»Aber...«
»Aber ich habe mich zu freuen verlernt. Wenn ich es einem anderen als Ihnen sagte, so würde solche Rede für redensartlich gelten. Sie aber, Sie finden sich darin zurecht. Sehen Sie sich hier um; wie leer und öde ist das alles. Wenn die Johanna eintritt, ein sogenanntes Juwel, so wird mir angst und bange. Dieses Sich-in-Szene-Setzen (und Innstetten ahmte Johannas Haltung nach), diese halb komische Büstenplastik, die wie mit einem Spezialanspruch auftritt, ich weiß nicht, ob an die Menschheit oder an mich – ich finde das alles so trist und elend, und es wäre zum Totschießen, wenn es nicht so lächerlich wäre.«
»Lieber Innstetten, in dieser Stimmung wollen Sie Ministerialdirektor werden?«
»Ah, bah. Kann es anders sein? Lesen Sie; diese Zeilen habe ich eben bekommen.«
Wüllersdorf nahm den zweiten Brief mit dem unleserlichen Poststempel, amüsierte sich über das ›Wohlgeboren‹ und trat dann ans Fenster, um bequemer lesen zu können.
»Gnädger Herr! Sie werden sich wohl am Ende wundern, daß ich Ihnen schreibe, aber es ist wegen Rollo. Anniechen hat uns schon voriges Jahr gesagt: Rollo wäre jetzt so faul; aber das tut hier nichts, er kann hier so faul sein, wie er will, je fauler, je besser. Und die gnädge Frau möchte es doch so gern. Sie sagt immer, wenn sie ins Luch oder über Feld geht: ›Ich fürchte mich eigentlich, Roswitha, weil ich da so allein bin; aber wer soll mich begleiten? Rollo, ja, das ginge; der ist mir auch nicht gram. Das ist der Vorteil, daß sich die Tiere nicht so drum kümmern.‹ Das sind die Worte der gnädgen Frau, und weiter will ich nichts sagen und den gnädgen Herrn bloß noch bitten, mein Anniechen zu grüßen. Und auch die Johanna. Von Ihrer treu ergebensten Dienerin

Roswitha Gellenhagen.«
»Ja«, sagte Wüllersdorf, als er das Papier wieder zusammenfaltete, »die ist uns über.«
»Finde ich auch.«
»Und das ist auch der Grund, daß Ihnen alles andere so fraglich erscheint.«
»Sie treffen's. Es geht mir schon lange durch den Kopf, und diese

schlichten Worte mit ihrer gewollten oder vielleicht auch nicht gewollten Anklage haben mich wieder vollends aus dem Häuschen gebracht. Es quält mich seit Jahr und Tag schon, und ich möchte aus dieser ganzen Geschichte heraus; nichts gefällt mir mehr; je mehr man mich auszeichnet, je mehr fühle ich, daß dies alles nichts ist. Mein Leben ist verpfuscht, und so hab' ich mir im stillen ausgedacht, ich müßte mit all den Strebungen und Eitelkeiten überhaupt nichts mehr zu tun haben und mein Schulmeistertum, was ja wohl mein Eigentlichstes ist, als ein höherer Sittendirektor verwenden können. Es hat ja dergleichen gegeben. Ich müßte also, wenn's ginge, solche schrecklich berühmte Figur werden, wie beispielsweise der Doktor Wichern im Rauhen Hause zu Hamburg gewesen ist, dieser Mirakelmensch, der alle Verbrecher mit seinem Blick und seiner Frömmigkeit bändigte...«

»Hm, dagegen ist nichts zu sagen; das würde gehen.«

»Nein, es geht auch nicht. Auch *das* nicht mal. Mir ist eben alles verschlossen. Wie soll ich einen Totschläger an seiner Seele packen? Dazu muß man selber intakt sein. Und wenn man's nicht mehr ist und selber so was an den Fingerspitzen hat, dann muß man wenigstens vor seinen zu bekehrenden Konfraters den wahnsinnigen Büßer spielen und eine Riesenzerknirschung zum besten geben können.«

Wüllersdorf nickte.

»...Nun sehen Sie, Sie nicken. Aber das alles kann ich nicht mehr. Den Mann im Büßerhemd bring' ich nicht mehr heraus, und den Derwisch oder Fakir, der unter Selbstanklagen sich zu Tode tanzt, erst recht nicht. Und da hab' ich mir denn, weil das alles nicht geht, als ein Bestes herausgeklügelt: weg von hier, weg und hin unter lauter pechschwarze Kerle, die von Kultur und Ehre nichts wissen. Diese Glücklichen! Denn gerade *das*, dieser ganze Krimskrams ist doch an allem schuld. Aus Passion, was am Ende gehen möchte, tut man dergleichen nicht. Also bloßen Vorstellungen zuliebe... Vorstellungen!... Und da klappt denn einer zusammen, und man klappt selber nach. Bloß noch schlimmer.«

»Ach was, Innstetten, das sind Launen, Einfälle. Quer durch Afrika, was soll das heißen? Das ist für 'nen Leutnant, der Schulden hat. Aber ein Mann wie Sie! Wollen Sie mit einem roten Fes einem Palaver* präsidieren oder mit einem Schwiegersohn von König Mtesa Blutfreundschaft schließen? Oder wollen Sie sich in einem Tropenhelm, mit sechs Löchern oben, am Kongo entlang tasten, bis Sie bei Kamerun oder da herum wieder herauskommen? Unmöglich!«

»Unmöglich? Warum? Und *wenn* unmöglich, was dann?«

* *Versammlung der Neger*

»Einfach hierbleiben und Resignation üben. Wer ist denn unbedrückt? Wer sagte nicht jeden Tag: ›Eigentlich eine sehr fragwürdige Geschichte.‹ Sie wissen, ich habe auch mein Päckchen zu tragen, nicht gerade das Ihrige, aber nicht viel leichter. Es ist Torheit mit dem Im-Urwald-Umherkriechen oder In-einem-Termitenhügel-Nächtigen; wer's mag der mag es, aber für unserein ist es nichts. In der Bresche stehen und aushalten, bis man fällt, das ist das beste. Vorher aber im kleinen und kleinsten so viel herausschlagen wie möglich und ein Auge dafür haben, wenn die Veilchen blühen oder das Luisendenkmal in Blumen steht oder die kleinen Mädchen mit hohen Schnürstiefeln über die Korde springen. Oder auch wohl nach Potsdam fahren und in die Friedenskirche gehen, wo Kaiser Friedrich liegt, und wo sie jetzt eben anfangen, ihm ein Grabhaus zu bauen. Und wenn Sie da stehen, dann überlegen Sie sich das Leben von *dem*, und wenn Sie dann nicht beruhigt sind, dann ist Ihnen freilich nicht zu helfen.«

»Gut, gut. Aber das Jahr ist lang, und jeder einzelne Tag . . . und dann der Abend.«

»Mit dem ist immer noch am ehesten fertig zu werden. Da haben wir ›Sardanapal‹ oder ›Coppelia‹ mit der del Era, und wenn es damit aus ist, dann haben wir Siechen. Nicht zu verachten. Drei Seidel beruhigen jedesmal. Es gibt immer noch viele, sehr viele, die zu der ganzen Sache nicht anders stehen wie wir, und einer, dem auch viel verquer gegangen war, sagte mir mal: ›Glauben Sie mir, Wüllersdorf, es geht überhaupt nicht ohne ‚Hilfskonstruktionen‘.‹ Der das sagte, war ein Baumeister und mußt es also wissen. Und er hatte recht mit seinem Satz. Es vergeht kein Tag, der mich nicht an die ›Hilfskonstruktionen‹ gemahnte.«

Wüllersdorf, als er sich so expektoriert, nahm Hut und Stock. Innstetten aber, der sich bei diesen Worten seines Freundes seiner eigenen voraufgegangenen Betrachtungen über das »kleine Glück« erinnert haben mochte, nickte halb zustimmend und lächelte vor sich hin.

»Und wohin gehen Sie nun, Wüllersdorf? Es ist noch zu früh für das Ministerium.«

»Ich schenk' es mir heute ganz. Erst noch eine Stunde Spaziergang am Kanal hin bis an die Charlottenburger Schleuse und dann wieder zurück. Und dann ein kleines Vorsprechen bei Huth, Potsdamer Straße, die kleine Holztreppe vorsichtig hinauf. Unten ist ein Blumenladen.«

»Und das freut Sie? Das genügt Ihnen?«

»Das will ich nicht gerade sagen. Aber es hilft ein bißchen. Ich finde da verschiedene Stammgäste, Frühschoppler, deren Namen ich

klüglich verschweige. Der eine erzählt dann vom Herzog von Ratibor, der andere vom Fürstbischof Kopp und der dritte wohl gar von Bismarck. Ein bißchen fällt immer ab. Dreiviertel stimmt nicht, aber wenn es nur witzig ist, krittelt man nicht lange dran herum und hört dankbar zu.«
Und damit ging er.

Der Mai war schön, der Juni noch schöner, und Effi, nachdem ein erstes schmerzliches Gefühl, das Rollos Eintreffen in ihr geweckt hatte, glücklich überwunden war, war voll Freude, das treue Tier wieder um sich zu haben. Roswitha wurde belobt, und der alte Briest erging sich seiner Frau gegenüber in Worten der Anerkennung für Innstetten, der ein Kavalier sei, nicht kleinlich und immer das Herz auf dem rechten Fleck gehabt habe. »Schade, daß die dumme Geschichte dazwischenfahren mußte. Eigentlich war es doch ein Musterpaar.« Der einzige, der bei dem Wiedersehen ruhig blieb, war Rollo selbst, weil er entweder kein Organ für Zeitmaß hatte oder die Trennung als eine Unordnung ansah, die nun einfach wieder behoben sei. Daß er alt geworden, wirkte wohl auch mit dabei. Mit seinen Zärtlichkeiten blieb er sparsam, wie er beim Wiedersehen sparsam mit seinen Freudenbezeigungen gewesen war, aber in seiner Treue war er womöglich noch gewachsen. Er wich seiner Herrin nicht von der Seite. Den Jagdhund behandelte er wohlwollend, aber doch als ein Wesen auf niederer Stufe. Nachts lag er vor Effis Tür auf der Binsenmatte, morgens, wenn das Frühstück im Freien genommen wurde, neben der Sonnenuhr, immer ruhig, immer schläfrig, und nur wenn sich Effi vom Frühstückstisch erhob

und auf den Flur zuschritt und hier erst den Strohhut und dann den Sonnenschirm vom Ständer nahm, kam ihm seine Jugend wieder, und ohne sich darum zu kümmern, ob seine Kraft auf eine große oder kleine Probe gestellt werden würde, jagte er die Dorfstraße hinauf und wieder herunter und beruhigte sich erst, wenn sie zwischen den ersten Feldern waren. Effi, der freie Luft noch mehr galt als landschaftliche Schönheit, vermied die kleinen Waldpartien und hielt meist die große, zunächst von uralten Rüstern und dann, wo die Chaussee begann, von Pappeln besetzte Straße, die nach der Bahnhofsstation führte, wohl eine Stunde Wegs. An allem freute sie sich, atmete beglückt den Duft ein, der von den Raps- und Kleefeldern herüberkam, oder folgte dem Aufsteigen der Lerchen und zählte die Ziehbrunnen und Tröge, daran das Vieh zur Tränke ging. Dabei klang ein leises Läuten zu ihr herüber. Und dann war ihr zu Sinn, als müsse sie die Augen schließen und in einem süßen Vergessen hinübergehen. In der Nähe der Station, hart an der Chaussee, lag eine Chausseewalze. Das war ihr täglicher Rasteplatz, von dem aus sie das Treiben auf dem Bahndamm verfolgen konnte; Züge kamen und gingen, und mitunter sah sie zwei Rauchfahnen, die sich einen Augenblick wie deckten und dann nach links und rechts hin wieder auseinandergingen, bis sie hinter Dorf und Wäldchen verschwanden. Rollo saß dann neben ihr, an ihrem Frühstück teilnehmend, und wenn er den letzten Bissen aufgefangen hatte, fuhr er, wohl um sich dankbar zu bezeigen, irgendeine Ackerfurche wie ein Rasender hinauf und hielt nur inne, wenn ein paar beim Brüten gestörte Rebhühner dicht neben ihm aus einer Nachbarfurche aufflogen.

»Wie schön dieser Sommer! Daß ich noch so glücklich sein könnte, liebe Mama, vor einem Jahre hätte ich's nicht gedacht« – das sagte Effi jeden Tag, wenn sie mit der Mama um den Teich schritt oder einen Frühapfel vom Zweig brach und tapfer einbiß. Denn sie hatte die schönsten Zähne. Frau von Briest streichelte ihr dann die Hand und sagte: »Werde nur erst wieder gesund, Effi, ganz gesund; das Glück findet sich dann; nicht das alte, aber ein neues. Es gibt Gott sei Dank viele Arten von Glück. Und du sollst sehen, wir werden schon etwas finden für dich.«
»Ihr seid so gut. Und eigentlich hab' ich doch auch euer Leben geändert und euch vor der Zeit zu alten Leuten gemacht.«
»Ach, meine liebe Effi, davon sprich nicht. Als es kam, da dacht' ich ebenso. Jetzt weiß ich, daß unsere Stille besser ist als der Lärm und das laute Getriebe von vordem. Und wenn du so fortfährst, können wir noch reisen. Als Wiesike Mentone vorschlug, da warst du krank

und reizbar und hattest, weil du krank warst, ganz recht mit dem, was du von den Schaffnern und Kellnern sagtest; aber wenn du wieder festere Nerven hast, dann geht es, dann ärgert man sich nicht mehr, dann lacht man über die großen Allüren und das gekräuselte Haar. Und dann das blaue Meer und weiße Segel und die Felsen ganz mit rotem Kaktus überwachsen – ich habe es noch nicht gesehen, aber ich denke es mir so. Und ich möchte es wohl kennen lernen.«

So verging der Sommer, und die Sternschnuppennächte lagen schon zurück. Effi hatte während dieser Nächte bis über Mitternacht hinaus am Fenster gesessen und sich nicht müde sehen können. »Ich war immer eine schwache Christin; aber ob wir doch vielleicht von da oben stammen und, wenn es hier vorbei ist, in unsere himmlische Heimat zurückkehren, zu den Sternen oben oder noch darüber hinaus! Ich weiß es nicht, ich will es auch nicht wissen, ich habe nur die Sehnsucht.«

Arme Effi, du hattest zu den Himmelwundern zu lange hinaufgesehen und darüber nachgedacht, und das Ende war, daß die Nachtluft und die Nebel, die vom Teich her aufstiegen, sie wieder aufs Krankenbett warfen, und als Wiesike gerufen wurde und sie gesehen hatte, nahm er Briest beiseite und sagte: »Wird nichts mehr; machen Sie sich auf ein baldiges Ende gefaßt.«

Er hatte nur zu wahr gesprochen, und wenige Tage danach, es war noch nicht spät und die zehnte Stunde noch nicht heran, da kam Roswitha nach unten und sagte zu Frau von Briest: »Gnädigste Frau, mit der gnädigen Frau oben ist es schlimm; sie spricht immer so still vor sich hin und mitunter ist es, als ob sie bete, sie will es aber nicht wahr haben, und ich weiß nicht, mir ist, als ob es jede Stunde vorbei sein könnte.«

»Will sie mich sprechen?«

»Sie hat es nicht gesagt. Aber ich glaube, sie möchte es. Sie wissen ja, wie sie ist; sie will Sie nicht stören und ängstlich machen. Aber es wäre doch wohl gut.«

»Es ist gut, Roswitha«, sagte Frau von Briest, »ich werde kommen.«

Und ehe die Uhr noch einsetzte, stieg Frau von Briest die Treppe hinauf und trat bei Effi ein. Das Fenster stand auf, und sie lag auf einer Chaiselongue, die neben dem Fenster stand.

Frau von Briest schob einen kleinen schwarzen Stuhl mit drei goldenen Stäbchen in der Ebenholzlehne heran, nahm Effis Hand und sagte:

»Wie geht es dir, Effi? Roswitha sagt, du seiest so fiebrig.«

»Ach, Roswitha nimmt alles so ängstlich. Ich sah ihr an, sie glaubt, ich sterbe. Nun, ich weiß nicht. Aber sie denkt, es soll es jeder so ängstlich nehmen wie sie selbst.«

»Bist du so ruhig über Sterben, liebe Effi?«

»Ganz ruhig, Mama.«

»Täuschst du dich darin nicht? Alles hängt am Leben und die Jugend erst recht. Und du bist noch so jung, liebe Effi.«

Effi schwieg eine Weile. Dann sagte sie: »Du weißt, ich habe nicht viel gelesen und Innstetten wunderte sich oft darüber, und es war ihm nicht recht.«

Es war das erstemal, daß sie Innstettens Namen nannte, was einen großen Eindruck auf die Mama machte und dieser klar zeigte, daß es zu Ende sei.

»Aber ich glaube«, nahm Frau von Briest das Wort, »du wolltest mir was erzählen.«

»Ja, das wollte ich, weil du davon sprachst, ich sei noch so jung. Freilich bin ich noch jung. Aber das schadet nichts. Es war noch in glücklichen Tagen, da las mir Innstetten abends vor; er hatte sehr gute Bücher, und in einem hieß es: Es sei wer von einer fröhlichen Tafel abgerufen worden, und am andern Tage habe der Abgerufene gefragt, wie's denn nachher gewesen sei. Da habe man ihm geantwortet: ›Ach es war noch allerlei; aber eigentlich haben Sie nichts versäumt.‹ Sieh, Mama, diese Worte haben sich mir eingeprägt – es hat nicht viel zu bedeuten, wenn man von der Tafel etwas früher abgerufen wird.«

Frau von Briest schwieg. Effi aber schob sich etwas höher hinauf und sagte dann: »Und da ich nun mal von alten Zeiten und auch von Innstetten gesprochen habe, muß ich dir noch etwas sagen, liebe Mama.«

»Du regst dich auf, Effi.«

»Nein, nein; etwas von der Seele heruntersprechen, das regt mich nicht auf, das macht still. Und da wollt' ich dir denn sagen: ich sterbe mit Gott und Menschen versöhnt, auch versöhnt mit *ihm*.«

»Warst du denn in deiner Seele in so großer Bitterkeit mit ihm? Eigentlich, verzeihe mir, meine liebe Effi, daß ich das jetzt noch sage, eigentlich hast du doch euer Leid heraufbeschworen.«

Effi nickte. »Ja, Mama. Und traurig, daß es so ist. Aber als dann all das Schreckliche kam, und zuletzt das mit Annie, du weißt schon, da hab' ich doch, wenn ich das lächerliche Wort gebrauchen darf, den Spieß umgekehrt und habe mich ganz ernsthaft in den Gedanken hineingelebt, er sei schuld, weil er nüchtern und berechnend gewesen sei und zuletzt auch noch grausam. Und da sind Verwünschungen gegen ihn über meine Lippen gekommen.«

»Und das bedrückt dich jetzt?«

»Ja. Und es liegt mir daran, daß er erfährt, wie mir hier in meinen Krankheitstagen, die doch fast meine schönsten gewesen sind, wie mir hier klar geworden, daß er in allem recht gehandelt. In der Geschichte mit dem armen Crampas – ja, was sollt' er am Ende anders tun? Und dann, womit er mich am tiefsten verletzte, daß er mein eigen Kind in einer Art Abwehr gegen mich erzogen hat, so hart es mir ankommt und so weh es mir tut, er hat auch darin recht gehabt. Laß ihn das wissen, daß ich in dieser Überzeugung gestorben bin. Es wird ihn trösten, aufrichten, vielleicht versöhnen. Denn er hatte viel Gutes in seiner Natur und war so edel, wie jemand sein kann, der ohne rechte Liebe ist.«

Frau von Briest sah, daß Effi erschöpft war und zu schlafen schien oder schlafen wollte. Sie erhob sich leise von ihrem Platz und ging. Indessen kaum, daß sie fort war, erhob sich auch Effi und setzte sich an das offene Fenster, um noch einmal die kühle Nachtluft einzusaugen. Die Sterne flimmerten, und im Parke regte sich kein Blatt. Aber je länger sie hinaushorchte, je deutlicher hörte sie wieder, daß es wie ein feines Rieseln auf die Platanen niederfiel. Ein Gefühl der Befreiung überkam sie. »Ruhe, Ruhe.«

Es war einen Monat später, und der September ging auf die Neige. Das Wetter war schön, aber das Laub im Parke zeigte schon viel Rot und Gelb, und seit den Äquinoktien, die die drei Sturmtage gebracht hatten, lagen die Blätter überallhin ausgestreut. Auf dem Rondell hatte sich eine kleine Veränderung vollzogen, die Sonnenuhr war fort, und an der Stelle, wo sie gestanden hatte, lag seit gestern eine weiße Marmorplatte, darauf stand nichts als »Effi Briest« und darunter ein Kreuz. Das war Effis letzte Bitte gewesen: »Ich möchte auf meinem Stein meinen alten Namen wieder haben; ich habe dem andern keine Ehre gemacht.« Und es war ihr versprochen worden.

Ja, gestern war die Marmorplatte gekommen und aufgelegt worden, und angesichts der Stelle saßen nun wieder Briest und Frau und sahen darauf hin und auf den Heliotrop, den man geschont und der den Stein jetzt einrahmte. Rollo lag daneben, den Kopf in die Pfoten gesteckt.

Wilke, dessen Gamaschen immer weiter wurden, brachte das Frühstück und die Post, und der alte Briest sagte: »Wilke, bestelle den kleinen Wagen. Ich will mit der Frau über Land fahren.«

Frau von Briest hatte mittlerweile den Kaffee eingeschenkt und sah nach dem Rondell und seinem Blumenbeete. »Sieh, Briest, Rollo liegt wieder vor dem Stein. Es ist ihm doch noch tiefer gegangen als uns. Er frißt auch nicht mehr.«

»Ja, Luise, die Kreatur. Das ist ja, was ich immer sage. Es is-t nicht so viel mit uns, wie wir glauben. Da reden wir immer von Instinkt. Am Ende ist es doch das beste.«

»Sprich nicht so. Wenn du so philosophierst ... nimm es mir nicht übel, Briest, dazu reicht es bei dir nicht aus. Du hast deinen guten Verstand, aber du kannst doch nicht an solche Fragen ...«

»Eigentlich nicht.«

»Und wenn denn schon überhaupt Fragen gestellt werden sollen, da gibt es ganz andere, Briest, und ich kann dir sagen, es vergeht kein Tag, seit das arme Kind da liegt, wo mir solche Fragen nicht gekommen wären ...«

»Welche Fragen?«

»Ob *wir* nicht doch vielleicht schuld sind?«

»Unsinn, Luise. Wie meinst du das?«

»Ob wir sie nicht anders in Zucht hätten nehmen müssen. Gerade wir. Denn Niemeyer ist doch eigentlich eine Null, weil er alles in Zweifel läßt. Und dann, Briest, so leid es mir tut ... deine beständigen Zweideutigkeiten ... und zuletzt, womit ich mich selbst anklage, denn ich will nicht schuldlos ausgehen in dieser Sache, ob sie nicht doch vielleicht zu jung war?«

Rollo, der bei diesen Worten aufwachte, schüttelte den Kopf langsam hin und her, und Briest sagte ruhig: »Ach, Luise, laß ... das ist ein *zu* weites Feld.«

Meine liebe Mete.

Das Haus rückt, glaub' ich, mit fünf Briefen bei Dir an, da will ich doch nicht fehlen und das halbe Dutzend voll machen. Ergeh es Dir gut, habe einen guten Tag und ein gutes Jahr, befestige Dich in Deiner Gesundheit und Deinen Grundsätzen, so weit sie's verdienen. – Mama, um sich zu erheitern, ist in »Richard III.«. Sie fragte mich: »ob das das Stück sei, wo drei schwarze Frauen immer im Hintergrunde ständen, eine immer schwärzer als die andere.« So leben Stücke im Gedächtnis der Menschen fort, sogar der gebildeten und theaterpassionierten.

Ich gehe, wie Dir Mama wohl schon geschrieben, unruhigen Tagen entgegen: Sitzungstage, Maltage. Ich freue mich aber darauf, einmal, weil es nun doch endlich 'mal ein richtiger Maler ist, dem ich in die Hände falle, dann weil *Liebermann* ein ebenso liebenswürdiger wie kluger Mann ist. Er erzählte mir, Bismarck verbringe seine Tage nur noch mit Schimpfen. Er freue sich über jeden Besuch, weil er dann gleich wieder loslegen und auf seiner Invektivenorgel ein neues Register ziehen könne. Immer gegen den Kaiser. Sein alter Diener soll neulich zu ihm gesagt haben: »Durchlaucht, ick will lieber en bisken 'rausgehn, daß ich es nich alles höre.« »Ja, geh nur: ich hab' mich noch lange nicht ausgekollert.« Bei jedem andern würd' ich darüber die Achseln zucken; aber zu Bismarck gehört es. Es kleidet ihn.

In einem niederländischen Blatt bin ich wegen eines im »Pan« abgedruckten Gedichts (also der »Pan« *lebt*!) heftig angegriffen und einerseits als »alter Barde«, andererseits als »Meister der Grobschmiedekunst« spöttisch gefeiert worden, weil das eine Gedicht »Die Balinesenfrauen auf Lombok« mit den Worten schließt: »Mynheer derweile auf seinem Kontor, malt sich christlich Kulturelles vor.« Ich bin sehr froh darüber; auf die Weise wird mein armes Gedicht doch wenigstens beachtet, denn die Berliner Blätter (z. B. »Börsen-Courier«) drucken die ganze Geschichte ab, und natürlich das Gedicht mit.

Tausend Grüße der verehrten teuren Frau. Wie immer Dein alter

Papa.

*auf nachfolgender
Seite
Max Liebermann,
Theodor Fontane
(Zeichnung, 1896)*

330

Unerhört,
Auf Lombok hat man sich empört,
Auf der Insel Lombok die Balinesen
Sind mit Mynheer unzufrieden gewesen.

Und die Mynheers faßt ein Zürnen und Schaudern:
»Aus mit dem Brand, ohne Zögern und Zaudern!«
Und allerlei Volk, verkracht, verdorben,
Wird von Mynheer angeworben,
Allerlei Leute mit Mausergewehren
Sollen die Balinesen bekehren.
Vorwärts, ohne Sinn und Plan;
Aber auch planlos wird es getan:
Hinterlader arbeitete gut,
Und die Männer liegen in ihrem Blut.

Die Männer. Aber groß anzuschaun
Sind da noch sechzig stolze Fraun,
All eingeschlossen zu Wehr und Trutz
In eines Buddha-Tempels Schutz.
Reichgekleidet, goldgeschmückt,
Ihr jüngstes Kind an die Brust gedrückt,
Hochaufgericht't eine jede stand,
Den Feind im Auge, den Dolch in der Hand.

Die Kugeln durchschlagen Trepp' und Dach –
»Wozu hier noch warten, feig und schwach?«
Und die Türen auf und hinab ins Tal,
Hoch ihr Kind und hoch den Stahl
(Am Griffe funkelt der Edelstein),
So stürzen sie sich in des Feindes Reihn.
Die Hälfte fällt tot, die Hälfte fällt wund,
Aber jede will sterben zu dieser Stund,
Und die Letzten, in stolzer Todeslust,
Stoßen den Dolch sich in die Brust.

Mynheer derweilen, in seinem Kontor,
Malt sich christlich Kulturelles vor.

Karlsbad, 8. Juni 1896

Im Winter habe ich einen politischen Roman geschrieben (Gegenüberstellung von Adel, wie er bei uns sein *sollte* und wie er *ist*).
Dieser Roman heißt: »*Der Stechlin*«.

*An Adolf Hartmann,
den Direktor der Deut-
schen Verlagsanstalt,
Stuttgart, bei der die
Zeitschrift »Über Land
und Meer« erschien*

Berlin, Mai/Juni 1897

Ergebensten Dank für Ihre freundlichen Zeilen vom 25. d. M.; – was Sie so gütig sind als einen Wunsch Ihrer Verlags-Anstalt auszusprechen, entspricht durchaus meinen eigenen Wünschen.

Die Honorarfrage kann kaum zu Meinungsverschiedenheiten zwischen uns führen und der Stoff, soweit von einem solchen die Rede sein kann – denn es ist eigentlich bloß eine Idee, die sich einkleidet – dieser Stoff wird sehr wahrscheinlich mit einer Art Sicherheit Ihre Zustimmung erfahren. Aber die Geschichte, das was erzählt wird. Die Mache! Zum Schluß stirbt ein Alter und zwei Junge heiraten sich; – das ist so ziemlich alles, was auf 500 Seiten geschieht. Von Verwicklungen und Lösungen, von Herzenskonflikten oder Konflikten überhaupt, von Spannungen und Überraschungen findet sich nichts.

Einerseits auf einem altmodischen märkischen Gut, andrerseits in einem neumodischen gräflichen Hause (Berlin) treffen sich verschiedene Personen und sprechen da Gott und die Welt durch. Alles Plauderei, Dialog, in dem sich die Charaktere geben, und mit ihnen die Geschichte. Natürlich halte ich dies nicht nur für die richtige, sondern sogar für die gebotene Art, einen Zeitroman zu schreiben, bin mir aber gleichzeitig nur zu sehr bewußt, daß das große Publikum sehr anders darüber denkt und Redaktionen – durch das Publikum gezwungen – auch.

Und so sehe ich denn Ihrer Entscheidung nicht so hoffnungsvoll entgegen wie ich wohl möchte. Vielleicht daß der beigelegte Briefbogen mit Inhaltsangabe meine Chancen wieder um einiges steigert. Ein »Ja« oder »Nein« aber in die Zukunft legen ist gerade das, was man bei Verhandlungen wie diesen so gern vermeiden möchte.

Titel: »Der Stechlin«. Inhalt: In einem Waldwinkel der Grafschaft Ruppin liegt ein See, »Der Stechlin«. Dieser See, klein und unbedeutend, hat die Besonderheit, mit der zweiten Welt draußen in einer halb rätselhaften Verbindung zu stehen und wenn in der Welt draußen »was los ist«, wenn auf Island oder auf Java ein Berg speit und die Erde bebt, so macht der »Stechlin«, klein und unbedeutend wie er ist, die große Weltbewegung mit und sprudelt und wirft Strahlen und bildet Trichter. Um dies – so ohngefähr fängt der Roman an – und um *das* Thema dreht sich die ganze Geschichte...

Telegramm von »Über Land und Meer« an Fontane (Juli/August 1897)

*Juli/August 1897*

*Hochverehrter Herr Doktor, intensiv mit allen Ihren Menschen mitlebend, vor allem mit dem alten Freiherrn, am Schlusse im Innersten erschüttert, danken wir Ihnen dafür, daß »Über Land und Meer« ein solches Werk veröffentlichen darf.*

und die Antwort Fontanes

[Berlin, Juli/August 1897]

Ihr Telegramm hat mich sehr beglückt. »Verweile doch, du bist so schön« – ich darf es sagen, denn ich sehe in den Sonnenuntergang. Herzlichen Dank.

An seinen Sohn und Verleger Friedrich

2. September 1897

In Stuttgart will man, in »Über Land und Meer«, auch mein Bild bringen, dasselbe, wo ich an meinem Schreibtisch sitze. Zu diesem Bilde sollte ich eine kl. Autobiographie schreiben, was ich aber wegen meines Nervenzustandes ablehnen mußte. Außerdem widersteht mir die sonderbare Form der Selbstberäucherung.

Aus:
Der Stechlin.
Schloß Stechlin.
Erstes Kapitel
(1898)

Im Norden der Grafschaft Ruppin, hart an der mecklenburgischen Grenze, zieht sich von dem Städtchen Gransee bis nach Rheinsberg hin (und noch darüber hinaus) eine mehrere Meilen lange Seenkette durch eine menschenarme, nur hie und da mit ein paar alten Dörfern, sonst aber ausschließlich mit Förstereien, Glas- und Teeröfen besetzte Waldung. Einer der Seen, die diese Seenkette bilden, heißt »der Stechlin«. Zwischen flachen, nur an einer einzigen Stelle steil und kaiartig ansteigenden Ufern liegt er da, rundum von alten Buchen eingefaßt, deren Zweige, von ihrer eignen Schwere nach unten gezogen, den See mit ihrer Spitze berühren. Hie und da wächst ein weniges von Schilf und Binsen auf, aber kein Kahn zieht seine Furchen, kein Vogel singt, und nur selten, daß ein Habicht drüber hinfliegt und seinen Schatten auf die Spiegelfläche wirft. Alles still hier. Und doch, von Zeit zu Zeit wird es an ebendieser Stelle lebendig. Das ist, wenn es weit draußen in der Welt, sei's auf Island, sei's auf Java, zu rollen und zu grollen beginnt oder gar der Aschenregen der hawaiischen Vulkane bis weit auf die Südsee hinausgetrieben wird. Dann regt sichs auch *hier,* und ein Wasserstrahl springt auf und sinkt wieder in die Tiefe. Das wissen alle, die den Stechlin umwohnen, und wenn sie davon sprechen, so setzen sie wohl auch hinzu: »Das mit dem Wasserstrahl, das ist nur das Kleine, das beinah Alltägliche; wenns aber draußen was Großes gibt, wie vor hundert Jahren in Lissabon, dann brodelts hier nicht bloß und sprudelt und strudelt, dann steigt statt des Wasserstrahls ein roter Hahn auf und kräht laut in die Lande hinein.«

Das ist der Stechlin, der *See* Stechlin.

Aber nicht nur der See führt diesen Namen, auch der Wald, der ihn umschließt. Und Stechlin heißt ebenso das langgestreckte Dorf, das sich, den Windungen des Sees folgend, um seine Südspitze herumzieht. Etwa hundert Häuser und Hütten bilden hier eine lange, schmale Gasse, die sich nur da, wo eine von Kloster Wutz her heranführende Kastanienallee die Gasse durchschneidet, platzartig erweitert. An ebendieser Stelle findet sich denn auch die ganze Herrlichkeit von Dorf Stechlin zusammen: das Pfarrhaus, die Schule, das Schulzenamt, der Krug, dieser letztere zugleich ein Eck- und Kramladen mit einem kleinen Mohren und einer Girlande von Schwefelfäden in seinem Schaufenster. Dieser Ecke schräg gegen- über, unmittelbar hinter dem Pfarrhause, steigt der Kirchhof lehnan, auf ihm, so ziemlich in seiner Mitte, die frühmittelalterliche Feldsteinkirche mit einem aus dem vorigen Jahrhundert stammen- den Dachreiter und einem zur Seite des alten Rundbogenportals angebrachten Holzarm, dran eine Glocke hängt. Neben diesem Kirchhof samt Kirche setzt sich dann die von Kloster Wutz her heranführende Kastanienallee noch eine kleine Strecke weiter fort, bis sie vor einer über einen sumpfigen Graben sich hinziehenden und von zwei riesigen Findlingsblöcken flankierten Bohlenbrücke haltmacht. Diese Brücke ist sehr primitiv. Jenseits derselben aber steigt das Herrenhaus auf, ein gelbgetünchter Bau mit hohem Dach und zwei Blitzableitern.

Auch dieses Herrenhaus heißt Stechlin, *Schloß* Stechlin.

Etliche hundert Jahre zurück stand hier ein wirkliches Schloß, ein Backsteinbau mit dicken Rundtürmen, aus welcher Zeit her auch noch der Graben stammt, der die von ihm durchschnittene, sich in den See hinein erstreckende Landzunge zu einer kleinen Insel machte. Das ging so bis in die Tage der Reformation. Während der Schwedenzeit aber wurde das alte Schloß niedergelegt, und man schien es seinem gänzlichen Verfall überlassen, auch nichts an seine Stelle setzen zu wollen, bis kurz nach dem Regierungsantritt Friedrich Wilhelms I. die ganze Trümmermasse beiseite geschafft und ein Neubau beliebt wurde. Dieser Neubau war das Haus, das jetzt noch stand. Es hatte denselben nüchternen Charakter wie fast alles, was unter dem Soldatenkönig entstand, und war nichts weiter als ein einfaches Corps de Logis, dessen zwei vorspringende, bis dicht an den Graben reichende Seitenflügel ein Hufeisen und innerhalb desselben einen kahlen Vorhof bildeten, auf dem, als einziges Schmuckstück, eine große blanke Glaskugel sich präsentierte. Sonst sah man nichts als eine vor dem Hause sich hinziehende Rampe, von deren dem Hofe zugekehrter Vorderwand der Kalk schon wieder abfiel. Gleichzeitig war aber doch ein Bestreben unverkennbar, gerade diese Rampe zu was Besonderem zu machen, und zwar mit Hilfe mehrerer Kübel mit exotischen Blattpflanzen, darunter zwei Aloes, von denen die eine noch gut im Stande, die andere dagegen krank war. Aber gerade diese kranke war der Liebling des Schloßherrn, weil sie jeden Sommer in einer ihr freilich nicht zukommenden Blüte stand. Und das hing so zusammen. Aus dem sumpfigen Schloßgraben hatte der Wind vor langer Zeit ein fremdes Samenkorn in den Kübel der kranken Aloe geweht, und alljährlich schossen infolge davon aus der Mitte der schon angegelbten Aloeblätter die weiß und roten Dolden des Wasserliesch oder des Butomus umbellatus auf. Jeder Fremde, der kam, wenn er nicht zufällig ein Kenner war, nahm diese Dolden für richtige Aloeblüten, und der Schloßherr hütete sich wohl, diesen Glauben, der eine Quelle der Erheiterung für ihn war, zu zerstören. Und wie denn alles hier herum den Namen Stechlin führte, so natürlich auch der Schloßherr selbst. Auch *er* war ein Stechlin. Dubslav von Stechlin, Major a. D. und schon ein gut Stück über Sechzig hinaus, war der Typus eines Märkischen von Adel, aber von der milderen Observanz, eines jener erquicklichen Originale, bei denen sich selbst die Schwächen in Vorzüge verwandeln. Er hatte noch ganz das eigentümlich sympathisch berührende Selbstgefühl all derer, die »schon vor den Hohenzollern da waren«, aber er hegte dieses Selbstgefühl nur ganz im stillen, und wenn es dennoch zum Ausdruck kam, so kleidete sichs in Humor, auch wohl in Selbstironie, weil er seinem ganzen Wesen nach überhaupt hinter alles ein Fragezeichen machte. Sein schönster Zug war eine tiefe, so recht aus dem Herzen kommende Humanität, und Dünkel und Überheblichkeit (während er sonst eine Neigung hatte, fünf gerade sein zu lassen) waren so ziemlich die einzigen Dinge, die ihn empörten. Er hörte gern eine freie Meinung, je drastischer und extremer, desto besser. Daß sich diese Meinung mit der seinigen deckte, lag ihm fern zu wünschen. Beinah das Gegenteil. Paradoxen waren seine Passion. »Ich bin nicht klug genug, selber welche zu machen, aber ich freue mich, wenns andere tun; es ist doch immer was drin. Unanfechtbare Wahrheiten gibt es überhaupt nicht, und wenn es welche gibt, so sind sie langweilig.« Er ließ sich gern was vorplaudern und plauderte selber gern.

Des alten Schloßherrn Lebensgang war märkisch-herkömmlich gewesen. Von jung an lieber im Sattel als bei den Büchern, war er erst nach zweimaliger Scheiterung siegreich durch das Fähnrichsexamen gesteuert und gleich danach bei den Brandenburgischen Kürassieren eingetreten, bei denen selbstverständlich auch schon sein Vater gestanden hatte. Dieser sein Eintritt ins Regiment fiel so ziemlich mit dem Regierungsantritt Friedrich Wilhelms IV. zusammen, und wenn er dessen erwähnte, so hob er, sich selbst persiflierend, gerne hervor, daß alles Große seine Begleiterscheinungen habe. Seine Jahre bei den Kürassieren waren im wesentlichen Friedensjahre gewesen; nur Anno vierundsechzig war er mit in Schleswig, aber auch hier, ohne »zur Aktion« zu kommen. »Es kommt für einen Märkischen nur darauf an, überhaupt mit dabei gewesen zu sein; das andere steht in Gottes Hand.« Und er schmunzelte, wenn er dergleichen sagte, seine Hörer jedesmal in Zweifel darüber lassend, ob ers ernsthaft oder scherzhaft gemeint habe. Wenig mehr als ein Jahr vor Ausbruch des vierundsechziger Kriegs war ihm ein Sohn geboren worden, und kaum wieder in seine Garnison Brandenburg eingerückt, nahm er den Abschied, um sich auf sein seit dem Tode des Vaters halb verödetes Schloß Stechlin zurückzuziehen. Hier warteten seiner glückliche Tage, seine glücklichsten, aber sie waren von kurzer Dauer – schon das Jahr darauf starb ihm die Frau. Sich eine neue zu nehmen, widerstand ihm, halb aus Ordnungssinn und halb aus ästhetischer Rücksicht. »Wir glauben doch alle mehr oder weniger an eine Auferstehung« (das heißt, er persönlich glaubte eigentlich nicht daran), »und wenn ich dann oben ankomme mit einer rechts und einer links, so is das doch immer eine genierliche Sache.« Diese Worte – wie denn der Eltern Tun nur allzu häufig der Mißbilligung der Kinder begegnet – richteten sich in Wirklichkeit gegen seinen dreimal verheiratet gewesenen Vater, an dem er überhaupt allerlei Großes und Kleines auszusetzen hatte, so beispielsweise auch, daß man ihm, dem Sohne, den pommerschen Namen »Dubslav« beigelegt hatte. »Gewiß, meine Mutter war eine Pommersche, noch dazu von der Insel Usedom, und ihr Bruder, nun ja, der hieß Dubslav. Und so war denn gegen den Namen schon um des Onkels willen nicht viel einzuwenden, und um so weniger, als er ein Erbonkel war. (Daß er mich schließlich schändlich im Stich gelassen, ist eine Sache für sich.) Aber trotzdem bleib ich dabei, solche Namensmanscherei verwirrt bloß. Was ein Märkischer ist, der muß Joachim heißen oder Woldemar. Bleib im Lande und taufe dich redlich. Wer aus Friesack is, darf nicht Raoul heißen.«

Dubslav von Stechlin blieb also Witwer. Das ging nun schon an die dreißig Jahre. Anfangs wars ihm schwer geworden, aber jetzt lag alles hinter ihm, und er lebte »comme philosophe« nach dem Wort und Vorbild des großen Königs, zu dem er jederzeit bewundernd aufblickte. Das war sein Mann, mehr als irgendwer, der sich seitdem einen Namen gemacht hatte. Das zeigte sich jedesmal, wenn ihm gesagt wurde, daß er einen Bismarckkopf habe. »Nun ja, ja, den hab ich; ich soll ihm sogar ähnlich sehen. Aber die Leute sagen es immer so, als ob ich mich dafür bedanken müßte. Wenn ich nur wüßte, bei wem; vielleicht beim lieben Gott, oder am Ende gar bei Bismarck selbst. Die Stechline sind aber auch nicht von schlechten Eltern. Außerdem, ich für meine Person, ich habe bei den sechsten Kürassieren gestanden, und Bismarck bloß bei den siebenten, und die kleinere Zahl ist in Preußen bekanntlich immer die größere; – ich bin ihm also einen über. Und Friedrichsruh, wo alles jetzt hinpilgert, soll auch bloß 'ne Kate sein. Darin sind wir uns also gleich. Und solchen See, wie den ›Stechlin‹, nu, den hat er schon ganz gewiß nicht. So was kommt überhaupt bloß selten vor.«

Ja, auf seinen See war Dubslav stolz, aber destoweniger stolz war er auf sein Schloß, weshalb es ihn auch verdroß, wenn es überhaupt so genannt wurde. Von den armen Leuten ließ er sichs gefallen: »Für die ist es ein ›Schloß‹, aber sonst ist es ein alter Kasten und weiter nichts.« Und so sprach er denn lieber von seinem »Haus«, und wenn er einen Brief schrieb, so stand darüber »Haus Stechlin«. Er war sich auch bewußt, daß es kein Schloßleben war, das er führte. Vordem, als der alte Backsteinbau noch stand, mit seinen dicken Türmen und seinem Luginsland, von dem aus man, über die Kronen der Bäume weg, weit ins Land hinaussah, ja, damals war hier ein Schloßleben gewesen, und die derzeitigen alten Stechline hatten teilgenommen an allen Festlichkeiten, wie sie die Ruppiner Grafen und die mecklenburgischen Herzöge gaben, und waren mit den Boitzenburgern und den Bassewitzens verschwägert gewesen. Aber heute waren die Stechliner Leute von schwachen Mitteln, die sich nur eben noch hielten und beständig bemüht waren, durch eine »gute Partie« sich wieder leidlich in die Höhe zu bringen. Auch Dubslavs Vater war auf die Weise zu seinen drei Frauen gekommen, unter denen freilich nur die erste das in sie gesetzte Vertrauen gerechtfertigt hatte. Für den jetzigen Schloßherrn, der von der zweiten Frau stammte, hatte sich daraus leider kein unmittelbarer Vorteil ergeben, und Dubslav von Stechlin wäre kleiner und großer Sorgen und Verlegenheiten nie los und ledig geworden, wenn er nicht in dem benachbarten Gransee seinen alten Freund Baruch Hirschfeld gehabt hätte. Dieser Alte, der den großen Tuchladen am Markt und außerdem die Modesachen und Damenhüte hatte, hinsichtlich deren es immer hieß, Gerson schicke ihm alles zuerst – dieser alte Baruch, ohne das »Geschäftliche« darüber zu vergessen, hing in der Tat mit einer Art Zärtlichkeit an dem Stechliner Schloßherrn, was, wenn es sich mal wieder um eine neue Schuldverschreibung handelte, regelmäßig zu heiklen Auseinandersetzungen zwischen Hirschfeld Vater und Hirschfeld Sohn führte.

»Gott, Isidor, ich weiß, du bist fürs Neue. Aber was ist das Neue? Das Neue versammelt sich immer auf unserm Markt, und mal stürmt es uns den Laden und nimmt uns die Hüte, Stück für Stück, und die Reiherfedern und die Straußenfedern. Ich bin fürs Alte und für den guten, alten Herrn von Stechlin. Is doch der Vater von seinem Großvater gefallen in der großen Schlacht bei Prag und hat gezahlt mit seinem Leben.«

»Ja, der hat gezahlt; wenigstens hat er gezahlt mit seinem Leben. Aber der von heute . . .«

»Der zahlt auch, wenn er kann und wenn er hat. Und wenn er nicht hat, und ich sage: ›Herr von Stechlin, ich werde schreiben siebeneinhalb‹, dann feilscht er nicht und dann zwackt er nicht. Und wenn er kippt, nu, da haben wir das Objekt: Mittelboden und Wald und Jagd und viel Fischfang. Ich seh es immer so ganz klein in der Perspektiv', und ich seh auch schon den Kirchturm.«

»Aber Vaterleben, was sollen wir mit'm Kirchturm?«

In dieser Richtung gingen öfters die Gespräche zwischen Vater und Sohn, und was der Alte vorläufig noch in der »Perspektive« sah, das wäre vielleicht schon Wirklichkeit geworden, wenn nicht des alten Dubslav um zehn Jahre ältere Schwester mit ihrem von der Mutter her ererbten Vermögen gewesen wäre: Schwester Adelheid, Domina zu Kloster Wutz. Die half und sagte gut, wenn es schlecht stand oder gar zum Äußersten zu kommen schien. Aber sie half nicht aus Liebe zu dem Bruder – gegen den sie, ganz im Gegenteil, viel einzuwenden hatte –, sondern lediglich aus einem allgemeinen Stechlinschen Familiengefühl. Preußen war was und die Mark Brandenburg auch; aber das Wichtigste waren doch die Stechlins, und der Gedanke, das alte Schloß in andern Besitz und nun gar in einen solchen übergehen zu sehen, war ihr unerträglich. Und über all dies hinaus war ja noch ihr Patenkind da, ihr Neffe Woldemar, für den sie all die Liebe hegte, die sie dem Bruder versagte.

Ja, die Domina half, aber solcher Hilfen unerachtet wuchs das Gefühl der Entfremdung zwischen den Geschwistern, und so kam es denn, daß der alte Dubslav, der die Schwester in Kloster Wutz weder gern besuchte noch auch ihren Besuch gern empfing, nichts von Umgang besaß als seinen Pastor Lorenzen (den früheren

Erzieher Woldemars) und seinen Küster und Dorfschullehrer Krippenstapel, zu denen sich allenfalls noch Oberförster Katzler gesellte, Katzler, der Feldjäger gewesen war und ein gut Stück Welt gesehen hatte. Doch auch diese drei kamen nur, wenn sie gerufen wurden, und so war eigentlich nur einer da, der in jedem Augenblicke Red und Antwort stand. Das war Engelke, sein alter Diener, der seit beinahe fünfzig Jahren alles mit seinem Herrn durchlebt hatte, seine glücklichen Leutnantstage, seine kurze Ehe und seine lange Einsamkeit. Engelke, noch um ein Jahr älter als sein Herr, war dessen Vertrauter geworden, aber ohne Vertraulichkeit. Dubslav verstand es, die Scheidewand zu ziehen. Übrigens wär es auch ohne diese Kunst gegangen. Denn Engelke war einer von den guten Menschen, die nicht aus Berechnung oder Klugheit, sondern von Natur hingebend und demütig sind und in einem treuen Dienen ihr Genüge finden. Alltags war er, so Winter wie Sommer, in ein Leinwandhabit gekleidet, und nur wenn es zu Tisch ging, trug er eine richtige Livree von sandfarbenem Tuch mit großen Knöpfen dran. Es waren Knöpfe, die noch die Zeiten des Rheinsberger Prinzen Heinrich gesehen hatten, weshalb Dubslav, als er mal wieder in Verlegenheit war, zu dem jüngst verstorbenen alten Herrn von Kortschädel gesagt hatte: »Ja, Kortschädel, wenn ich so meinen Engelke, wie er da geht und steht, ins märkische Provinzial-museum abliefern könnte, so kriegt ich ein Jahrgehalt und wäre raus.«

Das war im Mai, daß der alte Stechlin diese Worte zu seinem Freunde Kortschädel gesprochen hatte. Heute aber war dritter Oktober und ein wundervoller Herbsttag dazu. Dubslav, sonst empfindlich gegen Zug, hatte die Türen aufmachen lassen, und von dem großen Portal her zog ein erquicklicher Luftstrom bis auf die mit weiß und schwarzen Fliesen gedeckte Veranda hinaus. Eine große, etwas schadhafte Marquise war hier herabgelassen und gab Schutz gegen die Sonne, deren Lichter durch die schadhaften Stellen hindurchschienen und auf den Fliesen ein Schattenspiel aufführten. Gartenstühle standen umher, vor einer Bank aber, die sich an die Hauswand lehnte, waren doppelte Strohmatten gelegt. Auf eben-dieser Bank, ein Bild des Behagens, saß der alte Stechlin in Joppe und breitkrempigen Filzhut und sah, während er aus seinem Meerschaum allerlei Ringe blies, auf ein Rondell, in dessen Mitte, von Blumen eingefaßt, eine kleine Fontäne plätscherte. Rechts daneben lief ein sogenannter Poetensteig, an dessen Ausgang ein ziemlich hoher, aus allerlei Gebälk zusammengezimmerter Aus-sichtsturm aufragte. Ganz oben eine Plattform mit Fahnenstange, daran die preußische Flagge wehte, schwarz und weiß, alles schon ziemlich verschlissen.

Engelke hatte vor kurzen einen roten Streifen annähen wollen, war aber mit seinem Vorschlag nicht durchgedrungen. »Laß. Ich bin nicht dafür. Das alte Schwarz und Weiß hält gerade noch; aber wenn du was Rotes drannähst, dann reißt es gewiß.«

Die Pfeife war ausgegangen, und Dubslav wollte sich eben von seinem Platz erheben und nach Engelke rufen, als dieser vom Gartensaal her auf die Veranda heraustrat.

»Das ist recht, Engelke, daß du kommst ... Aber du hast da ja was wie'n Telegramm in der Hand. Ich kann Telegramms nicht leiden. Immer is einer dod, oder es kommt wer, der besser zu Hause geblieben wäre.«

Engelke griente. »Der junge Herr kommt.«

»Und das weißt du schon?«

»Ja, Brose hat es mir gesagt.«

»So, so. Dienstgeheimnis. Na, gib her.«

Und unter diesen Worten brach er das Telegramm auf und las: »Lieber Papa. Bin sechs Uhr bei Dir. Rex und von Czako begleiten mich. Dein Woldemar.«

Engelke stand und wartete.

»Ja, was da tun, Engelke?« sagte Dubslav und drehte das Telegramm hin und her. »Und aus Cremmen und von heute früh«, fuhr er fort. »Da müssen sie also die Nacht über schon in Cremmen gewesen sein. Auch kein Spaß.«

»Aber Cremmen is doch soweit ganz gut.«

»Nu, gewiß, gewiß. Bloß sie haben da so kurze Betten ... Und, wenn man, wie Woldemar, Kavallerist ist, kann man ja doch auch die acht Meilen von Berlin bis Stechlin in einer Pace machen. Warum also Nachtquartier? Und Rex und von Czako begleiten mich. Ich kenne Rex nicht und kenne von Czako nicht. Wahrscheinlich Regimentskameraden. Haben wir denn was?«

»Ich denk doch, gnäd'ger Herr. Und wovor haben wir denn unsre Mamsell? Die wird schon was finden.«

»Nu gut. Also wir haben was. Aber wen laden wir dazu ein? So bloß ich, das geht nicht. Ich mag mich keinem Menschen mehr vorsetzen. Czako, das ginge vielleicht noch. Aber Rex, wenn ich ihn auch nicht kenne, zu so was Feinem wie Rex paß ich nicht mehr; ich bin zu altmodisch geworden. Was meinst du, ob die Gundermanns wohl können?«

»Ach, die können schon. Er gewiß, und sie kluckt auch bloß immer so rum.«

»Also Gundermanns. Gut. Und dann vielleicht Oberförsters. Das älteste Kind hat freilich die Masern, und die Frau, das heißt die Gemahlin (und Gemahlin is eigentlich auch noch nicht das rechte Wort), die erwartet wieder. Man weiß nie recht, wie man mit ihr dran ist und wie man sie nennen soll, Oberförsterin Katzler oder Durchlaucht. Aber man kanns am Ende versuchen. Und dann unser Pastor. Der hat doch wenigstens die Bildung. Gundermann allein ist zu wenig und eigentlich bloß ein Klutentreter. Und seitdem er die Siebenmühlen hat, ist er noch weniger geworden.«

Engelke nickte.

»Na, dann schick also Martin. Aber er soll sich proper machen. Oder vielleicht ist Brose noch da; der kann ja auf seinem Retourgang bei Gundermanns mit rangehen. Und soll ihnen sagen sieben Uhr, aber nicht früher; sie sitzen sonst so lange rum, und man weiß nicht, wovon man reden soll. Das heißt mit ihm; sie red't immerzu ... Und gib Brosen auch 'nen Kornus* und funfzig Pfennig.«

*Kirschlikör*

»Ich werd ihm dreißig geben.«

»Nein, nein, funfzig. Erst hat er ja doch was gebracht und nu nimmt er wieder was mit. Das is ja so gut wie doppelt. Also funfzig. Knaps ihm nichts ab.«

[...]

Lorenzen, solang er Woldemar und Melusine sich seiner Pfarre nähern sah, hatte verlegen am Fenster gestanden, kam aber, als das Paar sich draußen trennte, so ziemlich wieder zu sich. Er war nun schon so lange jeder Damenunterhaltung entwöhnt, daß ihm ein Besuch wie der der Gräfin zunächst nur Verlegenheit schaffen konnte; wenns denn aber durchaus sein mußte, so war ihm ein Tête-à-tête mit ihr immer noch lieber als eine Plauderei zu dritt. Er ging ihr denn auch bis in den Flur entgegen, war ihr hier beim Ablegen behilflich und sprach ihr – weil er jede Scheu rasch von sich abfallen fühlte – ganz aufrichtig seine Freude aus, sie in seiner Pfarre begrüßen zu dürfen. »Und nun bitt ich Sie, Frau Gräfin, sichs unter meinen Büchern hier nach Möglichkeit bequem machen zu wollen. Ich bin zwar auch Inhaber einer Putzstube, mit einem dezenten Teppich und einem kalten Ofen; aber ich könnte das gesundheitlich nicht verantworten. Hier haben wir wenigstens eine gute Temperatur.«

»Die immer die Hauptsache bleibt. Ach, eine gute Temperatur! Gesellschaftlich ist sie beinah alles und dabei leider doch so selten. Ich kenne Häuser, wo, wenn Sie den Widersinn verzeihen wollen, der kalte Ofen gar nicht ausgeht. Aber erlassen Sie mir gütigst den Sofaplatz hier: ich fühle mich dazu noch nicht ›alte Dame‹ genug und möchte auch gern en vue der beiden Bilder bleiben, trotzdem ich das eine davon schon so gut wie kenne.«

Verlobung. Weihnachtsreise nach Stechlin. Neunundzwanzigstes Kapitel

»Die Kreuzabnahme?«

»Nein! Das andre.«

»Die Lind also?«

»Ja.«

»So haben Sie das schöne Bild in der Nationalgalerie gesehn?«

»Auch das. Aber doch freilich erst seit ganz kurzem, während ich von Ihrer Aquarellkopie schon seit ein paar Monaten weiß. Das war auf einer Dampfschiffahrt, die wir nach dem sogenannten Eierhäuschen machten, und der Ausplauderer über das Bild da vor mir war niemand anders als Ihr Zögling Woldemar, auf den Sie stolz sein können. Er freilich würde den Satz umkehren, oder sage ich lieber, er tat es. Denn er sprach mit solcher Liebe von Ihnen, daß ich Sie von jenem Tag an auch herzlich liebe, was Sie sich schon gefallen lassen müssen. Ein Glück nur, daß er sich draußen verabschiedet hat und nicht hören kann, was ich hier sage...«

Lorenzen lächelte.

»Sonst hätten sich diese Bekenntnisse verboten. Aber da sie nun mal gemacht sind und man nie weiß, wann und wie man wieder zusammenkommt, so lassen Sie mich darin fortfahren. Woldemar erzählte mir – Pardon für meine Indiskretion – von Ihrer Schwärmerei für die Lind. Und da horchten wir denn auf und beneideten Sie fast. Nichts beneidenswerter als eine Seele, die schwärmen kann. Schwärmen ist fliegen, eine himmlische Bewegung nach oben.«

Lorenzen stutzte. Das war doch mehr als eine bloß liebenswürdige Dame aus der Gesellschaft.

»Und um es kurz zu machen«, fuhr Melusine fort, »Woldemar sprach bei dieser Gelegenheit wie von Ihrer ersten Liebe« (und dabei wies sie lächelnd auf das Bildchen der Lind), »so auch von Ihrer letzten – nein, nein, nicht von Ihrer letzten; *Sie* werden immer eine neue finden –, sprach also von Ihrer Begeisterung für den herrlichen Mann da weit unten am Tajo, von Ihrer Begeisterung für den João de Deus. Und als er ausgesprochen hatte, da haben wir uns alle, die wir zugegen waren, um den ›Un Santo‹ geschart und einen geheimen Bund geschlossen. Erst um den ›Un Santo‹ und zum zweiten um Sie selbst. Und nun frag ich Sie, wollen Sie mittun in diesem unserm Bunde, der ohne Sie gar nicht existierte? Mir ist manches verquer gegangen. Aber ich bin, denk ich, dem Tage nah, der mich ahnen läßt, daß unsre Prüfungen auch unsre Segnungen sind und daß mir alles Leid nur kam, um den Stab, der trägt und stützt, fester zu umklammern. Ich darf leider nicht hinzusetzen, daß dieser Stab (möglich, daß er sich einst dazu auswächst) das Kreuz sei. Meiner ganzen Natur nach bin ich ungläubig. Aber ich hoffe sagen zu dürfen: ich bin wenigstens demütig.«

»Wenigstens demütig«, wiederholte Lorenzen langsam, zugleich halb verlegen vor sich hinblickend, und Melusine, die Zweifel, die sich in der Wiederholung dieser Worte ziemlich deutlich aussprachen, mit scharfem Ohre heraushörend, fuhr in plötzlich verändertem und beinahe heiterem Tone fort: »Wie grausam Sie sind. Aber Sie haben recht. Demütig. Und daß ich mich dessen auch noch berühme. Wer ist demütig? Wir alle sind im letzten doch eigentlich das Gegenteil davon. Aber das darf ich sagen, ich habe den Willen dazu.«

»Und schon *der* gilt, Frau Gräfin. Nur freilich ist Demut nicht genug; sie schafft nicht, sie fördert nicht nach außen, sie belebt kaum.«

»Und ist doch mindestens der Anfang zum Bessern, weil sie mit dem Egoismus aufräumt. Wer die Staffel hinauf will, muß eben von unten an dienen. Und soviel bleibt, es birgt sich in ihr die Lösung jeder Frage, die jetzt die Welt bewegt. Demütig sein heißt christlich sein, christlich in meinem, vielleicht darf ich sagen in *unsrem* Sinne. Demut erschrickt vor dem zweierlei Maß. Wer demütig ist, der ist duldsam, weil er weiß, wie sehr er selbst der Duldsamkeit bedarf; wer demütig ist, der sieht die Scheidewände fallen und erblickt den Menschen im Menschen.«

»Ich kann Ihnen zustimmen«, lächelte Lorenzen. »Aber wenn ich, Frau Gräfin, in Ihren Mienen richtig lese, so sind diese Bekenntnisse doch nur Einleitung zu was andrem. Sie halten noch das Eigentliche zurück und verbinden mit Ihrer Aussprache, so sonderbar es klingen mag, etwas Spezielles und beinah Praktisches.«

»Und ich freue mich, daß Sie das herausgefühlt haben. Es ist so. Wir kommen da eben von Ihrem Stechlin her, von Ihrem See, dem Besten, was Sie hier haben. Ich habe mich dagegen gewehrt, als das Eis aufgeschlagen werden sollte, denn alles Eingreifen oder auch nur Einblicken in das, was sich verbirgt, erschreckt mich. Ich respektiere das Gegebene. Daneben aber freilich auch das Werdende, denn eben dies Werdende wird über kurz oder lang abermals ein Gegebenes sein. Alles Alte, soweit es Anspruch darauf hat, sollen wir lieben, aber für das Neue sollen wir recht eigentlich leben. Und vor allem sollen wir, wie der Stechlin uns lehrt, den großen Zusammenhang der Dinge nie vergessen. Sich abschließen heißt sich einmauern, und sich einmauern ist Tod. Es kommt darauf an, daß wir gerade *das* beständig gegenwärtig haben. Mein Vertrauen zu meinem Schwager ist unbegrenzt. Er hat einen edlen Charakter, aber ich weiß nicht, ob er auch einen festen Charakter hat. Er ist feinen Sinnes, und wer fein ist, ist oft bestimmbar. Er ist auch nicht geistig bedeutend genug, um sich gegen abweichende Meinungen, gegen Irrtümer und Standesvorurteile wehren zu können. Er bedarf der Stütze. Diese Stütze sind Sie meinem Schwager Woldemar von Jugend auf gewesen. Und um was ich jetzt bitte, das heißt: ›Seien Sie's ferner‹.«

»Daß ich Ihnen sagen könnte, wie freudig ich in Ihren Dienst trete, gnädigste Gräfin. Und ich kann es um so leichter, als Ihre Ideale, wie Sie wissen, auch die meinigen sind. Ich lebe darin und empfind es als eine Gnade, da, wo das Alte versagt, ganz in einem Neuen aufzugehn. Um ein solches ›Neues‹ handelt es sich. Ob ein solches ›Neues‹ sein soll (weil es sein muß), oder ob es *nicht* sein soll, um diese Frage dreht sich alles. Es gibt hier um uns her eine große Zahl vorzüglicher Leute, die ganz ernsthaft glauben, das uns Überlieferte – das Kirchliche voran (leider nicht das Christliche) – müsse verteidigt werden wie der salomonische Tempel. In unserer Obersphäre herrscht außerdem eine naive Neigung, alles ›Preußi- sche‹ für eine höhere Kulturform zu halten.«

»Genau wie Sie sagen. Aber ich möchte doch, um der Gerechtigkeit willen, die Frage stellen dürfen, ob dieser naive Glaube nicht eine gewisse Berechtigung hat?«

»Er hatte sie mal. Aber das liegt zurück. Und kann nicht anders sein. Der Hauptgegensatz alles Modernen gegen das Alte besteht darin, daß die Menschen nicht mehr durch ihre Geburt auf den von ihnen einzunehmenden Platz gestellt werden. Sie haben jetzt die Freiheit, ihre Fähigkeiten nach allen Seiten hin und auf jedem Gebiete zu betätigen. Früher war man dreihundert Jahre lang ein Schloßherr oder ein Leinenweber; jetzt kann jeder Leinenweber eines Tages ein Schloßherr sein.«

»Und beinah auch umgekehrt«, lachte Melusine. »Doch lassen wir dies heikle Thema. Viel, viel lieber hör ich ein Wort von Ihnen über den Wert unsrer Lebens- und Gesellschaftsformen, über unsre Gesamtanschauungsweise, deren besondere Zulässigkeit Sie, wie mir scheint, so nachdrücklich anzweifeln.«

»Nicht absolut. Wenn ich zweifle, so gelten diese Zweifel nicht so sehr den Dingen selbst als dem Hochmaß des Glaubens daran. Daß man all diese Mittelmaßdinge für etwas Besonderes und Überlege- nes und deshalb, wenns sein kann, für etwas ewig zu Konservieren- des ansieht, das ist das Schlimme. Was mal galt, soll weiter gelten, was mal gut war, soll weiter Gutes oder wohl gar ein Bestes sein. Das ist aber unmöglich, auch wenn alles, was keineswegs der Fall ist, einer gewissen Herrlichkeitsvorstellung entspräche... Wir haben, wenn wir rückblicken, drei große Epochen gehabt. Dessen sollen wir eingedenk sein. Die vielleicht größte, zugleich die erste, war die unter dem Soldatenkönig. Das war ein nicht genug zu preisender Mann, seiner Zeit wunderbar angepaßt und ihr zugleich voraus. Er hat nicht bloß das Königtum stabiliert, er hat auch, was viel wichtiger, die Fundamente für eine neue Zeit geschaffen und an die Stelle von Zerfahrenheit, selbstischer Vielherrschaft und Willkür Ordnung und Gerechtigkeit gesetzt. Gerechtigkeit, das war sein bester ›rocher de bronce‹.«

»Und dann?«

»Und dann kam Epoche zwei. Die ließ, nach jener ersten, nicht lange mehr auf sich warten, und das seiner Natur und seiner Geschichte nach gleich ungeniale Land sah sich mit einem Male von Genie durchblitzt.«

»Muß das ein Staunen gewesen sein.«

»Ja. Aber doch mehr draußen in der Welt als daheim. Anstaunen ist auch eine Kunst. Es gehört etwas dazu, Großes als groß zu begreifen... Und dann kam die dritte Zeit. Nicht groß und doch auch wieder ganz groß. Da war das arme, elende, halb dem Untergange verfallene Land nicht von Genie, wohl aber von Begeisterung durchleuchtet, von dem Glauben an die höhere Macht des Geistigen, des Wissens und der Freiheit.«

»Gut Lorenzen. Aber weiter.«

»Und all das, was ich da so hergezählt, umfaßte zeitlich ein Jahrhundert. Da waren wir den andern voraus, mitunter geistig und moralisch gewiß. Aber der ›Non soli cedo Adler‹ mit seinem Blitzbündel in den Fängen, er blitzt nicht mehr, und die Begeisterung ist tot. Eine rückläufige Bewegung ist da, längst Abgestorbenes, ich muß es wiederholen, soll neu erblühn. Es tut es nicht. In gewissem Sinne freilich kehrt alles einmal wieder, aber bei dieser Wiederkehr werden Jahrtausende übersprungen; wir können die römischen Kaiserzeiten, Gutes und Schlechtes, wieder haben, aber nicht das spanische Rohr aus dem Tabakskollegium und nicht einmal den Krückstock von Sanssouci. Damit ist es vorbei. Und gut, daß es so ist. Was einmal Fortschritt war, ist längst Rückschritt geworden. Aus der modernen Geschichte, der eigentlichen, der lesenswerten, verschwinden die Bataillen und die Bataillone (trotzdem sie sich beständig vermehren), und wenn sie nicht selbst verschwinden, so schwindet doch das Interesse daran. Und mit dem Interesse das Prestige. An ihre Stelle treten Erfinder und Entdecker, und James Watt und Siemens bedeuten uns mehr als du Guesclin und Bayard. Das Heldische hat nicht direkt abgewirtschaftet und wird noch lange nicht abgewirtschaftet haben, aber sein Kurs hat nun mal seine besondere Höhe verloren, und anstatt sich in diese Tatsache zu finden, versucht es unser Regime, dem Niedersteigenden eine künstliche Hausse zu geben.«

»Es ist, wie Sie sagen. Aber gegen wen richtet sichs? Sie sprachen von ›Regime‹. Wer ist dies Regime? Mensch oder Ding? Ist es die von alter Zeit her übernommene Maschine, deren Räderwerk tot weiterklappert, oder ist es der, der an der Maschine steht? Oder endlich, ist es eine bestimmte abgegrenzte Vielheit, die die Hand des Mannes an der Maschine zu bestimmen, zu richten trachtet? In allem, was Sie sagen, klingt eine sich auflehnende Stimme. Sind Sie gegen den Adel? Stehen Sie gegen die ›alten Familien‹?«

»Zunächst: nein. Ich liebe, hab auch Ursach dazu, die alten Familien und möchte beinah glauben, jeder liebt sie. Die alten Familien sind immer noch populär, auch heute noch. Aber sie vertun und verschütten diese Sympathien, die doch jeder braucht, jeder Mensch und jeder Stand. Unsre alten Familien kranken durchgängig an der Vorstellung, daß es ohne sie nicht gehe, was aber weit gefehlt ist, denn es geht sicher auch ohne sie; sie sind nicht mehr die Säule, die das Ganze trägt, sie sind das alte Stein- und Moosdach, das wohl noch lastet und drückt, aber gegen Unwetter nicht mehr schützen kann. Wohl möglich, daß aristokratische Tage mal wiederkehren, vorläufig, wohin wir sehen, stehen wir im Zeichen einer demokratischen Weltanschauung. Eine neue Zeit bricht an. Ich glaube, eine bessere und eine glücklichere. Aber wenn auch nicht eine glücklichere, so doch mindestens eine Zeit mit mehr Sauerstoff in der Luft, eine Zeit, in der wir besser atmen können. Und je freier man atmet, je mehr lebt man. Was aber Woldemar angeht, *meiner* sind Sie sicher, Frau Gräfin. Bleibt freilich, als Hauptfaktor, noch die Komtesse. Für die müssen *Sie* die Bürgschaft übernehmen. Die Frauen bestimmen schließlich doch alles.«

»So heißt es immer. Und wir sind eitel genug, es zu glauben. Aber das führt uns auf ganz neue Gebiete. Vorläufig Ihre Hand zur Besieglung. Und nun erlauben Sie mir, nach diesem unserm revolutionären Diskurse, zu den Hütten friedlicher Menschen zurückzukehren. Ich habe mich bei dem alten Herrn nur auf eine halbe Stunde beurlaubt und rechne darauf, daß Sie mich, wenn nicht bis ins ›Museum‹ selbst (das dem Programm nach besucht werden sollte), so doch wenigstens bis auf die Schloßrampe begleiten.«

Verweile doch. Tod. Begräbnis. Neue Tage. Dreiundvierzigstes Kapitel

[...]

In dem alten Herrenhause zu Stechlin sah es am Begräbnistage sehr verändert aus; sonst so still und abgeschieden, war heute alles Andrang und Bewegung. Zahllose Kutschen erschienen und stellten sich auf dem Dorfplatz auf, die meisten ganz in Nähe der Kirche. Diese lag in prallem Sonnenschein da, so daß man deutlich die hohen, in die Feldsteinwand eingemauerten Grabsteine sah, die früher, vor der Restaurierung, im Kirchenschiff gelegen hatten. Efeu fehlte; nur Holunderbüsche, die zu grünen anfingen, und dazwischen Ebereschensträucher wuchsen um den Chor herum.

Der Tote war auf dem durch Palmen und Lorbeer in eine grüne Halle umgewandelten Hausflur aufgebahrt. Adelheid machte die Honneurs, und ihre hohen Jahre, noch mehr aber ihr Selbstbewußtsein, ließen sie die ihr zuständige Rolle mit einer gewissen Würde durchführen. Außer den Barbys, Vater und Tochter, waren, von Berlin her, noch Baron und Baronin Berchtesgaden gekommen, ebenso Rex und Hauptmann von Czako. Rex sah aus, als ob er am Grabe sprechen wolle, während sich Czako darauf beschränkte, das gesellschaftliche Durchschnittstrauermaß zu zeigen.

Aber diese Berliner Gäste verschwanden natürlich in dem Kontingent, das die Grafschaft gestellt hatte. Dieselben Herren, die sich – kaum ein halbes Jahr zurück – am Rheinsberger Wahltage zusammengefunden und sich damals, von ein paar Ausnahmen abgesehen, über Torgelows Sieg eigentlich mehr erheitert als geärgert hatten, waren auch heute wieder da: Baron Beetz, Herr von Krangen, Jongherr van dem Peerenboom, von Gnewkow, von Blechernhahn, von Storbeck, von Molchow, von der Nonne, die meisten, wie herkömmlich, mit sehr kritischen Gesichtern. Auch Direktor Thormeyer war gekommen, in pontificalibus*, angetan mit so vielen Orden und Medaillen, daß er damit weit über den Landadel hinauswuchs. Einige stießen sich denn auch an, und Molchow sagte mit halblauter Stimme zu von der Nonne: »Sehn Sie, Nonne, das ist die ›Schmetterlingsschlacht‹*, von der man jetzt jeden Tag in den Zeitungen liest.« Aber trotz dieser spöttischen Bemerkung wäre Thormeyer doch Hauptgegenstand aller Aufmerksamkeit geblieben, wenn nicht der jeden Ordensschmuck verschmähende, nur mit einem hochkragigen und uralten Frack angetane Edle Herr von Alten-Friesack ihm siegreiche Konkurrenz gemacht hätte. Das wendisch Götzenbildartige, das sein Kopf zeigte, gab auch heute wieder den Ausschlag zu seinen Gunsten. Er nickte nur pagodenhaft hin und her und schien selbst an die vom ältesten Adel die Frage zu richten: »Was wollt ihr hier?« Er hielt sich nämlich (worin er einer ererbten Geschlechtsanschauung folgte) für den einzig wirklich berechtigten Bewohner und Vertreter der ganzen Grafschaft.

Das waren so die Hauptanwesenden. Alles stand dichtgedrängt, und von Blechernhahn, der in bezug auf »Schneid« beinah an von Molchow heranreichte, sagte: »Bin neugierig, was der Lorenzen heute loslassen wird. Er gehört ja zur Richtung Göhre.«

* *Festgewand*

* *Komödie von Hermann Sudermann*

347

* Paul Göhre,
1864–1930, evangeli-
scher Pfarrer, Sozial-
politiker, gründete mit
Friedrich Naumann
den Nationalsozialen
Verein

»Ja, Göhre*«, sagte von Molchow. »Merkwürdig, wie der Zufall spielt. Das Leben macht doch immer die besten Witze.«

Weiter kam es mit dieser ziemlich ungeniert geführten Unterhaltung nicht, weil sich, als Molchow eben seinen Pfeil abgeschossen hatte, die Gesamtaufmerksamkeit auf jene Flurstelle richtete, wo der aufgebahrte Sarg stand. Hier war nämlich, und zwar in einem brillant sitzenden und mit Atlasaufschlägen ausstaffierten Frack, in ebendiesem Augenblicke der Rechtsanwalt Katzenstein erschienen und schritt, nachdem er einen Granseeschen Riesenkranz am Fußende des Sarges niedergelegt hatte, mit jener Ruhe, wie sie nur das gute Gewissen gibt, auf Adelheid zu, vor der er sich respektvollst verneigte. Diese bewahrte gute Haltung und dankte. Von verschiedenen Seiten her aber hörte man leise das Wort »Affront«, während ein in unmittelbarer Nähe des Edlen Herrn von Alten-Friesack stehender, erst seit kurzem zu Christentum und Konservatismus übergetretener Katzensteinscher Kollege lächelnd vor sich hin murmelte: »Schlauberger!«

Und nun war es Zeit.

Der Zug ordnete sich; Militärmusik aus der nächsten Garnison schritt vorauf; dann traten die Stechliner Bauern heran, die darum gebeten hatten, den Sarg tragen zu dürfen. Diener und Mädchen aus dem Hause nahmen die Kränze. Dann kam Adelheid mit Pastor Lorenzen, an die sich die Trauerversammlung (viele von ihnen in Landstandsuniform) unmittelbar anschloß. Draußen sah man, daß eine große Zahl kleiner Leute Spalier gebildet hatte. Das waren die von Globsow. Sie hatten bei der Rheinsberger Wahl alle für Torgelow oder doch wenigstens für Katzenstein gestimmt; jetzt aber, wo der Alte tot war, waren sie doch vorwiegend der Meinung: »He wihr so wiet janz good.«

Die Musik klang wundervoll; kleine Mädchen streuten Blumen, und so ging es den etwas ansteigenden Kirchhof hinauf, zwischen den Gräbern hindurch und zuletzt auf das uralte, niedrige Kirchenportal zu. Vor dem Altar stellten sie den Sarg auf einen mit einer Versenkungsvorrichtung versehenen Stein, unter dem sich die Gruft der Stechline befand. Schiff und Emporen waren überfüllt; bis auf den Kirchhof hinaus stand alles Kopf an Kopf. Und nun trat Lorenzen an den Sarg heran, um über den, den er trotz aller Verschiedenheit der Meinungen so sehr geliebt und verehrt, ein paar Worte zu sagen.

»›Wer seinen Weg richtig wandelt, kommt zu seiner Ruhe in der Kammer.‹ Diesen Weg zu wandeln war das Bestreben dessen, an dessen Sarge wir hier stehn. Ich gebe kein Bild seines Lebens, denn wie dies Leben war, es wissens alle, die hier erschienen sind. Sein

Leben lag aufgeschlagen da, nichts verbarg sich, weil sich nichts zu verbergen brauchte. Sah man ihn, so schien er ein Alter, auch in dem, wie er Zeit und Leben ansah; aber für die, die sein wahres Wesen kannten, war er kein Alter, freilich auch kein Neuer. Er hatte vielmehr das, was über alles Zeitliche hinaus liegt, was immer gilt und immer gelten wird: ein Herz. Er war kein Programmedelmann, kein Edelmann nach der Schablone, wohl aber ein Edelmann nach jenem alles Beste umschließenden Etwas, das Gesinnung heißt. Er war recht eigentlich frei. Wußt es auch, wenn ers auch oft bestritt. Das goldene Kalb anbeten war nicht seine Sache. Daher kam es auch, daß er vor dem, was das Leben so vieler andrer verdirbt und unglücklich macht, bewahrt blieb, vor Neid und bösem Leumund. Er hatte keine Feinde, weil er selber keines Menschen Feind war. Er war die Güte selbst, die Verkörperung des alten Weisheitssatzes: ›Was du nicht willst, daß man dir tu.‹

Und das leitet mich denn auch hinüber auf die Frage nach seinem Bekenntnis. Er hatte davon weniger das Wort als das Tun. Er hielt es mit den guten Werken und war recht eigentlich das, was wir überhaupt einen Christen nennen sollten. Denn er hatte die Liebe. Nichts Menschliches war ihm fremd, weil er sich selbst als Mensch empfand und sich eigner menschlicher Schwäche jederzeit bewußt war. Alles, was einst unser Herr und Heiland gepredigt und gerühmt und an das er die Segensverheißung geknüpft hat – all das war sein: Friedfertigkeit, Barmherzigkeit und die Lauterkeit des Herzens. Er war das Beste, was wir sein können, ein Mann und ein Kind. Er ist nun eingegangen in seines Vaters Wohnungen und wird da die Himmelsruhe haben, die der Segen aller Segen ist.«

Einige der Anwesenden sahen sich bei dieser Schlußwendung an. Am meisten bemerkt wurde Gundermann, dessen der Rede halb zustimmende, halb ablehnende Haltung bei den versammelten »Alten und Echten« (die wohl *sich,* aber nicht *ihm* ein Recht der Kritik zuschrieben) auch hier wieder ein Lächeln hervorrief. Dann folgte mit erhobener Stimme Gebet und Einsegnung, und als die Orgel intonierte, senkte sich der auf dem Versenkungsstein stehende Sarg langsam in die Gruft. Einen Augenblick später, als der wiederaufsteigende Stein die Gruftöffnung mit einem eigentümlichen Klappton schloß, hörte man von der Kirchentür her erst ein krampfhaftes Schluchzen und dann die Worte: »Nu is allens ut; nu möt ick ook weg.« Es war Agnes. Man nahm das Kind von dem Schemel herunter, auf dem es stand, um es unter Zuspruch der Nächststehenden auf den Kirchhof hinauszuführen. Da schlich es noch eine Weile weinend zwischen den Gräbern hin und her und ging dann die Straße hinunter auf den Wald zu. […]

*Beim Durchblättern des* Stechlin *– beim Däumeln gewissermaßen – blieb der Blick an einer Stelle haften, die sich in ihrer Unscheinbarkeit bald als erstaunlich sinnbezogen erwies und über die Ökonomie der Fontaneschen Romane manches aussagen dürfte. Hausbesitzer Schickedanz führt ein letztes Gespräch mit seiner Frau.*

»Riekchen, sei ruhig. Jeder muß. Ein Testament hab ich nicht gemacht. Es gibt doch bloß immer Zank und Streit. Auf meinem Schreibtisch liegt ein Briefbogen, drauf hab ich alles Nötige geschrieben. Viel wichtiger ist mir das mit dem Haus. Du mußt es behalten, damit die Leute sagen können: ›Da wohnt Frau Schickedanz.‹ Hausname, Straßenname, das ist überhaupt das Beste. Straßenname dauert noch länger als Denkmal.«

»Gott, Schickedanz, sprich nicht soviel; es strengt dich an. Ich will es ja alles heilig halten, schon aus Liebe...«

»Das ist recht, Riekchen. Ja, du warst immer eine gute Frau, wenn wir auch keine Nachfolge gehabt haben. Aber darum bitte ich dich, vergiß nie, daß es meine Puppe war. Du darfst bloß vornehme Leute nehmen; reiche Leute, die bloß reich sind, nimm nicht; die quengeln bloß und schlagen große Haken in die Türfüllung und hängen eine Schaukel dran. Überhaupt, wenn es sein kann, keine Kinder. Hartwigen unten mußt du behalten; er ist eigentlich ein Klugschmus, aber die Frau ist gut. Und der kleine Rudolf, mein Patenkind, wenn er ein Jahr alt wird, soll er hundert Taler kriegen. Taler, nicht Mark. Und der Schullehrer in Kaputt soll auch hundert Taler kriegen. Der wird sich wundern. Aber darauf freu ich mich schon. Und auf dem Invalidenkirchhof will ich begraben sein, wenn es irgend geht. Invalide ist doch eigentlich jeder. Und Anno siebzig war ich doch auch mit Liebesgaben bis dicht an den Feind, trotzdem Luchterhand immer sagte: ›Nicht so nah ran.‹ Sei freundlich gegen die Leute und nicht zu sparsam (du bist ein bißchen zu sparsam), und bewahre mir einen Platz in deinem Herzen. Denn treu warst du, das sagt mir eine innere Stimme.« *(12. Kapitel.)*

*In dem märkischen Dorf Kaputt geboren (der schrullige Name trägt ihm später Witzeleien ein, die er durch ruhigen Selbstspott übertrumpft und entkräftet), hat er es in Berlin bis zum Hagelversicherungssekretär gebracht, ist aber erst durch einen zweimaligen Lotteriegewinn über die schmalgehaltene, mit Titeln abgespeiste Beamtenschaft hinaus in das solid fundierte Besitzbürgertum aufgestiegen. Wir stehen in den Gründerjahren; doch weht eine andere Luft als in Stindes »Familie Buchholtz« oder in Sudermanns »Ehre«. Der Sparschatz von Humanität ist noch nicht aufgezehrt; auch nicht verniedlicht zur betriebsam schwirrenden Sentimentali-*

tät Leberecht Hühnchens, dessen einer Fuß immer mehr in Perlin steht als der andere in Berlin. »Jeder muß«, das wiederholte schon Zelter seinem Weimarer Freund in den schweren Krisen. Ein Wort von eherner, wenn auch schlichter Prägung; ohne das tiefe Aufseufzen des Beethovenschen »Muß es seyn? – Es muß seyn!« Kantische Töne, das Sichfügen, der angeborene Sinn für Disziplin. Aber der Gegenklang ist unüberhörbar; er lockert fontanisch die Härte: Invalide ist doch eigentlich jeder. Das Gebot der Haltung wird gemildert durch das Wissen um die Hinfälligkeit der Kreatur. In den Gesangbuchversen des Berliner Diakonus Paul Gerhardt steht es nicht anders.

Gutes und weniger Gutes mischt sich bei Schickedanz. Er hat bescheidene Anlagen zum Heros und eine entschiedenere Neigung, die eigenen Meriten herauszustreichen; aber noch ohne den bierkehligen Stammtischpatriotismus der kommenden Zeiten. Alles mit Maß. Auch die Tugend bleibt maßvoll. Dem Patenkind vermacht er 100 Taler und schärft der etwas knickrigen Frau ein: Taler, nicht Mark. Doch findet Kinderliebe ihre naturgegebene Grenze beim Hausbesitzer: Ehepaare mit Kindern werden, wenn es sein kann, freundlich, aber bestimmt zurückgewiesen. 100 andere Taler vermacht Schickedanz dem alten Lehrer in Kaputt. Der Stolz, Mäzen zu spielen, posthum als großer Mann des Dorfes gefeiert zu werden, wird im voraus genossen, versüßt die bittere Pille des Sterbens. Auf der anderen Seite bleibt zu buchen das Gefühl der Dankbarkeit, der Anhänglichkeit an den Mann, der den Jungen gefördert hatte; dazu der später verlorengegangene Respekt des ökonomischen Typus vor dem Wissen, auch wo es nichts einbringt. Es ist noch die Zeit, die den Schulmeister ehrte und ihm die Siege zwischen 60 und 70 gutschrieb.

Überall geht es um das Gediegene und Beständige, um jenes Solide, Massive, Reelle, das Hegel 50 Jahre zuvor als Kern seiner Philosophie ausbaute eben in der Stadt Franz Krügers und Karl Blechens, Schadows und Schinkels, der Stadt des Brandenburger Tors, des alten Museums, des Schauspielhauses. Der Klassizismus gab sich hier frugaler als im heimatlichen Schwaben; das Denken war ohne die schwerflüssige Hintergründigkeit, die am Neckar auch beim Bauern zu finden ist – während der Beamte leicht eintrocknet in der kategorischen Nüchternheit des Erzberliners Nicolai. Gemeinsam ist ihnen die Absage an alle Windbeutel und Klugschmuse.

Auf den Gegensatz zwischen Schein und Sein laufen die Romane Fontanes hinaus. Reich ist nicht vornehm, formuliert Schickedanz. (Abschätziger Blick des Alt-Berliners auf die Faxen der Neureichen *in Neudeutschland* – Haken in die Türfüllung und eine Schaukel dran. *(Wird auf solche Weise in die Zukunft geschaukelt, sind die Risse in Haus und Reich bald unheilbar.) Ein anderer Kernspruch hat ja nur noch symbolischen Wert:* Hausname, Straßenname das ist überhaupt das beste. Straßenname dauert noch länger als Denkmal. *Das könnte von Glasbrenner sein, in Kalischs »Hausknecht« oder in Angelis »Dachdecker« stehen, besser noch in Tiecks Berliner Komödien, in dessen die Welt romantisch aus den Fugen gerät und doch durch den Kitt der poetischen Einsicht zusammenhält. Aus Andersens ironisch gewürzten, dänischen Märchen klingt es verwandt herüber:* »Vergoldung vergeht, Schweinsleder besteht.«

*Die Schickedanz-Szene mag als Füllsel erscheinen. Aber gerade durch Häufung solcher Episoden schafft Fontane den Eindruck einer zugleich geschlossenen und sehr vollständigen Welt, die prall bis an den Rand mit Wirklichkeit gefüllt ist.*

*Mit Wirklichkeit? Sagen wir vorerst: mit fontanescher Wirklichkeit. Selbst Schickedanz trägt Züge des Dichters. Sein Werden und Wesen spiegelt schwach, aber unverkennbar dasjenige seines Schöpfers wider. Die Übersiedlung aus der Provinz in die Großstadt; die karge Laufbahn und der Glücksfall des späten Aufstiegs zum Dichterruhm; das Angenehme der Ehrungen mit dem Blick für ihre Nichtigkeit; ein maßvoller Sinn für das Heroische bei stetem Dringen auf das Reelle, Solide; eheliche Verbundenheit, durchgehalten bei allem Wissen um die unüberbrückbar unbequemen Gegensätze; diskrete Zurechtweisung der Frau mit dem engeren Horizont und der etwas aufsässigen Knauserigkeit; zum Schluß gerührtes Lob ihrer Treue, doch nicht ohne die halb-ironische Zwischenbemerkung, eine innere Stimme habe ihn von dieser Treue überzeugt (während die Frau kurz zuvor, dem feierlichen Augenblick ganz hingegeben, das stete Heilighalten der unbesehen idealisierten Liebe beschworen hat).*

*Ist eine so durchweg fontanisierte Gestalt noch typisch für den Berliner Kleinbürger, den sie darstellen soll? Kein Geringerer als Alfred Döblin, einer der tiefsten, schärfsten Kenner Berlins seit dem ausgehenden Jahrhundert, läßt sich kritisch vernehmen:* »Nichts gegen Fontanes Darstellung; aber sie fließt bei ihm in das Urteil herüber wie guter Käse, saftig und ohne Teilstrich. In seinen Büchern steht wie in wenig andern die Urteilsfärbung voran; er erfüllt die Breite seiner Romane mit dem behaglichen Überlegenheitsgefühl, der Delikatesse, dem Spaß am Berlinischen. Wie er die Großstadt nicht gesehen hat und sie verplaudert, hat er die starken, ja gefährlichen Erscheinungen der märkischen Rasse nicht gesehen

und sie verplaudert.« (*Der deutsche Maskenball, von Linke Poot, 1921, S. 94.*)
»Berlin-Alexanderplatz« hat die schonungslos hämmernde Realität hereingeholt, wo Fontane noch mit Goethe-Humboldt-Abendschimmer übergoldete. Doch keinen Bruch in der Entwicklung bedeutet Döblins Roman und noch weniger eine Schutthalde, eine »satanische Auflehnung«, wie es nach 1933 hieß, sondern ein Zurück zu einer tiefer wühlenden Tradition, ein Zurück zu Kleist und seinem Einkrallen in das harte Sein und dann dessen visionäre Überhöhung. Vorspruch zu »Berlin-Alexanderplatz«, der Geschichte des Franz Biberkopf: »Wir sehen am Schluß den Mann wieder am Alexanderplatz stehen, sehr verändert, ramponiert, aber doch zurechtgebogen.« Und im letzten Kapitel: »Wach sein, wach sein, es geht was vor in der Welt. Die Welt ist nicht aus Zucker gemacht. Wenn ich marschieren soll, muß ich das nachher mit dem Kopf bezahlen, was andere sich ausgedacht haben. Dem Menschen ist gegeben die Vernunft. Darum rechne ich erst alles nach, und wenn es soweit ist und mir paßt, werde ich mich danach richten.« Schickedanz aus dem Jenseits hätte zugestimmt: »Vom Leben soll man nicht mehr verlangen als ein Butterbrot, Franz Biberkopf.«
Ist der Weisheit Schluß sehr viel anders im »Kohlhaas«, im »Prinz von Homburg«? Maß, Vernunft, Recht stellen die gestörte Ordnung wieder her. Auch bei Gottfried Benn, als er erst einmal die Berliner Lyrik durch den harmlosen »Tunnel« hindurch zu Baudelaire und Rimbaud vorgetrieben, dann durch den Expressionismus und den frühen Nazismus geschleust hatte, bleibt ein Grundakkord: Zucht und Form. Jeder muß. Zum Müssen gehört die Besonnenheit. Die von hektischen Zeiten überschrieene Tugend hilft die Zukunft gestalten. Erneut blüht aus den Ruinen das Recht. Fontanes Figuren treten diskret, aber bestimmt in den Chor der Welterfahrenen. Hinter dem Berg wohnen noch andere Leute, ganz andere Leute, heißt es im Stechlin. Und bei aller pläsierlichen Enge hat der Dichter das weite Feld des Hintergründigen nie aus dem Sinn verloren. Der Brief an G. Friedländer vom 5.4.97 bleibt die erstaunlichste, klar und dichterisch formulierte Prophetie über den Todeskeim in der Gloria-Viktoria-Epoche, die mit Saus und Braus dahinsegelte. Wäre der Dichter in ihm stark genug gewesen, diese Perspektive ins Werk zu übernehmen, statt sie vertraulich nebenher zu äußern – die Bismarckzeit hätte neben Wagner und Nietzsche ihren Epiker von Weltformat gehabt. Eine Seitenloge darf ihm niemand versagen.
Die rein märkischen Züge Fontanes sind bereichert und vertieft durch Zuströme anderer Art. »Fontane, sehr fein, sehr französisch gesehen, ein Stück märkisches, ein Stück Berliner Leben«, notiert

*C. J. Burckhardt. In einer Zeit, wo durch J. Klepper die Bezüge des Preußischen zum Christentum, durch H. J. Schoeps gar diejenigen zum Jüdischen herausgestellt werden, scheint es nicht unangebracht, auch die Verbindungen zur französischen Tradition wieder ins Bewußtsein zu heben. Nicht umsonst stammt Fontane aus einer jener Hugenottenfamilien, die im 18. Jahrhundert zeitweise ein Viertel der Bevölkerung Berlins ausmachten und deren Einfluß mit Händen zu greifen ist, auf dem Gebiet der Verwaltung wie der des Kriegswesens, der Industrie, der Kunst, der Literatur. Die Namen von Humboldt, Fouqué, Chamisso, Alexis, Fontane stehen hier für viele andere. Daß die Zugewanderten sich ohne große Mühe in die neue Umwelt fügten und sie mitgestalten konnten, weist auf eine Verwandtschaft der Anlagen hin. Die Züge der Besonnenheit, Tüchtigkeit, Ausdauer, ein gesunder Menschenverstand, der mit Mutterwitz und Toleranz Hand in Hand geht und der selbst einen kleinen Mann wie Schickedanz in höherem Licht erscheinen läßt, bildet auch die Substanz der Klassik bei Montaigne wie bei Molière, Lafontaine, La Bruyère: wiederum ein paar Namen auf hundert andere. Ohne das Pathos der abendländischen Idee zu bemühen, tauchen hier verschüttete oder verschwiegene, aber immer noch wirksame Zusammenhänge auf, die ihre Bewährungsprobe im Leben der Völker abgelegt haben. Fontane in diese Sicht stellen heißt nicht, ihn aktuell umfrisieren, sondern ihm wiedergeben, was schon sein war und was seit langem ins Traggebälk Europas gehört. Ist der erstaunliche Wiederaufbau Deutschlands – vom verschlungenen Kräftespiel der Großen abgesehen – nicht auch auf die Summierung zahlloser kleiner Schickedanzscher Qualitäten zurückzuführen? Damit hätten wir unsern Helden doch noch auf ein bescheidenes Postament gestellt. Besser Denkmal als gar kein Haus.*

*Aus:*
*Katharina Mommsen, Gesellschaftskritik bei Theodor Fontane und Thomas Mann.*
*Fontanes Preußenkritik*
*(1973)*

*Welcher Art ist nun die Gesellschaftskritik Fontanes und wohin zielt sie? Fontane schrieb keine rein politischen Romane. Weder als Mensch noch als Dichter neigte er zu Parteipolitik. Gesellschaftskritik findet sich vielmehr zerstreut in seinen Werken, sie begleitet die Handlung, ohne diese je zu beherrschen. Gesellschaftskritische Beobachtungen, Glossen, Winke bilden gleichsam ein feines Gewebe, das seine Romane durchzieht. Ein Gewebe von unzähligen, zumeist scherzhaften oder ironischen Bemerkungen. Stets bleibt Fontane dabei freundlich, gütig, Haßparolen auszusprechen liegt ihm fern. So aber finden wir hochpolitische Einsprengsel als Würze auch da, wo das Thema des Romans der Politik fernzustehn scheint,*

z. B. in den zehn Frauenromanen, die sein Gesamtœuvre von siebzehn Romanen enthält.

Seine kritische Haltung brachte Fontane in eine schwierige Situation. Er war genötigt, sich gegen die herrschende Meinung seiner Zeitgenossen zu stellen. Das gebildete Publikum in Deutschland, besonders in Fontanes Heimatland Preußen, war in der überwiegenden Mehrzahl stolz auf die Errungenschaften der Bismarckzeit. Der Glaube an Preußen, dessen König nun Kaiser des deutschen Reichs war, beherrschte die Gemüter. Preußischer Geist, die preußische Armee, preußischer Adel standen in höchstem Ansehn. Man sah »Fortschritt« auf allen Gebieten, nicht zuletzt auf dem der Wirtschaft. Dies erzeugte ein nationalistisches, chauvinistisches Denken, dazu als weitere Übel: Militarismus und Mammonismus. Man muß sich klarmachen, was es bedeutet, wenn in Fontanes Romanen gerade all dies immer wieder kritisiert wird: Preußen als Träger des »Fortschritts«, Militarismus und Nationalismus. Fontane äußerte damit Ansichten, die das Publikum seiner Zeit durchaus nicht hören wollte. Da er Historiker war, richtete Fontane seinen Blick auf Vergangenheit und Ursprünge Preußens, und schon hieraus erwuchsen ihm Zweifel, ob dies Land für die führende Rolle geeignet sei, die es jetzt spielen wollte. Brandenburg, von dem die Macht Preußens ausgegangen war, hielt er schon wegen der Armut des Landes und seiner Bevölkerung als nicht geeignet für solche Rolle. Aber auch in dem späteren Preußen findet Fontane eine »häßliche Armut«, die zu dem führt, was er preußische »Rauf- und Raublust« nennt. Auf diese Weise seien die Preußen ein unersättliches Seeräubervolk geworden, das seine Züge zu Lande macht. (Vor dem Sturm. Bd. 3, Kap. 16.) Selbst Friedrich den Großen, auf den man besonders stolz war, betrachtet Fontane gelegentlich mit Kritik. Das durch dessen Eroberungen stark vergrößerte Preußen wird in Schach von Wuthenow mit einer Frucht verglichen, die schon faul war, bevor sie noch reif geworden. (Kap. 1.) Solche und ähnliche herbe Worte waren höchst unpopulär im Preußen nach 1870. Doch noch in seinem letzten Roman Der Stechlin ruft Fontane den Preußen zu – bezugnehmend auf den neusten Militarismus unter Wilhelm II. –: die Zeit Friedrichs des Großen sei vorbei. Aus der modernen Geschichte verschwänden die Bataillen und Bataillone. Das Heldische habe seinen Kurs verloren. Absurd sei es, wenn das jetzige Regime dem Niedersteigenden eine künstliche Höhe gebe. (Der Stechlin. Kap. 29.)

Auch die geistigen Zustände in Preußen kritisiert Fontane, immer in der Überzeugung, daß dies Land kein Recht auf die Führungsrolle habe, die es sich anmaße. Als naiv bezeichnet er die Neigung der oberen Klassen, alles »Preußische« für eine höhere Kulturform zu halten. *So steht es im* Stechlin. *(Kap. 29.) Unehrliche Selbstüberschätzung wirft Fontane den Deutschen allgemein in seiner Autobiographie vor. Er erzählt dort von dem Zusammentreffen mit einem Engländer in London, wobei dieser sagte:* »The Germans are the most conceited people of the world«. *Fontane setzt hinzu: Ich halte diesen Satz für richtig und stelle die kleine Geschichte deshalb hierher, weil die Deutschen das nie glauben. (Von Zwanzig bis Dreißig. Abschnitt: Berlin 1840. Kap. 2.)*

*In Fontanes Roman* Quitt *wird Preußen als Polizeistaat empfunden, der die Freiheit des einzelnen zu sehr einenge. Die Pointe ist, daß konträr entgegengesetzte Charaktere, die sich in Preußen bis aufs Messer bekämpft hätten, im amerikanischen Milieu mühelos und harmonisch zusammenleben. Dort bilden sie gut amerikanisch »a happy family« – womit sinnbildlich darauf hingedeutet ist, was in der Neuen Welt möglich sein kann und was in Deutschland fehlt. Der Amerika-Roman Fontanes ist bis heute in Deutschland wenig beliebt, obwohl er zu den besten Werken des Dichters zählt. Man vermißte darin den rechten Patriotismus. Fontane zeigt aber auch sonst vielfach seine Abneigung vor dem »Götzen der Nationalität« und warnt vor dessen Anbetung. Immer wieder erinnert er daran, wie gerade in Preußen verschiedenste Rassen und Völker sich mischen. Angesichts dessen erscheint ihm das in Mode gekommene Schwärmen für das Teutonische als unrealistisch und lächerlich.*

Aus:
Der Stechlin.
Nach dem »Eier-
häuschen«.
Vierzehntes Kapitel

[ . . . ]

Der Enge des Weges halber ging man zu zweien, vorauf Woldemar mit Melusine, dann die Baronin mit Armgard. Erheblich zurück erst folgten die beiden älteren Herren, die schon auf dem Dampfschiff ein politisches Gespräch angeschnitten hatten. Beide waren liberal, aber der Umstand, daß der Baron ein Bayer und unter katholischen Anschauungen aufgewachsen war, ließ doch beständig Unterschiede hervortreten.

»Ich kann Ihnen nicht zustimmen, lieber Graf. Alle Trümpfe heut, und zwar mehr denn je, sind in des Papstes Hand. Rom ist ewig und Italien nicht so fest aufgebaut, als es die Welt glauben machen möchte. Der Quirinal zieht wieder aus, und der Vatikan zieht wieder ein. Und was dann?«

»Nichts, lieber Baron. Auch dann nicht, wenn es wirklich dazu kommen sollte, was, glaub ich, ausgeschlossen ist.«

»Sie sagen das so ruhig, und ruhig ist man nur, wenn man sicher ist.

Sind Sie's? Und wenn Sie's sind, dürfen Sie's sein? Ich wiederhole, die letzten Entscheidungen liegen immer bei dieser Papst- und Rom-Frage.«

»Lagen einmal. Aber damit ist es gründlich vorbei, auch in Italien selbst. Die letzten Entscheidungen, von denen Sie sprechen, liegen heutzutage ganz woanders, und es sind bloß ein paar Ihrer Zeitungen, die nicht müde werden, der Welt das Gegenteil zu versichern. Alles bloße Nachklänge. Das moderne Leben räumt erbarmungslos mit all dem Überkommenen auf. Ob es glückt, ein Nilreich aufzurichten, ob Japan ein England im Stillen Ozean wird, ob China mit seinen vierhundert Millionen aus dem Schlaf aufwacht und, seine Hand erhebend, uns und der Welt zuruft: ›Hier bin ich‹, allem vorauf aber, ob sich der vierte Stand etabliert und stabiliert (denn darauf läuft doch in ihrem vernünftigen Kern die ganze Sache hinaus) – das alles fällt ganz anders ins Gewicht als die Frage ›Quirinal oder Vatikan‹. Es hat sich überlebt. Und anstaunenswert ist nur das eine, daß es überhaupt noch so weitergeht. Das ist der Wunder größtes.«

»Und das sagen Sie, der Sie zeitweilig den Dingen so nahe gestanden?«

»*Weil* ich ihnen so nahe gestanden.«

[...]

Berlin 5. April 97.  *An Georg Friedländer*
Potsdamerstraße 134.c.

Hochgeehrter Herr.

[...]

Sie klopfen an wegen der Reden aus hohem Munde, drin so viel gesagt und noch mehr verschwiegen wird. Ich komme, wenn ich dergleichen in meiner guten Vossin lese, jedesmal ganz außer mir, während ich mich doch von Illoyalität frei weiß und für vieles, was an »oberster Stelle« beliebt wird, nicht bloß ein Verständnis, sondern auch eine Dankbarkeit habe. Was mir am Kaiser gefällt, ist der totale Bruch mit dem Alten, und was mir an dem Kaiser *nicht* gefällt, ist das im Widerspruch dazu stehende Wiederherstellenwollen des Uralten. In gewissem Sinne befreit er uns von den öden Formen und Erscheinungen des alten Preußentums, er bricht mit der Ruppigkeit, der Popligkeit, der spießbürgerlichen Sechsdreierwirtschaft der 1813er Epoche, er läßt sich, aufs Große und Kleine hin angesehn, neue Hosen machen, statt die alten auszuflicken. Er ist ganz unkleinlich, forsch und hat ein volles Einsehen davon, daß ein deutscher Kaiser was anders ist als ein Markgraf von Brandenburg. Er hat eine Million Soldaten und will auch hundert

Panzerschiffe haben; er träumt (und ich will ihm diesen Traum hoch anrechnen) von einer Demütigung Englands. Deutschland soll obenan sein, in all und jedem. Das alles – ob es klug und ausführbar ist, laß ich dahingestellt sein – berührt mich sympathisch, und ich wollte ihm auf seinem Turmseilwege willig folgen, wenn ich sähe, daß er die richtige Kreide unter den Füßen und die richtige Balancierstange in Händen hätte. Das hat er aber nicht. Er will, wenn nicht das Unmögliche, so doch das Höchstgefährliche mit falscher Ausrüstung, mit unausreichenden Mitteln. Er glaubt das Neue mit ganz Altem besorgen zu können, er will Modernes aufrichten mit Rumpelkammerwaffen; er sorgt für neuen Most, und weil er selber den alten Schläuchen nicht mehr traut, umwickelt er ebendiese Schläuche mit immer dickerem Bindfaden und denkt: »Nun wird es halten.« Es wird aber *nicht* halten. Wer sich neue, weite Ziele steckt, darf sein Feuerschloßgewehr nicht bloß in ein Perkussionsgewehr umwandeln lassen, der muß ganz neue Präzisionswaffen erfinden, sonst knallt er vergeblich drauflos. Was der Kaiser mutmaßlich vorhat, ist mit »Waffen« überhaupt nicht zu leisten; alle militärischen Anstrengungen kommen mir vor, als ob man anno 1400 alle Kraft darauf gerichtet hätte, die Ritterrüstung kugelsicher zu machen – statt dessen kam man aber schließlich auf den einzig richtigen Ausweg, die Rüstung ganz fortzuwerfen. Es ist unausbleiblich, daß sich das wiederholt; die Rüstung muß fort, und ganz andre Kräfte müssen an die Stelle treten: Geld, Klugheit,

*Kaiser Wilhelm II.*
*(Zeichnung von Anton*
*von Werner)*

Begeisterung. Kann sich der Kaiser dieser Dreiheit versichern, so kann er mit seinen 50 Millionen Deutschen jeden Kampf aufnehmen; durch Grenadierblechmützen, Medaillen, Fahnenbänder und armen Landadel, der seinem »Markgrafen durch dick und dünn folgt«, wird er es aber *nicht* erreichen. Nur Volkshingebung kann die Wundertaten tun, auf die er aus ist; aber um diese Hingebung lebendig zu machen, dazu müßte er die Wurst gerade vom entgegengesetzten Ende anschneiden. Preußen – und mittelbar ganz Deutschland – krankt an unsren Ostelbiern. Über unsren Adel muß hinweggegangen werden; man kann ihn besuchen wie das Ägyptische Museum und sich vor Ramses und Amenophis verneigen, aber das Land *ihm* zu Liebe regieren, in dem Wahn: *dieser Adel sei das Land* – das ist unser Unglück, und solange dieser Zustand fortbesteht, ist an eine Fortentwicklung deutscher Macht und deutschen Ansehns nach außen hin gar nicht zu denken. Worin unser Kaiser die *Säule* sieht, das sind nur *tönerne Füße*. Wir brauchen einen ganz andren Unterbau. Vor diesem erschrickt man; aber wer nicht wagt, nicht gewinnt. Daß Staaten an einer kühnen Umformung, die die Zeit forderte, zugrunde gegangen wären – *dieser* Fall ist sehr selten. Ich wüßte keinen zu nennen. Aber das Umgekehrte zeigt sich hundertfältig.

Berlin, 16. April 1897

*An James Morris*

Es ist ziemlich lange, daß ich nicht habe von mir hören lassen, und doch liegt allerhand vor, das dazu auffordert: Zeitungen (die ich Ihrer Güte verdanke) und Zeitereignisse. Unter den Zeitereignissen steht in meinen Augen die Rede obenan, die Sir William Harcourt vor ein paar Tagen im »Achtziger Klub« gehalten und die mich entzückt hat. Endlich, nach all dem Diplomatenunsinn, ein erlösendes Wort, das erste vernünftig und natürlich gesprochene, das ich seit Jahr und Tag in dieser unglückseligen Orientfrage gelesen habe. »Wenn das europäische Konzert *gesunden Menschenverstand* besäße, so wäre alles längst gelöst.« Das ist so gewiß, wie: zwei mal zwei macht vier. Aber noch richtiger ist der andere Satz: »Eine Vereinigung von Mächten, die dem *Universum Gesetze* vorschreiben will, macht sich lächerlich.« Und diesen Unsinn gewollt zu haben, ist das Verbrechen und die Stupidität (letzteres bekanntlich das Schlimmere), dessen sich die Großmächte schuldig machen. Wenn ich für die nächste Woche drei Visiten vorhabe, die mir alle sehr langweilig und sehr unbequem sind, so lege ich sie gewiß auf den Montag, damit ich für den Rest der Woche Ruhe habe. Die Sache kann nicht schnell genug erledigt sein. Genauso in der Politik.

*James Morris,
1826–1900, Arzt in
London, mit Fontane
seit 1852 befreundet*

Unbequemlichkeiten, selbst Schrecklichkeiten, die kommen *müssen*, kann man nur dadurch ihres Schreckenscharakters einigermaßen entkleiden, daß man sie so rasch wie möglich an der Brust packt und den Kampf auskämpft, der *doch* gekämpft werden muß. Der alte Satz: »Lieber ein Ende mit Schrecken, als ein Schrecken ohne Ende« ist längst eine Platitüde geworden, aber seine Plattheit hat an seiner Wahrheit nichts geändert. Und doch ist die sogenannte »Politik« der Großmächte nichts als eine langweilige Auflehnung gegen diese platte, aber ewig richtige Wahrheit. Es wäre zum Weinen, wenn man aus dem Ganzen nicht auch wieder Trost und Vertrauen zu den irdischen und ewigen Dingen schöpfen könnte. Die Machtlosigkeit der bloßen äußerlichen Macht wird einem großartig demonstriert und dabei der Beweis erbracht, daß es andere Kräfte – wie Bismarck einmal sagte: die »Imponderabilien« – sind, die die Welt regieren. Da stehen nun die Griechen, nicht viel was anderes als ne große Räuberbande, und trotzen Europa. Und warum? Und wodurch? Weil der gesunde Menschenverstand auf ihrer Seite steht und in die Welt hineinlacht.

[...] Die Politik ist unerfreulich überall. Etwas Elenderes als den »griechischen Krieg« hat es nie gegeben. Er wird an Jammer nur übertroffen von der Großmäuligkeit der Griechen selbst und von den politisch-diplomatischen Leistungen des »europäischen Konzerts«. Und *das* soll man als etwas Höheres bewundern. ...

*An Wilhelm Hertz*                                    Berlin, 6. Juni 1897

... Am Mittwoch will ich mit Frau und Tochter nach »Nijen Bramborg« abdampfen, um Preußen zu vergessen, wozu Fritz Reuters Heimat – als eine Art Gegensatz – die beste Gelegenheit bietet. Ich stelle Rotspon und Onkel Bräsig höher als den ganzen Borussismus, diese niedrigste Kulturform, die je da war. Nur der Puritanismus (weil total verlogen) ist noch schlimmer.

*An James Morris*                          Neubrandenburg, 13. Juli 1897
                                                         »Augustabad«

Vor etwa Jahresfrist schrieb ich Ihnen, wenn ich nicht irre, von Waren aus, heute von Neubrandenburg. Beide Städte sind mecklenburgisch, jene dem Lande Schwerin, diese dem Lande Strelitz zugehörig, aber beide mit denselben Vorzügen ausgestattet: mit Wald und Seen, mit einer sehr wohlhabenden Bevölkerung, sehr guter Verpflegung und einem patriarchalischen Regiment. Dies Regiment, eine Adelsherrschaft, wird nun zwar im ganzen übrigen

Deutschland und speziell in Preußen verspottet, zeigt aber so recht, daß es auf Verfassungen und Freiheitsparagraphen (die *wirkliche* Freiheit hat keine Paragraphen) gar nicht ankommt, sondern auf die Lebensformen, die hier beglückender sind als anderswo. Man freut sich seines Daseins, trinkt Rotwein und liest kleine Blätter. Die Leute sind infolgedessen weniger »gebildet«, aber auch weniger »verbildet«, was sich darin zeigt, daß aus kaum einem andern deutschen Landesteile so viele Talente hervorgehen. In Berlin sind die Menschen infolge des ewigen Lernens und Examiniertwerdens am talentlosesten – eine Beamtendrillmaschine. Anknüpfend an meinen diesjährigen mecklenburgischen Aufenthalt möchte ich noch sagen dürfen, daß der Zug nach dem Norden, der sich dann oft bis nach Skandinavien hin ausdehnt, immer größer wird. Italien ist halb entzaubert (mit Ausnahme der Riviera), weil man die Hitze, die Moskitos, die Malaria und die Bettelei nicht mehr aushalten mag und weil sich der »Bourgeois« – und der wirklich Gebildete erst recht – nachgerade eingesteht, daß er von Kunst *doch* nichts versteht, auch wenn er dreitausend Bilder noch so beharrlich angeglotzt hat. Der Norden ist klimatisch angenehmer, dabei sauberer und appetitlicher, und die Bevölkerung weniger Räuberbande. . . .

Mit Schrecken sehe ich die »englischen Rüstungen«, und daß das so welt- und lebenskluge England schließlich auch in diesen modernen Unsinn verfällt. Die Kultur, die dadurch geschützt werden soll, geht darin unter. England, weil es reich ist, kann die Sache eine Weile aushalten, aber wir in Deutschland, die wir durchaus eine große Flotte haben wollen (oder sollen), um sie nach vier Wochen verbrannt zu sehen, wir könnten unser bißchen Geld besser anlegen. Alle Staaten müssen erst wieder den Mut kriegen, vor dem Besiegtwerden nicht zu erschrecken. Es schadet einem Volke nicht, weder in seiner Ehre noch in seinem Glück, mal besiegt zu werden – oft trifft das Gegenteil zu. Das niedergeworfene Volk muß nur die Kraft haben, sich aus sich selbst wieder aufzurichten. Dann ist es hinterher glücklicher, reicher, mächtiger als zuvor.


Berlin, 26. Oktober 1897

In unsern deutschen Zeitungen verfolge ich mit großem Interesse die englischen Kämpfe in Indien und am Nil. Die ersteren sind natürlich die wichtigeren, denn sie sind das Vorspiel zu dem Großen und Entscheidenden, *was kommt* und worüber sich einer aus den Reihen Ihrer Hocharistokratie – wenn ich nicht irre, war es der

Herzog von Hamilton – mit erfrischender Offenheit und Unbefangenheit ausgesprochen hat. Wenn ein Fremder dergleichen sagt, so stößt er leicht an. Wenn er sich aber Ansichten, die er vorfindet, nur anschließt, so geht es eher. Die englische Herrschaft in Indien *muß* zusammenbrechen, und es ist ein Wunder, daß sie sich bis auf den heutigen Tag gehalten hat. Sie stürzt, nicht weil sie Fehler oder Verbrechen begangen hätte – all das bedeutet wenig in der Politik. Nein, sie stürzt, weil ihre Uhr abgelaufen ist, weil ein »anderes« mächtig in die Erscheinung drängt. Dies »andere« heißt zunächst Rußland. Aber auch Rußland wird nur eine Episode sein, und ein sich auf sich selbst besinnendes nationales, religiöses und dem uralt Überlieferten angepaßtes Leben wird schließlich triumphieren und einigen Anspruch auf Dauer haben. Dieser hier angedeutete Werdeprozeß vollzieht sich, wohin man blickt, in der ganzen Welt, und es ist ein ungeheurer Segen, *daß* er sich vollzieht. Die Konquestadorenzeit, wo zwanzig Räuber, weil sie Knallbüchsen hatten, viel gesittetere Leute zu Paaren trieben und die Könige dieser besseren Leute auf den Rost legten – diese brutale Zeit ist vorbei, und gerechtere Tage brechen an. Die ganze Kolonisationspolitik ist ein Blödsinn: »Bleibe zu Hause, und nähre dich redlich.« Jeder hat sich *da* zu bewähren, wohin ihn Gott gestellt hat, nicht in einem fremden Nest. Mit Schaudern lese ich jetzt täglich von den verzweifelten Anstrengungen, die England machen will, um den alten Zustand à tout prix zu bewahren. Bis jetzt konnte man sich, wenn man auf England sah, daran aufrichten, daß es wenigstens *ein* Volk in Europa gab, das noch an ein anderes Ideal als an eine »Million Soldaten« glaubte. Wenn England sich dieses kolossalen Vorzugs, der gleichbedeutend ist mit gesundem Menschenverstand, freiwillig begibt und nun auch anfängt, jedem Menschen eine Flinte in die Hand zu zwingen, so steigt es von der Höhe herab, die es bis heute innehatte. Außerdem wird nicht mal *das* dadurch erreicht, was damit erreicht werden soll. Die Menschheit hat zu natürlichen Zuständen zurückzukehren. Das aber, womit am ehesten (weil unerträglich geworden) gebrochen werden muß, ist der Militarismus.

*An Emilie Fontane*                                   Berlin, d. 13. September 1898.

Meine liebe Frau.

Mete ist mit *Fritsch*, seiner Annie und Theo im Grunewald; da habe ich es übernommen, statt ihrer zu schreiben. Sie hat sich heute einen hübschen Hut gekauft, der ihr auch kleidet und will nun darin paradieren. Vorläufig mag es so gehn; aber auf ihre Zukunft hin angesehn, muß sie die Wurst von der andern Seite her anschneiden, und nicht ängstlich reformatorisch, sondern kühn-revolutionär auftreten. Mit einem Einzelstück ist es nicht getan; ein schönes Einzelstück wirkt oft halb verrückt und schadet mehr als es hilft. Wer sich wirklich modisch und zugleich geschmackvoll tragen will, muß immer beflissen sein, ein harmonisches Ganzes herzustellen. Es muß alles zueinander passen und stimmen. Diese Harmonie ist die eigentliche Schönheit und kann mit einer Kattunlode, einem weißen Kragen und einer gefälligen Schleife besser hergestellt werden, als aus einer konfusen Anhäufung von Wertstoffen. Wie viel ließe sich noch zu diesem Schneiderthema sagen, besonders wenn ich mir die Karlsbader Toiletten ins Gedächtnis zurückrufe! Sowie man Berlin betritt, ist es mit Schick und Eleganz vorbei. Die Gesichter, die Stoffe, der Schnitt, die Haltung – alles ist von einer leidlichen Durchschnittsmäßigkeit; aber darüber hinaus geht es nicht. Findet sich eine Ausnahme, so bedingt die Persönlichkeit diese Ausnahme, nie die Landessitte, der allgemeine Geschmack.

Berlin, d. 17. September 1898. *An Emilie Fontane*

Meine liebe Frau.

Mete hat Dir schon geschrieben, aber ich will doch noch ein paar Zeilen folgen lassen. Das Zauberfest schien mir gelungen, und was wichtiger ist, auch die Gäste schienen dieser Ansicht zu sein. Natürlich ist man immer geneigt, auf schmeichelhafte Redensarten einzugehen, aber ich möchte doch beinah' annehmen, daß bei uns die Dinge um ein paar Grade günstiger liegen als wo anders. Das Materielle (gestern war es gewiß so) wächst meist nicht unbeträchtlich über das hinaus, was einem wo anders geboten wird, weil wir alle drei nach dem Prinzip verfahren, »wenn schon, denn schon«, also die Geld- oder Sparungsfrage gar keine Rolle spielen lassen. Durch fünf Mark ersparen wollen, kann man sich ein ganzes Diner ruinieren, und der Pferdefuß der Ruppigkeit kommt irgendwo 'raus. Dies alles ist aber nicht die Hauptsache. Die Hauptsache ist der freie Ton, die Ungeniertheit, die sich jeden Augenblick bis zu Ulk und selbst bis zu Gewagtheiten (bei denen man dann freilich an richtiger Stelle die Grenze ziehen muß) steigern kann. Ganz besonders günstig wirken auch die kleinen Räume, die aber auch wieder nicht dürftig sind oder wenigstens das Gefühl davon nicht aufkommen lassen. So sorgen sie für Behaglichkeit. Der richtig organisierte Mensch (und gerade bei Prinzen und Grafen findet sich das am häufigsten) pfeift auf 15 Fuß hohe Salons mit'tubablasenden

Stuckengeln und ist froh, eine Stimmung kultivieren zu können, als befände er sich in Schlafrock und Pantoffeln.

Die beiden relativ älteren Damen benahmen sich musterhaft und waren zu der jungen Frau Oberstleutnant hervorragend nett, was uns natürlich sehr angenehm war. *Schlenther* sprach wieder sehr reizende Worte, Toast auf Mete und Fritsch, und war für einen Ostpreußen kolossal herzlich und gemütlich. Ich mußte »Kommen Sie, Cohn«, vorlesen und weil es mir wieder ganz fremd geworden war, so daß ich ein paarmal festsaß, so wirkte die Sache ganz wie neu, weil mich ein paar Stellen beim Lesen selbst erheiterten.

An meinem Fünf-
undsiebzigsten
*(1894)*

Hundert Briefe sind angekommen,
Ich war vor Freude wie benommen,
Nur etwas verwundert über die Namen
Und über die Plätze, woher sie kamen.

Ich dachte, von Eitelkeit eingesungen:
Du bist der Mann der »Wanderungen«,
Du bist der Mann der märk'schen Geschichte,
Du bist der Mann der märk'schen Gedichte,
Du bist der Mann des Alten Fritzen
Und derer, die mit ihm bei Tafel sitzen,
Einige plaudernd, andre stumm,
Erst in Sanssouci, dann in Elysium;
Du bist der Mann der Jagow und Lochow,
Der Stechow und Bredow, der Quitzow und Rochow,
Du kanntest keine größeren Meriten
Als die von Schwerin und vom alten Zieten

Du fandst in der Welt nichts so zu rühmen,
Als Oppen und Groeben und Kracht und Thümen;
An der Schlachten und meiner Begeisterung Spitze
Marschierten die Pfuels und Itzenplitze,
Marschierten aus Uckermark, Havelland, Barnim,
Die Ribbecks und Kattes, die Bülow und Arnim,
Marschierten die Treskows und Schlieffen und Schlieben –
Und über alle hab' ich geschrieben.

Aber die zum Jubeltag da kamen,
Das waren doch sehr, sehr andre Namen,
Auch »sans peur et reproche«, ohne Furcht und Tadel,
Aber fast schon von prähistorischem Adel:
Die auf »berg« und auf »heim« sind gar nicht zu fassen,
Sie stürmen ein in ganzen Massen,
Meyers kommen in Bataillonen,

Auch Pollacks und die noch österlicher wohnen;
Abram, Isack, Israel,
Alle Patriarchen sind zur Stell',
Stellen mich freundlich an ihre Spitze,
Was sollen mir da noch die Itzenplitze!
Jedem bin ich was gewesen,
Alle haben sie mich gelesen,
Alle kannten mich lange schon,
Und das ist die Hauptsache..., »kommen Sie, Cohn«.

[...] Befrage ich den Gesamteindruck – und als ich heute früh eine
halbe Stunde mit Theo, unserm »Intendanten« plauderte, wiederholte sich dies – so tritt das von mir so oft zitierte triviale Lied, das in
unserer Jugend in jeder Gesellschaft gesungen wurde, wieder vor
mich hin. Es hieß in der ersten Hälfte des Liedes refrainmäßig:
»Ach, könnt' ich doch erst Hauptmann sein«, und dann in der
zweiten Hälfte: »Ach, könnt' ich wieder Fähnrich sein«. So verläuft
jedes Leben. *Schlenther,* so gut es ihm in Wien geht, denkt doch halb
sehnsüchtig an die Tage zurück, wo wir bei Raehmel beim
Frühschoppen saßen.
Wie immer Dein                                                    Alter.


                                          Berlin, 18. September 1898
[...] Wenn ich beim Tee sitze, geht es, und wenn ich meine gute Frau
Sternheim sehe, geht es noch besser; aber sowie ich aus der Ruhe
heraus und in irgendwelche Aktion hinein soll, ist es mit der ganzen
Herrlichkeit vorbei. Ich erschrecke vor allem, und selbst, wo
sogenannte Vergnüglichkeiten in Sicht stehn, ist mein Trost: »Um
neun Uhr ist alles aus.« Nicht im Sinn einer Todessehnsucht,
sondern nur in dem tiefen Verlangen nach Ruhe. Freilich spukt das
andere darin vor, was auch wohl recht gut ist. Ein so glückliches und
so bevorzugtes Leben und doch: »was soll der Unsinn?« Dies kann
man beinah' wörtlich nehmen; in der Politik gewiß und in Religion
und Moral ist alles Phrase. Früher statuierte ich Ausnahmen; jetzt
kaum noch.
*Fritsch* holt eben Martha zu einer Fahrt nach Potsdam ab; Gertrud,
noch um wenigstens zwei Finger breit gewachsen, als dame
d'honneur. Sie ist eine der entzückendsten Erscheinungen, die ich in
meinem ganzen Leben gesehen habe und könnte in einem Völker-
museum als reiner Typus deutscher Menschenrasse für Geld gezeigt
werden. Dagegen verblaßt alles, Jüdinnen nun schon gewiß, und
auch die romanischen Schönheiten. Desgleichen die Engländerin-

nen, die – und wenn sie noch so schön – reine Kunstprodukte sind, zurechtgemacht. Hier alles Natur, Menschheitsblüte. Und dabei nicht 'mal der Evazug, sondern etwas Himmlisches. Klingt alles lächerlich, ist aber die reine Wahrheit.

Wie immer Dein                                                    Alter.

Und dabei führt dieses sublime Menschenbild einen so alltäglichen Namen. Sie müßte Genofeva v. Stahremberg heißen.

<br>

*Gertrud Schacht, geb. Mengel, Meine Erinnerungen an Theodor Fontane (1952)*

*Meine Erinnerungen an Theodor Fontane sind nur ein bescheidener Beitrag zu dem so unendlich reichen Leben des Dichters, aber ich bin die einzige Überlebende, die ihn noch kurz vor seinem Tode gesehen hat. Zwar war ich erst 15 Jahre alt, jedoch hat man in der Jugend das beste Gedächtnis, und man war damals so gar nicht abgelenkt. Daher steht mir noch jeder einzelne Besuch in der Potsdamer Straße 134c in Berlin in lebendiger Erinnerung.*

*Der Vater meiner Mutter, Friedrich Witte, und Theodor waren Jugendfreunde. Sie lernten sich in der »Polnischen Apotheke« des Medizinalrats Dr. Julius Eduard Schacht in Berlin kennen, in die Fontane zu Johanni 1845 »in Condition getreten war«. Fritz Witte war zweiter Lehrling. Bald vertraute er dem zehn Jahre Älteren an, daß er zwar in der Apotheke viel lernen könne, daß er sich aber über die zwölfjährige Anna, die Tochter des Besitzers, ärgern müsse, die jedesmal, wenn sie den Lehrling erblickte, den Berliner Vers trällerte:*

*Gertrud Mengel*

> *Witte, Witte, Witt, mein Mann ist Schneider,*
> *Witte, Witte, Witt, er hat gestohlen,*
> *Witte, Witte, Witt, er macht mir Kleider,*
> *Witte, Witte, Witt, er baumelt schon.*

*Damals ärgerte man sich noch. Fontane gab ihm den Rat: »Beruhige dich; wenn sie es wieder tut, gib ihr einfach eine Ohrfeige!« Später wurde Anna Schacht Friedrich Wittes Frau und damit meine Großmutter, die mir das oft erzählt hat.*

*1852 zog Fritz Witte, der in Berlin studierte, auf Fontanes Bitte als »möblierter Herr« zu Fontanes in ihre neueingerichtete Wohnung in der Luisenstraße 35. Sie hatten große wirtschaftliche Sorgen.*

*Einmal war ein kleiner Ehezwist, und Emilie fiel in Ohnmacht. Damals fiel man noch in Ohnmacht. Der junge Student flüsterte seinem Freunde ins Ohr: »Es ist nicht schlimm, gieß ihr ein Glas Wasser ins Gesicht.« Emilie wachte – bei diesen Worten – prompt auf und verließ das Zimmer.*

Mein Großvater hatte literarische Neigungen, Fontane beriet ihn, wie sein schöner Brief vom 3. 10. 1853 zeigt, in dem er schreibt: »Suche die Muse nicht; warte ab, bis sie Dich sucht... Gedichte verlangen ein volles Herz.« Witte wandte sich dem praktischen Leben zu und gründete in Rostock eine chemische Fabrik. Fontane, dem Größeren von ihnen, war das Los eines Dichters beschieden, der zwar Ruhm, aber keine äußeren Glücksgüter erwarb. So trennten sich ihre Lebenswege, die Freundschaft blieb. Als mein Großvater 1893 starb, schrieb Fontane in sein Tagebuch: »In Witte haben wir einen Freund verloren. Er war ein Mann von seltener Integrität und großer Güte...«

Des Dichters einzige Tochter Martha und meine Mutter Lise Witte setzten die Freundschaft ihrer Eltern fort. So wurde »Tante Mete« bei mir, dem ersten Kinde meiner Eltern, Patentante. Reicher hat wohl kaum eine Patin ihr Amt, Seelisches zu spenden, erfüllt. Was diese Frau, die geistvollste und klügste, die mir je im Leben begegnet ist – das wurde mir erst in reiferen Jahren klar –, ihrem Vater bedeutete, ersieht man aus den Briefen, die er an seine Tochter gerichtet hat.

Es war ein großes Glück für uns Landkinder, wenn Tante Mete uns besuchte. Wir nannten sie Tante Fon-Fon. Unsere Mutter achtete darauf, daß wir den Nasallaut richtig trafen. Die Familie Fontane sprach natürlich ihren Namen französisch aus, was heute kaum mehr geglaubt wird.

Ostern 1897 brachte mich meine Mutter nach Berlin in das Luisenstift. Wir stiegen in Frederichs Hotel ab, Fontanes gegenüber, wo der alte Menzel seinen Rotwein zu trinken pflegte. Das Luisenstift war nach dem Tode der Königin Luise gegründet worden; zu meiner Zeit wurde das beliebte Internat von Töchtern vom Lande besucht, denen dort eine abgeschlossene Schulbildung geboten wurde. Es lag in der Markgrafenstraße 10. Die Kaiserin Friedrich war damals die Protektorin. Ich sehe noch, wie wir – alle 60 – in gemeinsamem Hofknix vor ihr »versanken«.

Da Tante Mete bei ihren Eltern wohnte, war es selbstverständlich, daß ich fast jeden freien Sonntag bei Fontanes zu Gaste war. Alle 14 Tage durfte man sonntags Einladungen annehmen.

Welche Vorfreude, wenn zum Sonnabend die Karte mit der feinen Handschrift der alten Fontane kam. »Kind, Du darfst kommen.« In dem schlichten Miethaus Potsdamer Straße 134c stieg man viele Stufen empor, bis man im dritten Stock im dunklen Flur einer Dreizimmerwohnung stand. Trat man in das Zimmer, verloren sich alle Betrachtungen über klein und bescheiden. Ein großer schlanker Mann mit weißem Haar und blauen Augen, dem selbst ein so junges

Ding ansah, wie bedeutend er war, trat mir entgegen. Ich machte
meinen tiefsten Stifterknix. Aber Tante Fontane hatte beim ersten
Male gesagt: »Gib dem alten Onkel ruhig einen Kuß, du bist die
vierte Generation, die er kennt.« Er war 78 Jahre alt, hielt sich so
grade, daß er sich, schritt er durch die Tür, stets bücken mußte. Man
ging bald zu Tisch.

Tante Emilie Fontane, französischer Abstammung wie er, war das
Vorbild einer feinen alten Frau. Ich habe nie einen gepflegteren alten
Menschen gesehen. Immer trug sie ein Spitzenhäubchen auf tadellos
gelegten Locken. Ihre Lebhaftigkeit, Unternehmungslust und
geistige Regsamkeit ließen die 74jährige nicht alt erscheinen. Sie
meinte, sie habe ihre Ordnungsliebe bei den Herrnhutern gelernt.
Ihr Verdienst war, daß den Dichter bei den oft sehr bedrängten,
wechselvollen Lebensverhältnissen immer ein gepflegter Haushalt
umgab. So wurden auch bei Tisch auffallend sorglich zubereitete
Speisen, hübsch angerichtet, gereicht. Mir fiel auf, daß man
trotzdem das Essen nicht wichtig nahm. Der alte Fontane stand
wohl zwei- bis dreimal während der Mahlzeit auf, um über die
Gegenstände des Gesprächs etwas nachzuschlagen.

Ich wurde natürlich ausgefragt, was im Stift gelehrt wurde,
besonders in Geschichte und Deutsch. Er war begeistert von dem
guten Unterricht, nur manches deutsche Aufsatzthema fand er zu
hoch. Goethe versteht ihr noch nicht, wie könnt ihr darüber

schreiben! Warum läßt man euch nicht mal einen Tisch beschreiben? Das ist schwerer, als man denkt. *Zu einer Aufgabe, die wir uns selber suchen sollten, verhalf mir Onkel Fontane. Vor dem Herrenhaus steht eine uralte Eibe – das wäre so was zum Schildern. Einmal hatte ich in der französischen Konversation absichtlich Fehler gemacht. Man merkte es.* So viel Französisch kannst du noch nicht, um dir das leisten zu dürfen. *Der Urlaubssonntag wurde gestrichen, und ich bekam eine lange französische Ode über Napoleon zum Auswendiglernen. Der alte Fontane billigte die Strafe und tröstete:* Von Napoleon kann man nicht genug wissen. *Nach Tisch schliefen die Alten. Ich wurde mit einem Buch in die Sofaecke gesetzt. Es gefiel mir nicht ganz, daß Onkel Fontane mir stets als Schönstes und Interessantestes Macauleys Englische Geschichte in die Hand drückte. Später sollte im geschichtlichen Teil der Lehrerinnenprüfung die Kenntnis der englischen Geschichte mein Rettungsanker werden.*

*Vor dem Abschied las mir Tante Fontane oft aus den Gedichten ihres Mannes vor. Eines Abends aber sagte sie:* »Heute lese ich dir etwas anderes vor, es ist die Lieblingsballade deines Onkels.« *Und ich hörte Heines Firdusi, wunderbar vorgetragen.*

*Fontane war von vollendeter Ritterlichkeit. Wer in seinen Briefen an die Familie von Auseinandersetzungen zwischen dem Dichter und seiner Frau liest, könnte meinen, ihr Zusammenleben hätte manche Bitterkeit gehabt. Beide waren ausgesprochene Persönlichkeiten und hatten empfindliche Nerven. Da gab es in dem oft harten Existenzkampf Klippen. Sie waren lebensklug genug, Meinungsverschiedenheiten brieflich auszutragen. Er stand – bis zuletzt – ganz unter dem Charme dieser geistvollen Frau. Einmal ging sie allein zu einer Ibsen-Feier. Wir standen am Fenster und sahen der Tante nach, wie sie zierlich über die Straße schritt.* Ist sie nicht reizend? Hoffentlich bekommt sie einen netten jungen Mann zu Tisch, mit dem sie sich gut unterhält, Sudermann oder Gerhart Hauptmann. Sie weiß oft nicht, wen sie interessanter finden soll.

*An diesem Nachmittag durfte ich in seinem Zimmer herumstöbern. Ich bewunderte die Büste des Grafen Strachwitz, für dessen Balladen ich natürlich schwärmte.* Das verstehe ich gut, mein Kind. Hätte er doch länger gelebt! *Ich sehe noch, wie er am Ofen stand und meine neugierigen Fragen beantwortete. Als ich sagte, ich möchte bei Luther wissen, was die Katholiken über ihn dächten, meinte er, das sei recht, man müsse bei allem auch die Gegenseite hören.*

*Die Wände waren bedeckt mit Landkarten und Bildern von Menzel; auf dem Schreibtisch die Bronzehand Moltkes. An der Seite*

lag ein Ballspiel, ein Becher mit einer Kugel an einem Faden. Das Spiel war seine Erholung, es entspannte, ohne zu zerstreuen. Pläne eines Herrenhauses zeigte er mir, es waren seine Zeichnungen zu Effi Briest, die Wohnung des Landrats. Mit Bewunderung sah ich die großen Pakete seiner Manuskripte auf einer Borte neben dem Schreibtisch. Fontane schrieb mit selbstgeschnittenen Gänsekielfedern. Dadurch wurde seine Schrift so schwungvoll. Meine Großmutter sagte immer, es ist, als ob preußische Fahnen wehen. Nur die Schrift war nicht für den Setzer. So schrieb die Frau des Dichters mit ihrer zierlichen Handschrift alle Manuskripte ab, er zeigte sie mir voller Dankbarkeit. – Natürlich hatte ich als Stifter mein Poesiealbum. Er schrieb hinein: Gedenke stets, nach Gottes Willen geht's. Zu schnell vergingen die Stunden. Um acht mußte man nach Hause, wohlbegleitet vom Mädchen Anna, die schon neun Jahre bei Fontanes war und auf dem Heimwege anhänglich von dem Leben im Hause erzählte. »Mit dem Herrn ist gut auskommen. Ist er wirklich mal ärgerlich, hol ich ihm ein Sahnenbaiser, dann kann er wieder schreiben. – Sehr muß ich aufpassen, wenn Exzellenz Menzel kommt, daß ich ihm schnell den Hut abnehme. Der Riegel ist für ihn zu hoch, er will aber nicht, daß man es merkt.«
So hatte ich herrliche Sonntage im Hause des Dichters. Besonders erinnere ich mich an den 18. September des Jahres 1898. Gütig und heiter war der Alte. Tante Mete hatte sich verlobt. Sein Gedicht Wo Bismarck ruhen soll, der schönste Nachruf auf Bismarck, bald nach dessen Tode geschrieben, wurde vorgelesen.

> Nicht in Dom oder Fürstengruft,
> Er ruh' in Gottes freier Luft,
> Draußen auf Berg und Halde,
> Noch besser: tief, tief im Walde;
> Widukind lädt ihn zu sich ein:
> »Ein Sachse war er, drum ist er *mein*,
> Im *Sachsenwald* soll er begraben sein.«

> Der Leib zerfällt, der Stein zerfällt;
> Aber der Sachsenwald, der hält;
> Und kommen nach dreitausend Jahren
> Fremde hier des Weges gefahren
> Und sehen, geborgen vorm Licht der Sonnen,
> Den Waldgrund in Efeu tief eingesponnen
> Und staunen der Schönheit und jauchzen froh,
> So gebietet einer: »Lärmt nicht so! –
> *Hier unten liegt Bismarck irgendwo.«*

*Am Mittwoch nachher wurde ich in der Geographiestunde nach*
*englischen Flüssen gefragt. Mir fiel nur die Themse ein. Da sagte der*
*Lehrer: »Einen andern müßten Sie doch noch kennen. Über ihn hat*
*ein Dichter ein so schönes Gedicht gemacht. Sie kennen doch die*
*Brück' am Tay, der Dichter ist gestern gestorben.« Ich war erstarrt,*
*rannte gleich nach der Stunde zu dem Lehrer und fragte ihn, ob*
*wirklich Theodor Fontane gestorben sei. Zum ersten Male erfuhr*
*ich, wie rasch man einen lieben Menschen verlieren kann.*
*Am Tage der Beerdigung blieb ich allein bei Tante Fontane. Sie war*
*als zu alt und ich als zu jung befunden, um mit auf den Friedhof zu*
*fahren. Ihre Kinder hatten mir gesagt: »Sei gut zu unserer Mutter.«*
*Es lastete auf meiner Seele, wie ich das tun sollte. Die Aufgabe*
*wurde mir abgenommen. Die alte Frau trat ins Zimmer und sagte:*
*»Mein Kind, er hat auch dich sehr geliebt, ich will dir seine schönsten*
*Balladen vorlesen.« Und mit fester Stimme las sie die Gedichte, die*
*ihr die liebsten waren – eine mir unvergeßliche Totenfeier ...*

»Denkst du verschwundener Tage, Marie,
Wenn du starrst ins Feuer bei Nacht?
Wünschst du die hellen Tage zurück,
Wo du selbst wie die Sonne gelacht?«

»Denkst du ver-
schwundener Tage,
Marie?«
*(Nach dem Englischen,
1858)*

»Ich denk' der verschwundenen Tage, Johann,
Und denk' an all ihr Glück,
Doch der sonnigste Tag, der über mich kam,
Ich wünsch' ihn nicht zurück.«

»Denkst du an gestorbenes Hoffen, Marie,
Wenn du starrst ins Feuer bei Nacht?
Der Tau, der auf dein Hoffen fiel,
Hat dich um die Ernte gebracht.«

»Ich denk' an gestorbenes Hoffen, Johann,
Aber tu's in stillem Sinn,
Es starb, wie eine Rose stirbt –
Und was ist hin, ist hin.«

»Denkst du gestorbener Freunde, Marie,
Wenn du starrst ins Feuer bei Nacht?
Wünschst du sie zurück an den einsamen Herd,
Den sie einst dir so heimisch gemacht?«

»Ich denk' der gestorbenen Freunde, Johann,
Sie sind allezeit mein Glück;
Doch, die mir die liebsten gewesen sind,
Ich wünsche sie nicht zurück.«

Berlin, d. 20. September 1898.

Meine liebe Frau.

Dies sind nun also die letzten Zeilen, übermorgen Mittag dürfen wir Dich erwarten. Es freut mich, daß Du dies Zusammensein mit Deiner alten Freundin noch haben konntest.

Unsre gestrige zweite Gesellschaft verlief ebenfalls zufriedenstellend, weil alle voll guten Willens waren. Daß dieser so oft fehlt, daran scheitern so viele Gesellschaften. Zu den Haupttugenden, die Z.s und wir in alter Zeit vertraten, gehörte diese absolute gesellschaftliche Zuverlässigkeit. Die meisten machen sich ein Vergnügen draus, wenigstens den einen oder andern zu ärgern.

Mit Metes und meinem Befinden ist es »so, so«: man arbeitet am Trapez immer weiter und leistet dasselbe wie andre, aber es fehlt – einzelne Momente abgerechnet, wo einen ein Witz oder eine Skandalgeschichte erheitert – die rechte Freudigkeit, weil die Kräfte nicht ausreichen. Das prädominierende Gefühl bleibt doch immer: »lägst du nur erst wieder im Bett«. Bei mir ist dies Gefühl so stark, daß selbst meine berühmte Artigkeit zusammenbricht und ich mir sage: »wird dir das und das übel genommen, nun, so auch gut!« Es ist vielleicht eine kleine Tugend, von dem Urteil der Menschen abhängig zu sein, aber bequemer haben es die Rüpel, denen all' so 'was ganz gleichgültig ist.

Gestern mittag ging ich eine Stunde spazieren und traf P.; er erzählte mir vom Tode seiner Frau und welchen »goldenen Humor« sie gehabt habe; er sei ganz gebrochen, alles habe jedes Interesse für ihn verloren, auch sein Geschäft, und dabei weinte er beständig. Er sei, um sich 'rauszureißen, in England gewesen und habe mit zwei englischen Nichten seiner Frau eine Reise nach Schottland gemacht. Die jüngere sei heiter und ausgelassen und habe den »goldenen Humor« seiner Frau; die ältere, die jetzt bei ihm sei, sei aber ernster. Ich glaube, er war ganz aufrichtig in seiner Trauer, und doch habe ich nie so stark den Eindruck gehabt: »dieser Trauernde wartet das Trauerjahr nicht ab«; eine der beiden Nichten muß es werden. Wohl die mit dem »goldenen Humor« seiner Frau. So geht es. Und die Witwen sind noch flinker als die Witwer! –

Empfiehl mich allerseits aufs herzlichste, besonders Tante Johanna. Wie immer Dein                                                                     Alter.


*[…] So kam der späte Abend dieses gesegnet langen Lebens denn heran, schnell einbrechend, doch nicht überraschend, ein plötzliches Dahingehen und doch kein erschreckendes. Ahnungen des nahenden Todes, sterbensmüde Stimmungen, sprechen aus seinen letzten Briefen, aus seinem letzten kleinen Gedicht, das Fontanes Familie auf seinem Schreibpult fand und das überschrieben war:* Als ich zwei dicke Bände\* herausgab.

*Aus:*
*Otto Brahm,*
*Erinnerungen*
*(1913)*

> »Zwölfhundert Seiten auf einmal,
> Und mit achtundsiebzig! beinah' ein Skandal.
> Konntest es doch auf viermal verteilen!«
> Ihr könnt es, – aber bei mir heißt es eilen.
> Allerorten umklingt mich wie Rauschen im Wald:
> »Was du tun willst, tue bald!«

\* Von Zwanzig bis Dreißig *und* Der Stechlin

*Aber noch einmal erwacht der Lebenssinn in ihm, und unmittelbar auf diese trüben Worte setzt der Dichter der Lene und Stine die künstlerische Schilderung einer heimischen Mädchenschönheit, auf der seine sterbensmatten Augen erfrischt, begeistert geruht hatten. Doch wieder steigt in dem letzten Briefe seines Lebens, geschrieben am 20. September 1898, die Müdigkeit auf, und als das beherrschende Gefühl behauptet sich ihm der Wunsch: lägst du nur erst wieder im Bett.* Meine liebe Frau, *so beginnt der Brief in Erwartung der*

*Rückkehr seiner Gattin,* das sind also nun die letzten Zeilen: *das Wort wurde Wahrheit, anders als es gemeint war, und am Abend dieses Tages lag er nun wirklich im Bett, zum letzten Male. Am anderen Tag, um die Mittagsstunde, führte mich seine Tochter an sein Totenlager: ruhig war er gestorben, und in sanfter Ruhe lag er auch da, das schöne Greisenantlitz nur wenig gesenkt, keine Spur von Kampf oder Schmerz in der Miene, Philosoph noch im Tode. Die Augen geschlossen für immer, die so leuchtend lächeln, so blau blitzen konnten, leicht gefaltet die feinen, emsigen Hände, der Mund verstummt, der mit so viel Scharm zu plaudern wußte und mit so echter Anmut. Ein überreiches Leben geendet, das durch so viel Wandlungen deutscher Literatur geschritten war als ihre persönlichste Persönlichkeit, sich selber treu und der Heimat, im Nächsten wurzelnd und im Vertrautesten, und aufsteigend von ihm zu lichten Höhen des Dichtens und Gestaltens. Noch im Tode schien er auf diesem schlichten Lager, hinter der Spanischen Wand dieses Berliner Zimmers in seiner geliebten Potsdamerstraße, die feine Enge seines Heims zu preisen, in der er sich so wohl gefühlt, in der er hatte leben und sterben wollen: wie ein Sinnbild der märkischen Heimat selber mochte sie ihm erschienen sein, deren innerlichste Reize er erspäht hatte, Land und Leute wie keiner, und erschlossen für immer den Deutschen.*

Paul Schlenther,
Fontane und Wilhelm Wolfsohn
(Einleitung zu Theodor Fontane, Gesammelte Werke, 1920)

*In Leipzig gewann [Fontane] einen Freund, Wilhelm Wolfsohn. An ihn sind die frühesten Briefe gerichtet, die sich von dem allzeit Schreibseligen erhalten haben; Briefe des Einundzwanzigjährigen. Wolfsohn aus Odessa und Fontane aus der Mark waren grundverschieden: Wolfsohn mehr an Auerbach als an Fontane erinnernd. Neben dem Überlegnen gewinnt man ihn als unermüdlichen Helfer und Tröster um so lieber, als er selbst in gleichen sozialen und schriftstellerischen Daseinsnöten steckte wie Fontane. Wie Fontane hinter dem Rezeptiertische Stunden, Tage, Wochen verlor, auf die seine Muse wartete, so hatte Wolfsohn seine Heimat aus Treue zur angestammten Religionsgemeinschaft verlassen. Wie sich Fontane später in Berlin mit Privatunterricht in englischer Literatur und Sprache durchhalf, so nährte sich Wolfsohn in Leipzig und Dresden durch Unterricht in russischer Sprache und Literatur, obwohl auch in seiner Kammer angefangene Dramen nach Vollendung drängten. Beide waren »Tagelöhner mit dem Geiste«: Fontane mehr Dichter, Wolfsohn mehr Literat. Als solcher hat er später noch oft den Freund dadurch aus der Patsche geführt, daß er ihm Berliner Korresponden-*

zen für Dresdner und Leipziger Zeitungen verschaffte. *Jahrelang stand er dem Pharmazeuten a.D. bei, das nächste Ziel seiner Hoffnung zu suchen: ein »Redaktionspöstchen«*. In dieser Kameradschaft war Fontane der kühl Empfangende, Wolfsohn der ergeben Werbende. *Wolfsohn kämpfte mit »wehmütiger Sehnsucht«*, wenn er den Freund *»nach warm durchgesprochenen Stunden«* von Dessau nach Berlin mit dem Dampfwagen davonsausen sah. Fontane dagegen schrieb nach solcher Trennung: Die Schmerzen des Abschieds zu durchfühlen, war mir durch die Schmerzen der Zähne unmöglich – sie waren sehr heftig, und kaum weiß ich, was vorzuziehen ist. Verzeihung von wegen der Malice. Noch 1849, als schon beide gegen dreißig alt sind, schreibt Wolfsohn: »Ich muß bald, recht bald zu dir. Halte alles bereit, was die Liebe Heilendes und Wohltuendes hat, damit ich bei dir Erleichterung und Erquickung finde. Leb wohl, Theodor«; und als Theodor geheiratet hat, wünscht er »Glück und Gesundheit mit brüderlichem Anteil«. Auch Fontane bemüht sich nach Kräften auf diesen »empfindsamen« Ton einzugehen. Er duldet die Anrede »Mein Theodor« und versteigt sich »seinem« Wilhelm gegenüber zu dem Ruf: Adieu, mein guter alter Kerl. Aber er fühlt sich in dieser Art nicht zu Hause. Zwar bittet er um Mitteilungen über die lieben alten Jungen in Leipzig, aber nicht ohne die Einschaltung: Schnupfensentimentalität! ich schreibe sonst nie so. Wolfsohn merkte wohl, daß sein Berthold-Auerbach-Gefühl auf eine andre Art erwidert wurde. Ganz traurig sagt er einmal: »Ach, du weißt noch immer nicht, wie ich dich lieb habe, du schlechter Mensch«. Ein andermal gerät er sogar in Harnisch und verbittet es sich, als »Zielscheibe für schlechte Witze« zu dienen. Wirklich lag das berlinische »Bewitzeln« schon dem jungen Fontane in den Gliedern; besonders wenn es gegen den Müllhaufen allgemeiner Redensarten ging. Schon am 19. November 1850 kommt bei ihm in bezug auf Theater- und Bücherrezensionen das Wort Gekohle vor.


Alte Zeiten und ein altes Haus in Leipzig, wo ich Ihre Frau Mama vor 52 Jahren kennen lernte, traten mir wieder vor die Seele, *schrieb Fontane.* An die Hinterbliebenen der Frau Dr. Wilhelm Wolfsohn, geb. Gey, *als er im Juni 1894 erfuhr, daß die Gattin des Jugendfreunds dem schon lange Dahingeschiedenen im Tode gefolgt war.*
Über diese alten Zeiten sprach er noch einmal mit mir. Ein kleiner Abglanz der Freundschaft mit meinem Vater war auf mich gefallen,

*Aus:*
*Wilhelm Wolfsohn,*
*Briefwechsel mit*
*Theodor Fontane*
*(hrsg. von dessen Sohn*
*Wilhelm Wolters, 1910)*

den einen von Wolfsohns Söhnen, *von dem er in* Von Zwanzig bis Dreißig *spricht, und manches freundliche Wort über meine eigene Poeterei, manches vertrauliche über sich selbst, hatte er – mündlich und schriftlich - an mich gerichtet. An mich, dem die Liebe zu dem Menschen wie dem Dichter Fontane sozusagen im Blute lag. Als ich ihn zum letzten Male, im Sommer 1898, dem letzten seines Lebens, auf dem »Weißen Hirsch« bei Dresden besuchte, traf es sich zufällig, daß er gerade das erste Exemplar von* Von Zwanzig bis Dreißig *aus Berlin erhalten hatte.* Mein Leipzig lob' ich mir *lautet der Titel des Abschnitts über die Jahre in der fröhlichen Pleißestadt. Er zeigte es mir voll Freude. Und ich konnte mich gleich revanchieren. Denn ich hatte sein Bild mitgebracht, das Aquarell von Ottensooser, das Unikum, das der Dreiundzwanzigjährige einst seinem Freunde in Leipzig schenkte, und das mir als Erbteil zugefallen war. So kamen wir ganz von selbst auf jene Tage zu sprechen.*

Bin ich's denn wirklich? *fragte er sinnend, indem er das Bild betrachtete.*

*Und ich erzählte ihm, wie oft meine Mutter es mir geschildert habe, daß die jungen Mädchen die Fenster aufgerissen und dem Originale dieses Bildes nachgeschaut hätten, wenn es durch das stille Schrötergäßchen nach eben jenem alten Hause schritt, in dem mein Vater wohnte.*

*Er lächelte.* Davon hab' ich gar nichts gemerkt. Und, *fügte er hinzu,* ich möchte eigentlich wünschen, ich hätte anders ausgesehen; mir gefallen die gebräunten Unteroffiziersgesichter viel besser als die blassen Dichtergesichter.

*An diese Worte erinnerte ich ihn, als ich kurze Zeit darauf bei ihm anfragte, ob er trotzdem damit einverstanden sei, daß ich das Bild an seinem achtzigsten Geburtstage veröffentlichte.*

*Und er antwortete (aus Karlsbad am 31. August 1898, also drei Wochen vor seinem Tode):*

Natürlich können mich Aufsatz und Bild nur freuen, und wenn letzteres mehr nach blassem Dichter als nach gebräuntem Unteroffizier aussieht, so verbessert das dem Publikum gegenüber, das den Dichter nicht blaß genug kriegen kann, nur meine Lage.

*Und ich sah im Geiste das nämliche schalkhafte Lächeln im Gesichte des alten Fontane, das über seine Züge glitt, als er mir sagte, er wünschte, der junge Fontane hätte anders ausgesehen...*

*Dresden, am Tage der Enthüllung des Berliner Fontane-Denkmals, dem 7. Mai 1910.*

*Fontane, als er 1894, 75 Jahre alt, für einen Weihnachtsalmanach die Frage zu beantworten hatte: »Was soll ich lesen?«, nannte 71 Autoren, einige mit mehreren Titeln. Nur bei zweien sagte er: Alles. Es waren Platen und Mörike. Fünf Jahre vorher hatte er sich gegen die genialen Massenproduzenten gewendet. Es hafte ihnen, gleichviel ob Engländer, Franzosen oder Deutsche, etwas Kommissiges an. Im Irrtum befangen, daß ihn nur seine Balladen überleben würden, konnte Fontane nicht ahnen, daß sechzig Jahre später, ab 1954, sein gesamtes Werk in Deutschland neu erscheinen und einen Massenerfolg bringen würde. Der Verleger Berthold Spangenberg erinnert sich »an ein Erlebnis im Sommer 1944. Ich wollte eine Antwort auf die Frage finden, was es mit den preußischen Tugenden auf sich hätte, deren reine Ausprägung und üble Perversion gleichzeitig in einem Ereignis sichtbar wurden, das von der Geschichtsschreibung mit gutem Grund nur mit einem Datum bezeichnet wird: 20. Juli 1944. Ich griff zum* Stechlin *und empfing klärenden, stärkenden Rat. Der Gedanke einer neuen Fontane-Ausgabe entstand so in den Monaten des Verfalls des Tausendjährigen Reiches.«*
*1974 erschienen in der Nymphenburger Verlagshandlung Fontanes »Sämtliche Werke in 24 Bänden« mit 17698 Seiten und vier Bände Kriegsgeschichte mit 4140 Seiten. Dabei fehlte ein wesentlicher Bestandteil von Fontanes literarischem Werk: die Briefe. Eine Auswahl daraus erschien einige Jahre später in vier Bänden innerhalb der Fontane-Ausgabe des Carl Hanser Verlages (insgesamt 20 Bände). Die vorliegenden Bände 1 und 2 füllen 1400 Seiten, die kommenden werden wohl (geschätzt nach vom Verlag freundlichst gewährter Kenntnisnahme der Korrekturfahnen von Band 3) mindestens 2000 Seiten umfassen. Dabei darf man in den vielen noch unveröffentlichten Briefen Fontanes mit weiteren Funden rechnen. Alle Briefe wird noch niemand kennen, genausowenig wie die über 10000 Zeichnungen von Adolph Menzel, dem Fontane in Leben und Kunst eng verbundenen Maler, der ebenso eifrig und kunstfertig zeichnete, wie Fontane schrieb. Auch in dieser Auswahl nimmt die Korrespondenz Fontanes mit Verwandten und Freunden einen breiten Raum ein: zur besseren Erkenntnis und Deutung seiner Kunst.*
*Fontane selbst hielt wenig, nein gar nichts von Kritik und wissenschaftlicher Beurteilung. Deutschland ist jetzt überflutet von diesen borniertem Subjekten, die, weil sie drei Examina bestanden und einige Literaturkapitel auswendig gelernt haben, der Deutschen Nation beibringen wollen, wie Kunst und Dichtung beschaffen sein müssen. Sie wollen fördern und verwüsten alles. Diese Beschwerde mochte zu Fontanes Lebzeiten und auch später noch*

gültig sein; aber nach 1945 wurde auch Fontanes Werk zum weiten Experimentierfeld der deutschen Literaturwissenschaftler, wie aus den Sammelbänden »Theodor Fontane« (hrsg. von Wolfgang Preisendanz. Wissenschaftliche Buchgesellschaft, Wege der Forschung, Bd. 381, Darmstadt 1973) und »Fontane aus heutiger Sicht. Analysen und Interpretationen seines Werks« (hrsg. von Hugo Aust, Nymphenburger Verlagshandlung, München 1980) zu ersehen ist. Über die inzwischen weltweit verbreitete Fontane-Forschung orientiert die voluminöse Festschrift »For Charlotte Jolles in Honour of Her 70th Birthday. Formen realistischer Erzählkunst (edited by Jörg Thunecke, Sherwood Press Agency, Nottingham 1979) mit sechzig Beiträgen, davon über die Hälfte zu Fontane, von Autoren aus acht Ländern.

In der Bundesrepublik Deutschland wie in der Deutschen Demokratischen Republik wird Fontane als wichtiger Bestandteil der deutschen Nationalliteratur gepflegt, gedeutet und verehrt. Aus dem Theodor-Fontane-Archiv der Brandenburgischen Provinzialverwaltung wurde die Brandenburgische Landes- und Hochschulbibliothek Theodor-Fontane-Archiv, Potsdam; aus dem Schiller-Nationalmuseum in Marbach erwuchs das Deutsche Literaturarchiv mit seiner umfangreichen Fontane-Sammlung. Beiden Instituten schuldet der Herausgeber großen Dank. Zu danken für praktische Hilfeleistung ist ferner dem Institut für Zeitungsforschung Dortmund, dem Carl Hanser Verlag und Herrn Berthold Spangenberg.

30. Dezember: Henri Théodore (Theodor) Fontane wird in 1819
Neuruppin als Sohn des Apothekers Louis Henri Fontane und dessen
Frau Emilie, geb. Labry, geboren.

Übersiedlung der Familie nach Swinemünde. Zunächst Besuch der 1827
Stadtschule, dann Unterricht durch den Vater und durch Hauslehrer.

Ostern: Eintritt in die Quarta des Gymnasiums in Neuruppin. 1832

Herbst: Eintritt in die Friedrichswerdersche Gewerbeschule 1833
K. F. von Klödens. Unterkunft bei Onkel August, dem Bruder des
Vaters, und Tante Pinchen.

Bekanntschaft mit Emilie Rouanet-Kummer, seiner späteren Frau. 1835

März: Abgang von der Friedrichswerderschen Gewerbeschule als 1836
Einjähriger.

1. April: Antritt der Lehrstelle in der Apotheke Zum Weißen
Schwan bei Wilhelm Rose in Berlin.

Apothekergehilfenprüfung. 1839

Dezember: als erste Druckveröffentlichung erscheint die Novelle
Geschwisterliebe im »Berliner Figaro«.

Eintritt in den Platen- und in den Lenau-Verein. 1840

Erste veröffentlichte Ballade Vergeltung (»Berliner Figaro«).

30. September: Ausscheiden aus der Roseschen Apotheke.

1. Oktober: Eintritt in die Apotheke von Dr. Kannenberg in Burg
bei Magdeburg.

1. April: Eintritt in die Apotheke Zum Weißen Hirsch in Leipzig. 1841
Eintritt in den Herwegh-Club, Bekanntschaft mit Wilhelm
Wolfsohn.

1. Juli: Eintritt in die Salomonis-Apotheke von Dr. Gustav Struve in 1842
Dresden.

23. Juli: Bernhard von Lepel führt Fontane als Gast in den »Tunnel« 1843
ein.

1. April: Eintritt als Einjährig-Freiwilliger in das Garderegiment 1844
Kaiser Franz in Berlin.

25. Mai–10. Juni: erste Reise nach London.

Aufnahme in den Berliner »Tunnel über der Spree« (Tunnel-Name:
Lafontaine).

24. Juni: Eintritt in die Polnische Apotheke des Medizinalrates 1845
Dr. Julius Eduard Schacht in Berlin.

8. Dezember: Verlobung mit Emilie Rouanet-Kummer.

30. Juni: Ausscheiden aus der Polnischen Apotheke. 1846

2. März: Staatsexamen. Approbation als Apotheker erster Klasse. 1847
Trennung der Eltern ohne Ehescheidung.

1. Oktober: Eintritt in die Apotheke Zum Schwarzen Adler von
A. Jung in Berlin.

379

1848    *18. März: Teilnahme an der Revolution in Berlin.*
*Mai: Aufstellung als Wahlmann für die Landtagswahlen in Preußen.*
*Juni: Ausscheiden aus der Jungschen Apotheke. Eintritt in das Krankenhaus Bethanien als Pharmazielehrer.*
*August–November: revolutionäre Aufsätze in der Tageszeitung »Berliner Zeitungshalle«. Publizistisches Debüt am »Abendblatt«.*
*Dezember: Arbeit an dem (Fragment gebliebenen) Drama* Karl Stuart.

1849    *Herbst: Ende der Tätigkeit in Bethanien, Aufgabe des Apothekerberufs. Erster Versuch, als freier Schriftsteller zu leben.*
*18. November 1849 – 13. April 1850: Veröffentlichung von 29 (chiffrierten) politischen Korrespondenzen in der »Dresdner Zeitung«.*
*Dezember: die ersten beiden Bücher erscheinen:* Männer und Helden *(Balladen) und* Von der schönen Rosamunde *(Romanzyklus).*

1850    *Juli: Reise nach Hamburg, um als Freiwilliger bei den schleswigholsteinischen Freischaren einzutreten, Rückkehr nach Berlin aufgrund der Mitteilung von der Anstellung im Literarischen Büro des Innenministeriums, das von Wilhelm von Merckel geleitet wird.*
*16. Oktober: Heirat mit Emilie Rouanet-Kummer.*
*31. Dezember: Auflösung des Literarischen Büros.*

1851    *Mai: erste Buchausgabe der Gedichte.*
*14. August: Geburt des Sohnes George Emile.*
*1. November: Anstellung bei der neugegründeten Zentralstelle für Presseangelegenheiten der preußischen Regierung.*

1852    *Mitgründung der Abzweigungen des »Tunnel«: Rütli und Ellora (Rütli-Name: Noel). Kontakt u. a. mit Franz Kugler, Paul Heyse, Theodor Storm, Emanuel Geibel, Adolph Menzel, Friedrich Eggers, Wilhelm Lübke.*
*23. April–25. September: zweiter England-Aufenthalt, Berichte für die »Preußische Zeitung« und »Die Zeit«, erste Theaterkritik.*
*1. Oktober: Wiedereintritt in die Zentralstelle.*

1853    Unsere lyrische und epische Poesie seit 1848.

1854    *Das erste Reisebuch,* Ein Sommer in London, *erscheint.*
*3. Dezember: erster Vortrag des* Archibald Douglas *im »Tunnel«.*

1855    *10. September: Ankunft in London zum dritten und letzten England-Aufenthalt. Im Auftrag des Ministerium Manteuffel Aufbau und Leitung einer Deutsch-Englischen Pressekorrespondenz.*

1856    *Ende März: Auflösung der Deutsch-Englischen Pressekorrespondenz. Halbamtlicher Presseagent in London.*
*3. November: Geburt des Sohnes Theodor Henry.*

27. *Juli: Emilie Fontane übersiedelt mit den beiden Söhnen nach*    *1857*
*London.*

2. *Dezember: nach dem Sturz der Regierung Manteuffel Kündi-*    *1858*
*gung der Londonér Stelle.*

17. *Januar: Rückkehr nach Berlin.*    *1859*

24. *Februar–28. März: Reise nach München, fehlgeschlagener*
*Versuch, eine Königliche Sekretär- oder Bibliothekarstellung zu*
*bekommen.*

*Ende August: erster Wanderungen-Aufsatz* In den Spreewald
*erscheint.*

21. *März: Geburt der Tochter Martha (Mete).*    *1860*

1. *Juni: Anstellung als Redakteur für den Englischen Artikel bei der*
*»Kreuz- (Neue Preußische) Zeitung«.*

Aus England, Jenseits des Tweed *(1857–1860). (Vordatierte)*
*Sammlung* Balladen *(1. Aufl. 1861, 2. Aufl. 1874 mit Titel* Gedichte,
*3. Aufl. 1889).*

*Jahresende: Erscheinen des ersten Bandes der* Wanderungen    *1861*
*(1859–1861).*

Wanderungen II *(1861–1863).*    *1863*

5. *Februar: Geburt des Sohnes Friedrich (Friedel), des späteren*    *1864*
*Verlegers der letzten Werke Theodor Fontanes.*

17.–29. *Mai und 9.–30. September: Reisen zum dänischen Kriegs-*
*schauplatz.*

Der Schleswig-Holsteinische Krieg im Jahre 1864 *(1865–1866).*    *1866*
*August–September: Reise zu den Kriegsschauplätzen.*

5. *Oktober: Tod des Vaters.*    *1867*

13. *Dezember: Tod der Mutter.*    *1869*

Der Deutsche Krieg von 1866 *(1866–1869).*

20. *April: Kündigung bei der »Kreuz-Zeitung«.*    *1870*

*Juni: Vertrag mit der »Vossischen Zeitung« als Theaterkritiker für*
*das Königliche Schauspielhaus am Gendarmenmarkt in Berlin (bis*
*1889).*

*Anfang Juli: erster Besuch bei Mathilde von Rohr im Kloster*
*Dobbertin.*

27. *September: Besichtigungsreise durch das besetzte Frankreich im*
*Auftrag des Verlegers Dr. Rudolf von Decker.*

4. *Oktober: Festnahme in Domremy.*

*Oktober–November: Kriegsgefangenschaft, u.a. auf der Insel*
*Oléron. 24. November: Entlassung.*

Kriegsgefangen, *erscheint als Buch (Vorabdruck 25. Dezember*    *1871*
*1870–26. Februar 1871).*

9. *April–Mitte Mai: Osterreise durch Nordfrankreich und Elsaß-*
*Lothringen (erscheint als Buch Ende November).*

| | |
|---|---|
| *1872* | Aus den Tagen der Okkupation *(1871–1872)*. |
| | Wanderungen III *(1863–1872)*. |
| *1874* | *30. September–19. November: Italien-Reise mit Emilie.* |
| *1876* | *6. März: Einführung als Ständiger Sekretär der Akademie der Künste in Berlin.* |
| | *Ende Mai: »nach einer Szene im Senat« der Akademie Rücktrittsgesuch.* |
| | *2. August: Entlassungsbescheid.* |
| | *Freier Schriftsteller bis zum Tode.* |
| | Der Krieg gegen Frankreich von 1870–1871, *Beginn der Niederschrift 1873 (1870–1876).* |
| | Allerlei Glück, *Fragment (1876–1879), Veröffentlichung 1929.* |
| *1878* | Vor dem Sturm *(1862–1877).* |
| *1879* | *Entwurf* Sidonie von Borcke, *unveröffentlicht.* |
| *1880* | Grete Minde *(1878–1879), Vorabdruck in »Nord und Süd«, Bd. 9, 1879.* |
| *1881* | Ellernklipp *(1879–1880), Vorabdruck in »Westermanns Monatshefte«, Bd. 50, 1881.* |
| | *Entwurf* Storch von Adebar *(wurde mehrmals wiederaufgenommen).* |
| *1882–1895* | *Entwurf* Likedeeler, *Veröffentlichung 1938.* |
| | *März:* L'Adultera *(1879–1880), Theodor Fontanes erster Berliner Roman, Vorabdruck in »Nord und Süd«, Bd. 13, 1880, erscheint.* |
| | Wanderungen IV *(1874–1882).* |
| | Schach von Wuthenow *(1879–1882), Vorabdruck in »Vossische Zeitung«, 22. Juli–20. August 1883.* |
| *1884* | Graf Petöfy *(1880–1883), Vorabdruck in »Über Land und Meer« 1883.* |
| | *Sommer: Bekanntschaft mit Dr. Georg Friedlaender im Riesengebirge (Korrespondenz bis zum Tode).* |
| *1885* | Christian Friedrich Scherenberg und das literarische Berlin *(1884), Vorabdruck in »Vossische Zeitung«, 26. Juni–19. Juli 1884.* |
| | Unter'm Birnbaum *(1884–1885), Vorabdruck in »Die Gartenlaube«, August–September 1885.* |
| *1887* | Cécile *(1884–1885), Vorabdruck in »Universum« 1886.* |
| | *24. September: Tod des Sohnes George.* |
| *1888* | Irrungen, Wirrungen *(1883–1887), Vorabdruck in »Vossische Zeitung«, 24. Juli–23. August 1887.* |
| *1889* | Fünf Schlösser (Wanderungen V) *(1875–1889).* |
| | *31. Dezember: Ende der Kritikerzeit am Königlichen Schauspielhaus am Gendarmenmarkt.* |
| *1889–1890* | *Theaterkritische Arbeiten über die Aufführungen der »Freien Bühne«, Berlin, für die »Vossische Zeitung«.* |

*April:* Stine *(1881–1889), Vorabdruck in »Deutschland« 1890, erscheint in Friedrich Fontanes Verlag.* 1890

*2. Juni: Ende der Tätigkeit als Theaterkritiker überhaupt mit der Rezension von Gerhart Hauptmanns »Friedensfest« durch die »Freie Bühne« am 1. Juni.*

Quitt *(1885–1889), Vorabdruck in »Die Gartenlaube« 1890.*

*19. April: Schillerpreis (zusammen mit Klaus Groth).* 1891

Unwiederbringlich *(1887–1890), Vorabdruck in »Deutsche Rundschau«, Bd. 66–67, 1891.*

Mathilde Möhring, *aus dem Nachlaß veröffentlicht 1908.*

*Erkrankung an Gehirnanämie.* 1892

Frau Jenny Treibel *(1888–1892),*

Meine Kinderjahre *(1892–1893).* 1893

*8. November: Verleihung der Ehrendoktorwürde der Philosophi-* 1894
*schen Fakultät Berlin auf Vorschlag von Erich Schmidt und Theodor Mommsen.*

Effi Briest *(1889–1894), Vorabdruck in »Deutsche Rundschau«,* 1895
*Bd. 81–82, 1895.*

Jahresanfang: *Erstdruck von* Die Poggenpuhls *(1891–1895), Vorab-* 1896
*druck in »Vom Fels zum Meer«, 15. Jahrgang 1895.*

Von Zwanzig bis Dreißig *(1894–1898), Vorabdruck von Teilen in* 1898
*»Pan« 1895, in »Deutsche Rundschau« und »Cosmopolis« 1896 und 1897.*

*20. September: letztes Gedicht:* Als ich zwei dicke Bände heraus-gab. *Tod gegen 21 Uhr in seiner Berliner Wohnung in Anwesenheit der Tochter Mete.*

*24. September: Beisetzung auf dem Friedhof der Französischen Reformierten Gemeinde an der Liesenstraße im Berliner Norden.*

Der Stechlin *(1895–1897), Vorabdruck in »Über Land und Meer«,* 1899
*Bd. 79, 1897.*

Bibliographie

Werkausgaben:
»Theodor Fontane, Werke, Schriften, Briefe«. Hrsg. von Walter Keitel und Helmuth Nürnberger. Zwanzig Bände in vier Abteilungen. Carl Hanser Verlag, München 1962 ff.
1. Abteilung: Sämtliche Romane, Erzählungen, Gedichte, Nachgelassenes (sieben Bände);
2. Abteilung: Wanderungen durch die Mark Brandenburg (drei Bände);
3. Abteilung: Erinnerungen, Ausgewählte Schriften und Kritiken (fünf Bände);
4. Abteilung: Briefe (vier Textbände, ein Kommentarband; Bd. IV und V in Vorbereitung).
»Theodor Fontane, Sämtliche Werke«. Hrsg. von Rainer Bachmann, Peter Bramböck, Edgar Groß, Charlotte Jolles, Hermann Kunisch, Jutta Neuendorff-Fürstenau, Kurt Schreinert, Wilhelm Vogt. Nymphenburger Verlagshandlung, München 1959 ff.
1. Abteilung (8 Bände): Das gesamte erzählende Werk;
2. Abteilung (6 Bände): Wanderungen durch die Mark Brandenburg;
3. Abteilung (11 Bände zuzügl. 5 Teilbände): Fontane als Autobiograph, Lyriker, Kritiker und Essayist

Vollständiges Literaturverzeichnis:
Walter Müller-Seidel, »Theodor Fontane. Soziale Romankunst in Deutschland«. J. B. Metzler, Stuttgart 1975

Über Theodor Fontane:
»Zu Theodor Fontanes 100. Geburtstag«, Jubiläumsheft des »Simplicissimus«, Jg. 24, Nr. 40, 1. 1. 1920 (darin enthalten Olaf Gulbransson, »Jenseits«)
»Parkettplatz 23. Theodor Fontane über Theaterkunst, Dichtung und Wahrheit«. Hrsg. von Ehm Welk. Verlag Bruno Henschel & Sohn, Berlin 1948
Thomas Mann, »Gesammelte Werke in 13 Bänden« und einem Supplementband, Bd. 13. S. Fischer Verlag, Frankfurt am Main 1960
Kurt Tucholsky, »Gesammelte Werke in 10 Bänden«, Bd. 2. Hrsg. von Mary Gerold-Tucholsky und Fritz J. Raddatz. Rowohlt Verlag, Reinbek bei Hamburg 1960
»Fontane und Berlin«. Hrsg. von Hans Dietrich Loock. Colloquium-Verlag Otto H. Hess, Berlin 1970 (darin enthalten: Heinrich Mann, Theodor Fontane)
»Das literarische Echo«. Halbmonatszeitschrift, Heft 9–10, Februar

1925 (darin enthalten: Friedrich Fontane, Über die Entstehung des »autobiographischen Romans« Meine Kinderjahre)

»Causerien über Theater«. Hrsg. von Paul Schlenther. Friedrich Fontane & Co., Berlin 1905

Christian Morgenstern, »Jubiläumsausgabe in vier Bänden«, Bd. 4. Hrsg. von Clemens Heselhaus. R. Piper & Co., München 1979

George Fontane, »Feldpostbriefe 1870–1871«, Friedrich Fontane & Co., Berlin, Oktober 1914

Hermann Fricke, »Emilie Fontane«. Rathenower Zeitungsdruckerei, Rathenow 1937

Franz Kafka, »Briefe an Felice«. Hrsg. von Erich Heller und Jürgen Born. S. Fischer Verlag, Frankfurt am Main 1967

Wilhelm Lübke, »Altes und Neues. Studien und Kritiken«. Schlesische Kunst- und Verlagsanstalt, vorm. S. Schottländer, Breslau 1891

Eduard Engel, »Menschen und Dinge«. Köhler und Amelang, Leipzig 1909

»Erinnerungen an Theodor Fontane, 1819–1898«. Aus dem Nachlaß seines Freundes und Testamentsvollstreckers Justizrat Paul Meyer. Privatdruck, Berlin 1936

Otto Brahm, »Schriften über Drama und Theater«. Bd. II: Literarische Persönlichkeiten aus dem 19. Jahrhundert. Hrsg. von Paul Schlenther. S. Fischer Verlag, Berlin 1913/15

Peter Demetz, »Formen des Realismus: Theodor Fontane. Kritische Untersuchungen«. Carl Hanser Verlag, München 1964

Ludwig Thoma, »Erinnerungen«. R. Piper & Co. Verlag, München 1947

»Erziehung zur Menschlichkeit.« Festschrift für Eduard Spranger zum 75. Geburtstag. Max Niemeyer Verlag, Tübingen 1957 (darin enthalten: Rober Minder, »Schein und Sein bei Theodor Fontane«)

Katharina Mommsen, »Gesellschaftskritik bei Theodor Fontane und Thomas Mann«. Lothar Stiehm Verlag, Heidelberg 1973

»Jahrbücher für Brandenburgische Geschichte«. Hrsg. von der Landesgeschichtlichen Vereinigung für die Mark Brandenburg e. V. Berlin 1951 (darin enthalten: Gertrud Schacht, »Meine Erinnerungen an Theodor Fontane«)

Otto Brahm, »Briefe und Erinnerungen«, Berlin 1925

Theodor Fontane, »Gesammelte Werke«. Auswahl in 5 Bänden. Hrsg. von Paul Schlenther. S. Fischer Verlag, Berlin 1920

Wilhelm Wolfsohn, »Briefwechsel mit Theodor Fontane«. Hrsg. von Wilhelm Wolters. Georg Bondi Verlag, Berlin 1910

Die Worterklärungen stammen aus Dr. Joh. Christ. Aug. Heyses Allgemeinem verdeutschenden und erklärenden Fremdwörterbuch,

*16. Ausgabe, neu bearbeitet von Prof. Gustav Heyse. Hahnsche Buchhandlung, Hannover 1879*

*Wir danken den Rechtsinhabern und Verlagen, soweit diese zu ermitteln waren, für die Genehmigung zum Abdruck. Ferner danken wir Alexander Kluge für die Erlaubnis zum Abdruck seiner Rede zur Verleihung des Fontane-Preises der Akademie der Künste in Berlin.*

*Bildnachweis*

*Archiv der Akademie der Künste, Berlin, Ausstellungskatalog zum 150. Geburtstag Theodor Fontanes, 1969/70 (die Katalognummern sind in Klammern angegeben): 15 (223), 25 (40, 10, 11), 26 (5), 41 (17), 42 (18), 53 (46), 58 (55), 100 (50), 106 (160), 120 (110, 111), 158 (104), 168 (162), 180 (174), 187 (161), 217 (164), 225 (86), 266 (169), 289 (193), 330 (209), 377 (32); Bayerische Staatsbibliothek, München: 182; Bildarchiv Preußischer Kulturbesitz, Berlin: 17, 83, 252, 368, 372; Deutsche Staatsbibliothek, Theodor-Fontane-Archiv, Potsdam: 32, 54, 128, 177, 224, 360; Erinnerungen an Theodor Fontane 1819–1898. Aus dem Nachlaß von Paul Meyer. Privatdruck 1936: 230; Historia-Photo, Hamburg: 36; Adolph von Menzel, Abbildungen seiner Gemälde und Studien. Hrsg. von Hugo von Tschudi. Verlagsanstalt F. Bruckmann AG, München 1906: 40, 67, 119, 176, 181, 183, 184, 297; Adolph Menzel, Verzeichnis seines graphischen Werks von Elfried Bock. Verlag von Amsler & Ruthardt, Berlin 1923: 173, 174, 231; Redaktionsarchiv Neue Zürcher Zeitung, Zürich: 365; Rowohlt Verlag, Feuilletondienst, Reinbek bei Hamburg: 59, 69; Staatsbibliothek Preußischer Kulturbesitz, Berlin: 277, 279, 287, 306, 316, 318, 323, 328 (4° AG $\frac{432}{252}$ — 1926/27 KD S. 1, 3, 14, 250, 283, 285, 302, 287); Ullstein Bilderdienst, Berlin: 103, 227, 243; folgende Bilder wurden reproduziert nach Vorlagen von: Prof. Dr. Manfred von Ardenne (zur Verfügung gestellt von der Bildabteilung des Schiller-Nationalmuseums/Deutsches Literaturarchiv, Marbach): 276; Hanns Arens, München: 7; Familie Hesekiel: 62; Ursula Meinecke, Göttingen: 24; Werner Pleister, München: 199, 200, 228, 290; Annemarie Schreinert, Göttingen: 179.
Wir danken für die freundliche Genehmigung zur Wiedergabe der Abbildungen.*

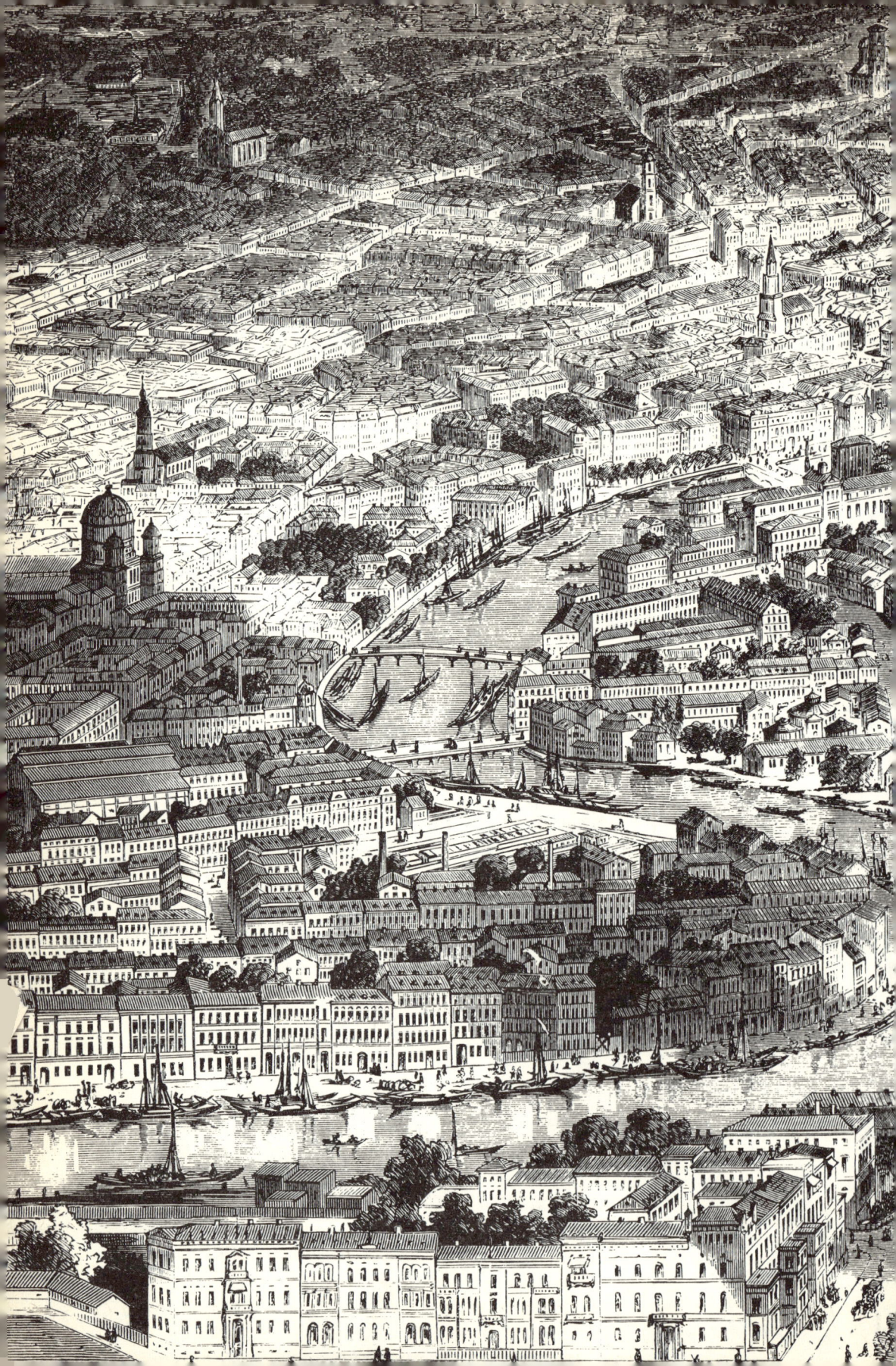